U0139664

　　2014年度国家社科基金项目"晚清外销财政的生成、演化及治理研究"，项目批准号：14BZS042；安徽大学高峰学科科研项目（应用经济学）

光明社科文库
GUANGMING DAILY PRESS:
A SOCIAL SCIENCE SERIES

·历史与文化书系·

晚清外销财政研究

陈 勇｜著

光明日报出版社

图书在版编目（CIP）数据

晚清外销财政研究 / 陈勇著 . -- 北京：光明日报
出版社，2023.6

ISBN 978 - 7 - 5194 - 7288 - 7

Ⅰ.①晚… Ⅱ.①陈… Ⅲ.①财政史—研究—中国—
清后期 Ⅳ.①F812.952

中国国家版本馆 CIP 数据核字（2023）第 096717 号

晚清外销财政研究

WANQING WAIXIAO CAIZHENG YANJIU

著　者：陈　勇

责任编辑：杨　茹　　　　　　责任校对：杨　娜　李佳莹
封面设计：中联华文　　　　　　责任印制：曹　净

出版发行：光明日报出版社

地　　址：北京市西城区永安路 106 号，100050

电　　话：010-63169890（咨询），010-63131930（邮购）

传　　真：010-63131930

网　　址：http：// book. gmw. cn

E - mail：gmrbcbs@ gmw. cn

法律顾问：北京市兰台律师事务所龚柳方律师

印　　刷：三河市华东印刷有限公司

装　　订：三河市华东印刷有限公司

本书如有破损、缺页、装订错误，请与本社联系调换，电话：010-63131930

开　　本：170mm×240mm

字　　数：386 千字　　　　　　印　　张：21.25

版　　次：2023 年 6 月第 1 版　　印　　次：2023 年 6 月第 1 次印刷

书　　号：ISBN 978 - 7 - 5194 - 7288 - 7

定　　价：99.00 元

目　录
CONTENTS

绪 论

一、相关概念

（一）何为外销？

清人陈惟彦之《宦游偶记》"记与端督论辩数则"条云：

> 戊申二月委总办厘局，……三月二日甫接差。帮提调兼收支知州金焕
> 章亦于是日到收支差，遽云：有外销之外款万余金，午帅嘱开折提用。余
> 曰：有何外销之外款？当系公裕官银号结余之款，报明有案，开折列总数
> 则可，未便请提用也。嗣金屡催开折，由午帅批行。余曰：批词云何？金
> 曰：批归督署帐（账）房。余曰：此公款，未便提归私帐（账）也。又一
> 日，金曰：午帅云，拨裕宁官银钱局。余饬办文批。金见稿，怒曰：区区
> 万余金，尚须文批，不信金某耶？不信午帅耶？文牍员谓余云：金某言若
> 此，尚办文批否？余曰：非不信金某，更非不信午帅，公事应如此，即数
> 少于此亦须文批，倘不以所办为然，惟有请午帅易人耳！金与裕宁孙某乃
> 大谮余于午帅。①

文中"端督""端公"，系端方，光绪三十四年（即文中戊申年，1908 年）
时任两江总督。又因其字午桥，属下称其为"午帅"。这里，作者金陵厘局总办
陈惟彦与同事金焕章围绕外销款的提用发生了龃龉，一个坚持公款不便私用的

---

① 陈惟彦. 宦游偶记：卷下［M］//官箴书集成：第 10 册. 合肥：黄山书社，1997：658-
659. 陈惟彦，字劭吾，同治年间生人，安徽石埭人，宣统元年清理财政时曾以江苏候
补道派充湖南正监理官，不久因遭吏部议处撤差。

原则，一个则要求批归总督衙署私用①；一个坚持按正常的文批手续方能提用，一个则试图凭端方的口谕即可提用。那么，陈惟彦所说的"外销款"到底是一种什么款项？陈氏为何坚持外销款不能任由总督像私款一样擅自提用？

我们先来回答前面这个问题。

清《六部成语》有"外销之款"的条目，其中是这样解释的：凡公款用过必须报销于户部。其不必报部，由外官自行销用者，则谓之外销。②公款用过报销于户部，即为内销，系正项钱粮，处于严密的奏销管控之下。外销则是与内销相对应的一个概念，虽同属公款，但它是一种非正项的收支款目。周询曾是晚清时期四川省的一名财政官员，他对当时地方衙门财政账目中存在的内、外销的现象做过记载：

> 新增各款，关于国用者，名曰内销；关于省用者，名曰外销。以款目性质言之，凡加诸田赋货物及提诸州县官者，皆属于内销；州县官摊捐者，则属于外销。内销者，年须专册报部；外销者，年终汇报一次，部中亦不过备案，不似内销各款之引绳削墨矣。③

周询所揭示的这种内、外销并存的财政乱象，绝非四川一省所独有，应该是清季各省普遍的一种现象。咸丰九年（1859 年）湖北巡抚胡林翼在致川督王庆云的一封信中，道出当时湖北省厘局也存在内、外销款的实情：湖北省由于饷馈不给，设有宜昌、沙市两道厘局。这两个厘局的收款，都有内销、外销之分。其形之奏牍者，皆内销也；其外销亦随案声明，均归督辕主政。④ 光绪八年（1882 年）左宗棠奉旨调查湖北道员，他从关道杨宗濂处探听到汉阳新关移设之初的账目设置情况：

> 新关向章分内、外销，内销者按年送部考核，外销者按月送督署考核，照案分别填票征解。内销者每年核款截数，故与造报相符；外销之票根，

---

① 清代各署局长官均以署局为眷宅，其仆役、火食、灯油、茶水各项消耗之费，无一不取于公款，公、私混淆无所分别。熊希龄．就奉天财政预算上度支部堂宪禀（1910 年）[M]//周秋光，编．熊希龄集：第 2 册．长沙：湖南人民出版社，2008：259．因此署内为私，这里端方批归督署账房，基本就是批归私用。
② 内藤乾吉．六部成语注解 [M]．杭州：浙江古籍出版社，1987：165．
③ 周询．蜀海丛谈 [M]．成都：巴蜀书社，1986：27．
④ 胡林翼．致王庆云（咸丰九年二月初四日）[M]//胡渐逵，等校点．胡林翼集：第 2 册．长沙：岳麓书社，2008：239．

则呈缴督署。①

内、外销各有不同的账目及核销机关。所以，光绪三十四年清中枢机构政务处不得不承认，外省"皆有外销款项，自筹自用，向不报部"②，且已成为一种难以改变的积习。

后世治财政史的学者，对清代财政中的"外销"现象，早有关注，他们从不同视角对"外销"这一财政术语也做出了近乎一致的界定。民国财政史家贾士毅指出："前清各省财政，在初收支款项，均须年前列入估拨册内，依限达部，为编订黄册之用。咸、同以来，时事多故，疆吏以军糈紧迫，每多就地筹饷之举，而原有之款则仍遵旧制奏报，谓之内销款项；其新生之款则由各省自行核销，谓之外销款项。"③贾氏是从收入角度来界定外销的。厘金史专家罗玉东也认为，晚清时期的地方经费分内销与外销二项。内销之款，系经常费，中央定有用途和款额，地方政府不得妄费；外销之款，无定额，实销实报，地方政府有便宜处置之权。④罗氏则从支出角度来界定外销。日本学者岩井茂树注意到，晚清中央政府通常把不用上报给户部的款项视为外销，外销款项是没有定额的。⑤岩井是从他的"原额主义"出发来区分内、外销的。当代财政史家陈锋通过对清代战时军费的研究，也揭示出清代军费报销有正销、外销之分。正销（即本文所称内销）是按照军需则例或报销成案而奏销的款项，而外销是指费用超过例案所规定的限额，又没有特旨恩准的款项。⑥陈锋是从报销是否合例来判定内、外销的。

（二）外销的性质

以上对"外销款"的概念作了界定。我们再来回答第二个问题，即外销与私款的区别。

光绪十年（1884年），户部筹发京官津贴，要求由各省、关外销闲款项下

① 左宗棠.续查已革道员被参各款据实复陈折（光绪八年十二月初五日）[M]//左宗棠全集：第8册.长沙：岳麓书社，2009：173.
② 会议政务处.遵议度支部奏清理财政明定办法折（光绪三十四年十二月初十日）[G]//上海商务印书馆编译所编纂.大清新法令（1901-1911）：第4卷.上海：商务印书馆，2011：159.
③ 贾士毅.民国财政史：上册[M].郑州：河南人民出版社，2016：128.
④ 罗玉东.光绪朝补救财政之方策[J].中国近代经济史研究集刊.1933，1（02）：263.
⑤ 岩井茂树.中国近代财政史研究[M].付勇，译.北京：社会科学文献出版社，2011：147.
⑥ 陈锋.清代军费研究[M].武汉：武汉大学出版社，2013：278.

凑齐拨放。户部认为，此项津贴系出于各省外销款项，"无关正帑"。① 可见，外销与正帑，在户部官员心中是分得很清的。但外销虽非正帑，却属公款，而非私项。

外销与私款的不同之处在于，外销是一种财政资金，虽由各级地方政府自为经理，但在各级政府内部，亦具有一套账目管理制度和支用程式，尽管这些制度和程式，有的只具形式，但多少还是限制了行政长官对其任意支为私用的权力。② 如在四川，"藩库内，除正项各款并为一户外，其余新增各款，皆以收款为纲，每款一户，每户设一专簿支分派别，库内簿记，遂多至百余户。藩库如是，推之盐道库、官运局库，亦莫不如是。故当时总督在本省，虽有无上威权，然仍不能任意支用。所用如不在应支之列，藩司必具文请示，此款在何种收款项下动用。否则请奏明另筹收款，以供开支。故分收分支办法，虽不尽合理财原则，然亦未始非上下相制之道也"③。川省将外销各款分别设立了专门账户，专款专用。

这种所谓"上下相制"之道，在上引陈惟彦所亲历的案例中同样能看出端倪。外销本为公款，两江总督端方却将其视同于私款混淆提用，遭到坚持原则的陈氏的婉拒。徐一士编《近代笔记过眼录》一书时，在摘录此条目时感叹曰："清季各省有所谓外销之款，督抚或任意提用，公款与私账混淆，恶例也。"④

我们从清末贻谷案中，也可以看出地方官在处理外销账目时与私款的不同。贻谷于光绪二十八年（1902 年）被任命为督办蒙旗垦务大臣，在垦局征收押荒时，曾于押荒正银外，另收一五加色，这笔外销款没有计入该局上报的结算清

---

① 中国第一历史档案馆. 光绪朝上谕档：第 10 册［M］. 桂林：广西师范大学出版社，1996：424–425.

② 当然，这种制度和程式上的"限制"，要视各级财政官员坚持原则的坚定程度。督抚强势，下级财政官员为其马首是瞻，外销就易为督抚任意支用；如属员原则性强些，上司则相应有所收敛。如清季湖北，厘金、善后两局均有外销，布政使兼管。张之洞总督湖广，辄下便条取用以为常。但黄彭年任布政使时，颇能坚持原则，悉据官文书，张苦之。黄进谒，张必延入斋中，便坐雅谈，请予变通。黄不去冠带，执礼甚恭，答云："但有官文书，不敢不发。"再三请，答如初，终黄之任，张无如何。罗继祖. 枫窗三录［M］. 大连：大连出版社，2000：122. 而在湖南省，巡抚俞廉三交卸时该省尚有外销款 300 余万两，到赵尔巽任内，提用至 200 余万两，以湘人"辛苦公捐之款弃之如泥沙"，藩司竟"曾未一言阻之"。王凤丽. 吴庆坻亲友书札［M］. 南京：凤凰出版社，2020：265.（该书此处整理疑有误，将札中"湘人"误为"浙人"）

③ 周询. 蜀海丛谈［M］. 成都：巴蜀书社，1986：28.

④ 徐一士. 近代笔记过眼录［M］. 太原：山西古籍出版社，1996：236–237. 原文"所谓"误作"所调"。

折，甚至都不列入交代册内，而是计入该局内部平余银账簿内。① 贻谷获咎后，坚称这笔款内部有账目可查，是公款而不是赃款。他辩解的根据是：各省外销之款，何处没有？总以公款公用、有无案卷、是否侵吞入己为断。②

外销作为"公款"，既不同于户部所严格控制的正项，又与督抚可以任意处置的私款如养廉银、陋规中饱有别。其动支虽无须户部批准过问，但既是公款，即得公用。一旦其支用的不合理超出中央所能容忍的程度，户部也会伺机出面干预。同治四年胡家玉、张晋祺携二十余名随员，差竣回京，道经湖北。湖广总督官文与巡抚郑敦谨等商定，按照惯例从外销款内提银2000两，用以支付胡、张等人在该省境内的食宿费。又因道途梗阻，湖北方面再从外销款内多加银2000两，为上述人等沿途添雇车马、犒赏之用。结果此事被告发，胡家玉、张晋祺均被交部议处，官文被撤任，交部严议。③ 当时就有人指出，这种馈送之事，公、私皆出有因，并非凭空朋分可比。其咎不在收受，而在滥支。即一次给的太多，引起了户部的不快。在清末，每遇部库吃紧，中央即动员各省将外销和盘托出，接济部库。④

陋规的性质较为复杂，有归公之陋规、中饱之陋规之分。归公之陋规留充地方善举或接济兵差，作为地方公用，即为公款，与外销无异。但外销与陋规中饱一公一私，是有明显界限的。光绪二十五年（1899年），清廷集款练兵，侍读学士恽毓鼎不满于各省仅将外销款提出用于练兵，而不触及陋规中饱，曾提请皇上注意外销与陋规中饱的区别。他认为：陋规中饱者，私款也；外销者，虽不报部，实公款也。外销各项原系朝廷自有之财，本备各省缓急之需，不可悉索馨尽。⑤ 而陋规中饱才是各省认真清查、和盘托出的重点。

耗羡是随正项加征的一种附加税。初为私款，为陋规之一种。雍正时期耗羡归公，开始公款公用，其实是由私款变成了外销。但到乾隆以后，归公之耗羡被纳入奏销体制，与正项钱粮一样报解。⑥ 至此，耗羡即视同正项，与外销就

① 西北垦务调查局．西北垦务调查汇册、西域行程记、西域番国志（合订本）［M］．台北：华文书局，1968：308.

② 绥远通志馆．绥远通志稿：第5册［M］．呼和浩特：内蒙古人民出版社，2007：197.

③ 同治朝实录：卷190［Z］．同治五年十一月丁丑．

④ 如光绪十年京员津贴的推出即是一例。京员津贴的宗旨是"筹津贴而不动正款"，从各省外销闲款中筹措。陈勇．光绪十年京员津贴再探［J］．清史研究，2019（01）.

⑤ 恽毓鼎．由籍回京言事折（光绪二十五年十月廿九日）［M］//恽毓鼎澄斋奏稿．杭州：浙江古籍出版社，2007：35.

⑥ 耗羡归公的制度化过程，可参董建中．耗羡归公的制度化进程［J］．清史研究，2000（04）；陈锋．论耗羡归公［J］．清华大学学报，2009（03）.

性质迥异了。

（三）所谓"外销财政"

明了"外销"一词的内涵，在此基础上，我们试图引申出"外销财政"这一财政术语。所谓外销财政，即游离于奏销制度之外，由地方政府掌握、不受户部核销的那部分财政收支。① 归纳起来，外销财政应具有如下特点：

其一，地方政府自为经理，既与私人财务不同，也与正项财政有别。财政与财务的主要区别在于，前者主体为国家或政府，后者则为团体或个人。当然，严格意义上的现代政府是工业革命的产物，无论是中央政府、区域政府，还是基层政府，其基本职能都是保障社会稳定，促进经济发展，提高公民生活水平。而清王朝各级政府只是为皇权服务，确保王朝的江山稳固，与现代政府有别，称为官府衙门更为合适。外销收支是各级官府衙门为主体的财政资金活动，属于财政行为，这是不言自明的。

但外销财政收支又不直接受中央户部的稽核。同治十二年（1873年）上海制造局发生火灾，厂屋被焚，造成财产、人员损失。李鸿章建议江海关道，如将这些损失归入外销财政弥补，则可不必向户部汇报此事，避免麻烦。② 李鸿章的意思是，户部既不知晓外销款的来源，最好也就不必让其知道这笔钱花在哪里。无独有偶，光绪年间，山西布政使张煦曾就该省举人会试盘费一事致信户部尚书阎敬铭，强调这笔钱"由外销款拨发，可无须专奏"③。张煦的意思是，这笔钱既从该省外销财政中来，即可不向户部报告这笔资金的使用情况。以上各例表明了内、外销收支活动在账目处理上的不同，地方政府掌握的一部分外销财政收支是可以不向户部报账的。但我们又不能单凭报部、不报部来判断是否是外销，如陕西省厘金外销，就有报部、不报部两种，其报部者，曰留支经费；其不报部者，曰存留办公。④ 山西省厘金外销收支也有达部、不达部之

---

① 洪振快基于中国历史上长期存在非正式财政制度的现象，归纳出"亚财政"这一概念。亚财政包括内容较多，如耗羡、陋规中饱以及本书所讨论的外销等。洪氏这一概念极具概括力，但于亚财政中内部各款的差异并未深论。洪振快. 亚财政：非正式财政与中国历史弈局 [M]. 北京：新星出版社，2008：1. 魏光奇的"法外收支"概念亦如是。魏光奇. 有法与无法：清代的州县制度及其运作 [M]. 北京：商务印书馆，2010：324.

② 李鸿章. 复江海关道沈（同治十二年二月十八日）[M] //顾廷龙、戴逸，主编. 李鸿章全集：第30册. 合肥：安徽教育出版社，2008：505.

③ 本书编辑组. 清代名人书札：下 [M]. 北京：北京师范大学出版社，1990：236-237.

④ 户部. 议覆陕抚厘金外销情形片（光绪十一年十一月二十日）[G] //户部奏稿：第10册. 北京：全国图书馆文献缩微复制中心，2004：4875-4876.

分。① 可见，外销财政收支有的报部，有的不报部，外省各按惯例行事。但即使有的外销财政收支报部，也仅是在户部备案而已，一如前引周询所云"年终汇报一次"（即开单奏报），户部并不会像正项那样，要求其造具细册，比照则例一笔笔对其进行严格的磨对、核销（即造册报销）——这正是外销与内销的区别。因此，清末《广东财政说明书》云："各省所入有外销不报部之款"，又有"报部仍归外销之款"，② 想必意即在此。

其二，与正项财政相辅而行，发挥正项之不及的财政功能。同治十一年（1872 年），淮军将领刘秉璋转业，外放江西布政使。在离京前，毫无地方行政经验的刘秉璋，向江西在京人士许诺要取消江西地方的漕粮浮费，以纾民困。但过天津时，在李鸿章处却受到李氏的劝阻。《异辞录》载：

> 先文庄简赣藩，未出京之先，时江西京官正以地方州县浮收漕粮为词，与本省抚藩互相辨（辩）论，因公宴文庄，且请纾民困，文庄诺焉。过津，见李文忠而告之。文忠曰："公失词。夫款项至于十余万，绝无干没之理，意者外销必有须于此者乎。"及履任，查出用途，以学政棚费为大宗，其他零星外销杂费不可胜计，乃知文忠言果不谬。③

李鸿章何以在此事上不认同刘秉璋？是因为李氏凭自己的行政经验判断，区区十万两浮费，是远远满足不了一省的外销杂费支出的。刘秉璋到任后，才发现李氏所言不谬。这个例子说明，我们不能将各省浮费一概归为官员的贪腐，其实有一部分弥补了正项财政的不足，被用于地方行政所必需的外销开支。

那么，外销发挥了哪些财政功能？各省情况不一。就刚才所举的案例可知，江西省所多收的漕粮浮费，被用作了学政棚费等文教方面的开支。陕西省自光绪二年（1876 年）起每年酌提厘金一二成，为留外办公款项，除修理城池、仓廒、文庙、书院、贡院等工外，还涉及添买书籍、筹备垦荒牛种、采办省仓积谷、京员津贴、差徭生息，并地方一切应办事宜。④ 而清末湖北省的外销之款，

① 张之洞. 札清源局外销经费指定实用（光绪九年十月二十四日）［M］//苑书义，等编. 张之洞全集：第 4 册. 石家庄：河北人民出版社，1998：2381.
② 广东财政说明书·总说［G］//国家图书馆出版社影印室. 清末民国财政史料辑刊：第 8 册. 北京：国家图书馆出版社，2007：15.
③ 刘体智. 异辞录［M］. 北京：中华书局，2016：65.
④ 陕西巡抚边宝泉奏（光绪十年十二月廿六日）［G］//中国第一历史档案馆. 光绪朝朱批奏折：第 76 辑. 北京：中华书局，1995：928.

大率系兴学、练兵及振兴农工商诸实业之用。① 外销财政在各级官府中所发挥的功能，因时因地均有不同。

正由于外销在地方行政中发挥了不可替代的财政功能，晚清中央在制定重大决策影响到各省外销款源时，往往也要考虑到地方的财政承受能力。如光绪二十二年（1896年），清廷筹议裁撤厘金来推行印花税，就考虑到：厘金，外销取于是，杂项取于是。一旦取消，"各省督抚将成枯木朽株，必至束手无法而后至"。② 光绪二十八年，清廷与西方列强在进行裁厘加税谈判时，裁厘对各省外销影响到底多大，始终是参与谈判的中方代表要考虑的问题。我们从时人李桂林致讷钦的私人信函中就能领会到当时大小官员对此事的普遍担心：

> 加税免厘，业已定议，此亦如海关代收税课办法。户部计其总数必有赢（盈）余，而各省外销之款必至大减，此亦须内外合计并出入之数而统算之，庶冀民力纾而国用不亏耳。③

当然，各省外销并不尽为地方政务之用，"与今日地方税之性质，殊难强同"④，我们不能简单地将外销财政等同于现代预算体制下的所谓"地方财政"，下文将有论证。

其三，普遍化。晚清时期，各级政府衙门均存在规模不等的外销财政。光绪八年，左宗棠奉旨调查湖北新关，在查出该关外销存银达1.8万两时，说过这句话："各省款项，除报部外，其有事属因公而必须剔归外销者，所在多有，亦不独湖北一省为然。"⑤ 在左氏看来，各省均有外销，湖北省存有这笔款项已见怪不怪。光绪十年，户部官员查得陕西厘金项下有一笔58万两的外销巨款，认为陕厘报部数目蒙混掩饰，要求听候部拨充饷，遭到陕西督抚的强烈反对。他们辩称：酌提厘税留外办公，各省皆然，不独陕省。⑥ 这句话意在说明，外销

---

① 张之洞. 筹拨练兵款折（光绪三十年七月十六日）［M］//苑书义，等编. 张之洞全集：第3册. 石家庄：河北人民出版社，1998：1613-1616.

② 翁同龢. 奏请推行印花捐片（光绪二十二年四月）［M］//谢俊美，编. 翁同龢集：上. 北京：中华书局，2005：165.

③ 本书编辑组. 清代名人书札：下［M］. 北京：北京师范大学出版社，1990：309.

④ 贾士毅. 民国财政史：上册［M］. 郑州：河南人民出版社，2016：128.

⑤ 左宗棠. 续查已革道员被参各据实复陈折（光绪八年十二月初五日）［M］//左宗棠全集：第8册. 长沙：岳麓书社，2009：174.

⑥ 陕西巡抚边宝泉奏（光绪十年十二月廿六日）［G］//中国第一历史档案馆. 光绪朝朱批奏折：第76辑. 北京：中华书局，1995：928-929.

在各省都普遍存在，要求将厘金外销现存之项，仍归本省公用，免其提拨充饷。尽管各省外销对于中央，仍是藏头露尾，遮遮掩掩，但在地方官场内部，早已视为"上下周知"的秘密，彼此并不讳言，甚至还成为上、下任交接时私下交代的重要事项。光绪十五年（1889 年）张之洞由两广总督迁任湖广总督，还未上任，即致函湖北巡抚奎斌，询问该省每年司库及善后牙厘各局所入内销、外销各款共若干，要求奎斌开个清单，交文报局速寄广州。① 而且，外销并不仅见于省级衙门，各州县亦然。《牧令须知》是清代官场颇为流行的一本小册子，专门讲述地方官的从政经验。该书要求地方官到任，应当尽快熟悉本地财政状况。先将本州县收支正杂各项造成清册，核明其中有哪些款目，哪些为正款，哪些为杂款；哪些归内销，哪些归外销；某款应征多少，应解多少。钱谷事件亦须另立三簿，正项一簿，报部杂项一簿，不报部杂项一簿，分别内销、外销款目。② 该书为我们勾勒出这样一幅图景：不仅省级政府，州县级政府同样存在外销财政。处理包括外销在内的钱谷事件，是州县官的主要日常事务之一，也是其必须熟练掌握的基本技能。清末，城镇乡实行自治，道府以至州县杂捐各款均由本地抽收，以资备办新政之需，以地方之财办地方之政，独立于司库的州县外销财政更是迅速扩张。

其四，制度化。外销财政资金虽由各级政府各自控制，与正项财政的管理截然分开，但其使用并非就是一无章法，散漫无稽，各级衙门其实已各形成一套约定俗成的管理程式。如前文提到的陈惟彦坚持提款要饬办文批，黄彭年在湖北藩司任上的"悉据官文书"，贻谷所称不列交代而另立平余银账簿等。在四川，实行的是"分收分支之法"。③ 川省将外销各款分别设立了专门账户，专款专用。江西省作为外销的炮船经费，虽经牙厘总局征收，但要另款存储，需用银钱随时赴总局请领核发，每月收支数目也要向藩司汇报④（只是藩司并不向户部办理报销）。为不让本省厘金外销为户部指令充饷，陕西督抚也一再强调，该省对外销的管理非常规范，已形成严密的制度："此等留外之款，抚、藩两署均有案牍可稽，遇有提用，藩司随时禀商，按款呈报，层层钤束，上下周知，

① 张之洞 . 致武昌奎抚台（光绪十五年七月二十二日）[M] // 苑书义，等编 . 张之洞全集：第 7 册 . 石家庄：河北人民出版社，1998：5362.

② 刚毅，牧令须知：卷 1 莅任 [G] // 沈云龙 . 近代中国史料丛刊：第 648 种 . 台北：文海出版社，1973：16.

③ 周询 . 蜀海丛谈 [M] . 成都：巴蜀书社，1986：28.

④ 李桓 . 遵批另议牙厘盐茶章程详（咸丰十年七月）[M] // 宝韦斋类稿：卷 16. 沈云龙，主编 . 近代中国史料丛刊：第 344 种 . 台北：文海出版社，1973：799.

其为不能侵欺蒙混固不待辩而明者也。"① 同样在陕西，差徭在没有被作为偿款基金之前，也不报部，为外销，但各属仍需要将征收情况层层申报到善后局，"月有要，岁有会，有不以实者，论如法。"② 这里的"法"，显然是指该省有关外销财政管理的相关规定。概而言之，各级政府都有自己掌握的那部分外销资金，且对其负有管理权限。

二、既有研究述评

清代中央政府通过奏销制度了解、掌控地方财政资源，而没有被纳入奏销制度的那部分地方财政收支即成为外销财政。显然，外销财政是相对于内销财政（又称正项财政）而言的。内销、外销的分野，构成了清代财政体制的"双重结构"。外销财政具有隐蔽性和不规范性（相对于内销而言），在清代前期即已出现萌芽，但在晚清时期得以形成规模并进一步膨胀，成为当时严重的财政问题。由于遗存的史料零碎不整，外销财政一直是清代财政史研究的一个难点和薄弱环节。不过，外销财政自其产生之时起，就已受到人们的关注。民国以降治清代财政史者，在论及晚清财政时，多少均会触及这一问题；更有一些学者不畏繁难，在浩如烟海的史料中细密爬梳，披沙沥金，对关涉晚清外销财政的某些关键问题做了有益探讨，形成了一些颇有学术价值的研究成果。归纳起来，学者们大多围绕如下三个方面的问题来展开讨论：

（一）关于清代外销财政成因

清代正项财政实行严格的奏销制度，而外销财政收支则不受奏销制度的约束，成为一种游离于中央严密控制的收支体系。那么，这种外销财政何以形成？其生成机理何在？

外销财政的形成与奏销制度的崩坏直接相关。奏销制度确立于清初顺治年间，完善于康雍之世，崩坏于晚清时期。彭雨新将清季奏销制度的式微归结为三个方面的原因：其一，太平军兴后，地方财政机构紊乱，布政使司权势削弱，不敢据实奏销以与督抚相争持。其二，各省财政收支内容发生变化，非传统的"则例"或"程式"所能限制。其三，户部本身的因素，如财政摊派、索取部

---

① 陕西巡抚边宝泉奏（光绪十年十二月廿六日）[G] //中国第一历史档案馆. 光绪朝朱批奏折：第 76 辑. 北京：中华书局，1995：928-929.

② 陕西全省财政说明书·岁入部 [G] //中央财经大学图书馆，辑. 清末民国财政史料辑刊补编：第 8 册. 北京：国家图书馆出版社，2008：102.

费等，迫使地方以假账相欺。①

彭氏的概括较为全面，后世学者都是在这一研究的基础上，就其某一或某些观点做进一步的发挥。何汉威、刘增合的研究表明，太平天国以后各省局所林立，这种新生财政机构的脱序对旧有财政制度产生了破坏②；关晓红对清季局所扩展权限职能、冲击规制的情形也有深入揭示③；何烈、邓绍辉等认为，咸、同以后清财政收支结构发生变化，各省出入科目既变，经手机构也多为督抚所创设，户部再也无法依凭旧有"例""案"来审核各省的经费支出，奏销制度已徒具形式④；刘伟则强调筹饷权的下放对奏销制度产生的冲击⑤。申学锋指出，奏销制度瓦解的原因是多方面的，国家财政收支的失范是奏销制度解体的根本原因；户部本身的弊端和支出科目缺乏弹性与不合情理对奏销制度也产生了破坏作用。⑥

当然，奏销制度的崩坏不仅是时势变迁使然，而且还与奏销制度本身的因素有关。佐伯富对清初奏销的起源、制度运作的研究，陈锋对清代前期奏销行政组织职能、奏销程序、常规奏销与战时奏销制度及政策演变的探讨，均已洞察到这一财政制度的内在矛盾。⑦ 钱粮奏销具有一定的时限和规程，且必须随制度环境的变动而适时调整，否则极易陷入僵化，出现"财政制度跟不上财政体系变化"⑧ 的情况。刘志伟注意到，清廷通过奏销制度实现税收管理的高度集权，但与集权化同时出现的另一个发展趋势则是对州县实际赋税征收的失控。

---

① 彭雨新. 清末中央与各省财政关系 [J]. 社会科学杂志，1947，9（01）：9-10.

② 何汉威. 清季中央与各省财政关系的反思 [J]. "中央研究院"历史语言研究所集刊，2001，72（3）：633-637；刘增合. 由脱序到整合：清末外省财政机构的变动 [J]. 近代史研究，2008（05）. 当然，以上两位学者不仅揭示了这些新生财政机构的脱序，而且也注意到光绪后期清政府对这些财政机构的整合。

③ 关晓红. 晚清局所与清末政体变革 [J]. 近代史研究，2011（05）.

④ 何烈. 清咸、同时期的财政 [M]. 台北："国立"编译馆中华丛书编委会，1981：384-386；邓绍辉. 晚清财政与中国近代化 [M]. 成都：四川人民出版社，1998：237-239.

⑤ 刘伟. 晚清督抚政治——中央与地方关系研究 [M]. 武汉：湖北教育出版社，2003：256. 汪林茂的论文也揭示了咸、同年间筹饷制度的变化对清经制财政的影响，见汪林茂. 清咸、同年间筹饷制度的变化与财权下移 [J]. 杭州大学学报，1991（02）.

⑥ 申学锋. 晚清财政支出政策研究 [M]. 北京：中国人民大学出版社，2006：187-188.

⑦ 佐伯富. 清代における奏销制度 [J]. 東洋史研究，1963，22（03）；陈锋. 清代前期奏销制度与政策演变 [J]. 历史研究，2000（02）.

⑧ 土居智典. 从田赋地丁看晚清奏销制度 [J]. 北大史学，2005（11）：294.

这种集权趋势和失控倾向是一个对立统一、相辅相成的过程。①

外销是对应于奏销的一个概念。我们明了了奏销制度崩坏的原因，其实也就弄清了外销财政产生的制度因由。但是外销财政的生成，还须进一步从清代财政管理体制上来探究根源。清政府恪守"国家出入有经，用度有制"，无论社会经济情况发生怎样的变化，财政收支均不得突破经制所规定的范围和额度。这种财政管理体制，何平称为"不完全财政"。不完全财政在确保经制收支都由中央严密控制的同时，却并未为中央和地方各项事务的经常性用度提供充足的财力保证。事实上，这些经常性开支恰被排除在经制所规定的支出范围之外。②这些未列入经制的财政支出，只能谋求正项财政外的其他途径即外销来解决。

"不完全财政"这一概念的提出，在财政史界引发了一些争议，③但也得到大部分学者的基本认同。史志宏、徐毅即揭示，清代财政的不完全性正是外销财政产生的管理体制根源，即制度本身没有给地方必要的行政开支安排足够的相应经费，地方不得不自辟财源以弥补"经制"安排的缺口。④周育民也指出，清廷一方面剥夺了地方政府一切财政机动权，另一方面这种财政机动权却又非法地、公开地存在着。⑤岩井茂树则认为，正额外财政的产生和发展是清代"原额主义"及其逻辑演变的结果。⑥根据岩井的解释，所谓"原额主义"，是指清政府恪守祖法不变，不随经济增长而改变税额，导致僵化的正额收入与随着社会发展和国家机构活动的扩大而增加的财政需求之间产生矛盾，结果必将出现为弥补这种矛盾而派生出的正额外财政。不难看出，岩井的"原额主义"其实就是"不完全财政"的不同表述。

那么，清廷为什么要实行"不完全财政"，其依据为何？张研试图从清代政治统治架构的"双重统治格局"来做出解释。张研认为，清代政治统治格局中存在官僚机构的"官治"与基层社会的"自治"（又称"乡治"）两个层次。双层统治格局对应存在国家财政和基层社会财政两种财政体系。国家财政系满

---

①　刘志伟. 略论清初税收管理中央集权体制的形成 [J]. 中山大学史学集刊: 第 1 辑，1992：124.

②　何平. 论不完全财政体制对清代社会的破坏机制 [J]. 学术研究，2004（06）; 何平. 清代不完全财政制度下的赋税负担与税收失控 [J]. 税务研究，2000（02）.

③　陈光焱，陈永成. 论清代火耗归公与养廉银制度及其借鉴——兼论预算外资金管理改革 [J]. 经济论坛，2009（07）.

④　史志宏，徐毅. 晚清财政：1851-1894 [M]. 上海：上海财经大学出版社，2008：288.

⑤　周育民. 晚清财政与社会变迁 [M]. 上海：上海人民出版社，2000：228.

⑥　岩井茂树. 中国近代财政史研究 [M]. 付勇，译. 北京：社会科学文献出版社，2011：262.

足官僚政权生存和发展的需求，基层社会财政则是服务于社会治安、社会公益、社会文教等地方事业。前者源于赋税，财政权高度集中于中央，统收统支；后者源于基层社会组织的代表士绅阶层自筹，取之于民用之于民。由此在国家财政之外，形成了一套非经制财政体系，各级官员的俸禄、地方公费、地方发生的战费等不足部分，均于此得到了补充。①

张研的"双重统治格局"对外销财政的生成机制确有一定的解释力。其实，基层社会财政作为一种外销财政形态，早就受到一些学者的关注。在李三谋看来，这种财政形态应视为清代外销财政的第二层次，它在中国民间自治活动中一直存在，但在清末新政"以地方之财办地方之政"过程中得以发展壮大。不过，李三谋还注意到，即便在张研所说的"国家财政"中，也还存在外销财政的另一种形态。这种外销财政只是脱离了奏销常规，是以截取或分取国税为存在条件，发挥与国家正项财政一样的功能，是国家财政内部争夺财权或重新划分财权的矛盾运动的结果。李三谋命之为外销财政的第一层次。② 李三谋的这一认识也得到魏光奇的认同。魏光奇将外销财政的两个层次统称为"地方财政"，他认为，在中国近代史上，地方财政这一概念有两种涵义：其一，指国家财政系统内部的地方层面，即相对于中央国家财政而存在的省国家财政、县国家财政；其二，指外在于国家财政系统的地方自治财政。③

以上学者对外销财政层级的探讨，不仅有助于我们从中央——地方以及国家——社会等多重视角来探究外销财政产生的政制根源，还可促发我们进一步思考这样一个问题，即现代财政术语中所谓"地方财政"在近代以来其内涵发生了怎样的变化，以及它与外销财政究竟存在什么样的渊源关系。

（二）关于清末外销财政规模

晚清外销财政款目复杂，涉及内容广泛的地方经费开支，是内销财政的重

---

① 张研. 从"耗羡归公"看清朝财政体系及当代"税费改革"［J］. 学术界，2007（03）.

② 李三谋. 明清财经史新探［M］. 太原：山西经济出版社，1990：334-349.

③ 魏光奇. 国民政府时期县国家财政与自治财政的整合［J］. 首都师范大学学报，2005（03）. 近年来，清代州县财政以及州县自治财政开始引起学者的关注，除魏光奇的系列研究成果外，还有如李映发. 清代州县财政中的亏空现象［J］. 清史研究，1996（01）；侯鹏. 清末浙江地方自治中县财政的演变［J］. 地方财政研究，2008（03）；徐毅. 晚清捐税综论——以1851-1894年为背景［J］. 中国经济史研究. 2009（03）；岁有生. 清代州县经费研究［M］. 郑州：大象出版社，2013；汤太兵. 清末民初浙江县税考释［J］. 中国社会经济史研究，2014（04）；刘伟. 财政困境下的产物：晚清州县的"外销"［J］. 宝鸡文理学院学报，2018，（06）.

要补充和清财政体系的必要构成部分。但在财政家产制①的背景下，外销财政或明或暗，为奏销文书所不载，这就为我们准确评估晚清财政实际规模设置了难度，正如史志宏所言，"外销问题从来就有，但其在国家财政上的意义，晚清与前清完全不同。前清外销规模很小，内销基本上可反映国家财政收支的总体状况。但晚清外销规模越来越大，内销反倒是例行公事，因此只有讨论清楚了外销财政，才有可能对晚清财政有一个全面的了解和判断。"②

与历代王朝一样，清代也缺乏对财政经济实行"数目字上的管理"，中央政府没有将每年财政收支情况进行汇总统计、定期公布的习惯。不过，当时也不乏留心国用的有心人。时人王庆云、陈康祺、刘岳云、李希圣以及一些在华的外国专家如哲美森（G. Jamieson）、赫德（R. Hart）、巴克尔（E. H. Parker）、马士（H. B. Morse）等，对当时清王朝的财政规模都做过一些形形色色的统计。③ 但以上统计都是根据官方数据，基本上只能反映正项财政的规模，而未将外销收支全部囊括，因此得出的结论并不完全。当时朝野上下都已意识到外销财政的存在，对其大致规模也做过各种估测。清户部即据外间传闻称，各省厘税实收之数竟达数倍于报部之数，④ 但无实据可凭；吴廷燮亦云：庚子后一切新政经费较之前增加几倍，"于是例报岁入出之数遂不足据"⑤；梁启超估计庚子以后清政府的税收额约1.3亿两，"其实督抚外销不报部之数，官吏胥吏奸商层层娄索中饱之数，当三、四倍于此。大约人民所负担，总在四万万两以外也"。如田赋一项，每年收入3000余万两，而耗羡、规费、折色等项均视正供一倍有余，全国人民实际所出田赋约在7000万两以外。⑥

后世学者如罗玉东、李三谋、周育民、周志初等人均对清季外销财政规模做过一些经验性的判断。不过，各种估算数据差距甚大。罗玉东推断，光绪后期地方政务日繁，但未闻增加地方经费，则地方所需之新经费必皆为外销之款无疑。以经费增加一倍而言，即外销之款数应与内销之款数相等，甚至前者超

---

① 关于清代"财政家产制"的表述，可参魏光奇. 清代州县的"主奴集团"——透视"秦制"的根本特征 [J]. 北京师范大学学报，2011（01）；魏光奇. 清代民国县制和财政论集 [M]. 北京：社会科学文献出版社，2013：26-29.

② 史志宏，徐毅. 晚清财政：1851-1894 [M]. 上海：上海财经大学出版社，2008：240.

③ 关于清末以降学人对晚清正项财政收支规模的估算，可参韩祥. 晚清财政规模估算问题初探 [J]. 中国经济史研究，2014（03）.

④ 户部奏请各省厘税外销通饬具报折 [N]. 集成报，1898（28）：13-15.

⑤ 吴廷燮. 清财政考略 [M]//国家图书馆出版社影印室，编. 清末民国财政史料辑刊：第20册. 北京：国家图书馆出版社，2007：381.

⑥ 梁启超. 饮冰室文集：第2册 [M]. 台北：中华书局，1983：26，3.

过后者。①

周育民基本认可罗玉东的估计，推测光绪末期整个地方财政的外销收支额大体上和户部所掌握的正项收支相当。他认为，光绪二十六年（1900年）清财政规模还只是1亿两，而到宣统三年（1911年），整个财政一下子增加到3亿两的规模，其中的原因，除了庚子以后各种捐税激增外，一个主要因素就是通过财政清理，把地方财政中的大量外销款揭露了出来。② 李三谋估计，将外销财政的两个层次考虑在一起，清末新政时期各省的各种外销财政收支款项估计达到1.5亿两以上。③

法国汉学家巴斯蒂（Marianne Bastid）亦指出，清户部直接掌握的政府财政份额不大，她估计光绪十三年（1887年）户部直接掌控者为1590万两，十九年（1893年）为2280万两，二十九年（1903年）则为2000万两，以上数字约占各该年官方所认知的财源比重的18.78%、27.5%及20%。她认为实际税收较报部者至少多三至四倍。④ 如巴斯蒂的估计，以光绪二十九年为例，官方所认知的财源即报部的税收当为1亿两左右，而当年的官方所不认知的外销规模当为2亿到3亿两。

当然，也有较为谨慎一点的估计。如周志初认为，光绪中后期，户部统计的全国财政收入约8000万两至1亿余两，但清末清理财政时，地方各省清出的财政收入总额达2.4亿两，可见此前各省不入奏销的外销经费额已达惊人的程度。晚清时期全国的实际征税额应在实际财政收入的基础上至少上调四分之一。⑤ 这上调的四分之一即为外销财政收入。

无疑，清末各省财政说明书是了解晚清外销财政问题的最好资料。魏光奇指出，外销款在清政府的各种文件档案中对其数目记载很少，但当时各省"外销收入之一部系属巨观"是无疑的。他根据清末山西财政说明书，对山西省光绪三十四年藩库外销收支、河东运库外销支出、归化关库外销收入进行了统计，还发现山西各署局所自行经理、各府厅州县留支各项内也都有大量的外销收

① 罗玉东. 光绪朝补救财政之方策［J］. 中国近代经济史研究集刊, 1933, 1（02）: 268.

② 周育民. 晚清财政与社会变迁［M］. 上海: 上海人民出版社, 2000: 295.

③ 李三谋. 明清财经史新探［M］. 太原: 山西经济出版社, 1990: 348.

④ BASTID M. The Structure of the Financial Institutions of the State in the Late Qing［M］// SCHRAMED S R. The Scope of State Power in China. New York: St. Martin's Press, 1985: 75.

⑤ 周志初. 晚清财政经济研究［M］. 济南: 齐鲁书社, 2002: 105, 263-264.

支。① 刘增合认为，由于文献限制，外销收入虽无从量化统计，但可利用清理财政的成果，对其做片段的考察，亦可大致估计其总体规模。他根据清末各省财政说明书对广东、奉天、山西、浙江、云南、贵州等省份的外销款目做了统计，发现仅就款目数量而言，外销在广东省财政总体规模中，收、支两方面均占到总款目的一半左右，其他如奉天、山西、浙江等省情况相近，而贵州省外销款目甚至要多于内销款目。②尽管款目难以反映收支规模总量，但我们可借此探究各省外销款项的收支结构及财政功能。岸本美绪通过对清末《河南钱粮册》与《河南省财政说明书》进行比对发现，作为地方经费筹集手段新成长起来的诸项目，在《钱粮册》中几乎没有反映。③ 那么，没有反映出来的内容便是外销无疑了。尽管岸本的实证研究仅仅是河南一省的情况，且仅就地丁钱粮一项，但给我们提供了一个新的思路，即我们可以资料较为齐全的某些省份作为个案研究，测算出这些省份较为准确的外销规模，再在此基础上推算全国整体的情况。

　　史志宏、徐毅的研究在方法上获得创新，从而将此项研究推进了一大步。他们以清末各省财政说明书的各项数据为基准，再结合其他相关资料，先剔除甲午之后增加的部分，推算出甲午以前各项税收的总体规模，再通过其与甲午前奏销数字进行比较，推算出甲午之前各省外销财政规模至少为五千万两，这一外销数目占当时清王朝全部财政收入的近40%。④ 这种倒推法在方法上无疑是可取的，但其前提条件是各省财政说明书的数据是准确的。而恰在这点上，清末时人不以为然，当时有资政院某议员就断言："各省所报岁入断非实数。"⑤台湾地区学者王业键认为，宣统三年的预算是在全国财政调查之后立即制定的，以此来衡量全国税收，其准确性要比光绪二十九年的报告要好一些。但宣统三年的预算是由新成立的度支部匆匆制定出来的，无暇对调查中得到的资料进行核实和整理，有些地方税收显然被度支部大大低估了。他在分别对田赋、盐税、厘金、海关税、内地关税、杂税进行重新估计的基础上，认为清朝末年（此处应指光绪三十四年）国家税收实际数额应在 2.92 亿两左右。⑥ 这比该年各省报

① 魏光奇. 清代后期中央集权财政体制的瓦解［J］. 近代史研究，1986（01）.

② 刘增合. 清季中央对外省的财政清查［J］. 近代史研究，2011（06）.

③ 岸本美绪. 清代中国的物价与经济波动［M］. 刘迪瑞，译. 北京：社会科学文献出版社，2010：478.

④ 史志宏，徐毅. 晚清财政：1851—1894［M］. 上海：上海财经大学出版社，2008：278，289.

⑤ 何议员对于审查预算之意见［N］. 申报，1910-11-26.

⑥ 王业键. 清代田赋刍论（1750—1911年）［M］. 高风，等译. 北京：人民出版社，2008：96-104.

出的财政清查结果 2.35 亿两要高出近 5000 万两。

以上学者对清末外销财政规模的判断，基本上是一种经验估计，我们在利用这些研究成果时，需辅以其他可用资料加以验证。

（三）关于清末外销财政的治理

清代前期即已有外销款的出现，清廷对其也有过整饬行为，① 但当时外销收支尚处于可控范围，对正项财政不构成大的威胁。清代后期，外销财政规模越来越大，问题也越来越多，清廷为维持其中央集权的财政体制，以缓解财政危机，也不时推出清理外销财政的举措，如光绪前期的规复奏销旧制，甲午之后钦使南下索款，清末国地分税和编制预算。这些财政治理举措，方法各异，侧重点各不相同，效果各有等差，对其利弊得失，后世学者也屡有评断。

传统观点认为，咸同战乱以后，督抚专权，奏销制度解体，清廷已无力恢复旧制。土居智典通过对各省残存钱粮奏销册的实证研究，对这一说法提出疑问。② 刘增合的研究表明，光绪前期，钱粮奏销规制走出了咸同战争期间一度中辍的阴影，形成了一些新的政策和做法，不过旧制规复很有限度，只能算是得失兼具。③

光绪前期规复奏销旧制的最重要的事件是光绪十年奏销科目的重新编订。此次奏销整顿的主要举措是，将咸同以后新出现的一些新增收支科目纳入奏销体系。周育民较早关注到这次收支科目编订的意义，认为这是一个改革和进步，但他也清醒地看到，这种旧式会计制度的有限调整，仍无法适应近代国家财政管理的要求，也没有承认地方财政客观存在的事实。④ 申学锋也肯定，这次财政收支科目的调整一定程度上反映了新时期的财政状况，适应了财政奏销的需要。不过，他又指出，这种调整仍将财政收支置于单一的中央核算体系之下，没有考虑地方政府的实际收支，体现了集权中央的真正目的。⑤ 而且，仍有大量外销款收支仍然游离于新的奏销体系之外。

---

① 如雍正年间的耗羡归公，耗羡成为各省可自由支配的款项，不受户部核销。但乾隆以后，特别是嘉庆时期，作为外销款的耗羡已被纳入奏销体制，与正项无异。可参曾小萍.州县官的银两——18 世纪中国的合理化财政改革 [M].董建中，译.北京：中国人民大学出版社，2005：177，281.

② 土居智典.从田赋地丁看晚清奏销制度 [J].北大史学，2005（11）：291.

③ 刘增合.光绪前期户部整顿财政中的规复旧制及其限度 [J]."中央研究院"历史语言研究所集刊，2008，79（02）.

④ 周育民.19 世纪 60-90 年代清朝财政结构的变动 [J].上海师范大学学报，2000（04）；周育民.晚清财政与社会变迁 [M].上海：上海人民出版社，2000：252.

⑤ 申学锋.晚清财政支出政策研究 [M].北京：中国人民大学出版社，2006：196.

光绪十年奏销旧制的规复效果不彰，清廷不得不变换手法，直接派中央大员到地方各省筹措款项，最典型的事件要算刚毅、铁良的先后南巡。两位钦差大臣南下各省背景略有不同，前者是为了筹还甲午赔款，后者则是为了筹措庚子后的练兵经费，但目的是一致的，即直接伸手向地方各省要钱。

宫玉振认识到，铁良南下筹款，其实质是吸聚各省财权归于中央政府，其效果尽管未全部达到，但使咸同以后督抚对地方财政的垄断至此被打开了缺口。① 何汉威认为，钦使南巡的使命可视为清政府就财政问题对督抚伸张权力的尝试。但他们只专注于提取更多的财源，而对各省财政管理体制不具长期的影响。② 事实上，各省外销财政膨胀并未因这两次钦使南巡而稍加遏止。

清代后期中央与地方、地方与地方间的财政矛盾愈演愈烈。规复奏销旧制，或向地方硬性摊派，均无法解决国家财政的根本问题。清末国势日蹙，清廷被迫祭出宪政大旗，意图苟延残喘。为实行宪政，清廷准备引入西方预算制度，开始清理财政，实行国地分税。应该说，清末的财政改制，无论是指导思想、目标、措施还是绩效方面，与此前的历次财政整顿都迥然不同，是一种制度层面的根本治理。因此，这一次的财政改制，尤能激发后世学者的研究兴趣。

清末财政改制大致分为三个环节，即先对各省进行财政清查，在周知各省财政实情的情况下实行国地分税，继而编制预算。关于清末财政改制的研究成果，归纳起来大致可分为两类：一类是就清末财政改制的前因后果、整个过程作一系统论述，如前文提到的周育民、周志初等人的专著，以及赵学军、张九洲、马金华等研究者的相关论文③；另一类是就清末财政改制的某一环节做一专题探讨，如张佩佩等对清季财政清查的研究④；张神根、龚汝富、高月等对清末

① 宫玉振. 铁良南下与清末中央集权 [J]. 江海学刊，1994（01）.
② 何汉威. 从清末刚毅、铁良南巡看中央和地方的财政关系 [J]. "中央研究院" 历史语言研究所集刊，1997，68（01）：86.
③ 周育民. 晚清财政与社会变迁 [M]. 上海：上海人民出版社，2000：412-422；周志初. 晚清财政经济研究 [M]. 济南：齐鲁书社，2002：116-125；赵学军. 清末的清理财政 [M] // 王晓秋，尚小明. 戊戌维新与清末新政. 北京：北京大学出版社，1998：297；张九洲. 论清末财政制度的改革及其作用 [J]. 河南大学学报，2002（04）；马金华. 论清王朝覆灭前财政体制的改革 [J]. 光华财税年刊，2007：379.
④ 张佩佩. 熊希龄与清理东三省财政 [J]. 求索，2010（05）；张佩佩. 试论清末简派财政监理官 [J]. 理论月刊，2010（07）.

国地分税的考察①；邓绍辉、邹进文等对清季预算编制问题的探析。② 此外，陈锋的论著对清末预算的酝酿、实施过程论述尤详③；刘增合的系列论文对清季财政改制的各环节均有深入研究。④

清末财政清理，主要是针对各省外销财政的清理。以西方财政理论为指导，以统一财权为目标，采取国地分税、调查各省岁入岁出、试行预决算等措施，试图将外销收支纳入法定的国家财政体系。那么，清末外销财政是否得到了根本治理，有何历史经验？邓绍辉的研究揭示，由于财权不统一，各省、中央各部院均存在大量预算外资金（应指外销）。度支部所能直接预算和管理的资金，仅限于中央和地方的部分资金，并非真正意义上的全国预算资金。⑤ 刘增合将此次财政清查视为传统中国融入近代世界的必经途径。他对财政清查活动中所呈现的内外失信、利益排拒情态较为关注。就中央层面而言，通过核查财政，各省隐匿之款和盘托出，可以将各省财政整体纳入宪政，形成近代财政体制；就外省层面而言，督抚也有通过这次全面清查，实现统一省级财政，维护省级财政利益的想法。这种不同思路体现在清查财政的过程中，深刻地反映出制度设计与现实实践的矛盾。⑥ 高月以清末东北三省为例，揭示出，凭借财政改制，地方冀图保持各省曾经在外销财政格局下的既得利益，度支部则希望能打破原有的财政混乱格局，重建中央集权财政体制。清末新政时期分税制改革的实质是重新梳理央地关系，而试办预算也并未在本质上打破原有的国、地财政紧张对立状态。⑦

以上从晚清外销财政的成因、规模及治理三个方面对相关研究成果作了简

---

① 张神根. 清末国家财政、地方财政划分评析 [J]. 史学月刊, 1996 (01)；龚汝富. 近代中国国家税和地方税划分之检讨 [J]. 当代财经, 1998 (01).

② 邹进文. 清末财政思想的近代转型：以预算和财政分权思想为中心 [J]. 中南财经政法大学学报, 2005 (04).

③ 陈锋. 晚清财政预算的酝酿与实施 [J]. 江汉论坛, 2009 (01)；陈锋，蔡国斌. 清代财政史 [M]. 长沙：湖南人民出版社, 2015：126-144.

④ 刘增合. 制度嫁接：西式税制与清季国地两税划分 [J]. 中山大学学报, 2008 (03)；刘增合. 西方预算制度与清季财政改制 [J]. 历史研究, 2009 (02)；刘增合. 清季中央对外省的财政清查 [J]. 近代史研究, 2011 (06)；刘增合. "财"与"政"：清季财政改制研究 [M]. 北京：生活·读书·新知三联书店, 2014.

⑤ 邓绍辉. 光宣之际清政府试办全国财政预决算 [J]. 四川师范大学学报, 2000 (01).

⑥ 刘增合. 清季中央对外省的财政清查 [J]. 近代史研究, 2011 (06).

⑦ 高月. 清末新政时期东北三省的国地两税划分 [J]. 长春师范学院学报, 2012 (11)；高月. 权力渗透与利益纠葛：清末财政预算的编制——以东北三省为例 [J]. 东北史地, 2012 (02).

要的概述，可以看出，学界对晚清外销财政这一问题的研究，取得了一些进展，已有一定的成果积累（当然相对于正项财政而言，外销财政研究还非常薄弱）。这为之后学者进一步的研究打下了坚实的基础，但同时也预留了较多的研究空间。

清代外销财政的生成，自有其深刻的政治、经济、社会根源。既有研究多循着奏销制度——财政管理体制——政治体制架构的分析路径递进，来探寻外销财政产生的深层动因。这种多层面、多视点的分析视角，无疑有助于对研究对象本质的深度揭示。当然，清季外销财政的成因是复杂的，我们还可以尝试从新的维度来进行考察。从学理上而言，清代外销财政的生成演化，归因于中央与地方之间财政权责划分的不明晰，这实质上已触及现代财政分权理论的核心内容。因此，作为一种财政现象的出现，我们不仅需要结合具体的历史场景和社会情境来进行分析，还需上升到学理的层面，从财政分权的视角对外销财政成因进行理论上的概括和阐释。这应是后续研究进一步努力的方向之一。

如果仅从正项收支来探讨晚清财政规模，显然不能揭示其真实面目，不把外销财政纳入进来，晚清财政史的研究就不完整。既有研究已做出了种种努力，对清季外销财政规模作了各种估计和测算。但由于没有系统的簿记资料可资利用，清末外销财政的实际规模究竟有多大，现代学者已很难做出完全精准的数据统计。王业键、史志宏等学者所采用的分税项统计法，无疑是非常有效的方法，但他们的研究结果还需得到验证。可行的办法是，选择资料较为详备的某些省份，对其做个案分析，在较为准确地掌握一些省份外销规模的基础上，再据此推测全国的整体情况，如此做到个案分析与总体估计相结合，分税项统计与分省统计相验证，相信能更为近真地勾勒出晚清财政的整体轮廓。另外，外销收入来源复杂，不仅来自税收，而且还有官业收入、公款生息、盈余、摊捐、罚捐等非税收入名目，这些非税收入有的款项甚巨。[①] 而且不仅各省、各州县，清季各部院也普遍存在外销收支。我们不能忽视这些作为非税收入存在的外销款项，这是下一步研究所必须注意的问题。

由于正项财政并未为地方经常性用度提供充足的财力保证，地方政府只能依靠外销款项弥补经费之不足。一旦这种经费体系造成严重的社会问题时，统治者往往采取"合理化改革"，将其纳入合法的正式经费系列。但只要地方公费缺口存在，新一轮的外销收支必将再度膨胀。清末多次财政清理活动，实质上

---

① 可参吴廷燮. 清财政考略 [M] //国家图书馆出版社影印室，编. 清末民国财政史料辑刊：第 20 册. 北京：国家图书馆出版社，2007：386.

主要都是针对外销财政的清理，既有研究已有深入揭示。但我们不应将清末财政清理仅仅视为清廷敛财或财政集权行为。从晚清财政历次治理方式来看，我们可将其归纳为三种模式，即奏销旧制框架下的常规式治理、行政威权压制下的运动式治理、预算编制背景下的规范式治理。我们可从指导思想、目标、措施，特别是财政权责确定等方面，对晚清外销财政治理三种模式的得失作一讨论，来揭示清末国家政体转型过程中清廷强化财政治理的"努力"和"能力"。清末财政改制的借鉴价值和历史意义尚需进一步挖掘总结。

奏销制度类同于我们今天的预、决算制度，而外销财政收支则类似于今天的预算外收支（但实际内涵并不完全一致）。清末至民国，地方各拥财权，财政难以统一。新中国成立后，预算外收支也经历过"清理——膨胀——再清理——再膨胀"的治乱循环。当下，预算外收支尽管已纳入预算管理，但制度外收支①治理仍为公共财政建设、公共预算改革的当务之急，十八大也明确提出要加强全口径政府收支预算管理。清末外销财政的生成机制、演化路径和治理经验，对当下正在进行的财政分权制度改革和构建完整、规范、透明的政府预算制度不无参考、资鉴价值。因此，我们亟须一种大历史观，将历史与现实紧密联系起来，探究这种内、外销财政体系并存的"双重结构"在中国历史上长期得以延续的内在逻辑，探讨当下财政体制之完善的有效途径。晚清外销财政的研究还有待深入。

三、本书内容结构

本研究遵循过程——事件——意义的分析路径。首先根据外销财政生成、演化过程中所呈现出的阶段性特征，分若干时段进行分析，探究外销财政形成、壮大背后的复杂因素；再通过典型事件的考察，展现中央与地方在财政治理过程中互相制约、彼此牵制的种种面相；最后，在过程、事件相结合，纵向与横向分析、动态与静态分析综合利用的基础上，探寻这种非正式财政在中国历史上长期存在的内在逻辑，以有鉴于当下正在进行的财政体制改革实践。本课题内容结构由绪论、正文六章及结语等部分组成。

绪论部分，主要是界定"外销""外销财政"这两个基本概念。通过对既

---

① 关于制度外收支的概念，可参高培勇. 中国政府预算的法治化进程：成就、问题与政策选择［J］. 财政研究，2004（10）；刘涵，毕美家. 制度外收入的理论诠释与测算方法改革［J］. 现代财经，2008（09）；李冬研. "制度外"政府收支：内外之辨与预算管理［J］. 财贸经济，2011（06）.

有研究文献的梳理和学术史的回顾，以厘清本研究的研究方向和学术意义。

第一章，清前期地方经费中的"外销"。本研究以清初诸种财政制度设计为分析起点，围绕如下问题展开：何为奏销？建立在定额制基础之上的奏销制度在清初是如何形成的？户部是如何通过奏销制度从账面上实现对各省正项钱粮收、支、调、存的全方位掌控的？起运、存留制度对中央与地方经费作了怎样的划分？耗羡归公又进行了何种调整？为什么说奏销制度所遵从的"经制"原则，已为外销经费置留了生成空间？

第二章，咸同军兴时期外销财政的形成。清代钱粮奏销制度的败坏开始于太平军兴。太平天国起义，对清王朝经制财政的破坏力度前所未有。清廷企图靠传统的理财手段走出财政困局的努力难奏肤功，被迫力筹通变，要求各省就近筹饷。各统兵大员、各省督抚遂以就地筹款、自筹饷需之名，突破经制常规，各种经制外新增收支应运而生，这些收支款项并没有被完全纳入奏销体制当中。再加上军兴十余年未及报销的军费用款由造册改为开单，军需奏销松弛，奏销制度所发挥作用的财政空间被大大压缩。清代财政制度架构中内销、外销的分野就此形成。本章从"财"与"政"两个方面，探析此一时期外销财政的生成机制与形成过程。

第三章，同光年间外销财政的扩张。同光之际，大规模的军事行动暂时停歇，但允准各省就近筹饷所导致的财政内轻外重局面并未随之改变；常例征收萎缩，新增税项递增，以田赋等正项收支为主体的起运、存留制度，其财政调节功能减退。户部不得不通过京饷加拨、设置各类部款等定额指拨、专款专用的方式，加大对新增款项的汲取。为解决地方公事，弥补地方财政缺口，各省只能拓展外销款项。清季督抚财权的强化和地方新政事业的展开，是以外销财政的壮大为基础的。本章拟以厘金、土药税、杂捐等新增税源为例，对此一时期外销财政的收支结构进行探讨，揭示其在各级财政运行，特别是在地方洋务和民生工程建设中的作用。

第四章，甲午之后外销财政的膨胀。甲午战争是晚清财政的又一转折点。甲午以后，军费、赔款以及外债，一时各种经费纷至沓来，清廷在巨大债务的压力下，被迫放弃统一财政的企图，转而采取向各省分散财政负担的摊派办法。偿款摊派，导致大量地方款项被罗掘出来，提作偿债基金。清末各省又自办新政，地方百计筹措，更进一步促发外销财政的膨胀。本章根据清末各省财政说明书，对资料较为齐全的山西、广东等省的外销财政进行重点探讨，并在此及前人研究基础上对全国外销财政规模做一蠡测。

第五章，清季外销财政治理。晚清时期，围绕外销所展开的中央与地方间的财政关系处于随时调整之中，中央想尽办法迫使地方政府将外销款项"和盘托出"，而地方政府总是以"藏头露尾"相应对。中央整饬之令屡下，而各省推诿敷衍如故，讨价还价之风盛行，中央与各省就在这种取予授受、反复博弈之中达成利益均衡，维持财政危局。本研究将光绪十年奏销科目编订、甲午之后钦使南下索款、清末编制预算视为三个典型事件，据此将清季外销财政治理归纳为三种模式，即奏销规制框架下的常规式治理、行政威权压制下的运动式治理、国地分税背景下的规范式治理。从指导思想、目标、措施、绩效，特别是财政权责确定等方面，对晚清外销财政治理三种模式的得失作一检讨，揭示清末财政体制改革的取向及历史意义。

第六章，晚清以降外销财政演化的内在逻辑。外销财政的产生，自有其深刻的政治、经济、社会根源。从学理上而言，清代外销财政的存在，归因于中央与地方之间财政权责划分的不明晰。这亦是外销财政或其他非正式财政形态在中国历史上长期得以延续的根本原因。清末至民国，地方各拥财权，财政难以统一。新中国成立后，预算外收支也经历过"清理——膨胀——再清理——再膨胀"的治乱循环，目前，中央与地方财政矛盾的制度根源仍未彻底清除。回顾历史，反观现实，本章从大历史观出发，探寻外销财政演化的历史轨迹和内在逻辑，探讨当下财政体制之完善的有效途径。

结语部分，对本课题研究内容及主旨作一归纳总结。

既往晚清财政史研究主要集中在正项财政方面，本研究试图从外销财政入手，探讨近代以降外销财政特别是省级外销财政在社会转型进程中逐渐形成的原因和运作实态。这应有助于对晚清财政史研究视角的转换和研究空间的拓展。研究过程中力图做到如下几点：

阶段分析与长时段分析相结合。在根据外销财政演变的阶段性特征分阶段进行分析的同时，尝试从长时段、大历史观出发，将外销财政这一财政现象置于中国历史演进和社会转型的大背景下来进行探讨。

注重多层面、多向度分析。从财政制度、财政管理体制、国家治理机制等多层面展开，探讨外销财政产生的根源；展现中央、省、州县三个财政层级在财政形态演变中的互动过程；致力于发掘财政规制变动的背后潜因，突出人在财政活动和财政制度变动中的作用，力避财政史研究中只重制度不重人的单向度取向。

在历时性分析的同时，也重视事件分析。借鉴社会学中"过程——事件"分析法，通过某些具体财政事件发生过程的叙述，呈现各种政治力量对财政制度制定和政策执行的影响，从历史场景的动态变化中探寻财政制度演进的轨迹。

史料是历史研究的基础。清代财政史料可谓汗牛充栋，汪洋浩渺，但外销财政涉及当时各级政府的左藏之"私"，具有一定的隐蔽性和不规范性，遗存下来可供后人研究的史料特别零碎分散，毫无系统，不易搜求。这为本研究的开展增加了一定的难度。本研究在史料收集和利用上尽可能克服困难，来扩展资料收集利用的范围。题奏本章、会典则例、谕旨实录等官修政书，一般认为是研究正项财政的必要资料。但其间也有可能存在有关外销财政一鳞片爪的信息，丝毫不能忽略这些文献的重要性。在官方文献之外，我们还须特别重视对官员私人信札、日记笔记、公私文牍的搜求研读，在官方文书见不到的一些非正式制度运作的具体细节往往能在这些文献中得以集中体现。

原始档案，未经后来利用者参以己意加以条理，保持了文献形成时的原有风貌，能更真实地呈现原汁原味的历史场景。本研究查阅利用的原始档案主要是中国第一历史档案馆所藏清代《军机处档案》《内阁档案》《宫中档案》和《宪政编查馆档案》等。当然，这里所说档案的"原始性"只是相对而言的。近年来，随着清史研究的蓬勃开展，一些清宫档案被大批影印出版，我们也将其视同原始档案。由于条件的限制，本研究利用这些档案资料是有先后顺序的，先看已经出版的文集奏章，再看影印出版的档案（如《户部奏稿》等），最后才看第一历史档案馆的未刊档案。在查阅一史馆档案时，对于前面已经看过的已刊档案，就不再一一核对了。（当然，前面已刊档案，一史馆并非都能一一查到，两者其实可以互补。）

清末各省财政说明书是本课题的核心资料，目前已有多家出版机构将其整理出版，如国家图书馆出版社 2007、2008 年影印本，陈锋主编湖北人民出版社2015 年版点校本，桑兵主编《清代稿钞本》、内蒙古大学图书馆编《山西清理财政局编辑现行财政十八种》等丛书也有这方面的收录。这些文献系根据不同的底本辑录而成，内容大多重复，但也略有相异之处。本研究首先查阅到的各省财政说明书是国家图书馆版本，因此即以此版本为基础，再参以陈锋所编的点校本，此处特作说明。

第一章

清前期地方经费中的"外销"

清前期①地方经费中已有外销零星款目，但尚不具财政规模。本研究拟以清初诸种财政制度设计为分析起点，围绕如下问题展开：户部是如何通过奏销制度实现对正项财政收支的控制的？起运、存留制度对中央与地方经费作了怎样的划分？耗羡归公又进行了何种调整？为什么说奏销制度所遵从的"经制"原则，已为外销财政置留了生成空间？

一、奏销制度的确立

（一）"出入有经，用度有制"

清沿明制，以六曹总理中央庶务，其中户部司全国财政之权，"凡赋税征课之则，俸饷领给之制，仓库出纳之数，川陆转运之宜，百司以达于部。"② 户部设布政使司于各省。布政使虽受该省督、抚节制，但并非其属员，而是直接对户部负责，代户部分掌一省的地丁正杂各税。布政使以下，守、道亦司钱谷，府、厅各级行政机构的主官各分管所属财务，州、县官直接负责赋税征收。除布政使司外，户部又设盐法道或盐运使掌管各地盐课，设税关监督掌管各关税，这些职官亦由中央派遣并直接向户部负责。

清初最重要的财政收入出自地丁钱粮即田赋。田赋为"正赋"，占整个国家财政收入的绝大部分，被视作"天庾正供"。此外，还有视同正赋的盐课和关税。其他杂项收入，如茶、渔、芦、矿等课，作为正赋的补充。我们从经过调整后的乾隆三十一年（1766 年）的财政收入数据，可以一窥清初国家财政的收入结构。该年地丁加耗羡，占整个年度财政收入的 70% 以上，盐课和关税两项，

---

① 清史界一般以第一次鸦片战争为界，将清代历史分为清前期、晚清两个时段进行研究。这里为讨论问题的方便，将整个道光朝都纳入清前期考察。
② 嘉庆朝钦定大清会典：卷 10 ［Z］. 户部·户部尚书.

约占20%的比例，杂课收入还不到3%的比例。①

以上正、杂各项，都是由分设各地的税收部门征收，除例定存留外，余皆层层上解，最终汇入户部银库。在清初的财政架构里，这些正、杂税项称为经制收入。因为中央对其中每一个税项，都规定有一个征收额度，即"入有额征"。这一额度经中央到各省层层分派，最终落实到州县或最基层的征收单位头上。这种征收额度，或递年微幅调整，或经年不变。

钱粮额征，明代就已实行。嘉靖四十一年（1562 年），有"岁额定数"的规定，万历以后，岁额定数不断加大，②崇祯年间甚至有三项加派之苛政。满人入关后，清廷接连颁布谕旨，宣布废除三项苛征，钱粮俱照前朝《会计录》原额征收，确切地说，是照万历四十八年（1620 年）则例征收。③ 这就是清初所谓钱粮"正额"的来历。

清前期，由于各地因灾蠲缓、报垦升科具体情况的不同，各省每年钱粮正额的数据略有调整，但总体上变化不大。我们可将乾隆四十九年（1784 年）和嘉庆二十五年（1820 年）两年中各省分配的额征田赋数进行比较，就能很好地看出这一点。

表1　乾隆四十九年、嘉庆二十五年各直省额征田赋数　　单位：两

省别	地丁额		省别	地丁额	
	乾隆四十九年	嘉庆二十五年		乾隆四十九年	嘉庆二十五年
直隶	2445300	2462866	江西	1901917	1920182

① 　　　　　　　　乾隆三十一年财政收入结构表　　　　　单位：两

项目	合计	地丁	耗羡	盐课	关税	杂课	捐输
数额	55526861	36857761	3000000	5745000	5415000	1009100	3000000
%	100	66.4	5.4	10.3	9.8	2.7	5.4

资料来源　彭泽益. 清代财政管理体制与财政收支 [J]. 中国社会科学院研究生院学报, 1990 (02). 表中地丁项包括地丁银 29917761 两, 屯赋银 784902 银, 以及田赋征粮 8317700 石。按乾隆朝米价每石 1.48 两, 出米率 50% 计算, 则粮每石合银 0.74 两。（周志初. 晚清财政经济研究 [M]. 济南：齐鲁书社, 2002：46.）依这一比率, 田赋征粮折合成银为 6155098 两, 这样乾隆三十一年地丁即为 29917761+784902+6155098 = 36857761 两。

② 潘光祖，李云翔辑《汇辑舆图备考全书》即载有明末各府州粮额数。见梁方仲. 中国历代户口、田地田赋统计 [M]. 上海：上海人民出版社, 1980：358-359.

③ 顺治朝实录：卷9 [Z]. 顺治元年十月甲子；顺治朝实录：卷30 [Z]. 顺治四年二月癸未.

省别	地丁额		省别	地丁额	
	乾隆四十九年	嘉庆二十五年		乾隆四十九年	嘉庆二十五年
盛京	57329	199334	湖北	1121514	1292657
江苏	3294666	3083413	湖南	1162834	1172440
安徽	1592214	1628677	四川	663055	674910
山西	3098349	3036792	福建	938177	1248379
山东	3390379	3344061	广东	1273354	1026288
河南	3373690	3479389	广西	392445	393545
陕西	1533988	1612524	云南	199597	198460
甘肃	233249	386004	贵州	123495	93821
浙江	2841462	2952410	总计	29637014	30206144

资料来源 梁方仲.中国历代户口、田地田赋统计［M］.上海:上海人民出版社,1980:398,401-410.书中嘉庆二十五年数据将新疆61221两单列,现表将其放在甘肃省内。粮额未列入,两以下单位数不计。

各省又将分派到的赋额再分派到所属各府。如下表所示安徽省将赋额分配到各府的情况。其他各省亦如是。当然,各府同样又将本府应承担的赋额分派到所属各县,层层分解。

表2 嘉庆二十五年安徽省田赋额征分派情况表 单位:两

府别	地丁额	府别	地丁额	府别	地丁额	府别	地丁额
安庆府	176494	太平府	124131	滁州	56257	泗州	82702
徽州府	188815	庐州府	198204	和州	52930		
宁国府	196969	凤阳府	191362	广德州	59980		
池州府	92865	颍州府	150215	六安州	57753	安徽全省	1628677

资料来源 梁方仲.中国历代户口、田地田赋统计［M］.上海:上海人民出版社,1980:402.两以下单位数不计,粮额亦未列入。

清初,盐课亦蠲免明末加派,恢复到万历年间的旧额征收。但顺治朝后期,因军饷不足,又有所谓"加引增课"的行动。如河东盐法,万历年间每岁以42

万引为额，输纳正课银 13 万余两。顺治末题增 10 万引，由此增加盐课 3.2 万两。① 两淮盐原额正课银 952590 两，加引增课 246720 两；两浙盐原额 111852 两，增课 45518 两；长芦盐原额 199817 两，增课 45067 两。② 除引课外，各盐区还有场课及铜斤水脚价、河工银等杂课，亦有定额，如长芦赈济盐丁等五款杂项，共银 6584 两，俱照万历年间征收。

关税额征有点特别。清顺治二年（1645 年），始抽关津之税，参照前明万历年间旧例，将天启、崇祯年间的加额除免一半征收，这就是清初榷关定额基数的由来。③ 自顺治九年始，各关又以顺治八年所收税银为正额。④ 此后，随着商品经济的发展，各关大都能完成正额并有溢出的盈余。乾隆十四年又规定以雍正十三年各关盈余数目进行比较，谕曰："夫盈余无额，而不妨权为之额。……嗣后盈余成数，视雍正十三年为准。"⑤ 至嘉庆四年，再次对各关盈余定额进行调整。⑥ 这次调整，以粤海关盈余额数增加最巨（如表 3）。至此，关税盈余也被纳入定额管理，对于榷关而言，"入有额征"不仅包括正税之额，而且包括盈余之额了。我们来看清前期主要税关的税收定额情况。

表 3　清前期粤、闽、江、浙四海关税收定额表　　　单位：两

海关	雍正年间定额			嘉庆九年调整后的定额		
	正额	铜斤水脚	合计	正额+铜斤水脚	盈余	合计
粤海关	40000	3750	43750	43564	855500	899064
闽海关	66549	7000	73549	73549	113000	186549
浙海关	32030	3750	35780	35908	44000	79908
江海关	23016	2500	25516	23980	42000	65980

资料来源　乾隆朝钦定大清会典：卷 52 ［Z］. 户部·关税；嘉庆朝钦定大清会典：卷 16 ［Z］. 户部·贵州司；光绪朝钦定大清会典事例：卷 235、236 ［Z］. 关税. 以上数字均去尾数。

① 孙廷铨. 为长芦经制未清等事（顺治十三年闰五月二十日）［A］. 中国第一历史档案馆藏. 内阁全宗，档号：02-01-02-2085-001.
② 陈锋. 清代盐政与盐税 ［M］. 武汉：武汉大学出版社，2013：176.
③ 顺治朝实录：卷 30 ［Z］. 顺治四年二月癸未.
④ 邓亦兵. 清代前期关税制度研究 ［M］. 北京：北京燕山出版社，2008：94.
⑤ 王庆云. 石渠余纪 ［M］. 北京：北京古籍出版社，1985：270.
⑥ 席裕福，沈师徐. 皇朝政典类纂：卷 89 关税 ［G］//近代中国史料丛刊续编：第 881 种. 台北：文海出版社，1973：150-151.

清廷对税入实行额征制，带有两方面的考虑，一是确保每年军国度支的需要，必须有一个最低征收额度，不能少征。二是为了防止地方苛敛，又不能多征，怕加重百姓负担，重蹈明末覆辙。如对于关税盈余的处理，清政府态度就很矛盾。一方面，要想让正额以外的盈余尽数纳入公帑，必须对关税盈余也有个定额；但定额定得过高，统治者又担心会苛商扰民，因此有时又对关税盈余采取不鼓励的态度。康熙二十五年（1686年）规定："有溢额者，停其议叙。"① 乾隆帝也担心"查核过严，则额数日增，其害在于众庶；查核稍宽，则司榷侵蚀，其损在于国帑"②。康、雍两帝曾对部分多征关税的监督采取打压政策，对争多斗胜者予以处分③，其用意即本于此。直至嘉庆年间，才最终推出关税盈余定额。

这些由基层征税机关按额定任务征收上来的税款，各级政府除坐扣一部分额定的开支外，余款再上缴到上一级的管理机关。其中，地丁钱粮及各项杂课，州县按额征收和按额坐扣后，余额皆汇总于布政使司，由藩库收储统一管理，即"款悉归司"，"直省布政司库以贮田赋，为一省出纳收支之总汇"。④ 其他如盐课征收后，解往盐运使的运库；关税征收后，解往税关监督的关库。《清会典事例》称："关税库，由部差者，有监督库，专存关钞，按例分四季解部；如系道府厅州县等官经营者，则存经理之该员库内，年终报解部库查收。"⑤ 各省藩、盐、关各库，只是户部银库的分库，而非地方财库，不论布政使还是督抚，都无权随意动用其中的款项。

各级政府层层按额坐扣的部分为存留，余额层层上解的部分为起运。以地丁钱粮为例，"凡州县经征钱粮，扣留本地支给经费，曰存留"；"凡州县经征钱粮，运解布政使司候部拨用，曰起运"。⑥ 布政使司汇总全省钱粮，除去业经户部允准留存本省使用的款项，剩余部分遵照户部调拨的指令，或运解邻省，为协饷；或上解中央，为京饷。其他各库的银款起存、调拨，亦复如此。雍正三年奏准：直省存库帑银，除仅够本省需用的福建、广东、广西等省，及不够本省需用的陕西、甘肃、云南、贵州等省，可存留本省，不解至京。其他省份春、

---

① 乾隆朝钦定大清会典则例：卷48［Z］．户部·关税下．
② 席裕福，沈师徐．皇朝政典类纂：卷89 关税［G］//近代中国史料丛刊续编：第881种．台北：文海出版社，1973：147.
③ 王庆云．石渠余纪［M］．北京：北京古籍出版社，1985：269-270.
④ 王庆云．石渠余纪［M］．北京：北京古籍出版社，1985：151.
⑤ 光绪朝钦定大清会典事例：卷183［Z］．户部·库藏．
⑥ 嘉庆朝钦定大清会典事例：卷143、142［Z］．户部．

秋二季册报实存银数，酌量存留本省，以备协济邻省兵饷以及别有所需请拨用外，其余银悉令解部。① 户部正是通过这种起运、存留制度，来调拨、动用各省藩、盐、关各库的银款。户部银库遂成为各省钱粮总汇之处。各地如有军事、工程、灾赈等重要事件需要钱款，会向中央请求拨款，户部即会遵从皇帝的饬令，动用银库，拨款济用。中央各部门的钱款也归户部统一管理，支用也从户部银库给领。②

由于空间距离的阻隔，请款与拨款均需时日，为应付地方急需，免于银两的来回调拨，清廷也会在起运的款项中酌留一部分银两给直省藩库，曰封贮；遇州县临时急需，在各省道库、府库，也分存一部分银两，曰分贮。这些封贮、分贮款项，同样有一定的额度限制，即"存有额贮"。除直隶近京独无外，各省封贮银自 30 万至 10 万，析为三等。各省道、府、州、县分贮银之数，自 30 万至 10 万，分为四等。③ 雍正五年规定，各省封贮银两，督抚、布政使共同负有保管之责，有急需必须题奏动支，擅用论斩。④ 这些封贮、分贮起来的款项也就

---

① 光绪朝钦定大清会典事例：卷 169［Z］．户部·田赋．
② 顺治七年，皇帝听从户部的建议，裁并监司等官，酌汰无用兵丁，凡中央各部衙门已裁及钱粮所管不多者，俱归并户部管理。但当时礼、工二部，太常、光禄、太仆三寺，及国子监原管钱粮，仍旧各管各款。由于钱财为各部、寺分管，易滋流弊，康熙二年，工科给事中吴国龙疏请：各部寺应用钱粮，于户部支给题解。"如所请"。王庆云．石渠余纪［M］．北京：北京古籍出版社，1985：135-136. 这样，清初那种各部、寺分管钱粮的格局得以改变。康熙四十八年，皇帝再次强调："工部、光禄寺每年所用银两，奏请预为储备，赴户部支领"；如有大的工程，奉委官在未估计之先须领银备用，也在户部支领。（康熙朝实录：卷 239，［Z］. 康熙四十八年九月甲午）乾隆三十四年，皇帝发现，宗人府需用红白银两，迳由两淮盐政解交，认为这与体制未合，且恐其中不无滋弊之处，规定此后两淮应交宗人府银两，著该盐政仍解交户部查收，宗人府按季赴户部支领转给。皇帝谕曰："户部为度支总汇，凡银款出入，自应经由该部收支，以备稽查"。清高宗，敕撰．清朝文献通考：第 1 册［M］．杭州：浙江古籍出版社，1988：5238.
③ 乾隆朝钦定大清会典则例：卷 38［Z］．户部·库藏．
④ 赵尔巽．清史稿：第 13 册［M］．北京：中华书局，1976：3563.

与起运到户部银库的款项性质一样。①

存留直省及各州县的那部分款项，除用于该省官俸、兵饷外，主要是支付役食、驿站、夫马、祭祀、廪膳、孤贫等项之用。每年冬季，各省都要预估下一年本省官兵俸饷及其他应支款项的数额，报告给户部，是为"冬估"。再根据本省钱粮实际收储情况，分两次向户部"报拨"，一次是在次年春天，一次是在次年秋季，称为"春、秋二拨"。② 户部依例对各省申报的拨册进行审核，按上年冬估册所开各项经费，准各省存留支用。对于官俸役食、驿站料价、祭祀香烛，以及岁贡坊议等款，准各处坐扣留支；船工水脚、孝子节妇建坊之银，以及举人坊议之款，准各州县赴藩司请领。

各项存留既不是地方财政盈余，也不是地方财政收入，而是相当于中央将这些财政资金暂时留在地方官员手里，但如何支用则必须有户部的指令。实际支出后，也必须向户部办理报销手续。③ 正如清末《广西财政说明书》云：存留，支出名也。在交通未便之世，"请领不如坐支之便，故存留之制兴焉"④。

为保证对各省存留之款的稽核，清廷设置各种库储制度，来安置管理存放在各级地方政府手里的存留款项。各州县坐支银两，例免解司，存储属库，曰留储；布政使司库储府、州、县、卫解送正杂赋银，按察司库收赃罚银，曰解

---

① 起运、存留本非是上下级政府财政上的划分。梁方仲认为，起运、存留的划分，主要是由空间的距离造成。统治者考虑到空间距离越远，金属通货运输愈费事，不如将部分钱粮就地周转，节省成本。梁方仲. 梁方仲经济史论文集［M］. 北京：中华书局，1989：202. 财政史家彭雨新研究发现，雍乾时期各省留贮银达 828 万两，比原存留额超出29.47%。原来，这一时期各协款省份的协款不少是由留贮银中拨出的。（彭雨新. 清代田赋起运、存留制度的演进——读梁方仲先生〈田赋史上起运、存留的划分与道路远近的关系〉一文书后［J］. 中国经济史研究，1992（04）.）。显然，封贮、分贮不属于存留。所以，我们不难理解，广东、福建等省存库银仅敷本省使用，历来不解不协，但每年州县仍有大量的起运数据，这部分起运钱粮，可能即包括封贮、分贮在该省的钱粮。州县征收钱粮后，除按规定数额存留一部分外，余起运至省，省按规定再存留部分外，余或解，或协，或贮。

② 冬估连同春、秋两拨，析为三册，由巡抚咨部。春二月、秋八月、冬十月，户部受其计簿，核其盈绌，援以式法，列其留存拨解之数，以时疏闻，以定财用出纳之经。乾隆朝钦定大清会典：卷 10［Z］. 户部·田赋.

③ 光绪三十二年广西存留银为 79478 余两。存留一项，为祀典、俸工、役食而设。其款项无着者，例须筹给；其数目不敷者，例须补足。一切正销，毫厘不爽，诚以库储重要，当如针孔之相符，不容有无名之费。广西财政说明书：卷 2［G］//国家图书馆出版社影印室. 清末民国财政史料辑刊：第 8 册. 北京：国家图书馆出版社，2007：204. 因此，存留本非地方财政，留支也需向户部办理奏销。

④ 广西财政说明书摘［G］//内蒙古大学图书馆. 山西清理财政局编辑现行财政十八种：第 1 册. 呼和浩特：内蒙古大学出版社，2010：445-446.

储；各省兵备道库岁储由布政司拨解官兵银，河道库岁储岁修抢修银等，曰拨储。这些存留地方的款项，出入亦以额相准，即"动有额支"。

这样，入有额征，解有额拨，存有额储，动有额支，任何一笔款项的收、支、调、存均处于户部的定额控制之下。没有定额的收支，也应循例立案，做到案与例合。嘉庆《大清会典》说："征无额者，令尽征尽解；支无额者，令实用实销；拨无额贮无额者，令随时报拨报贮，皆据案入销。"最终，维持了一个"出入有经，用度有制"的静态财政平衡。

这种经制原则以及基于这一原则之上起运与存留之制的运作，事实上构筑成维系中央与地方之间的财政纽带。该原则的有效实行，确保了全国大部分财政资源都汇入中央户部，达到钱粮"收、解之制定于一"的目的。[1]正是由于钱粮的收、解归一，户部作为国家钱粮总汇的地位得以确立，才可履行其"经天下之财，以足邦用"的财政职能。

（二）"奏"与"销"

中央通过起运、存留制度从资金面上来支配各省财政资金的分配与流动，再通过奏销制度从账面上掌控地方财政收支状况，以达到统收统支的目的。所谓奏销，就是地方财政单位将经手的每一笔经制财政收支，在规定的期限内按照一定的程式奏报给皇帝，并经过中央相应主管部门的审核，然后才确定考成（对收入是否达额确定对地方官的议叙奖惩）或准予销账的财务行为。正是通过奏销，清廷实现了对各省钱粮税款收、支、调、存全过程的账目控制。

奏销制度确立于清初。顺治七年（1650年）户部尚书谢启光在被参案中称：顺治五年以前自己在任户部侍郎时，不知前朝有钱粮奏销例，五年升尚书后，部中也没有办过奏销一事。[2]顺治八年（1651年）以后，掌管财用的户部始能看到各省钱粮的奏销数目。[3]该年刑科给事中魏象枢曾有一奏，称：

> 国家钱粮，部臣掌出，藩臣掌入，入数不清，故出数不明。请自八年为始，各省布政使司于每岁终会计通省钱粮，分别款项，造册呈送该督抚按查核。恭缮黄册一套，抚臣会题总数，随本进呈御览。仍造清册，咨送在京各该衙门，互相查考，既可杜藩臣之欺隐，又可核部呈之参差。[4]

① 王庆云. 石渠余纪 [M]. 北京：北京古籍出版社，1985：136.
② 刑部察议杜笃祜参户部本 [G] //故宫博物院掌故部. 掌故丛编. 北京：中华书局，1990：797.
③ 王庆云. 石渠余纪 [M]. 北京：北京古籍出版社，1985：113.
④ 顺治朝实录：卷57 [Z]. 顺治八年六月辛酉.

我们从档案中已发现顺治八年直省钱粮奏销的文件，如顺治十三年，户部对福建省提交上来的顺治八年起存钱粮奏销册进行磨对，发现本色蜡茶等项不宜挪动，存留经费项下后册比前册多开银1486两等问题。福建省不得不针对户部提出的这一问题进行造册登答。① 因此，魏象枢上疏被采纳，可视为清代财政奏销制度形成的标志。康熙二十三年规定：奏销钱粮应将存留、起运逐项分晰，并将报部年月，明白造册，毋致蒙混。雍正初年，针对各省奏销积弊甚大的情况，又加以整顿，设会考府专掌审核事宜。② 尽管会考府不久即被撤除，但足以说明，奏销制度在清初的财政实践中得以不断健全，逐渐确立。

清代所有的经制收支项目和经户部立案的财政活动，均被纳入奏销。奏销有常例和专项之别。常例奏销主要针对田漕、盐课和关税等正杂各项收支，每年进行，有常例可遵；专项奏销主要有大规模河工、军需、灾赈等经费的奏销，分案进行，事结案销。其他财政活动，如每年银库例行盘查以及主管易人所办交代，也要进行账款的盘结与奏销；各省岁底奏报民数、谷数，由户部汇册题奏；各征漕省份岁底将漕粮之实征、兑运、拨载、民欠各数，造具清册，并比较上三年分数奏报，由户部汇册题报。如果将冬估、春秋拨也纳入奏销制度来考察的话，套用现代财政术语，就是：估册可以视作是留支的预算，拨册是上解的预算，而销册是对估、拨册预算执行情况的决算。奏销实际上充当了上计即财政决算的功能。③

从程式上来看，不论钱粮、关、盐等常例奏销，还是军需、工程等专项奏销，奏销活动均可分"具奏"与"核销"两个环节。我们以钱粮奏销为例。

先来看"具奏"环节。地丁钱粮由州县征收上解，奏销造册也从州县开始。州县先造本期该地钱粮征收出纳、完欠的草册，在规定的时间期限内申送到府，再由府送到藩司。藩司收受各地出入之籍而钩考之，如发现款项数目不符，即于草册内注明发回，分别路程远近，限期补造。对于那些怠玩成习、屡催不应的州县，甚至要提取攒造原册的经办人亲赴藩司接受查询。这一过程曰销算；藩司根据各州县上交的册籍汇总，再攒造一省报销总册，并申呈该省督抚。该省督抚经审核无遗漏、滥支情况，即加钤印信，以明细清册的形式上报户部审计，这一过程曰报销；报销册内容繁琐，合通省钱粮完欠、支解、存留之数，

① 孙廷铨.为遵旨会议奏销钱粮事（顺治十三年闰五月初八日）［A］.中国第一历史档案馆藏.内阁全宗，档号：02-01-02-2157-008.

② 清高宗，敕撰.清朝文献通考：第1册［M］.杭州：浙江古籍出版社，1988：5232.

③ 王庆云.石渠余纪［M］.北京：北京古籍出版社，1985：112.

采用四柱式，将本期钱粮的收支情况按旧管、新收、开除、实在四项一笔笔详细罗列。所谓旧管，即承转前账，新收即本期新进收入，开除即本期支用，实在（或现在）即本期财物结存。四柱的逻辑关系为：旧管+新收-开除=实在。同时，各省督抚还要以奏折或题本的形式向皇帝进呈一份内容简明的钱粮收支情况报告，即奏销。① 但在习惯上，我们将销算、报销都统称为奏销。各省向朝廷奏销都有一定的期限：河南、山东、山西、陕西、直隶、甘肃六省限于次年四月；安徽、江西、浙江、奉天、湖北、湖南等省限于次年五月，福建、四川、广东、广西、云南、贵州等省限于次年六月。年终，户部在汇齐各省报销册的基础上，还须作一汇总统计，将各省出入大数，与去年之数做出比较，并说明先后多寡，缮写一份清单，以黄册形式具奏给皇帝。皇帝手里同时掌握着户部和各省分别呈报上来的数据，可以互相核对，达到魏象枢所说的"既可杜藩臣之欺隐，又可核部呈之参差"的目的。

再看"核销"环节。在户部向皇帝具奏一年钱粮总册前，户部即应完成对各省提交的报销册籍进行核销的工作。汇核各省上报的奏销册档的工作落实在户部下设十四清吏司和都察院六科之一的户科身上。户部各司均以省命名，分别核销本省的钱粮册籍及其他事项。如山东司分管山东以及关外东三省财政及各省盐引疏销事宜；江南司分管江苏、安徽两省的财政事务，以及苏州、江宁两织造衙门的财务收支；浙江司分管浙江财政及各省民数、谷数；江西司分管江西财政以及各省协饷事宜；福建司分管福建、直隶两省财政；贵州司分管贵州财政及关税事宜；湖广司分管湖南、湖北财政以及各省耗羡的动支事宜等。都察院户科的主要任务则是配合户部各司稽核各省提交的报销册籍，注销户部文卷。② 当各省册档解送到户部相关各司时，先由本司和都察院户科派员会同解送册档的该省人员检查所送册档是否齐备、合法，这道程序称为磨对。磨对无

---

① 用题本，即为题销；用奏折，即为奏销。"题之与奏，一由通政司，一由奏事处，虽微有不同，而其同达宸聪同归部核，则一也。"奏折格式，以道光二十八年《江苏上忙征解新旧钱粮完欠银数折》为例："江苏巡抚陆建瀛奏为查明江苏省各属道光二十八年上忙征解新旧钱粮分别完欠循例恭折奏闻事。窃准部咨：……等因。历经遵照在案。兹届道光二十八年上忙截数之期（以下按四柱形式逐款罗列收支内容）……臣复加确核，解司银数均经兑收司库，并无捏饰，……除将各册咨送部科查核外，谨会同两江总督臣李星沅恭折具奏，伏乞皇上圣鉴。"皇帝接到奏折，阅后会用朱笔作一批示："户部知道。钦此。"江苏省财政志编辑办公室.江苏财政史料丛书：第1辑第1分册［G］.北京：方志出版社，1999：47-48. 各省办理奏折格式大同小异。

② 郭松义，李新达，李尚英.清朝典章制度［M］.长春：吉林文史出版社，2001：341，360.

误后，再由该司根据发钞到户部的该省题奏本章，核算册档上的收支数目是否相符，并参照以往年份的数字进行"比较"考核。户部于考核之后，再须上一题本，向皇帝汇报考核的结果，是为"题覆"。如考核完全通过，是项题覆即为"题结"。如发现奏销册档中有不实行为，即加以指驳，是为"部驳"。遭部驳后，各省必须在规定的四个月期限内做出回复，名曰"登答"。直到户部满意，核销流程方告结束。

关税的奏销流程与钱粮奏销相似。先是各口委员每到关期结束，将该口收税银两，造具清册，连同亲填等册档呈送大关总口，由总口汇核。关监督在年满后一百日之内造具清册，汇同各项册档一并派委员吏进解入京，分别向户部与户科投纳报销。并遵定例于册档起程后具本题销。户部贵州司伙同都察院户科对该关收支各款详细磨对、互核，无误后即予准销。

盐课的奏销归盐运使负责，无盐运使的归盐茶道，亦仿地丁例，造四柱清册呈送本省巡抚具题，再分送部、科查核。[①]

专项奏销不是按年，而是分案奏销。如军需奏销，领兵大员在行军途中，要筹备军需供给。每驻扎一地，须先将安设台站地名、里数、日期等情况绘图造册，送户部立案，以备核对。案结报销时，将收、支款项按旧管、新收、开除、实在等项，分门别类，挨次罗列，造具报销细册，并一式三份，分咨户、兵、工各部核销。同时也按管、收、除、在的格式，将各项收支款项向皇帝专折题销。折内声明应归户部、兵部、工部核销钱粮各若干，统共请销钱粮若干。工部销款还需与户部会核具奏。

工程奏销的流程是：各省大小工程，凡是从部库支款、动用各省正杂款项或捐输请奖者，事先都要奏咨立案，同时造具估册（即工程预算），将一切工料、做法逐条详列，报到工部。期满完工后，再依限造具四柱销册，向工部报销。同时，向皇帝题奏。工部核与例案符者议准，不符者议驳。[②]

户、工等部在核销各省钱粮、工程、军需等奏销各款时，其应准、应驳所据为何？"唯以例、案为凭"。有例即有额，无额则有案。奏销就是稽其额与其案而议之。[③] 常例钱粮收入类奏销，要求款款必须如额；专项支出类奏销，要求款款必须如例，无例则援案。如关税常例奏销，海关监督在每一年度的关税奏销报告中，都要花去很大篇幅来介绍该关税收定额的完成情况。如实征数小于

① 陈锋. 清代盐政与盐税［M］. 武汉：武汉大学出版社，2013：44-45.
② 故宫博物院. 钦定工部则例三种：第5册［G］. 海口：海南出版社，2000：378.
③ 嘉庆朝钦定大清会典：卷13［Z］. 户部·江南清吏司.

定额，各关监督就得赔补。具体措施是：正税欠额不及半分者，降一级留任；欠半分至一分以上者，降一级；欠二分以上者，降二级；欠三分以上者，降三级；欠四分以上者，降四级，皆调用；欠五分以上者，革职。所谓一分，就是一成的意思。道光十年又对各关盈余的考成做了调整，规定征收超过正额，但低于盈余定额的六成，六成之内短少的部分即要赔缴，并照例议处；没达到盈余定额但已超过盈余定额的六成，短少部分，着落赔补，但免其处分。① 盐课亦有考成，"销不及额，照例报参"。对盐运使的考成是，欠额未完不足一分，罚俸半年，停止升迁；未完四分，即降职三级；未完达六分，就要革职。饷需紧急时期，甚至还有更为严格的特别考成。② 各省地丁钱粮，为国家惟正之供。州县有无亏挪，全凭奏销为考核。③ 钱粮考成，分别完、欠，有更为详细、严密的奖惩制度。

清代河工费有经常费和临时费两种。④ 经常费用如"岁修"和"抢修"，为常例奏销，一般不允许超支规定的额度。乾隆时规定，岁修常例每年不得超过50万两。报销工程所需料价，照各该地物料价值则例开报，如所开价值比例价浮多，工部除照例核减外，即将浮报不实之员及转报的各级上司，奏请交部议处。临时费用如"大工"和"另案"，无经费定额，为专项奏销。开工前，地方根据情况作一工程预案再奏准兴工，是为立案。工竣题销时，工部会根据事前所准立之案，逐款核销。

军需报销尤为严格。自乾隆朝刊颁则例，准销各款，逐款罗列。军事结束之后，统兵大员造册请销，参照军饷报销则例，一收一支，必须与部例针孔相符，否则，"自帅臣以逮末僚，凡厕身行间者，匀摊追赔"，有的"归用兵省份州县流摊"⑤。

为严肃奏销的纪律，对于钱粮、工程奏销，康熙六十一年谕令户、工两部：所有钱粮米石、物价工料奏销，必须详查核实，开造清册具奏，不得虚开浮估。

---

① 席裕福，沈师徐．皇朝政典类纂：卷89 关税 [G] //近代中国史料丛刊续辑：第881种．台北：文海出版社，1973：152．
② 陈锋．清代盐政与盐税 [M]．武汉：武汉大学出版社，2013：52，58．
③ 同治朝实录：卷191 [Z]．同治五年十二月乙未．
④ 工程经费有定款、筹款、借款、摊款四种情况："定款"为指定动用的款项；"筹款"指定款不足或向无定款时于别项钱粮内动拨款项，交商生息及酌留地租、房租备用也属此类；"借款"为临时酌借某种款项，事竣分期归还；"摊款"为民修工程先由官府垫款兴办，竣工后摊征归款。光绪朝钦定大清会典：卷58 [Z]．工部尚书．
⑤ 刘锦藻．清朝续文献通考：卷69 国用 [G]．上海：商务印书馆，1936：8262．

如有以少作多、以贱作贵、数目不符、核估不实者，事觉，将堂司各官从重治罪。① 各直省报销工程，所需一切料价俱照各该州县物料价值则例开报。如所开价格有与例价浮多者，除工部随案照例核减外，即将浮报不实之员及与此相关的各上司，奏请交部议处。②

这样，通过奏销制度的运作，各省每年收入何项，开支何款，收入多少，开支多少，起运若干，存留若干，户部均有案可稽，全盘掌控。因此，萧一山认为："清初财政之权，完全操于中国之户部，故地方虽征赋计入，而开支动辄，必先得户部之允许。"③

二、中央、地方经费的划分及调整

(一) 起存比例的变动

前已述及，起运与存留是清代中央与地方在经制财政范围内所做出的经费划分。但即便是留在地方上的存留款项，也是处于奏销制度的监控之下，其用途和使用额度由中央指定。存留既不是地方政府的财政收入，也不是地方政府的经费盈余，而是中央为避免金属货币转运的麻烦，将这些财政资金交由各级地方政府管理，并指令后者将其使用到业已指定的方向，如兵饷、驿站经费和地方开支。而且，起运到中央与存留在地方，两者间的分配比例并非一成不变，户部会视情况随时加以调整。

以田赋为例。就全国情况而言，顺治初年，起运与存留的比例大致维持在1∶1左右，即"起、存相半"。此后，为满足一些突发事件所发生的经制外支出需要，清廷往往通过裁存留为起运的方式来削减酌留地方的经费额度。其中，在清代前期，大幅度裁减地方存留额度主要有如下几次：

顺治九年（1652年），户部以钱粮不敷为由，将各省督抚家人口粮、州县修宅家伙银两、州县修理察院铺陈家伙等项银两、州县备上司朔望行香纸烛银两、在外各衙门书吏人役工食银两、州县部分民壮灯夫工食等项全部裁减，以接应军需；④ 顺治十三年，因兵饷缺额440余万两，减裁直省每年存留银凡75.3万余两，以济国用；⑤ 至康熙七年（1668年），各省田赋的存留银额只剩338.7

---

① 雍正朝实录：卷2［Z］. 康熙六十一年十二月甲子.
② 故宫博物院. 钦定工部则例三种：第5册［G］. 海口：海南出版社，2000：378.
③ 萧一山. 清代通史：卷中［M］. 北京：中华书局，1985：441.
④ 顺治朝实录：卷64［Z］. 顺治九年四月丁未.
⑤ 顺治朝实录：卷103［Z］. 顺治十三年九月辛未.

万余两，而起运数达 2245.2 万两，起运、存留的比例为 86.9∶13.1。但中央用款仍然窘迫，清廷又于该年再次裁存留银 174.4 万两，此时各省实际存留银减至 164.3 万两，仅占全国田赋总额的 6.4%。① 三藩事起后，军需供应陡增，清廷仍是在存留上做文章，进一步削减地方经费。② 三藩事平后，地方存留一度有所回升，至康熙二十四年（1685 年），地方存留虽为起运、存留总额的 22.18%（如表 4 所示），但已远远恢复不到顺治年间"起、存相半"的水平。此后存留占比一直维持在 20% 上下。

表 4　康熙二十年、雍正二年、乾隆十八年各直省地丁钱粮起运存留情况表

省份	康熙二十四年			雍正二年			乾隆十八年		
	起运（两）	存留（两）	存留占比%	起运（两）	存留（两）	存留占比%	起运（两）	存留（两）	存留占比%
直隶	1881108	526500	21.87	1939942	621882	24.27	1913491	487568	20.31
盛京	4755	9184	65.89		2466	100	26032	15654	37.55
江苏	2836593	1141923	28.70	2564729	1446051	36.05	1898991	1245538	39.61
安徽	1153291	536568	31.75	1194915	432710	26.59	1879512	458053	19.60
山西	2678779	338510	11.22	2702286	328290	10.83	2593518	448952	14.76
山东	2504209	687206	21.53	2730736	691141	20.20	2781648	627151	18.40
河南	2268602	440555	16.26	2441111	626623	20.43	2738250	582242	17.53
陕西	1277096	298656	18.95	1344548	265499	16.49	1356305	252547	15.70
甘肃	105969	105123	49.80	182645	72274	28.35	191593	93097	32.70
浙江	2188575	732054	25.06	2287347	687277	23.10	2145083	169059	7.31
江西	1525638	434918	22.18	1602432	540705	25.23	1577320	435913	21.65
湖北	831754	213073	20.39	776174	333543	30.06	823103	350804	29.88
湖南	487419	150575	23.60	944424	265379	21.94	902518	291468	24.41
四川	12461	29535	70.33	316367	13030	3.96	490364	167220	25.43
福建	866448	203405	19.01	1054209	208253	16.50	1037619	211120	16.91
广东	1006377	139718	12.19	719307	339143	32.04	841372	416542	33.11
广西	243211	89311	26.86	278560	86946	23.79	296036	94946	24.28

① 陈锋．清代中央财政与地方财政关系的调整［J］．历史研究，1997（05）．
② 陈支平．清代赋役制度新探［M］．厦门：厦门大学出版社，1988：95.

省份	康熙二十四年			雍正二年			乾隆十八年		
	起运（两）	存留（两）	存留占比%	起运（两）	存留（两）	存留占比%	起运（两）	存留（两）	存留占比%
云南		174818	100	118928	53597	31.07	166202	43784	20.85
贵州	61692				53347	13314	19.97	75490	6963	8.44
合计	21938628	6251632	22.18	23252007	7028123	23.21	23734447	6398621	21.23

资料来源 梁方仲.中国历代户口、田地田赋统计［M］.上海：上海人民出版社，1980：424-425.康熙二十四年总额中包括金吾六卫4651两。

乾隆以后将归公之耗羡进行统筹，耗羡也有了起运与存留之分。如果将耗羡的起存情况考虑进来，正、耗存留的占比仍未见大的提升。如表5中所示嘉庆年间的情况。

表5 嘉庆年间各直省正、耗钱粮起运、存留情况表

省份	地丁正税			耗羡			正耗存留占总数比%
	起运（两）	存留（两）	存留占比%	起运（两）	存留（两）	存留占比%	
直隶	1708521	745300	30.37	211856	102053	32.51	30.62
盛京	20319	16088	44.19		3641	100	49.26
吉林	31957	1025	3.11	3298			2.83
江苏	2231264	320333	14.15	109898	95666	46.54	15.09
安徽	1220310	365586	23.05	113998	55051	32.57	23.97
山西	2645504	329389	11.07	272847	98034	26.43	12.78
山东	2772630	345854	11.09	228639	207949	47.63	15.58
河南	2747240	204762	6.94	244110	173720	41.58	11.23
陕西	1341362	269402	16.73	66452	173780	72.34	23.94
甘肃	214495	69531	24.48	10536	32378	75.45	31.17
浙江	2121751	245014	10.35	83584	65629	43.99	12.35
江西	1781608	287018	13.87	86652	96444	52.67	17.03
湖北	961769	159544	14.23	71263	50116	41.29	16.87
湖南	936648	234910	20.05	74936	42220	36.04	21.50

续表

省份	地丁正税			耗羡			正耗存留占总数比%
	起运（两）	存留（两）	存留占比%	起运（两）	存留（两）	存留占比%	
四川	541502	114210	17.42	44697	54911	55.13	22.39
福建	1037993	210424	16.86	130380	94257	41.96	20.68
广东	864211	192460	18.21	126260	52665	29.43	19.84
广西	330846	97157	22.70	12154	26851	68.84	26.55
云南	147000	66816	30.96	47642	63802	57.25	40.16
贵州	65865	29373	30.84	5044	9702	65.79	35.53
合计	23722795	4304196	15.36	1944246	1498869	43.53	18.44

资料来源 梁方仲．中国历代户口、田地田赋统计 [M]．上海：上海人民出版社，1980：426-427. 此处与陈锋．清代财政政策与货币政策研究 [M]．武汉：武汉大学出版社，2008：555. 数据略有不同。

以上讨论的基本上是田赋的起运、存留情况。我们再来看看关税和盐课的起存情况。

关税与盐课都是军国度支的重要来源，同是户部指拨款饷的重要款源。因办公经费都不在正额中支出，关税、盐课大部分都起解，存留很少，如关税。五口通商之前，各海关经费一般在额外盈余以及耗羡、陋规等杂项收入中来筹措。粤海关旧例，海关监督的养廉银、各口委员的津贴，以及经制书吏的例支工食，自额外盈余中支取；库大使津贴、守库人员的工食，一般在平余项下动支；其余帮办、清书及差役则向无工食，而是伙入其他办公经费之中，于担头等各项陋规中支用。从雍正朝始，闽海关养廉、工食等费用，均从所征附加税"担杂"项下开支。[①] 乾隆元年起，关差人役养赡之费及各官监督养廉，准于每年关税之火耗银内动支，定数拨给，如火耗不敷，则于正税盈余内凑拨，年底奏销报部。[②] 浙海关常税征收经费，例于征收火耗并阡头饭食项下开销，如有不

---

① 黄国盛．鸦片战争前的东南四省海关 [M]．福州：福建人民出版社，2000：76-78.
② 道光二十四年闽海关添派监库协领等员，月给工伙银 26 两，开始在正款项下报销，后来监督觉得不妥，认为"添设旗员，原系慎重库帑，虽设官必须经费，究未便作正开销，自应以归平罚三款项下造报"。（道光二十九年闰四月十九日裕瑞奏 [A]．中国第一历史档案馆藏．宫中档案全宗，档号：04-01-16-0159-049.）。

敷，准于常税盈余内动拨。① 江海关经费，除监督养廉银外，其他经制书吏、稿房、算手、伙夫、家人、门子等，均支有饭食银和工食银。这些经费也不在常税正额里开支，而是在耗羡、平余等附加税以及额外盈余中支付。

如果将关税和盐课等项收入起运、存留情况全部考虑进来的话，中央与地方之间的经费分配比例将进一步向中央一端倾斜。

起运、存留在中央与地方之间的此增彼减，造成了地方行政经费的大量亏空。"从前各省钱粮，除地丁正项外，杂项钱粮不解京者尚多。自三逆变乱以后，军需浩繁，遂将一切存留项款，尽数解部。其留地方者，惟俸工等项必不可省之经费，又经节次裁减，为数甚少。此外则一丝一粒，无不陆续解送京师，虽有尾欠，部中亦必令起解。州县有司，无纤毫余剩可以动支，因而有挪移正项之事。此乃亏空之大根原（源）也。"② 地方经费出现亏空，财政收支不能平衡，地方公事即不能开展。地方如何解决公事？亏空如何弥补？在国家财政不能提供有力支持的情况下，地方政府只能从正项钱粮之外来想办法。在乾隆之前的清代前期，则主要是从耗羡上来打主意。

（二）"耗羡"及其归公

耗羡包括火耗与羡余两部分。火耗系指纳税户交纳零星税课时，需附带多交一点以补偿这些碎银在运送和熔铸为整银过程中所发生的运费和折耗。但地方官在征收火耗时，实际征收往往要大大多于实际的损耗，多出的部分即为羡余。因此，耗羡是地方政府私自加征的一种附加税。起初虽与正税有关，但它本身并不入经制系统，也就不纳入起运、存留的分配。

从法律上来说，耗羡在清初是禁止的。顺治元年谕令："官吏征收钱粮，私加火耗者，以赃论。"康熙初也有额外科敛许民控告之律。但这一禁律在康熙朝后期明显松动。康熙六十一年上谕："火耗一项，特以州县官供应甚多，故于正项之外，略加些微，以助常俸所不足，原属私事。若公然如其所请，听其加添，则必致与正项一例催征，将肆无忌惮矣。"③ 康熙担心的不是耗羡之有无，而是

---

① 乾隆年间浙海关获得户部的批准，可在正额项下年支各役工食 258 两（乾隆五十七年十月十日浙江巡抚崧崧奏［A］. 中国第一历史档案馆藏. 军机处全宗，档号：03-0605-040.）。到咸丰初年，这一额支仍得以保留。但在盈余内支用经费的数目视各年情况均有不同。见蒋廷黻. 筹办夷务始末补遗：咸丰朝第 1 册［M］. 北京：北京大学出版社，1988：137，260，376.

② 康熙朝实录：卷 240［Z］. 康熙四十八年十一月丙子.

③ 康熙朝实录：卷 299［Z］. 康熙六十一年十月甲寅.

火耗之多寡。他甚至认为:"如州县官止取一分火耗,此外不取,便称好官。"①一分即为百分之十的比率。

正是由于康熙皇帝的宽纵,导致康熙朝后期的税轻耗重。在陕西,"州县火耗,每两有加二、三钱者,有加四、五钱者"②,有的地方甚至"数倍于正额"③,成为百姓一大负担。至雍正年间,皇帝开始着手处理此事,遂有耗羡归公之议。

雍正元年(1723年),山西巡抚诺岷、布政使司高成龄先后奏请将耗羡处置权从州县手里提解到司库,听凭省府大吏分拨,"以公众之耗羡为公众之养廉"。这样,"耗羡提解于上,则通省遇有不得已之公费,即可随便支应,而不分派州县"④。这与雍正的"与其州县有火耗以养上司,何如上司拨火耗以养州县"的改革思路相合。雍正皇帝同意了山西省的做法,将耗羡归公改革与推行养廉银制度配合进行。此后,耗羡归公改革向其他各省渐次推广,至雍正七年,至少有19个省份完成了这一改革。⑤归公之耗羡,其用途主要有三个方面,即支发本省官员养廉银,填补本省财政亏空,以及弥补地方公用。

雍正朝的这一改革,虽改变了"耗羡无定制"的状况,但也只是将耗羡的使用由州县统筹改为全省范围内的统筹,归公之耗羡仍与正项有别。耗羡虽"官取之,官主之",但仍"不入于司农之会计",户部奏销册中并无耗羡之名。⑥事实上,雍正也无意将耗羡视同正税,不愿将其纳入正项钱粮的奏销体制。

雍正四年,山西巡抚田文镜动用耗羡银两,用以制造河北镇各营盔甲。完工后到工部报销,工部没有办过耗羡报销之事,因此驳回,要求他向皇帝请示。田文镜遂照部议,具题前来。雍正认为,这是"见小之举",对田文镜和工部两边都提出委婉的批评:耗羡银两原为地方遇到公事需用,或为各官养廉,备用有资而不致派累兵民,乃通权达变之法,其来已久,并非正项钱粮之可比。田文镜这边,经手此事又怕将来无以自明,故要办报销,实在是太过于小心拘谨。

---

① 康熙朝实录:卷239[Z].康熙四十八年九月乙未.

② 蒋良骐.东华录:卷24[G].济南:齐鲁书社,2005:370.

③ 钱陈群.条陈耗羡疏[G]//贺长龄.皇朝经世文编:卷27.近代中国史料丛刊:第731种.台北:文海出版社,1966:991.

④ 雍正二年六月八日山西布政使高成龄奏[G]//中国第一历史档案馆.雍正朝汉文朱批奏折汇编:第3辑.南京:江苏古籍出版社,1991:143.

⑤ 陈锋.论耗羡归公[J].清华大学学报,2009(03).

⑥ 钱陈群.条陈耗羡疏[G]//贺长龄.皇朝经世文编:卷27.近代中国史料丛刊:第731种.台北:文海出版社,1966:991.

而工部堂官并不请旨，即驳回令其具题，亦甚属错谬，不识大体。雍正担心的是，如地方动用耗羡银两都比照正项来报销，相沿日久，就会有不肖官员把耗羡当作正项，又在耗羡之外再事苛求，必至贻累小民，"此风断不可长，倘他省再有似此具题者，内阁将本发还"。①

但雍正帝对耗羡的这一立场，到乾隆朝时并未得到继续贯彻，而是逐渐发生了改变。② 乾隆四年从孙嘉淦、陈世倌奏，蠲免直隶、江南两省田赋。田赋正赋一免，附征之耗羡即无从征收，赖之以支应的两省地方公用即无法开展。朝廷决定将河南省的一部分耗余拨补以上两省的耗羡损失。这样，耗羡即实现了跨省的调拨，改变了雍正朝本省耗羡为本省公用的惯例。

乾隆五年（1740年），皇帝谕令对各省耗羡进行综核清理，并由户部成立"会办耗羡处"，着手制定各省耗羡章程。上谕："耗羡不同正项，从前原未定有章程。……今看各省情形，渐滋冒滥，若不早加整顿立法防闲，必致挪移出纳，弊窦丛生。……户部可行文各省督抚，将地方必需公费，分析款目，立定章程，报部核明汇奏存案。……其收数内有拖欠未完者，分别应否著追。其支数内有透动加增者，分别是否应给，有无挪移亏缺之处，俱于岁底将一切动存完欠确数及扣贮减半平余银两，造册咨送户部核销。"③

《耗羡章程》规定，各省动用耗羡银两，有定款有定数者，照款照数支销；有定款无定数，或无定款无定数者，奏明请旨动用。各督抚要酌盈剂虚，通融搏节，实用实销。一旦发现地方任意支销情况，就在滥动各官名下着落赔补。至于常例之外有兴作等项，动用耗羡款数在500两以上者，必须奏明动用；款数在300两上下者，咨户部办理，并于年底汇折具奏。自是以后，各省耗羡与正税一样，被掌于户部湖广司，纳入国家经制财政收支之中，"湖广司者取之有定数，用之有定数"④。各省定款、定数情况如表6所示。

表6　嘉庆二十五年《耗羡章程》所载各省耗羡定额及动支情况表

省份	耗羡定额（两）	动支情况
直隶	302266	有定款、有定数者共10款

---

① 雍正朝实录：卷43［Z］．雍正四年四月己丑．中国第一历史档案馆．雍正朝汉文谕旨汇编：第1册．桂林：广西师范大学出版社，1999：170-171.
② 雍正朝末年，有加强对耗羡管理的倾向，颁布清查耗羡的谕令，但不久雍正皇帝去世，耗羡清查即停止。
③ 清高宗实录：卷109［Z］．乾隆五年正月乙丑.
④ 王庆云．石渠余纪［M］．北京：北京古籍出版社，1985：141-142.

省份	耗羡定额（两）	动支情况
奉天	9278	有定款、有定数者共 8 款
江苏苏属	357048	有定款、有定数者共 33 款
江苏宁属	357048	有定款、有定数者共 28 款
安徽	228273	有定款、有定数者共 29 款
江西	233032	有定款、有定数者共 42 款
浙江	162362	有定款、有定数者共 17 款
福建	226697	有定款、有定数者共 59 款
湖北	285908	有定款、有定数者共 32 款
湖南	158946	有定款、有定数者共 32 款
河南	421117	有定款、有定数者共 39 款
山东	473134	有定款、有定数者共 22 款
山西	369254	有定款、有定数者共 31 款
陕西	237178	有定款、有定数者共 27 款
四川	292900	有定款、有定数者共 25 款
广东	232763	有定款、有定数者共 37 款
广西	43107	有定款、有定数者共 26 款
云南	181124	有定款、有定数者共 56 款
贵州	62861	有定款、有定数者共 30 款
合计	4634296	

资料来源 光绪朝钦定大清会典事例：卷 170 ［Z］．户部·田赋．

兹以浙江省为例：

浙江省额定耗羡 162362 两，其中有定款、有定数者共 17 款，内有 6 款归入备公项下支给，1 款停解。余下 10 款分别为：按察司心红纸张银 600 两，金衢严道心红纸张银 400 两，丝斤饭食银 429 两余，乍浦杂费银 82 两余，江山县看管桥船夫役工食银 591 两，各官养廉银 141770 两，奉化等县祭祀银 10 两余，乍浦满营教习养赡银 42 两，塘拨兵丁工食并米折银 4096

两余，各州县备公银 13617 两有奇。①

其他省的耗羡动支情况亦类此办理，均被严格限制在中央所规定的范围之内。自此，户部于耗羡的定例日益严密。"每有动支，无论多寡，必先报部，不准则不敢擅动矣。随同正项造册报销，不合例则驳令追赔矣。"② 耗羡归公且被纳入起存制度后，地方动用羡银的权力，明显受到了限制。嘉庆五年，谕内阁："各省耗羡银两，系随正项征收，即与正项钱粮无异，不得任意支销。向来动用耗羡至一千两以上者，俱奏明请旨，原以杜浮冒滥用之弊；况各省本有存贮闲款银两，偶遇地方公务，自应先行尽用，如有不敷，方可借支耗羡。"③ 咸丰年间的户部侍郎王庆云亦称："今日之耗羡，同于正供，军国之用取焉，官之养廉取焉，地方公费取焉，非前代进羡余以充私藏之可比。"④

正如孙嘉淦所云，耗羡归公本为"督抚之办地方公事，原有后不可以为例而一时不能不然，报部不准开销而情事必不容己者，赖有此项银两通融接济，则官不赔而其累不及于民"。乾隆五年（1740 年）以后，归公后的耗羡随同地丁钱粮报销，则与正供不复能有差别，"而凡地方公事之不容已而又不准销者，必须赔垫。上司赔则取偿于属员，而馈送之路开。属员赔则取偿于百姓，而重戥征收因公科敛之端起。然则耗成正项，耗外加耗之弊，虽峻防之，其流有所不能止也。"⑤ 在耗羡未归公之前，正项存留不足以支付意外之用时，地方政府可动用耗羡自如应对。耗羡归公后又被一步步纳入正项，再发生财政亏空，地方官员则只能诉求于摊捐、生息等外销途径来满足经费的需求了。

三、"外销"在清前期地方经费中的地位

（一）清前期地方经费中的"外销"

作为一种特定意义的财政术语，"外销"名目在清代前期皇帝的谕旨和上下

---

① 光绪朝钦定大清会典事例：卷 170 ［Z］. 户部·田赋.

② 孙嘉淦. 办理耗羡疏（乾隆七年）［G］//贺长龄. 皇朝经世文编：卷 27. 近代中国史料丛刊：第 731 种. 台北：文海出版社，1966：988.

③ 嘉庆朝实录：卷 62 ［Z］. 嘉庆五年三月丁丑.

④ 王庆云：石渠余记 ［M］. 北京：北京古籍出版社，1985：140.

⑤ 孙嘉淦. 办理耗羡疏（乾隆七年）［G］//贺长龄. 皇朝经世文编：卷 27. 近代中国史料丛刊：第 731 种. 台北：文海出版社，1966：988.

臣工的章奏中偶然可以见之。①

康熙三十九年（1700 年），直隶巡抚李光地上疏指出：目前因循积弊不可不立法厘清，其中杂项钱粮不入奏销为一大宿蔽，应责成所管上司，在监查正项时一并照例对其盘查保结。②李光地的条陈所指"不入奏销"的杂项钱粮即属外销，只不过他当时还没有使用"外销"一词。在他看来，外销非耗羡（归公前）、陋规可比，系公项而非私款，原则上应与正项一并盘查。

雍正四年（1726 年），监察御史冯长发奉旨前往宣化府属之保安州、宣化、赤城、怀来四州县，盘查存仓米谷，发现保安州有党豆 769 石 9 斗 4 升，劝捐谷 1100 石，未入正项。据保安知州云，奉布政司文，未曾奏报，不便开入。③这些未入正项，又不便向中央奏报的豆谷，即属外销，只不过清初财政还不是单纯的货币财政，外销也有以实物形式存在的。

乾隆五十一年（1786 年），两广总督富勒浑因其家人殷士俊等招摇需索，款迹败露，自知获咎，为见好救过，特向朝廷揭发广东省粮道衙门历年有"外销公项银"一事。据他称，其时广东省粮道衙门竟有外销款 5.9 万余两之巨。④根据笔者对相关史料的梳理情况来看，这似是清代章奏中第一次出现"外销"一词。⑤两广总督孙士毅不得不向皇帝承认，粤省粮道确实有这笔外销款项，系由收官田房地租、普济堂经费抽拨埠商硝商生息等款递年积累而来，且该款虽不报部，但粮道每年均将一年收支细数汇册申送督抚衙门核销。⑥

嘉庆二十五年，掌河南道监察御史蒋云宽在一封奏折中谈到，直隶地方经常遇到桥道工程车马支应等项皇差，指出："直隶差次费用，名目不一，有难以报销而必须使用者，名曰外销差费"，此项经费，由司道派之州县，州县派之民

① 财政史家贾士毅认为，内外销制度起源于晚清咸同时期。其实，外销名目的出现由来已久。据瞿兑之《人物风俗制度丛谈》"外销款"条云：外销款名目在古代史籍如《齐书》中，就已见之。崔氏认为：《齐书·豫章王嶷传》有荆州、湘州、南蛮等地资费的记载。这些所谓的"资费"指的即是外销款。瞿兑之. 人物风俗制度丛谈 [M]. 太原：山西古籍出版社，1997：266-267.

② 康熙朝实录：卷 197 [Z]. 康熙三十九年二月丁卯.

③ 广西道试监察御史冯长发奏报盘查直隶保安州宣化赤城怀来四州县仓粮细数折（雍正四年九月初六日）[G] //中国第一历史档案馆. 雍正朝汉文朱批奏折汇编：第 8 辑. 南京：江苏古籍出版社，1991：67.

④ 金简. 议奏粤东省粮道历年外销公项银两着落分赔并请酌定章程核销事（乾隆五十一年七月二十一日）[A]. 中国第一历史档案馆藏. 军机处全宗，档号：03-0671-003.

⑤ 盐引中也有内销、外销的概念，但不是本研究所指的涵义。

⑥ 孙士毅. 奏为历任经管粤省外销银项并无挂报侵蚀情弊事（乾隆五十一年六月初一日）[A]. 中国第一历史档案馆藏. 军机处全宗，档号：03-0208-034.

里，相沿也非一日，但历任总督都没有据实陈奏。① 直隶地处畿内，环拱京师，是皇差、官差必经之地，因此差次多如牛毛。而差次所发生的费用，并非都能在正项财政中去报销，有难以报销但又实际发生的费用，只能由地方官自己想办法来弥补解决。因此，蒋云宽称为"外销差费"。张杰《论差徭书》对此项发生在直隶地方的外销费有同样的表述。②

浙江海塘工程，乾隆二年间经督臣奏准办料银两，每两扣留平余银5分，以1分2厘解交工部充公，另剩3分8厘余银留外预备公用。这里的"留外"，指的即是留作外销款之意。迨至嘉庆十一年，户部要求在此项备公平余银中再划出2分报部，其余1分8厘，才被留为柴坝等项外销用度。道光十四年，浙江海塘再兴办大工，设立总局。所有在局在工各员并官弁兵丁一切薪水、盘费、口粮及局书饭食、纸张，需费浩繁，俱应酌量支给，原定1分8厘的外销银两不敷使用。浙江巡抚乌尔恭额等奏请，造报户部的2分余银在领工料银时即先行扣出。此外循照向例通扣5分，以其中的1分2厘解归工部充公。其余3分8厘，供在局在工例外支销之用。此项外销银两，向不报部，此次仍照旧章，著免其造册报销。③ 从这一材料来看，浙江海塘工程，至少在乾隆二年以后，就存在外销款目，出自平余银中，用于在工各员的薪费及办公经费，且得到朝廷上下的默许，并不向户部造册报销。

道光年间，江西、湖南、广东等省还有为直隶代造驳船并运送上门的任务，后来改为直接在直隶制造，但造船的工料银连同运费需由上述各省向直隶解纳。户部核定每只船的工料银为234两，多出的部分由各省外销款承担。江西省分别于道光十八年、道光二十四年为直隶代造驳船计334只，统共需银12.4万余两。其中，共需内销工料银7.8万余两，外销工料银1.4万余两；内销运费银1.3万余两，外销运费银1.8万余两；其内销工料、运费，应行动用地丁，作正开销；外销工料、运费，系借拨税契及司库闲款，分年摊捐归还。④ 道光二十一年，湖南省也有应解直隶续增驳船100艘的任务，同样派人专程运赴天津交纳，应领运费内销银4000两，外销银8100两。只不过，这笔外销项下的运费，先要

① 蒋云宽. 奏为请均减直隶徭役事（嘉庆二十五年十一月初一日）［A］. 中国第一历史档案馆藏. 宫中档全宗，档号：04-01-35-0053-038.

② 张杰. 论差徭书［G］//贺长龄. 皇朝经世文编：卷33. 近代中国史料丛刊：第731种. 台北：文海出版社，1966：1204.

③ 道光朝实录：卷259［Z］. 道光十四年十月乙卯.

④ 刘坤一. 江省应造直隶剥船暂请展缓折（同治四年十一月二十八日［M］//陈代湘. 刘坤一奏疏：第1册. 长沙：岳麓书社，2013：41.

扣留一成存在银库，等差竣后再找补给承运人。① 在这两个案例中，两省虽不再为直隶造船，但仍需要负担直隶在本地造船的费用。而且直隶造船的成本远远突破了工部规定的额度，这超出的部分，仍得由这两个省份在各自外销经费中去承担。这里，各省对外销、内销经费的划分是非常明晰的。

第一次鸦片战争期间，江浙战事吃紧，户部拨饷发生短平。浙江巡抚刘韵珂想和江苏巡抚孙宝善一起，合词入奏，向皇帝报告这件事。但苏抚感到为难，担心这样做会得罪户部，将来在领款报销时户部会使绊子，不如自认吃亏，"统归外销，尚泯然无迹也"。孙宝善指使布政使李星沅写信给浙江布政使卞士云，要他向刘韵珂致以此意。道光二十二年三月初三日，李星沅复卞士云书云："部饷短平止宜外销办理。一经入告，大库断不肯承认，沿途亦无从稽查，徒发难端，究无着落，且恐部中因此遇事参差，将来领款报销殊形掣肘。……玉翁（指刘韵珂）前乞婉及之。"② 户部拨款发生的短平损失就这样在地方外销中被消化掉了。

从以上所举各例中，我们可以看出，在清代前期，特别是乾隆初期耗羡归公且被纳入正项管理以后，直省地方经费中即已出现各种"外销"收支款项。嘉道以降，这种外销名目在公私文件中出现的频率更是逐渐增多。清代前期，外销款主要是以如下形式存在的：

最主要的形式是摊捐。由于军需、采买、河工等发生的费用超出例价，在正项中报销不得，发生亏空，地方政府只得通过摊派给下属，一起来分担消化。根据摊派对象，又分官摊和民摊。官摊按缺分派，往往从该地官员养廉、工食中摊扣。如康熙年间的多次用兵所发生的粮草采买运费，多是于各省官员俸禄、衙役工食银内令其捐助。嘉庆十二年滇省维西军需内有例外加增银50余万两，例不准销，奏请分别摊捐分赔还款。③ 有的亏空甚巨，一次摊派不够，还可连续摊派多年，称流摊。嘉庆十六年间，广东省由于剿捕博罗、永安二县会匪发生的例不准销银米二项，共银25万余两，因历年久远，承办各员多已离粤，往返咨追仍无济于事，只得在省内各官养廉内每年接扣。这种摊扣，一直到同治年

① 黄爵滋. 审明运员拖欠驳船银米疏（道光二十一年十一月初八日）［M］//齐思和. 黄爵滋奏疏许乃济奏议合刊. 北京：中华书局，1959：182-183.
② 李星沅. 李星沅日记：上册［M］. 道光二十二年三月初一日. 袁英光，童浩. 北京：中华书局，2014：373-374.
③ 伯麟. 奏请将维西军需照例报销事（嘉庆十二年七月十一日）［A］. 中国第一历史档案馆藏. 军机处全宗，档号：03-1835-040.

间才摊完。①还有的省份，本无亏空，也有摊捐名目，那就是部分州县遇蠲免年程，民欠全免，但之前的亏空已由官府垫清，这些垫款无款可偿，导致前、后任交代不清。每每经上司调停，由前后官员各认分摊之数。② 摊捐是清代各府厅州县重要的外销经费来源之一。在陕西，摊捐始于乾隆四年，该年因刊刷条例经费不敷，饬各道府州县按季摊捐，至十四年，因司道闲款不敷使用，复饬西安、同州、凤翔三府各属摊派；二十七年，以院书口食不敷，令由各属公费内摊捐。此后又有抚院笔帖式之摊、兰州提塘之摊、臬书口食并报资操演抬炮枪药之摊等，不一而足，至同治朝110年间，该省摊解之款有35项之多。③

民摊即由民间分摊。当战时军费超出额度，不能在财政内安排，出现财政缺口，往往要求民间帮贴或津贴。乾隆六十年孙士毅廓尔喀军需各款案内即有民间帮贴一项。"川省办理军需，虽有民间津贴一事，但所谓津贴者，止如运粮脚价以及台站夫马等类，官价不敷，则由该百姓出资帮贴。"④ 在广州，嘉庆时土堡的修筑都是由官府牵头，但经费由本地绅士和百姓捐得。道光时亦复如是。⑤ 这些民间摊捐，如不想得到朝廷的奖叙，其如何支用就不必向户部报销，即属外销。

各省盐课项下，每岁除正课外，往往有一些溢余或羡余，不入正项之内。这也是外销的一种形式。这些溢余，除支发灶户巡丁工食、船车水脚、房厂器具、代完场课、赔补遭风失水之外，还有余剩，各省多充解军需拨饷。雍正时期，广东盐课每年可得羡余5万余两，且非会计实数。⑥ 浙江省盐课有余价一项，嘉庆年间即已存在，每年随同引目考核，不入奏销之内，与正课钱粮有别。至道光元年（1821年），此款竟积至73万两之巨。⑦ 云南省盐务课款，遇销数畅旺之年，于正课外也有增出溢余一款，滇省的处理是，以一半留归部拨，其

① 郭嵩焘.接扣三成养廉归补剿办会匪案内第十九次扣完银数疏（同治五年五月初二日）[M]//梁小进，主编.郭嵩焘全集：第4册.长沙：岳麓书社，2012：752.

② 赵烈文.能静居日记：第2册[M].同治二年七月二十三日.长沙：岳麓书社，2013：672—673.

③ 陕西全省财政说明书·岁出部[G]//中央财经大学图书馆.清末民国财政史料辑刊补编：第8册.北京：国家图书馆出版社，2008：417—418.

④ 鲁子健.清代四川财政史料：上[G].成都：四川省社会科学院出版社，1984：272.

⑤ 张仲礼.中国绅士研究[M].上海：上海人民出版社，2008：54.

⑥ 广东总督郝玉麟奏查核前督臣孔毓珣任内行销盐斤及羡余银数折（雍正七年八月十一日）[G]//中国第一历史档案馆.雍正朝汉文朱批奏折汇编：第16辑.南京：江苏古籍出版社，1991：355.

⑦ 帅承瀛.清查浙省盐课疏（道光元年）[G]//贺长龄.皇朝经世文编：卷50.近代中国史料丛刊：第731种.台北：文海出版社，1966：1814.

余一半留存本省，以备边费，各项例不准销之款，就此支销。历年所留一半之款，多则 5 万两，少亦 3 万有奇。此项以本省之银济本省之用，虽待用之事不一，而最要莫过于军需。①

道光八年，广西发生暴乱，规定各埠拆引时每包捐洋银 2 分，以充缉捕经费。暴乱平定后，此款仍被保留下来，归入外销杂款备拨。广东省因各埠盐商所借库存帑本不能还清，且越欠越多，便在配盐时每包加收银 3 厘来弥补库垫，名为赏借本。后帑本业已还清，此款仍照旧征收，也归入外销杂款备拨。②

两淮盐课除每年有奏销考核额课银 212 万余两外，还有不入奏考正课银、不入奏考杂项、不入奏考杂费等款。这三项"不入奏考"加在一起，收支规模几乎是考核额课款的一半还多。③ 尽管这些不入奏款项，有的像正项那样报部候拨，有的则解各处充公，其中充作外销的溢余，当复不少。

部分平余、生息等款也属外销款来源之一。各省解京饷银，有随平陋规一项，雍正元年（1723 年）曾令停收。后因清查部库，亏空达 250 余万两，怡亲王胤祥建议恢复京饷平余，每饷银 1000 两，收平余银 25 两，用来弥补这一亏空。雍正八年，亏空补足，遂将此项解部平余银两，留给本省一半，以充地方公事之用。乾隆三年，又将另一半解部银两停止，全部存贮本省司库，遇有地方荒歉及裨益民生之要务，就在此项中动用。④ 京饷平余虽有报部查核的规定，其他款项的平余则远没有这么正规，前文所引浙江海塘塘工项下有外销银款，即是来自平余。乾隆二年规定，塘工办料银两，每两扣留平余银 5 分，以 1 分 2 厘交工部充公，3 分 8 厘留作外销公用。嘉庆十一年又改为 3 分 2 厘交部，1 分 8 厘余银，留为柴坝等项外销用度。道光十四年，又恢复到乾隆二年的规定，仍以 3 分 8 厘作为外销，供在局在工例外支销之用。⑤ 清末财政清理时发现，四川省司库 18 项外销杂款中，有 12 项在咸丰年间之前即已出现。⑥

---

① 林则徐．迤西军需动款酌筹分年归补折（道光二十八年七月二十九日）［M］//林则徐全集：第 4 册．福州：海峡文艺出版社，2002：340.
② 宋良曦，林建宇．中国盐业史辞典［M］．上海：上海辞书出版社，2010：171-513.
③ 江苏省财政志编辑办公室．江苏财政史料丛书：第 1 辑第 3 分册［G］．北京：方志出版社，1999：110-117.
④ 赵慎畛．榆巢杂识［M］．北京：中华书局，2001：54-55.
⑤ 故宫博物院．钦定工部则例三种：第 5 册［G］．海口：海南出版社，2000：10；道光朝实录：卷 259［Z］．道光十四年十月乙卯．
⑥ 四川款目说明书［G］//国家图书馆出版社影印室．清末民国财政史料辑刊：第 3 册．北京：国家图书馆出版社，2007：795-806.

（二）"外销"之财政地位

清代前期的外销是一种不系统的收支款项。但在当时的财政运行中也发挥了一定的作用。它的主要财政功能表现在：

其一，弥补地方公费之不足。耗羡归公并不能将地方公费缺口完全补齐，相反，耗羡纳入经制后，一些原从耗羡项下支付的公款，只能通过其他途径如外销款解决。乾隆之前，安徽巡抚衙门役食，都是从耗羡银内提解，并不造入奏销册。耗羡归公并正项化后，这项支出虽未明令取消，但耗羡已不给自由动用，只能通过本省官捐等外销途径解决。① 其实，在安徽省，不光是衙门役食，"遇有垫修衙署、仓厫、监狱、驿号、桥道、岁科修理考棚桌凳、缉拿捻匪棍徒、设卡巡防及例价不敷各项"，往往都是经本管府州批准，分年流摊。② 有些州县修理城垣、庙宇以及其他工程，如逾保固限期，也先由库项垫办兴修。这部分支出因属例外开支，不能奏销，形成亏空，只能形成流摊，分年摊补。③ 安徽省这种情况在其他省份也是普遍存在的。乾隆年间，奉天府曾动用生息银两修理广宁县桥梁道路；④ 江西省动支藩库存银4万两，交商生息，作为各州县设立普济堂用；⑤ 湖南库存贡院节年地租并自行捐凑，发典生息，迨至道光四年止，已有本息银4000余两。该年增添城南书院束脩膏火，系属地方公事，即将此项银两提充应用。⑥ 这些都是动用地方外销之款办地方之事的案例。采买是清宫廷对各省的一种变相搜刮。采买定价往往比市场价低出很多，各省为完成采买任务，就会形成亏损。而这些亏损又不能在每年的应征地丁正项项下获得弥补，遂成为地方一大苦累，最终也由各省摊捐承担、解决。四川征粮例用库色库平，民间习用市平上纳，银色低杂，于是有补平、倾熔等耗费，悉取诸民，故正赋之外有经费，经费有余，是为平余，官吏之所恃为办公津贴者。⑦ 外销款项在弥补地方公用方面发挥了一定的作用。

其二，弥补军需。雍正三年，川省兵兴，年羹尧为大将军，钱粮一任其拨

① 乾隆朝实录：卷137［Z］.乾隆六年二月癸丑.

② 陶澍.条陈安徽亏空八事［G］//贺长龄.皇朝经世文编：卷27.近代中国史料丛刊：第731种.台北：文海出版社，1966：1004-1005.

③ 张师诚.杜州县交代积弊议（道光元年）［G］//贺长龄.皇朝经世文编：卷27.近代中国史料丛刊：第731种.台北：文海出版社，1966：1006.

④ 乾隆朝实录：卷808［Z］.乾隆三十三年四月戊辰.

⑤ 乾隆朝实录：卷855［Z］.乾隆三十五年三月乙未.

⑥ 布政使景筹增课额及书院岁修详稿［M］//余正焕.城南书院志、校经书院志略.长沙：岳麓书社，2012：12.

⑦ 鲁子健.清代四川财政史料：上［G］.成都：四川省社会科学院出版社，1984：257.

发报销。年羹尧尝言："用兵之际，不能入正项开销者，约有三十余万，只可以公完公。"① 所谓"以公完公"，此处只能是指以地方外销公款抵补国家军需公费。二次金川之役，军需共用 7000 余万，其部驳不准报销之数 600 余万。② 这笔军需亏空，如果没有皇帝后来的加恩豁免，也将会由所在各省摊捐解决。乾嘉之际镇压湘黔苗民起义所发生的军费，正销之外，例价不敷及例无报销款共银 119 余万两，即于所在各省分别酌筹摊赔归款。③ 道光二十年林则徐上奏广东军需扣捐的情况：粤东查办鸦片，防堵英夷，需费繁重，支应各项，非捐即垫。连州军需，及前次防夷等案外销之款，即由粤东通省大小官员养廉摊捐，每年扣三成，计至道光二十六年始能扣清归款。④

康熙六十一年曾有一份上谕，对军需导致各省亏空一事有所揭示：

> 近见天下钱粮，各省皆有亏空，陕西尤甚。其所以致此者，皆有根源。盖自用兵以来，大兵经行之处，督抚及地方官惟期过伊地方便可毕事，因资助马匹、盘费、衣服、食物甚多，仓卒间无可设法，势必挪用库帑；及撤兵时，又给各兵丁马匹银两，即如自藏回来之将军以及兵丁沿途所得，反多于正项，是以各官费用动辄万金。人但知取用而已，此等银两出自何项，并无一人问及也。⑤

在这里，皇帝故作此问。银两出自各省外销，不言自明。

其三，弥补河工、塘工例外之款。工程例价不敷，超出部分不能报销，就会形成外销用度。往往先由地方官府垫款，再通过外销途径归补官府的垫款。雍正年间，浙江海塘工程系由政府财政开支，但所拨款额多不敷用，且必须先经奏准然后方可兴办。浙江巡抚李卫多方面自筹资金，除应动用正项之外，都是在盐务等每年节省额外盈余项内陆续抵用。⑥ 乾隆五十二年河南睢州境内黄河

---

① 钦定四库全书荟要：第 188 册［Z］.史部·诏令类.深圳：海天出版社，2005：1396.
② 乾隆朝实录：卷 1430［Z］.乾隆五十八年六月己巳.
③ 姜晟.奏为军需摊赔例不准销银两照部复查明声叙事（嘉庆三年十月二十五日）［A］.中国第一历史档案馆藏.宫中档案全宗，档号：04-01-03-0137-028.
④ 林则徐.行商愿捐缴三年茶叶行用以充防英经费折（道光二十年四月十三日）［M］// 林则徐全集：第 3 册.福州：海峡文艺出版社，2002：351.
⑤ 康熙朝实录：卷 299［Z］.康熙六十一年十月甲寅.
⑥ 李卫.奏为浙江任内经手额外赢余银两请敕部存案事（雍正十年八月初一日）［A］.中国第一历史档案馆藏.宫中档案全宗，档号：04-01-35-0440-022.

漫口必须堵合，动用物料，由于例价不敷而发生的加价银 129.2 万余两，即在全省地粮内摊派，匀作五年征还。① 为疏通洪泽湖下游水道，嘉庆年间设江南河道总督，负责清淤筑坝，兴起东坝、西坝、义坝等工程。嘉庆十一年十月，河督戴均元奏称，上年堵闭义坝用银 32 万余两，照例应销者仅 6 万余两，其余皆悬款待销，只得将额解河库银两及预提各款先行垫用，这又导致购办来年岁料无项可动。请照时价实用实销。② 可以想见，如果实用实销的要求得不到皇帝的恩准，地方政府的解决之道就剩外销一途了。浙江杭嘉湖及江南苏淞常镇七郡，依仗沿海各处的捍海长塘，作为田庐保障。浙江海塘，岁修银两，本有定额。但如果工程过于浩大，超过定额用度，即自应筹款办理，以济要工。道光十三年，经皇帝同意，准于该省捐监项下，每年提银 5 万两，存贮藩库，备添海塘岁修之用。但这笔监捐垫款，等将来筹有生息银款，仍要全数报拨上解。③ 皇帝甚至认为，例价之外的工料分年均摊带征还款，对当地百姓来讲，应属分内之事。

那么，皇帝对当时各省出现的外销款项是什么态度呢？

前文已提及，乾隆五十一年，两广总督富勒浑因其家人殷士俊等招摇需索，款迹败露，自知获咎，为见好救过，向朝廷揭发广东省粮道衙门历年有外销公项银两一事。乾隆洞悉其隐，阐述了他对地方外销公项的看法："此项外销银两，历年久远，历任粮道及核销之督抚，升迁事故，不一而足，亦何必逐一追赔，故兹纷扰乎。朕办理庶务，一秉公明，故不肯以人废言，亦不肯竟听罔以非道，此内外大小臣工之所共见共闻者。所有此项外销银五万九千余两，著加恩免其赔补。"④ 地方外销之款的秘密既被内部人捅出，皇帝也就不好再假装无视，只好以恩免的方式来模糊处之。嘉庆十六年，皇帝不得不承认"以通省公捐济通省公用"的事实，加恩将直省兵差用剩银两，赏留直省充公；其提解、公捐等款，仍准本省照旧支销，免其报部，俾地方公事，得资宽裕。⑤

但如何在定例与例外之间作一折中，皇帝也存在纠结。康熙的底线是：做

① 乾隆朝实录：卷 1293［Z］. 乾隆五十二年十一月丙戌.

② 嘉庆十一年十月十六日上谕［G］//中国第一历史档案馆. 嘉庆道光两朝上谕档：第 11 册. 桂林：广西师范大学出版社，2000：796.

③ 光绪朝大清会典事例：卷 922［Z］. 工部·海塘.

④ 金简：议奏粤东省粮道历年外销公项银两着落分赔并请酌定章程核销事（乾隆五十一年七月二十一日）［A］. 中国第一历史档案馆藏. 军机处全宗，档号：03-0671-003。

⑤ 嘉庆朝实录：卷 240［Z］. 嘉庆十六年三月丙子.

地方官自有余银以养家口，但要知足。① 雍正皇帝就如何采取合宜的政策，既可使官吏无赔累之苦，又能使国帑无浮冒之弊而劳心费虑，他坦言：

> 朕思各案军需，若概照定价核销，则官员不免受累；若但据承办官开报，竟照时价准销，恐地方有司于开报时价之时即预留余步，以为冒销之地。二者均非公平之道。现在奏销案件若不斟酌定价，则部内查核既无准则，而外省奏报亦无所适从，徒为文移往返，驳诘咨查，于事无益。②

清前期的外销，收入大多来源于经制税项正额之外的加派浮收，支出则主要集中在正项支出不能覆盖的一些地方性杂支或额定经费不敷应用部分。其收支规模，有学者估计，最多不会超出正项奏销收支的 20%～30%。③ 当时的正项收支，每年在 4000 万两上下。按此计算，清前期的外销规模，当在 1000 万两左右。但笔者认为这一数据有夸大之嫌。以归公之耗羡为例，清代前期，各省耗羡的总收入为 400 万两左右，约占正项收入规模的 10%。由此来看，外销占正项财政的比例应低于 10%。因为，当时外销的规模要远低于耗羡的规模。

总之，清代前期的外销款，收支规模尚小④，多是些临时性的零星款项，在地方经费中只作补充作用。正如史志宏所言，"外销问题从来就有，但其在国家财政上的意义，晚清与前清完全不同。前清外销规模很小，内销基本上可反映国家财政收支的总体状况。"⑤ 迨至咸同军兴以后，奏销体制越来越脱离财政实践，加上地方财权增强，拥有了厘金等税的征收权，外销在收、支两个方面均进一步膨胀，渐成财政规模。相反，内销反倒是例行公事了。

---

① 康熙五十六年十一月二十四日巳时［G］//中国第一历史档案馆．康熙起居注：第3册．北京：中华书局，1984：2459．

② 清高宗实录：卷3［Z］．雍正十三年九月癸亥．

③ 陈春声，刘志伟．遗大投艰集——纪念梁方仲教授诞辰一百周年：下［M］．广州：广东人民出版社，2012：971．

④ 例如《山西藩库收支各表说明书》中云："在嘉道以前，报销之文网未密，例外之支用无多，尔时晋省库储除各属摊销而外，概系内结之收支，倘非报拨，即应奏销，他无所谓外销也。"中央财经大学图书馆．清末民国财政史料辑刊补编：第2册［G］．北京：国家图书馆出版社，2008：39-40．

⑤ 史志宏，徐毅．晚清财政：1851-1894［M］．上海：上海财经大学出版社，2008：240．

第二章

咸同军兴时期外销财政的形成

太平军兴以后，各省"就近筹饷"，财政局所林立；常例征收萎缩，大量出现的新增收支，已非传统经制所能范围。外销财政遂因筹措军饷而形成。本研究拟从"财"与"政"两个方面，探析此一时期外销财政的生成机制与形成过程。

一、就近筹饷

（一）筹饷变局

清前期经制财政规模，以正常年份计，岁入之数应有 4000 余万两，岁出之数需 3500 余万两。基本上是收支平衡，略有结余。如遇军费、河工、灾赈等例外支出，即以捐纳、报效等例外收入以应对。但至道光末，已出现部库"入款有减无增，出款有增无减"的情况，"各省封存正杂等项，渐致通融抵垫；而解部之款，日少一日"①。何以至此？时任通政使司副使的王庆云，总结其中的原因云："盖今之视昔，绌于入者二，溢于出者一。"收入减少的两个因素是：各省地丁岁额 3200 余万两，现在实际征收只有 2800 余万两；盐课岁额 740 余万两，现在实征常不及 500 万两。支出增加的一个重要因素是河工费，嘉庆时每年只 100 余万两，现在增至 360 余万两，如再将银贵钱贱的因素考虑进去，仅河工费一项，"四十年间，增至五倍"。②

更为雪上加霜的是，咸丰元年（1851 年）于广西金田，爆发了太平天国起义。此后，太平军迅速北上，攻长沙，下武昌，又顺江东下，一举占领江南重镇南京，并以此为根据地，北伐西征，向四周扩展活动范围。太平天国起义，与清前期任何一次农民起义都不同的是，持续时间长，影响范围广，对清廷统治冲击强度大，且占据清财源重地江南富庶地区长达十余年，这对清王朝经制

---

① 管理户部卓秉恬等折（道光三十年四月十一日）［G］//中国人民银行总行参事室金融史料组. 中国近代货币史资料：第 1 辑. 北京：中华书局，1964：170.

② 王庆云. 正本清源疏（道光三十年）［G］//王树敏. 皇清道咸同光奏议：卷 3. 近代中国史料丛刊：第 331 种. 台北：文海出版社，1969：198.

财政的破坏力度前所未有。清廷调集各地兵力，对太平军进行围堵征剿，同时各省也要办防，由此军需浩繁。从道光三十年（1850 年）至咸丰三年四年间，各省发生的例外拨饷有：广西军需银 1125 万余两，广东军需银 190 余万两，湖南军需银 419 万余两，湖北防堵银 45 万两，江西防堵银 10 万两，累计 1789 万余两。如再加上该段时间南河丰工等银，共多耗银 2258 万余两。① 此后随着战争范围的扩大，军需拨饷更是急剧增加。正如翰林院侍讲汪振基所言："是安常处顺之时，岁余已属无几。而此两年来，军饷用过之二千余万两，加以丰北两次拨用工需之数百万两，皆在岁用常经之外，上下焉得不困？"②

清政府刚开始的财政应对之策是划拨内帑，动用财政积余。但这时，各省均需防堵，纷纷截留京饷；常关税收短绌，也奏请尽征尽解。部库有出无入，底藏尽露，最艰难的时候仅存银 22.7 万余两。③ 为筹济库款，清廷暂停各官养廉，粜变仓谷，甚至将内务府大金钟熔化，所尽办法皆杯水车薪。而此时地方政府也是力皆不得自顾，用兵省份屡以"停兵待饷"告急，防堵各省协拨之款也欠解累累，至咸丰五年十月，江西一省共欠解协黔饷银积至 112.9 万余两之多；广东省也欠积年部拨协黔饷银 20 余万两，且屡催罔应。④ 一时上下两困。咸丰二年户部拟拨陕西银 17100 余两，陕西巡抚却咨覆，该省藩库实存银仅 3880 余两；户部拟拨粤海关银 485800 两，据该关知会，只能解实征银 122000 两。⑤ 浙江布政使椿寿因征解尤难，恐误公事，以致迫切轻生。⑥ 巨大的收支缺口，使清政府赖以保持经制财政平衡的第一道防线被击破。

清廷认识到，"国家经费有常，安能以有限之帑金，供无穷之军饷？"遂又

① 王庆云.石渠余纪［M］.北京：北京古籍出版社，1985：150. 此处"丰工"及后文的丰北之需，指的是 1851 年 7 月，黄河丰北厅决口后，导致下游山东、江苏等省多处州县被水受灾事.

② 汪振基.请权出入以培国脉疏（咸丰二年十二月九日）［G］//王树敏.皇清道咸同光奏议：卷 226 上.近代中国史料丛刊：第 331 种.台北：文海出版社，1969：1228.

③ 咸丰朝实录：卷 97［Z］.咸丰三年六月己丑.当时部库岁入短少情形，祁寯藻在奏章中称："被兵省份，既已无可催征，而素称完善之区，如江苏则已请缓征，山东则早请留用，山陕、浙江皆办防堵，是地丁所入万难足额矣。扬州久被贼占，汉口疮痍未复，淮南全纲不可收拾，是盐课所入去其大椿矣。芜湖、九江、江宁、凤阳先后被扰，夔关、苏关商贩亦多裹足，甚至崇文门亦请尽收尽解，是关税所入仅存虚名矣。"管理户部祁寯藻等密折（咸丰三年六月十六日）［G］//中国人民银行总行参事室金融史料组.中国近代货币史资料：第 1 辑.北京：中华书局，1964：175.

④ 咸丰朝实录：卷 181［Z］.咸丰五年十月甲寅.

⑤ 咸丰朝实录：卷 88［Z］.咸丰三年三月己未.

⑥ 咸丰朝实录：卷 77［Z］.咸丰二年十一月丁卯.

祭出"以不时之人以供不时之需"的法宝。首先是开捐例,借资民力。咸丰二年十二月,曾谕令两广总督叶名琛迅速设法筹款,无论库款、关税各项,先行筹拨;或于广东殷实商户,暂行借贷。① 咸丰三年,又以增广学额的方式,激励各省绅士商民,捐赀备饷。② 还要求时任陕西巡抚王庆云在陕西号召绅民捐赀报效,甚至采取给予借贷印票的方式,向素封之户捐借。③ 其次是发放官银票,官兵领票易钱,并购买铜斤,添炉鼓铸,制钱之外又加铸大钱、铁钱。④

以上努力的成效难符预期,不能因应军费骤增的现实。开捐例虽有成效,最初两年收数近 500 万两,⑤ 但此后即成强弩之末,一年不如一年。发行钞票,铸大钱、铁钱,也由于投放过滥而归于失败;开矿之令屡下,收利甚微;预借山西等省地丁,也止行一年。⑥ 清廷企图靠传统的理财手段走出财政困局的努力难奏肤功。

战事进行不久,户部即已预感到战争将旷日持久,要求各省预筹军饷,以作长久坚持。咸丰二年九月谕令,除有兵和边远省份外,其他各省务必各自体察情形,就各省移缓就急各款,从宽筹备,核明数目,开具清单上报,等候皇帝饬户部分拨。⑦ 咸丰二年十二月,皇帝在讨论汪振基奏崇俭节用一折时云:量入为出,乃制用之大经。近年以来,楚粤军饷,丰北工需,所用多在常年经费之外,"自应出入相权,力筹通变"⑧。咸丰三年三月,同意江苏巡抚兼江南大营帮办许乃钊于安徽省设局转运军需的奏请,要求驻扎金陵的向荣大营所需粮饷等项,应就近取给,免致贻误。⑨ 同年六月,再次申谕各直省督抚大吏,各就本省地方情形,力筹济时之策,于艰难险阻之中,权宜变通,且"其势不得不然"。⑩

清代祖制,凡是大规模的军事活动,由朝廷选派重臣贵戚统兵出征,户部派员总管后路粮台,负责征集、分派饷需,前线统兵将帅与地方督抚均无权插

① 咸丰朝实录:卷82 [Z] . 咸丰三年正月辛酉 .
② 咸丰朝实录:卷89 [Z] . 咸丰三年三月丁卯 .
③ 咸丰朝实录:卷140 [Z] . 咸丰四年闰七月辛卯 .
④ 咸丰朝实录:卷97 [Z] . 咸丰三年六月己丑 .
⑤ 宓汝成 . 清政府筹措镇压太平天国的军费及其后果 [J] . 北京太平天国历史研究会编 . 太平天国学刊:第 1 辑,北京:中华书局,1983:358.
⑥ 吴廷燮 . 清财政考略 [G] //国家图书馆出版社影印室 . 清末民国财政史料辑刊:第20册 . 北京:国家图书馆出版社,2007:363.
⑦ 咸丰朝实录:卷72 [Z] . 咸丰二年九月丁丑 .
⑧ 咸丰朝实录:卷78 [Z] . 咸丰二年十二月甲申 .
⑨ 咸丰朝实录:卷88 [Z] . 咸丰三年三月庚申 .
⑩ 咸丰朝实录:卷97 [Z] . 咸丰三年六月己丑 .

手军队饷需（当然兵差除外）。① 咸丰皇帝要求各省就近筹饷，由各省督抚或领军大员自行组建粮台或军需局组织供应，自设的粮台将脱离户部控制，其功能也发生变化，"从前粮台，职在支放而已，近今所谓粮台，即系筹饷委员。"② 显然，所谓"权宜通变"，必将要违限逾制。

为了给地方官员吃一颗定心丸，咸丰又谕：朕看各该督抚一筹莫展，动请部拨，有平日漫不经心者，有避嫌避怨不肯为者，亦有限于定例、格于处分不敢为者。不肯为者，惟在各省大吏激发天良；不敢为者，则在权宜办理，不可拘执。现当紧要之时，朕必贷其处分，宽其定例，只求事有实济。③ 显然，咸丰帝在军情如火、军需紧要时刻，已全然不能顾及祖制或定例，转而采"军需至上"的现实主义，强调"以本省之钱粮，作为本省之军需"。④

咸丰四年四月，钦差大臣向荣仍狃于粮台积习，拟请在浙江省添设转运局，坐待户部拨款。咸丰对向荣消极待饷的行为十分不满，斥之谓：该大臣并不于江苏地丁、盐关税务及捐输各款内筹办，以本省之银供本省之用，惟知坐待邻省接济。⑤ 在给琦善、向荣、胜保等军营的谕令中，皇帝再次明白强调：与其空言拨饷，支领不能应时，何如就近筹粮，兵丁得沾实惠？⑥

另一位拘执传统解饷办法的地方官贵州巡抚蒋霨远同样也遭到了皇帝的痛斥。咸丰六年，为镇压苗民起义，蒋霨远要求皇帝督催广东省应解黔饷，咸丰帝回道：以本省应办之事，而全数仰给于邻疆。虽黔饷支绌，部库尚谓不足耶！严令蒋霨远，不得徒以饷匮为词而束手无策。⑦

那么，何为"就近筹饷"，就近筹何粮饷？皇帝在谕旨中并未指明，而是指令地方大员自谋良策，"只期与军情有裨"。当时地方督抚和统兵大臣可以有两种理解：

其一，本省应起运上解到中央的款项，或别省解款到中央途径本省的款项，

---

① 国家"有大寇患，兴大兵役，必特简经略大臣及参赞大臣驰往督办，继乃有佩钦差大臣关防及号为会办、帮办者，皆王公亲要之臣，勋绩久著，呼应索灵。吏部助之用人，户部为拨巨饷，萃天下全力以经营之。总督、巡抚不过承号令、备策应而已。"薛福成．叙疆臣建树之基（光绪十五年）［M］//庸庵文编·海外文编：卷4．近代中国史料丛刊：第943种．台北：文海出版社，1973：1397．

② 郭嵩焘．保举粮台文案委员请饬部无庸另立专条片（同治五年五月二十一日）［M］//梁小进，主编．郭嵩焘全集：第4册．长沙：岳麓书社，2012：760．

③ 咸丰朝实录：卷91［Z］．咸丰三年四月丙戌．

④ 咸丰朝实录：卷122［Z］．咸丰四年二月丁酉．

⑤ 咸丰朝实录：卷128［Z］．咸丰四年四月己丑．

⑥ 咸丰朝实录：卷139［Z］．咸丰四年闰七月戊寅．

⑦ 咸丰朝实录：卷200［Z］．咸丰六年六月丁亥．

可以截留动用。但截留本地或他省过境税款，需要经过皇帝的允准。如军情确实紧急，皇帝往往是同意的。咸丰三年正月谕军机大臣等曰：云贵总督罗绕典所带官兵盐粮不敷，奏请于外省解交湖南饷银，截留三万两。朕思该处需用孔亟，着即照所请行。① 同年八月，江西巡抚张芾截留广东解往江南粮台的饷银15 万两。十月，曾国藩在长沙也奏请截留过境饷银 4 万两，作为筹备炮船之费。② 咸丰四年闰七月，湖北等省漕粮，均准截留接济。③ 皇帝还曾谕令统兵大臣琦善等，准于淮扬徐等处漕项、盐课、关税、地丁各款内提用。④

但皇帝的态度始终是游移不定，并不是地方上所有的截款要求都会得到允准，要看皇帝当时的兴致，赞许有之，训斥亦有之。咸丰四年九月，皇帝即明谕江西巡抚陈启迈，江西捐务不准尽供本省之用，否则难当重咎。⑤ 咸丰九年七月江宁将军和春奏，江南大营用款日多，请将苏属地漕等款，暂停指拨他省。皇帝听从户部的意见，否决了这一要求。称：苏藩司所属地漕及关税捐输等款，合计为数甚巨。若悉数尽归军需，设部中遇有急需之款，从何筹拨？所请暂停指拨各情，拟难核准。⑥ 咸丰九年九月，河南巡抚率行于军需项下动用银 11 万余两，并未先行奏明，结果还被照例议处。其动用银两，仍要求尽数提回归款。⑦

其二，在正项之外，另辟财源。咸丰三年，山东巡抚张亮基奏请筹办防剿经费不敷，请于地丁钱粮款下借动银两 10 万两以备支放。咸丰谕：试思地丁银两，国家惟正之供。当此部库支绌，筹款维艰，若各省为防堵事宜，纷纷借动巨款，预请留支，则各处军营协拨急需将何所出？著该抚悉心筹酌，设法办理。⑧ 而刑部右侍郎（一说副都御史）雷以諴为助兵饷，在扬州里下河十数州县劝捐，接济琦善各营官兵之用，办理较有成效，则得到咸丰皇帝的赞许，认为：此举自系因时变通之法，尚属筹办得宜。⑨ 皇帝的意思很明白，不要在正项上打主意。截留也好，借拨也好，都是在正项范围内酌盈剂虚，抽东补西，就

---

① 咸丰朝实录：卷 82 ［Z］. 咸丰三年正月己未.
② 曾国藩. 请截留粤饷筹备炮船片（咸丰三年十月二十四日）［M］//曾文正公全集：第 1 册. 北京：线装书局，2016：82.
③ 咸丰朝实录：卷 139 ［Z］. 咸丰四年闰七月戊寅.
④ 咸丰朝实录：卷 140 ［Z］. 咸丰四年闰七月己丑.
⑤ 咸丰朝实录：卷 144 ［Z］. 咸丰四年九月庚午.
⑥ 咸丰朝实录：卷 288 ［Z］. 咸丰九年七月丁亥.
⑦ 咸丰朝实录：卷 294 ［Z］. 咸丰九年九月丙戌.
⑧ 咸丰朝实录：卷 115 ［Z］. 咸丰三年十二月甲申.
⑨ 咸丰朝实录：卷 125 ［Z］. 咸丰四年三月癸亥.

近筹饷的重点应是在经制之外开辟新的财源。皇帝甚至允准,新辟的财源可以自筹自用,"各量地方情形劝民捐办团练之费,器械钱谷,各从其便,此方所捐专为此方之用,他处不得挪移"。①

既然截留部款尚有被否决甚至是被训斥的风险,那么另辟财源则是"各从其便"。所谓"通变权宜之法",其实就是鼓励地方军政大吏于经制财政之外,拓展新的筹饷空间。在"不拘何款,迅速筹画""无论何款项下""无论是何款项,迅即拨银"的谕旨催逼之下,另辟财源成为此后地方大吏筹集军饷的主要法宝。当时参与其事的军政要员就已认识到咸丰朝与前朝筹饷方法的这种变化:"军务初起,朝廷颁发帑金,动辄数百万,或由户部运解,或由邻省协拨,军营垂手以待支放。师久而财匮,⋯⋯户部之解款,邻省之协饷,力皆不得自顾。偶一办理防堵,捕剿土匪,左支右绌,无可为计,其势又不能坐听其决裂。故虽艰窘如广西、贵州,亦须经营筹画,自求生理,⋯⋯此又筹饷之一变局也。"②

(二)经制之外

在就近筹饷的政策引导下,各统兵大员、地方督抚纷纷绞尽脑汁,于经制之外寻求款源,使清廷逐渐摆脱财政困局,遏制并最终成功剿灭了太平天国。当时设法筹措的这些经制外的款项主要有:

一是厘金。厘金分为百货厘、盐厘和鸦片厘等。我们这里主要说的是百货厘,鸦片厘金另述。

咸丰三年,雷以諴在扬州帮办军务,负责为江北大营筹措军饷。该年夏天,雷以諴在里下河一带设局劝捐,发现该地为产米之区,且米多价贱,就派人在靠近扬州城的仙女庙、邵伯、宜陵、张网沟各镇,仿照林则徐一文愿之法,动员米行捐厘助饷,每米一石捐钱 50 文,近乎值百取一,征于无形而民不觉,"数月以来,商、民相安"。雷氏认为,此法商、民两便,且细水长流,源远不竭,对于军需有益。是以于咸丰四年三月起,将此法推行到里下河上下游各州

---

① 朱学勤. 钦定剿平粤(匪)方略:第4册 [G]. 台北:成文出版社,1965:2651.

② 郭嵩焘. 详陈厘捐源流利弊折(同治三年)[G] //何良栋. 皇朝经世文四编:卷18 户政. 近代中国史料丛刊:第761 种. 台北:文海出版社,1973:303.

县，并对包括米行在内的其他行业铺户一律抽捐起厘，税率大致也是值百抽一。①

雷以諴在扬州等地的捐厘之法，得到皇帝的重视，谕令统兵大员怡良、许乃钊及河督杨以增，各就本地情形，商讨推广之法。若事属可行，即督饬所属，劝谕绅董筹办。② 此后，各地相继仿行。厘金也由初征时期按铺"认捐"的坐厘，发展到设卡对过往商品征收的行厘。厘金之法得到推广。咸丰五年四月，湖南巡抚骆秉章在湖南省创办厘金。同年八月，上海乡镇各业开始大规模抽收厘捐，至次年八月，该地共设有丝茶、城、乡3个厘捐局。③ 咸丰五年十一月，湖北巡抚胡林翼奏称，湖北省准备以江苏泰州、仙女庙等处抽厘章程为参照，在本省"向称繁盛之州县，饬令地方官因地制宜，设局抽取办之"。④

由于厘金既对市场上交易商品收捐，又对运载途中的流通货物取厘，取资广泛，税源充足，所以开办以后，涉兵省份的军需，"赖于本省丁赋课税者不过十之三、四，借助厘金盐牙者实居十之六、七"⑤。厘金很快成为各省军饷的主要来源。

厘金之法，古已有之，并非雷以諴首创。雷以諴在奏折中也说得明白，厘金系"略仿前总督林则徐一文愿之法"。在雷氏里下河一带推行厘金制之前，厘金实则是一种民间的集款方式。在江苏民间社会，康熙朝后期就已出现祠庙厘金，此后又推广到会馆公所、善堂善会等方面，到道光年间，更是分化出会馆厘金、善举厘金与地方公益厘金等多种民间基金形式。⑥ 因此，从本质上说，此时的厘金属于民间的"公基金"，并不在国家经制税收之列。咸丰三年厘金作为

---

① 雷以諴.商贾捐厘助饷业有成效请予推广折（咸丰四年三月十八日）［G］//中国第一历史档案馆.清政府镇压太平天国档案史料：第13册.北京：社会科学文献出版社，1994：305-306；徐宗亮《归庐谈往录》卷1云：厘金之起，由雷副都御史以諴帮办扬州军务。时江北大营，都统琦善为钦差大臣，所支军饷，皆部解省协。雷部分拨甚寡，无计请益。钱塘钱孝廉江，适在雷营为谋，立厘捐局，抽收百货，奏明专供本军。行之数月，较大营支饷为优。徐宗亮.归庐谈往录［M］.台北：文海出版社，1972：221.但周育民近文认为：咸丰三年八月，雷以諴与张廷瑞等首先在仙女庙等米行推行。周育民.关于清代厘金创始的考订［J］.清史研究，2006（03）.

② 咸丰朝实录：卷125［Z］.咸丰四年三月癸亥.

③ 袁芳瑛禀查议上海厘捐情形及抚藩批示（1856年9月）［G］.太平天国历史档案馆.吴煦档案选编：第6辑.南京：江苏人民出版社，1983：173.

④ 胡林翼.遵旨查复沙市厘金情形疏（咸丰七年十一月初九日）［M］//胡渐逵，等校点.胡林翼集：第1册.长沙：岳麓书社，2008：345.

⑤ 罗玉东.中国厘金史［M］.北京：商务印书馆，2010：26.

⑥ 徐毅.晚清厘金制度起源路径新论［J］.广西师范大学学报，2007（02）.

一种自筹军需之法广泛推行之后，仍然具有经制外税收的特点。推行伊始，各地均撇开正式的国家税收队伍，"仿照唐臣刘晏用士类不用胥吏之法"①，由地方官慎选本地公正绅董专司稽查、征收；税款也不输往国家正式库储机构，而是"或迳解营，或交捐输局"②。负责管理厘局的所谓"公正绅董"，其公开的身份为"委员"，即地方军政大吏委派之员，而不是由中央政府任命差派，不编入官吏名册，不受考成、黜陟之羁绊。③ 因此，厘金纯粹是地方官员或统兵大吏因地制宜，"不限科则，不拘程式"地推行起来的。各地抽厘税率不同，最高可至值百抽二十以上，最低为值百抽一。多数省份的税率在值百抽四至值百抽十之间。④ 征收办法各异，行厘有一起一验，两起两验等方式，坐厘有包缴、认捐、包捐等法；关卡设置各随所愿，如里下河弹丸一隅，河督杨以增劝捐于斯，漕臣李湘菜劝捐于斯，此去彼来，商民几无所适从。⑤ 这种现象，一如郭嵩焘所言："上海抽厘之法异于江北，安徽异于江西，湖北异于湖南。"⑥ 一物数征为司空见惯。

厘金的开征，系地方为补充军饷之不足而生发的一项政策创新，户部自始至终在这一政策创新过程中未产生任何作用。厘金征收大有起色后，这一饷源也就被地方军政大员视为禁脔，出现各归各军、各归各省的倾向。当然，各省、各军之间不是不存在饷需的协济关系，但这种协济关系往往都有一个前提，即军政大员之间存在较深的私人情谊，或地区之间确实存在着唇亡齿寒的利害关系。如湖北省自举办厘金以来，"一丝一粒无不归于军饷"，湖北省以一隅财力，协济数省军饷，多藉资厘金；⑦ 更有"以两湖捐厘之数，为皖军十万养命之源"之谓。⑧

厘金是湘军军需最重要的饷源。湘军以及以后的淮军，都是典型的"兵由外募，饷由外筹"的非经制武装力量。曾国藩曾告诫同僚："吾辈行军必须亲自

① 同治朝实录：卷 57 [Z]．同治二年二月辛巳．
② 现在酌定里下河推广捐厘章程清单（咸丰四年三月二十四日）[G]//中国第一历史档案馆．清政府镇压太平天国档案史料：第 13 册．北京：社会科学文献出版社，1994：307．
③ 清代官员，由中央派遣者，曰差；由地方派遣者，曰委．
④ 罗玉东．中国厘金史 [M]．北京：商务印书馆，2010：26, 68．
⑤ 雷以诚．商贾捐厘助饷业有成效请予推广折（咸丰四年三月十八日）[G]//中国第一历史档案馆．清政府镇压太平天国档案史料：第 13 册．北京：社会科学文献出版社，1994：306．
⑥ 刘锦藻．清朝续文献通考：卷 49 征榷 [G]．上海：商务印书馆，1936：8043．
⑦ 同治朝实录：卷 57 [Z]．同治二年二月辛巳．
⑧ 同治朝实录：卷 97 [Z]．同治三年三月戊午．

筹饷，不可仰食他人。"① 咸丰五年，兵部侍郎帮办军务曾国藩即在江西创办厘金。此后与江西巡抚陈启迈为饷源问题闹矛盾，口水官司甚至打到了咸丰皇帝那儿。② 咸丰六年六月，曾国藩拟派人前往上海抽收厘金来接济征战江西的湘军军饷，遭到江督怡良的严拒：江苏军需用款浩繁，专赖抽厘济饷，上海厘金只可留作苏省经费，不能分拨江西。③ 直至咸丰十年曾国藩署理两江总督，在获得皇帝同意后，参照湖南厘金章程，在江西另设一牙税厘金局，由自己派员经收管理，充作征兵饷需。④ 曾国藩自此有了江西厘金这一稳定的饷源，确保了他的军队所需，才逐渐在战场上逆转颓势，最终扑灭太平军。胡林翼得知曾国藩署理两江后，在给部下的信中断言："涤帅现握督符，兼管地方，必可成功也。"⑤ 曾氏幕僚薛福成亦认为，曾国藩"以侍郎剿贼，不能大行其志，及总督两江而大功告成，以其土地、人民之柄，无所需于人也。是故督抚建树之基，在得一行省为之用，而其绩效所就之大小，尤视所凭之地为准焉"。⑥

同治元年（1862 年）三月，曾国藩令幕僚晏端书驰赴广东，督办广东厘金事务，拟以广东厘金专济苏、浙、皖三省饷项。但晏端书到任后，却专顾粤省，置皖、浙于不顾，有将此项厘金留供本省之议。⑦ 最后议定，以七成协解江、皖，三成留备粤省。但曾国藩认为："此项厘金，为非所应得之款。"⑧ 终觉于理未安。江宁克复后，曾国藩即请求将此项厘金全数留给广东，以备该省防剿之用。江西前因军务紧要，赣抚沈葆桢奏请将曾国藩在江西开设的牙税厘金仍归本省征收。户部同意由本省分提一半，作为该省防饷，其余一半仍归曾国藩军营。⑨ 当时曾国藩正在围攻金陵的紧要关头，担心饷源分流会影响军心，极力反对，导致督、抚之间矛盾爆发。双方各执一是，不肯相下。户部居间折中，

① 曾国藩．复左季高（咸丰十一年五月二十九日）［M］//曾文正公全集：第 12 册．北京：线装书局，2016：174.
② 曾国藩．奏参江西巡抚陈启迈折（咸丰五年六月十二日）［M］//曾文正公全集：第 1 册．北京：线装书局，2016：230-233.
③ 咸丰朝实录：卷 202［Z］．咸丰六年六月戊申．
④ 咸丰朝实录：卷 319［Z］．咸丰十年五月庚戌．
⑤ 胡林翼．复蒋叔起（咸丰十年五月二十五日）［M］//胡渐逵，等校点．胡林翼集：第 2 册．长沙：岳麓书社，2008：541.
⑥ 薛福成．叙疆臣建树之基（光绪十五年）［M］//庸庵文编·海外文编：卷 4．近代中国史料丛刊：第 943 种．台北：文海出版社，1973：1398.
⑦ 同治朝实录：卷 23［Z］．同治元年三月己酉；同治朝实录：卷 66［Z］．同治二年五月辛亥．
⑧ 同治朝实录：卷 116［Z］．同治三年九月庚申．
⑨ 同治朝实录：卷 97［Z］．同治三年三月丙辰．

从别处划出 20 万两专款，拨归曾国藩军营充饷，作为补偿，① 总算平息了这场经费争端。金陵克服后，曾国藩复请将江西厘务，概归沈葆桢经收。只留下本系提出作为祁门粮台办米之需的饶州、景德镇两卡，仍照旧拨解湘军祁门粮台。② 曾国藩的两让厘金，显示了厘金征收由军兴时期的各归各军，到军事初息时期向各归各省转变的一种趋向。

随着战局的有利推进，厘金作为临时税入的存废开始成为朝廷关注的焦点，接连有御史指称各地厘局存在重复抽收、侵渔百姓诸弊。③ 太平军被镇压后，大规模的军务告竣，厘金的存废再一次成为庙堂上的议题。湖广总督官文力持厘金只宜严禁重科，万不可骤议裁撤之议，建议将两湖厘金留作善后之费。请缓至三五年后，军事大定，再议裁除。皇帝也认为，现在东南等省，虽军旅蒇事，但百废待举，需用浩繁，于厘金一款，本未能尽议裁撤。所有两湖厘金，即著官文择其扼要处所抽收丰旺者，酌留照常抽收。④ 两湖厘金仍予保留，其他各省厘金即毋庸议裁。此后，捻军活动日炽，东南大局略定，而西北军务方殷，需饷同样紧急。各省厘金，又借以供亿军饷，势难遽行裁撤。曾国藩建议将东征局改为西征局，原供应东征局的厘金照常征收，移作西征之用。⑤ 云南巡抚林鸿年又奏，云南军务紧要，请拨湖广厘金，使军务藉得措手。⑥ 署贵州巡抚张亮基奏贵州地瘠民贫，饷无所出，军兴以来，各省协饷久停，益形拮据。黔省先也指望两湖厘金赖以接济，但两湖厘金已拨作甘饷后，只能求之于四川省厘金。⑦ 这样，作为战时一时补苴之计的厘金，战后非但没有被裁撤，相反，继续成为清廷赖以支撑艰难时世的重要财源，由经制外新增款项，逐渐向经制化转变，最终成为一项国家正式的税收项目。

二是洋药税厘。洋药，即进口鸦片。洋药税厘包括洋药税和洋药厘金。洋药厘金是一种特殊的厘金，这里将其与洋药税一起叙述。

鸦片历来悬为厉禁，在清代传统经制财政收入中，并没有所谓的鸦片税和鸦片厘两项。与百货厘金一样，鸦片税厘也是咸同年间"就近筹饷"的产物，先由地方私征，然后才被中央认可正式征收的。

---

① 同治朝实录：卷 98 [Z] . 同治三年三月辛酉 .
② 同治朝实录：卷 119 [Z] . 同治三年十月丙申 .
③ 同治朝实录：卷 57 [Z] . 同治二年二月辛巳 .
④ 同治朝实录：卷 113 [Z] . 同治三年八月癸巳 .
⑤ 同治朝实录：卷 132 [Z] . 同治四年三月戊戌 .
⑥ 同治朝实录：卷 132 [Z] . 同治四年三月己亥 .
⑦ 同治朝实录：卷 176 [Z] . 同治五年五月壬戌 .

就近筹饷政策实施后，随着鸦片走私进一步猖獗，鸦片利源显现。为筹措军饷，沿海地方官员开始暗地里对走私进口的鸦片征收鸦片厘金。咸丰六年户部右侍郎宋晋向咸丰帝报告："上海为夷商总汇，每年销售鸦片烟一项，银两动以千百万计。现虽例于禁止，而地方官假立名目抽厘，半归私橐。"① 宋晋的报告似有夸大之嫌，但地方抽厘之事并非空口臆说。因为次年二月，江南大营军费不支，钦差大臣和春即派人来上海查议抽捐，计每箱鸦片收豆规银 10 两，名为义捐，许诺对捐商从优奖励。随后江苏藩司王有龄来沪接办，每箱捐银加至库平银 20 两。② 同年春天，福建地方政府军饷紧迫，向洋商贷银 50 万两，约定鸦片征税归还，规定每箱鸦片征洋银 40 圆，外加经费 8 圆。③ 随后又于南台中洲设厘金总局，改鸦片之名为洋药，开禁抽厘。洋药抽厘后，由总局给照引为凭，准其随处行销。其张贴告示，动静之大，连咸丰皇帝也感到"骇人听闻"。④ 其后宁波等地也纷纷援照闽省办法办理。

咸丰八年（1858 年），中英《通商章程善后条约》签订，鸦片贸易合法化，征收鸦片进口税也被纳入条约框架，地方征厘也有了合法依据，该年十月中英《海关税则》确立了对进口鸦片进行税、厘分征的纳税原则。⑤ 所谓税、厘分征，即税纳于关，厘纳于卡。这里的"关"既指税务司经理的海关（即洋关或新关），又指监督管理的所谓内地常关；"卡"指的是厘金局所设的厘卡。条约规定，洋商只准在通商口岸与华商进行鸦片贸易，在海关缴纳一次每箱 30 两的进口税。洋药一入内地，即与土货无异，遇到内地常关，即得缴纳每百斤 30 两的常关税；遇到厘卡，即征收厘金。何处征税，何处纳厘，均与洋商无涉。

税厘分征改变了鸦片税厘的征取为地方政府一手操纵的格局。洋药税一块，是由洋人所控制的海关洋员来征收，税款直接上交给了中央；洋药入内地的常关税，按照清代常关的管理规则，税款也是尽征尽解，上交给户部；只有洋药厘金一项，由地方委员设立厘卡征收，仍能为各省督抚或地方大吏所掌控。咸

---

① 宋晋.保奏道员雇船抽厘片［M］//水流云在馆奏议：卷下.光绪十三年刻本：6.

② 王有龄禀洋药征税困难情形（1859 年 11 月 8 日）［G］.太平天国历史档案馆.吴煦档案选编：第 6 辑.南京：江苏人民出版社，1983：343.豆规银即豆规元，是近代上海地区通用的银两计量单位，其成色低于上海之标准银 2%，因此又称九八规元。

③ 林则徐，李圭.信及录［M］.上海：上海书店，1982：230-231.

④ 咸丰七年九月己亥谕：即或因防剿需费，姑为一时权宜之计，亦不应张贴告示，骇人听闻，且妄称奏明，更属荒谬。着王懿德、庆端查明如有此等情事，即将该员等据实参处.咸丰朝实录：卷 236［Z］.咸丰七年九月己亥.

⑤ 中英通商章程善后条约：海关税则（咸丰八年十月初三日）［G］//王铁崖.中外旧约章汇编：第 1 册.北京：生活·读书·新知三联书店，1957：117.

丰九年，皇帝听从惠亲王绵愉的奏请，军务省份所收洋药厘捐，准其留支军饷。①

鸦片税厘分征，事实上是中央与地方就鸦片税源做了一次初步的分割，中央取税，地方征厘。但地方官员并不满足这种分配方式，而是消极抵制鸦片税源的这种分流，千方百计将洋药税并入洋药厘金，含混奏报，以逃避中央拨解；或以洋药混为土药（土产鸦片），因为当时清政府还未将土药作为一个独立的征税对象，只是作为百货征税，税率较轻。云贵总督张亮基就申言滇省向无洋药。② 既无洋药，也就无洋药税可言。咸丰九年，闽浙总督王懿德甚至要求"将洋药进口征收税银，仍归地方官委员征解"③。同年，两江总督何桂清与江海关监督联衔奏请减轻洋药税，增加洋药厘捐，认为洋药税率过高，税多则货贵，导致销路壅滞。惠亲王斥之为"曲护己私"，要求各地"不得以洋税抵作厘捐，以杜牵混"④。清政府之所以强调税、厘有别，实在于鸦片税、厘的归口不同。

鉴于上海当时军需紧张的特殊情况，对税款的报解，清政府又稍做变通，规定洋药常税，每百斤抽收内地商人税银30两，其中20两解赴苏省筹饷局拨济军需，10两由关道另款存储，集有成数，照章解京。⑤ 但据咸丰十年十月户部奏称：江海关洋药税厘20万两没有按期解到。随即江苏巡抚薛焕以地方糜烂、税款日细为由，请求将江海关所征新增洋药税银，暂行留充上海防剿饷需，等军务稍定，再尽数解京。⑥ 但户部认为无从改拨，应不准行。⑦ 同治二年五月，继任江苏巡抚李鸿章仍坚持前请，再次要求"将现征正、半各税及洋药税一并留抵上海军需"⑧。因此，作为新增的经制外收入的重要一项，洋药税、厘的一部分也成为地方筹措军费的一大饷源。

① 咸丰朝实录：卷279［Z］.咸丰九年三月丙申.
② 赵尔巽.清史稿：第13册［M］.北京：中华书局，1976：3700.
③ 刘锦藻.清朝续文献通考：卷51征榷［G］.上海：商务印书馆，1936：8058.
④ 惠亲王绵愉等议复何桂清奏请减轻洋药关税一事折（咸丰九年四月初五日）［G］//齐思和.第二次鸦片战争：第4册.上海：上海人民出版社，1978：60.
⑤ 吴煦禀陈洋药收捐办法（1859年4月16日）［G］//太平天国历史档案馆.吴煦档案选编：第6辑.南京：江苏人民出版社，1983：285.
⑥ 薛焕等奏奉拨江海关力难筹解吁恳改拨折（1861年1月19日）［G］//太平天国历史档案馆.吴煦档案选编：第6辑.南京：江苏人民出版社，1983：48-51.
⑦ 户部奏江海关新征洋药税银应照数解京折（1861年3月6日）［G］//太平天国历史档案馆.吴煦档案选编：第6辑.南京：江苏人民出版社，1983：55.
⑧ 李鸿章.关税留抵军饷折（同治二年五月三十日）［M］//顾廷龙，戴逸.李鸿章全集：第1册.合肥：安徽教育出版社，2008：309.

三是海关夷税。鸦片战争前一口通商时期，只有粤海关可征收夷税，即对外贸易关税。清廷对粤海关夷税的管理，与常税无异，都实行"入有额征，动有额支，解有额拨"的定额制。无疑，当时粤海关夷税属于经制收入。五口通商后，除粤海关之外，江、浙、闽三关也开始对外开放，征收夷税。对于这些新开放口岸的海关来说，夷税（当然也包括粤海关由于贸易体制改变所增出的那部分税款）是经制财政之外的新增税项，在三关原有的税收定额中，并没有这些夷税的定额。① 出于多种因素的考虑，清廷也一直未将这些新增税项制定定额，纳入经制范围，而是与常税分开管理，亦不分正税、盈余，实行"尽收尽解"。

清廷对关税的管理历来严格。道光四年上谕强调："各省关税银两，除本省扣充兵饷及部议准其动拨外，余俱解交部库"，各省"毋得率行指拨关税，以符定制"。② 军兴时期，就近筹饷政策一颁布，海关就被所在地军政大员视为饷源重地，特别是经制外尽收尽解的那部分海关夷税，即成为地方督抚或领兵大员截留动用、抵扣饷需的对象。江苏巡抚李鸿章就曾不顾洋税解部定例，将咸丰十年七月至十一年七月江海关 131.8 万两税银动拨无存，留抵苏省军饷。③ 淞沪军需案内自咸丰十年二月起至同治元年十月初六日止经放华勇常胜军粮饷、购买外洋军火抬炮，并英法兵官教练洋枪炮队辛工口粮等三款，共计 254 万余两，就是在江海关关税、捐厘总局厘金、上海绅富捐款内随时照数提拨的。④ 同治元年五月，上谕令李鸿章从江海关提拨 4 万两饷银赶解钦差大臣袁甲三军营，以解其燃眉之急。李鸿章回奏称："淞沪各防军饷亏欠累累，实有自顾不遑之势。惟袁甲三望饷迫切，暂于关税项下分解一万两以济急需，以后委难源源接解，请予另拨。"⑤ 江海关税俨然成为江苏巡抚独占的饷源，甚至中央欲知其收数而

① 嘉庆九年重新确定的东南沿海各海关每年必须完成的税额（包括正额、盈余税额和铜斤水脚银三项）分别为：粤海关 899064 两，闽海关 186549 两，浙海关 79908 两，江海关 65980 两。从以上定额可以看出，粤海关的税额远远超过其他三关，这是由于粤海关税额中，包含有夷税，而当时其他海关则没有这方面的征收任务。

② 刘锦藻. 清朝续文献通考：卷 69 国用［G］. 上海：商务印书馆，1936：8257.

③ 李鸿章. 关税留抵军饷折（同治二年五月三十日）［M］//顾廷龙，戴逸. 李鸿章全集：第 1 册. 合肥：安徽教育出版社，2008：307.

④ 李鸿章. 常胜军等三项用款奏销片（同治四年八月二十八日）［M］//顾廷龙，戴逸. 李鸿章全集：第 2 册. 合肥：安徽教育出版社，2008：224.

⑤ 李鸿章. 协解袁甲三军饷片（同治元年八月三十日）［M］//顾廷龙，戴逸. 李鸿章全集：第 1 册. 合肥：安徽教育出版社，2008：83.

不得。①

咸丰十年《中英续增专条》等条约规定：中方应付英、法两国赔款各 800 万两，在通商各关所纳洋税（不再称夷税）中按结分成扣归。每结各扣缴二成（计四成）。② 海关洋税遂有四、六成之分，并由外籍税务司负责征收，四成洋税作为赔款的基金，赔款结束后作为专款解部；其余六成，"存留各关以备各项要需"，成为"该省入款之一分"。③

四是例外之捐。在清朝前期，凡遇军国大事，如重大军事行动、灾荒、庆典、工程等，正项财政不足，就会通过举办捐输和捐纳筹集经费，加以弥补。捐输有奖叙，主要取资于官；捐纳是卖官，针对的是士人。户部设捐纳房，总司其事，制定有详细的规则。长期举办的常捐，每年有一定的额度，称常行事例；临时性举办，事竣即停的，为暂行事例。为便于就近筹饷，咸丰三年有"就近捐输"政策的出台。该年七月，御史何其仁上奏称：

> 臣五夜思维，惟有各省报捐监生一项，若稍通融办理，尚可计日得有一百数十万两，以济目前要需。臣查常例，外省报捐监生，系由藩库上兑，先给印收，汇咨户部、国子监填照，发至本省换给，辗转每至经年。……兹需用孔亟，酌为就近办理，以为集腋成裘之计，拟请饬下户部、国子监，先以空白照发交各省藩司，俾捐生等随捐随即领照。④

随后，户部制定《推广捐例章程》，大量颁发空白文武职衔及贡监执照给各省军营粮台，以便其随时填发给捐生。⑤ 各省捐局随之设立，捐输权下放，常例捐输让位于例外捐输，且由各省、各军自主掌握。各地官府、粮台及统兵大臣，为了鼓励"劝捐助饷"，拿着空白执照，肆意颁发虚衔，任意增广学额，且就地

---

① 中枢大臣文祥曾指责通商大臣薛焕"近三年来根本没有报过一篇账"。莱特. 中国关税沿革史 [M]. 姚曾廙，译. 北京：生活·读书·新知三联书店，1958：145.

② 续增条约（咸丰十年九月十一日）[G] //王铁崖. 中外旧约章汇编：第 1 册. 北京：生活·读书·新知三联书店，1957：145. 这里的"结"即结算期间之意。该条约规定，每一季度为一结。

③ 佚名. 中国度支论 [M] //麦仲华. 皇朝经世文新编：卷 6. 近代中国史料丛刊：第 771 种. 台北：文海出版社，1966：485.

④ 何其仁. 奏请颁发各直省监照酌减收银折（咸丰三年七月初四日）[G] //中国第一历史档案馆. 清政府镇压太平天国档案史料：第 8 册. 北京：社会科学文献出版社，1994：338-339.

⑤ 彭泽益. 十九世纪后半期的中国财政 [M]. 北京：中国人民大学出版社，2010：110.

办捐自用。一时间，各地捐局林立，多以降低捐纳标准、减折为招徕，力争多收捐款，以致形成京城有京捐局，各省有甘捐、皖捐、黔捐等局，省局下又设分支机构遍布各地。在江苏省，随着捐纳权的下放，开始时部捐归部库，省捐归省收，后来，在部捐中，实官捐全数解部，虚衔捐一半解部，一半本省留用。①

"捐"原为捐助之义，是自愿而非强制的，在清廷有关开办捐输的上谕中也有"量力自为报捐"之说。但咸丰以后清代的捐输性质发生了根本性变化，即由自愿转向了强派，从主要对象为官吏士子，转向士农工商各色人等，从卖官鬻爵扩大到无物不捐，无物不输。大捐则有助饷之款，零捐则有团练之款，一切经费，皆资民力。咸丰二年九月谕令，举办团练，所需饷项由地方绅耆筹商"劝谕捐资"②。咸丰三年，帮办军务刑部右侍郎雷以諴奏请，在江南泰州、宝应分设捐局，按照粮台酌减二成收捐，银钱米石均准交纳。③ 湘军统率曾国藩亦被获准，此后其行营所至各省，准令于该地随处劝捐。④ 咸丰七年，有人向皇帝反映，浙江捐款设局名目太多，有江运局、船捐局、房租局、串捐局等名目。⑤ 江西省牙捐一项，仿照湖北章程，分等则征收，上则捐银 300 两，中则捐银 200 两，下则捐银 100 两。如捐换牙帖，分别照章减半、减二成，由炮船经费局委员设卡征收。⑥ 据同治三年十二月曾国藩奏称，江北粮台进款已有厘金、漕折、地丁、杂税、芦课，运库进款也有统捐及花布行栈、按亩各捐等各种名目。⑦

还有针对田赋所附加的杂捐，其中影响较大的有四川的"按粮津贴""按粮捐输"；安徽的"亩捐""抵征"；江浙的"漕粮加价""规复钱粮"等，不一而足。虽然各省是从户部那儿领取了办捐执照，但那是空白执照，可随意填发，地方的派捐活动具有独立性，自设机构，自收自用，户部多是"无籍可考"。

咸同军兴时期大量经制外新增税项的出现，使传统的财政收支结构发生改

---

① 张之洞. 江苏捐输请留专济北军饷需、南饷并不分用折（光绪二十一年七月）[M] // 苑书义，等编. 张之洞全集：第 2 册. 石家庄：河北人民出版社，1998：1019-1021.

② 咸丰朝实录：卷 72 [Z]. 咸丰二年九月己巳.

③ 咸丰朝实录：卷 103 [Z]. 咸丰三年八月己丑.

④ 曾国藩. 请捐输归入筹饷新例片（咸丰三年十一月二十六日）[M] //曾文正公全集：第 1 册. 北京：线装书局，2016：85.

⑤ 咸丰朝实录：卷 235 [Z]. 咸丰七年九月辛巳.

⑥ 李桓. 遵批另议牙厘盐茶章程详（咸丰十年七月）[M] //宝韦斋类稿：卷 16. 沈云龙，主编. 近代中国史料丛刊：第 344 种. 台北：文海出版社，1973：793.

⑦ 曾国藩. 钦奉谕旨分条复陈折（同治三年十二月十三日）[M] //曾文正公全集：第 3 册. 北京：线装书局，2016：79.

变。厘金从咸丰三年初征时的 40 余万两，到同治二年即猛增至 1448 万两。此后虽略有下降，至同治九年时仍然达到 1339 万两的规模，十余年时间迅速成为仅次于地丁的第二大税项；① 海关洋税咸丰十一年仅为 503.6 万两，同治九年上升为 976 万两，成为仅次于地丁、厘金之后的第三大税项。② 田赋收入虽仍然是晚清王朝最大的税收项目，但其重要性已远非清代前期可比。诚如《清史稿》所云：咸丰初年，粤匪骤起，捻、回继之，国用大绌。迄于同治，岁入之项，转以厘金、洋税为大宗；岁出之项，又以善后、筹防为巨款。③

经制外新增税项的大量出现，在晚清财政管理制度上所产生的影响，则表现在奏销制度的松弛乃至破坏。

二、奏销制度的松弛

咸同年间奏销制度的松弛，主要表现在两方面，一方面是由于长期战争导致大量军费开支无法纳入则例，中央不得不在报销上通融宽限；另一方面是由于大量经制外的新增收支项目的出现，这些新增收支项目并没有完全被纳入奏销体制之中。

（一）军费报销

清初军需报销尤为严格，户部以则例为凭，对用兵省份或统兵大员报上来的报销清册详加审核，准销各款有条不紊，务求针孔相符，毫厘不爽。户部所依凭的军需报销则例，制订于乾隆年间。乾隆四十一年（1776 年）四月，以平定两金川大功告成，饬将各省军需核定条规，俾有遵守。四十九年（1784 年）三月军机大臣会同户、兵、工部奏明，军需各例纂拟完竣。五十年（1785 年）二月，又在前此基础上陆续更改，遂成 120 条，分 16 卷，其中户部军需则例 9 卷、续修 1 卷，兵部军需则例 5 卷，工部 1 卷。④ 嘉庆以后的军需报销，皆以是书为根据，其有应变通或创行者，均须预先奏准立案。报销时，有例者循例，无例者依案。

咸丰年间户部所依凭的军需则例，仍然是乾隆年间颁布施行的。战争状态下形成的带有权宜性的新案，如太平军兴时期的军需奏销、坐地筹饷等都没有来得及纂入则例中。正如户部所称："咸丰三年以后各项钱法、票钞及一切减

---

① 周育民．晚清厘金历年全国总收入的再估计［J］．清史研究，2011（03）．

② 汤象龙编著．中国近代海关税收和分配统计：1861－1910［M］．北京：中华书局，1992：63．

③ 赵尔巽．清史稿：第 13 册［M］．北京：中华书局，1976：3704．

④ 付璇琮．续修四库全书总目提要·史部［M］．上海：上海古籍出版社，2014：459．

成、放款，均因办理军务，为一时权宜之计，拟另行立簿存案，毋庸纂入则例。"① 取二百余年以前之办法，绳二百余年以后之情形，报销内容自然与则例发生严重脱节。再加上战争旷日持久，一案军需之起，至办理报销之时，往往数年、十数年之久，物价既殊，人地亦易，遂有所用非所销、所销非所用之病。

首先是价值悬殊。户部所规定的可报销款目价格还是乾隆时期制定的，与咸丰年间的时价已差别甚大。在广东，调赴到军营及派办到军务、局务的文职各官例支盐粮、跟役、驮折各项，按则例规定，具有道员身份的可月支 34 两，知府身份的可月支 31 两 8 钱，州县月支 24 两 8 钱，佐杂月支 16 两。但到咸丰年间，各物相较乾隆年间更为昂贵，按原定标准，在事人员月食已远远不敷使用。在这种情况下，时署理总督晏端书遂于同治二年不得不要求军需局制定新的标准，道员月支银 100 两，知府月支银 70 两，州县月支银 32 两，六品以下佐杂各员月支银 18 两。另外，军需造价也是今非昔比。制造火药一项，每百斤例价止准销银 3 两 9 钱，而咸丰年间的时价非 16 两不能成造，较之例价计增三倍有余。其制办枪炮、军械、账房、号衣等件成本，亦较例价加增。②

其次是物资迥异。咸丰年间一些新出现的军需支出，在乾隆朝的奏销则例中是没有的，如淞沪军需中支放的常胜军粮饷、购买外洋军火枪炮价值，以及英法兵官教练洋枪炮队辛工口粮等款，系与洋人交涉，为向来军务所无，无例可循。③

以上这些例外、不敷价款，不能被户部报销所认可，此之为"所用非所销"之谓。外省在报销时，如按实际情况如实造册，则必遭部驳，只能挑选合例准销的大宗款项，造册具报。"其余则不能不捏造虚言，期符成格"④，形成一篇假账。此之又可为"所销非所用"之谓。

另外，乾隆年间制定的报销则例，均是针对经制之兵，部拨之饷。咸丰年间多半则是兵由外募，饷由外筹，情形已迥不相同。太平军兴伊始，清廷企图依赖八旗、绿营这些经制兵力削平大乱。但传统的八旗、绿营，已腐败不堪，毫无战斗力，不堪一击。清廷在号召就近筹饷的同时，也在号召就地募勇，希

---

① 张晋藩、林乾.《户部则例》与清代民事法律探源［J］.米健主编.比较法学文萃：第2辑，北京：中国政法大学出版社，2006：318.

② 郭嵩焘.妥议变通报销章程疏（同治五年四月十二日）［M］//梁小进，主编.郭嵩焘全集：第 4 册.长沙：岳麓书社，2012：726-729.

③ 李鸿章.常胜军等三项用款奏销片（同治四年八月二十八日）［M］//顾廷龙、戴逸，主编.李鸿章全集：第 2 册.合肥：安徽教育出版社，2008：224.

④ 会议政务处覆奏度支部清理财政办法折（光绪三十四年十二月初十日）［G］//故宫博物院明清档案部.清末筹备立宪档案史料：下.北京：中华书局，1979：1025.

望通过招募新生力量来对抗太平军。各用兵省份、统兵大员，遂积极招募勇营，来充实、提高自己所属部队的战斗力。一些在籍的官绅也响应朝廷的号召，在各地纷纷建立团练，在此基础上，逐渐脱颖出湘军、淮军等地方武装。参与军事的"招募之勇，十居七八；经制之兵，十才一二"。① 这些勇营的饷需多为自筹，其饷章也由各省、各军自行厘定。曾国藩后来在述及湘军初创订立饷章时云：

> 国藩于咸丰二年腊月初招湘勇，维时长沙甫经解围，各路兵勇往来湖南，络绎不绝，臣遍查饷章，参差不齐，惟张国梁之勇每月五两四钱，江忠源之勇每月四两五钱，该两军是为有名于时。逮三年夏间，胜保奏请招募陆勇，月饷四两五钱，户部议准。江南大营循而行之，遂定为报销之常例。臣于三年冬间招募水、陆两军，陆勇酌减为每月四两二钱，而亲兵什长稍有增加；水勇酌减为每月三两六钱，而炮手舵工稍有增加。厥后银价日贱，米价日昂，咸丰十一年，杨载福等请将水勇加为每月三两九钱，至今未改。臣复详加询访，除山东、河南饷章微少外，其余江、楚、闽、浙等十余省勇饷，均系四两有奇。②

从曾氏的陈述中可知，当时各地勇营的饷制是五花八门、各自为政。湘勇饷制是仿照江忠源营饷章略加修改厘定的。绿营定制，马兵饷酬月给 2 两，战兵月给 1 两 5 钱，步兵月给 1 两，当时的湘军勇营饷酬要远远高于绿营，这与例章也迥不相侔。除饷酬之外，各省壮勇还有口粮、工食等筹给。如广东省：

> 粤东军需用款，以壮勇口粮一项为大宗。历次奏定章程，勇粮之外，每名另给安家银十两、五两不等。……其工食盐菜，又辨别邻境本境，核给多少数目，而日给一钱三分或八分之外，别给口粮米八合三勺。……每营出省长征，大建月支银二千七百一十八两二钱，小建月支银二千六百三十四两二钱六分；统领数营之营官，月加公费银一百两。明定章程，据此以为供放，即据此以为报销。③

---

① 吴庆坻. 蕉廊脞录 [M]. 北京：中华书局，1990：39.
② 曾国藩. 会议长江水师营制事宜折（同治四年十二月二十八日）[M] //曾文正公全集：第 3 册. 北京：线装书局，2016：142.
③ 郭嵩焘. 妥议变通报销章程疏（同治五年四月十二日）[M] //梁小进，主编. 郭嵩焘全集：第 4 册. 长沙：岳麓书社，2012：726-727.

各地勇营的饷制，有的是事先奏明皇帝立过案的，户部尚有案可稽，报销时可以案援例；有的是没有立案的，户部拿什么作为标准来核销这些统兵大员报上来的报销材料，都成了问题。例案山积，繁文缛节，户部在核销时往往也会失去准的，进退失据。山东历办军需报销勇粮，每员每月或给银4两5钱及3两不等，系由统兵大臣先行奏明，户部业已核准。咸丰十年，僧格林沁移营山东，户部发现，僧军勇粮一项，每月给银2两6钱，比绿营兵略高，但比山东省报销的标准要低。户部感到受到蒙蔽，要求山东省将所有勇粮报销，均照僧格林沁所定勇粮一律核减。当时的山东巡抚阎敬铭辩称：山东省自军兴以来，历年雇募练勇，应支口粮，先经奏准每名月支银4两5钱；复经前巡抚谭廷襄奏准，核减至每月3两，均经过户部复准在案。他进一步解释僧格林沁勇营例支口粮比山东省减少的原因是，僧军系客军，军临之地，绅民人等每多捐输米面及草料等物到营，各州县亦兼运送粮料。有此例外接济，故领饷虽少，亦见饱腾。而山东本省之勇，则惟赖额支口粮，难以与僧格林沁大营之勇画一比较。① 勇饷与经制兵饷有别，勇营饷章又各省不一，各军不一，这些也是导致军需报销混乱的乱源之一。

军需报销混乱，为参与其事的胥吏人等钻营取巧提供了可乘之机，部费遂应运而生。办理报销的地方官为求报销顺利通过，只要给负责办理核销的户部司员或胥吏一笔部费既可。以致清末还出现了一种专门在报销者与审核者之间撮合串通、帮忙讨价还价的报销中介，他们互相勾结，以册式为秘笈，以报销为利薮，而于公家帑项毫无裨益。正如后人评述的那样：

> 军务匆迫，存亡危急之际，而筑一台有例，购一械有例，增一马置一帐莫不有例，临事不能拘泥，后事又不许通融，不得已惟有于报销之时，弥缝迁就，以求免于驳诘，故军务报销之案，尤为胥吏利薮，督抚统帅，非甘行贿，疾首侧目，而无如何。……军兴以后，继以通商，海禁大开，金银流出，百货翔贵，较昔增数倍数十倍，旧日之薪粮，不能用人，旧日之物价，不能采办。挪移弥补，烦苦纠葛，以致报销无不浮之案，营勇无不空之额，出入款项，无不隐匿之数。②

---

① 阎敬铭．雇勇口粮请仍照本省奏减成案办理折（同治三年三月二十六日）［G］//中国社会科学院近代史研究所近代史资料编辑部．近代史资料：总128号．北京：中国社会科学出版社，2013：35-36．

② 汪大钧．论变法当务为其难［N］．时务报，1898-7-9（2-3）．

一些刚正之士，不愿伙同作伪，于报销环节曲为弥缝，坚持实用实销。在报销时情愿与部例不符，不愿与实数不合，这往往就会与户部发生龃龉。曾国藩就曾向皇帝解释：

> 咸丰九、十年间，户部屡次催造花名册，臣迄未造送。其有违部例者在此，其不欺朝廷者亦在此。此心可质鬼神，初无丝毫意见，敢与部臣相抗也。①

为减少受到户部的驳诘，曾国藩甚至建议部下，"银项应奏应题者，须倍加慎重，以少奏为是"②。曾国藩的"少奏为是"，应该是当时地方官员应对军需奏销定制的诸多办法中的一种。事实上，地方在办理报销时，使用了各种各样的应对之策，或以甲移乙凑合总数，名曰融销③；或并不据实开报，以少报多，名曰冒销④；而更多的则是干脆延不造报，乃至"每积数年而一销，或数十年而一销，其银数动至数百万、数千万不等"⑤。四川省自咸丰三年起至咸丰十一年支用的饷需，除经各部核准核减外，没有报销的款项达270余万两之多。⑥ 广西省自道光三十年七月起至咸丰二年止，两年多的时间，军需动用1100余万两之多，户部多次催促该省勒限报销，但到咸丰九年十二月时，仍未造报。⑦ 广东省自道光三十年起至咸丰十年止，十余年时间里军需支应，也仅奏报一次，其余年份均系笼统约略之数。⑧ 广东巡抚黄赞汤于同治二年六月办理咸丰十一年奏销时，还请将同治元年奏销展限至同治二年年底。⑨ 为此，咸丰十一年八月，清廷还以浙江、广东军需延不报销，给这两个省份的军政要员做出"下部议处"

---

① 曾国藩．湘军第五案报销折（同治七年十一月初三日）［M］//曾文正公全集：第3册．北京：线装书局，2016：290.
② 曾国藩．复毓右坪中丞（咸丰十年八月初七日）［M］//曾文正公全集：第12册．北京：线装书局，2016：33.
③ 熊希龄．为酌议清理财政办法与栾守纲呈度支部文（1909年10月29日年）［M］//周秋光，编．熊希龄集：第1册．长沙：湖南人民出版社，2008：561.
④ 咸丰朝实录：卷222［Z］．咸丰七年三月戊辰．
⑤ 九月掌京畿道监察御史梁俊奏军需报销招致物议事［G］//沈桐生．光绪政要：卷8．近代中国史料丛刊：第345种．台北：文海出版社，1966：398.
⑥ 同治朝实录：卷6［Z］．咸丰十一年十月癸亥．
⑦ 咸丰朝实录：卷304［Z］．咸丰九年十二月丁巳．
⑧ 咸丰朝实录：卷316［Z］．咸丰十年四月甲申．
⑨ 郭嵩焘．催办钱粮奏销情形及现依咨分别办理片（同治三年）［M］//梁小进，主编．郭嵩焘全集：第4册．长沙：岳麓书社，2012：111.

的严厉处分。上谕多次强调，各直省督抚及各路统兵大臣于粮台支应之款，均应遵照户部奏定章程，每届半年奏报一次，毋许延宕。① 但严饬之下，拖延如故。

同治三年，户部尚书倭仁认识到：军需报销，向来必以例为断。但其间制变因时，也有未能悉遵之处。"各省军需历年已久，承办既非一人，转战动经数省。则例所载，征调但指兵丁，而此次成功，多资勇力。兵与勇，本不相同；例与案，遂致歧出。在部臣引例核案，往返驳查，不过求其造报如例。"而各处书吏借此需索，粮台委员借以招摇，费无所出，由此产生浮销苛敛等弊，建议"所有同治三年六月以前，各处办理军需未经报销各案，恳天恩准将收支款目总数，分年分起开具简明清单，奏明存案，免其造册报销"②。户部的建议，得到内阁的认同：

> 近来用兵十余年，蔓延十数省，报销款目，所在多有，若责令照例办理，不独虚糜帑项，徒为委员书吏开需索之门，而且支应稍有不符，于例则难核准，不得不着落赔偿。将帅宣力行间，甫邀恩赐，旋迫追呼，甚非国家厚待勋臣之意。著照该部所请。所有同治三年六月以前各处办理军务未经报销之案，准将收支款目总数，分年分起，开具简明清单，奏明存案，免其造册报销。③

这样，军兴时期所有军需用饷的造册报销（除已报销的款项外），变成了开单报销。造册报销时，既有单，又有册，清单向皇帝汇报，细册则由户部审核。而开单报销就只有一个环节，即向皇帝汇报一份清单，而无须再由户部细加审核通过，即"开单者，由外核断；造册者，由部核准"。因此，时人理解，所谓开单报销，实质上就是"不经奏请于前，仅于既用后一报了事"④。这种奏销的做法，与旧制有明显的不同，户部在军需报销过程中失去了原有的查究、审核、

---

① 同治朝实录：卷6［Z］.咸丰十一年十月癸亥.

② 户部.奏免军需造册报销疏（同治三年）［G］//贺长龄.皇朝经世文编：卷78.近代中国史料丛刊：第731种.台北：文海出版社，1966：2009.

③ 郭嵩焘.妥议变通报销章程疏（同治五年四月十二日）［M］//梁小进，主编.郭嵩焘全集：第4册.长沙：岳麓书社，2012：721.据说倭仁此奏是受到王文韶的启发。倭仁"密取中丞（王文韶）议稿，参阅酌定"。吴庆坻.蕉廊脞录［M］.北京：中华书局，1990：39-40.

④ 光绪七年二月戊戌张观准奏［G］//朱寿朋.光绪朝东华录：第1册.北京：中华书局，1958：1050.

批准的责任。吴庆坻称此举为"开国二百二十年所未有也"①。曾国藩则视朝廷此举为"中兴之特恩",在给李瀚章的书信中云:"各路军营免办报销,近日皇恩浩荡,此皆尤为出人意表。……闻此恩旨,直如罪人遇赦,大病将愈,感激涕零。"②

尽管户部将此项奏销的豁免视为特例,并有同治四年以后的军需奏销仍按旧制的警示,但毕竟开了个不好的先例。论者认为,这是清季奏销制度破坏的开始。

(二)新增款项的奏销

咸同之际奏销制度的松弛还表现在,军兴时期出现的一些经制外新增款项并没有被完全纳入奏销制度。这些新增款项,包括厘金、洋药税、海关洋(夷)税,以及其他例外杂捐等。军事敉平以后,清廷试图将它们纳入奏销正轨,但由于各种缘由,各款的经制化程度各异,效果也迥乎不同。比较而言,这些新增款项之中,洋税系由外籍税务司负责征收,清廷可以"以税司之报告,核监督之账目",收支情况较为透明,上报的数据较为可靠;厘金及其他杂捐等项,从产生之时,就被地方督抚或统兵大臣所控制。户部因其系就地自筹之款,与例支之项无碍,亦"无从深问"。③ 其上报到中央的数据,大半皆仅出数为入数④,甚至出数多于入数,自然难以说准确可靠。正如薛福成致阎敬铭的信中所云:

> 今之厘金、洋税,合计岁入三千万两以外,实为昔年所无,幸稍补苴阙乏。然无事时所出仍浮于所入,有事更无论矣。⑤

我们先来看海关洋税。由于洋税收支涉及每期向列强支付赔款的多少,清廷对其管理较为慎重。同治二年(1863 年)规定,各海关洋税收支数目,均以咸丰十年八月十七日(1860 年 10 月 1 日)为始,以三个月为一结算期,即一

---

① 吴庆坻.蕉廊脞录 [M].北京:中华书局,1990:39.

② 曾国藩.致李筱泉(同治三年八月十八日)[M]//曾文正公全集:第 13 册.北京:线装书局,2016:55.

③ 刘锦藻.清朝续文献通考:卷71 [G].上海:商务印书馆,1936:8279.

④ 户部.议覆江西巡抚潘霨奏江西省丁厘出入不敷请饬改拨缓解折 [G]//户部奏稿:第 7 册.北京:全国图书馆文献缩微复制中心,2004:3227.

⑤ 薛福成.上阎尚书书(1883 年)[M]//庸庵文编:第 1 册.近代中国史料丛刊:第 943 种.台北:文海出版社,1973:257.

结，每一结将收支数目向皇帝开单奏报一次，同时，造具四柱清册及支销经费银两清册，四成若干，六成若干，一一罗列，分送户部和总理衙门查核。[①] 每四结即一年向皇帝专折奏销一次。

海关征收洋税的内部分工是：洋税的估验、稽查均由外籍税务司负责，海关监督负责洋税的奏销和税款的收存、上解，税务司所掌握的关税征收信息对海关监督的账目构成了督察。每一结期结束，英、法领事均亲自查对各口税务司税收档册，与该口监督呈报的缴税数目核对无误，始确定四成洋税的具体数额作为该期应缴赔款数。清政府确信，由外籍税务司监收、领事查核的四成扣款的数据是准确无误的，那么据此匡算余下的六成洋税数额也应是真实的，税司报告与监督账目可"两相对照，无可假借"。凭借这一逻辑，清政府自认为对洋税收入总数有了准确的把握。正如恭亲王奕䜣所奏：

> 各该监督历来征收关税，往往以多报少，隐匿侵蚀，积习相沿，无从彻底查清。兹该夷因扣缴二成之故，每届三个月，必将收纳总数查对清楚，各该监督无从隐匿。是该夷仅为扣缴二成起见，而嗣后户部转可将报明扣缴二成之数核算收纳总数，竟可丝毫悉入国帑，不能稍有侵蚀，于关税积弊为之廓清，似于关务有益。[②]

同治五年赔款完案，四成洋税直接解部，名目继续保留。尽管如此，户部对海关洋税各项用款的监控力度还是有等差的。四成洋税，"无论各该省有无别项要需，概不准藉词留用"[③]，户部对这一解部专款控制尤严。四成、六成洋税的分成基数仅针对洋税正税。[④] 除了正税之外，尚有子口半税、复进口半税、华

---

① 户部．各海关征收洋税拟令一律开单奏（光绪十年二月）[G]//户部奏稿：第3册．北京：全国图书馆文献缩微复制中心，2004：1205-1206.

② 钦差大臣奕䜣等奏英照会赔款按税扣归及法使抵津各情折（咸丰十年十月十八日）[G]//齐思和．第二次鸦片战争：第5册．上海：上海人民出版社，1978：299.

③ 奕䜣等又奏各关扣款既清应照旧章结报按结酌提四成解库存储片（同治四年十二月）[G]//筹办夷务始末：同治朝第4册．北京：中华书局，2008：1598. 当然，在某些海关，作为解部专款的四成洋税也有被用到别处，如机器局费，但这些都是经过户部核准才可实行的。

④ 所谓洋税正税即洋商船只各税项下正税部分，包括洋货进口正税、土货出口正税、土货进口正税、洋药土膏进出口正税四项之和．各海关华洋各税收支考核簿（抄本）[M]．北京：国家图书馆北海分馆．

洋船钞、华商轮船各税、洋药厘金等款目虽同属洋税，并不参与此次分成。① 四成洋税作为解部专款分出，再扣除火耗、关用经费和出使经费，余下的六成税款伙同子口半税、复进口半税等其他税项，被存留各关，以备户部指拨。地方政府可通过协饷、专项经费等名目从六成洋税中获得中央指拨给自己的"的款"，由此也就获得了这些款项的支配使用权。特别是，海关经费留在海关，由海关自行使用。虽然"关道亦逐月按结造具细数清册，详请咨销，以杜浮冒"②，但中央最关心的是总数。经费按比例提取只是个原则，海关各员都是定额支取，但经费总数不能超过提取数，不足则需海关监督通过别的途径来弥补，而不能在正税中解决。③ 事实上，海关经费，特别是供给监督系统的那部分办公经费，一直没有纳入海关奏销之中。胡林翼曾在致部下的信中云：部中报销一节，关税外销公费，官为经理，并不报销。凡有定之案，可报销；无定之案，不可报销。④ 他认为这是户部的失误。

洋药税厘分属三套征收系统，即洋关系统、常关系统和厘金系统，三者在奏销征解制度上略有不同，户部对三者的控制力也各有等差。与海关洋税一样，洋药税也视作海关正税，由海关征收，也参与对外赔款的四、六扣成。但户部要求海关监督在奏销时，将洋药税另为一款，一月造报一次，每届三个月委解进京，不准截留抵拨。⑤ 同治元年，闽海关没有将洋税和洋药税分开造册，以致"应扣外国二成银两有无多扣少扣之处，无凭核算"，结果，福州将军文清被交部议处，并责令税款各归各口，详细查明复奏。清廷同样可利用税务司册报和监督的账目互相参稽，使监督失去舞弊机会。华商贩运洋药入内地所纳常关税，"俱由监督及地方官征收"。常关税每百斤亦30两，旱路转运可酌减10两，作为脚费。报解程序是"各省关口，于所征此项税课，不必归入各关税额报

---

① 子口税被认为是厘金和常关税等内地税捐的替代，不参与对外赔款的扣成；而复进口税初定时，中外双方协商：交一正税准扣二成，如交一半税，则不扣二成，而最终以后种方式达成协议（齐思和. 第二次鸦片战争：第5册［M］. 上海：上海人民出版社，1978：495-496.）。另外，1887年各通商口岸海关实行洋药税厘并征，洋药厘金作为解部专款（部分拨还除外），另案奏报，与其他洋税有别。

② 李鸿章. 酌议津海关道章程折附清单（同治九年十一月初六日）［M］//顾廷龙，戴逸. 李鸿章全集：第4册. 合肥：安徽教育出版社，2008：175.

③ 李鸿章. 东海关经费请拨药厘片（光绪十五年四月二十二日）［M］//顾廷龙，戴逸. 李鸿章全集：第13册. 合肥：安徽教育出版社，2008：99.

④ 胡林翼. 致庄方伯严廉访（咸丰十年）［M］//胡文忠公（林翼）遗集. 近代中国史料丛刊：第881种. 台北：文海出版社，1973：565.

⑤ 廷寄地方官侵吞洋药税著据实参奏（1859年4月28日）［G］//太平天国历史档案馆. 吴煦档案选编：第6辑. 南京：江苏人民出版社，1983：23.

部，……每计三个月，将所征税银册簿，一面报部，一面起解交库，不准奏留抵充别项"①。在这里，洋药常税并不纳入各关税收定额，尽管作为专项税款报部，但其处于监督的操作之下，难免不为其提供上下其手的机会，中央政府对其控制力就有所削弱。至于洋药厘金，则由各省洋药厘捐局征收，咸丰九年规定："拟请军务各省份，所收洋药厘捐，准其留支军饷，仍按三个月造册报部查核。其无军务省份，照前奏关税章程，按三个月一面报部，一面起解交库，不准留抵别项支用，至滋牵混。"② 咸丰十一年户部颁布厘金章程，重申洋药厘捐，"不准与货物牵涉，以杜夤缘"，要求各省督抚转饬各局局员，各收各厘，分别造册报部。③ 此项税收，中央对其既无定额，又无考成，缺乏一种有力的督察机制，完全处于地方政府的控制之下，虽有册报也是有名无实。

再看百货厘金。"咸丰年间，各省奏准设局抽厘，原因饷力艰难，借厘捐为补苴之计，是厘捐虽非例入正款，而藉此充饷，即与正款无异。其收捐若干，开除若干，自应按年造销，方昭核实"。但事实上并非如是。厘金既是就地筹饷时期的"权宜之政"，且"不限以科则，不拘以程式，一听督抚之自为④，清廷对厘金收支款目和收支规模，事实上"几乎完全隔膜"。⑤

厘金推行伊始，所入无多，户部只是要求各省据实分款造册，报部奏明。咸丰七年，清廷在议准胜保的奏折时，曾规定格式，办理抽厘时，应将收支款数按季报部。⑥ 但各省并未按要求办理。如广东省，自咸丰八年四月起至九年十二月止，共收厘银 513600 余两，擅行动用，并不奏明。⑦ 湖北署汉川县知县张祥泰接管该县厘金局，半年之内，抽钱 25000 余串，但报解之款寥寥无几。⑧ 至咸丰九年，这一问题始引起中枢机构的关注。该年七月谕：

至军需指拨各项，除地丁外，以捐项厘金为巨款，往往有未经报拨已

① 巡防王大臣惠亲王绵愉等议奏洋药税课办法折（咸丰九年正月）［G］//齐思和. 第二次鸦片战争：第 4 册. 上海：上海人民出版社，1978：11-12.
② 咸丰朝实录：卷 279，咸丰九年三月丙. 惠亲王绵愉等奏酌拟抽收洋药厘捐征解办法折（咸丰九年三月二十六日）［G］// 齐思和. 第二次鸦片战争：第 4 册. 上海：上海人民出版社，1978：54.
③ 罗玉东. 中国厘金史［M］. 北京：商务印书馆，2010：35.
④ 郭嵩焘. 详陈厘捐源流利弊疏（同治三年）［G］//皇朝道咸同光奏议：卷 37 户政类. 近代中国史料丛刊：第 331 种. 台北：文海出版社，1973：1989.
⑤ 何烈. 厘金制度新探［M］. 台北：东吴大学出版社，1972：141.
⑥ 罗玉东. 中国厘金史［M］. 北京：商务印书馆，2010：30.
⑦ 同治朝实录：卷 5［Z］. 咸丰十一年九月壬寅.
⑧ 咸丰朝实录：卷 241［Z］. 咸丰七年十二月壬戌.

充别款，并业已提用并未报部者，殊不足以昭核实。嗣后此两项银钱，除归入四柱清册外，仍着各粮台，另造捐输厘金收支总册，每届半年，随同前项四柱清册具奏一次。自此次严谕之后，各办理粮台人员，倘敢仍前玩泄，即着各该统兵大臣及各督抚严行参办。倘该大臣督抚等不能破除情面，扶同徇隐，并著户部据实纠参，定当从重惩处，以为玩视军需者戒。①

该上谕表面上好像是训诫粮台经办人员，实则是在警示各统兵大员和各省督抚。咸丰九年的厘金报部章程，参考的是曾国藩两淮盐厘报销的格式。户部认为，曾氏奏报的两淮盐厘款式正开收支总数，不开琐碎细数，最为简明。以后各省盐厘、货厘的报销，务必仿照两淮盐厘报部的格式，每半年一次，一年分两次开单奏报，不要像从前那样经常漏报、不报。② 但各省对户部开单仅报总数的建议仍置若罔闻。如江西牙税厘金，自设局以来至咸丰十年，收支数目仍未报部，遭到上谕的督催。③

迨至咸丰十一年，皇帝在讨论江苏巡抚薛焕所上上海税厘大减、饷糈不继的奏折时，开始考虑为厘务酌定全国性的章程。该年二月，户部制定厘金章程八条，严令各省督抚，将咸丰十年十二月之前所收各项厘捐的收支细数，造具清册，限一个月时间内上报户部确核。④ 并规定自十一年正月起，按照新定的报表样式，将厘金征收之数和支解之数分别造册，每三个月向户部奏报一次。⑤

同治元年九月，根据御史丁绍周的建议，内阁奉上谕，要求各省将捐厘委员概行裁革，统归地方官经理。并奏请将厘金奏销期间缩短，要求各地按月申报厘捐各款实数，由该省督抚按照例限报部。但裁撤委员之议受到各省督抚的抵制，未能实行，按月奏报也就没有成议。事实上，各省能按照咸丰十一年的奏定格式造报就算不错了。江苏厘金的收支按照奏定格式造报，则迟至同治八年。⑥ 更有甚者，山西省咸丰九年试办厘捐，光绪二年以后的收支细数，到光绪

---

① 咸丰朝实录：卷 288［Z］. 咸丰九年七月癸未.
② 江西巡抚潘霨奏（光绪十年十月二十八日）［G］//户部奏稿：第 7 册. 北京：全国图书馆文献缩微复制中心，2004：3060.
③ 咸丰朝实录：卷 319［Z］. 咸丰十年五月庚戌.
④ 罗玉东. 中国厘金史［M］. 北京：商务印书馆，2010：34-35.
⑤ 户部认为：厘捐虽非例入正款，而借此充饷，即与正款无异，其捐收若干，开除若干，自应按年造销，方昭核实. 户部片（光绪十年十二月）［G］//户部奏稿：第 8 册. 北京：全国图书馆文献缩微复制中心，2004：3633.
⑥ 罗玉东. 中国厘金史［M］. 北京：商务印书馆，2010：248.

十年时户部都未见到该省造报。①

应该说，咸同年间厘金定期奏报制度虽勉强建立，但远未走上正轨。即便各省依限造报了报销册籍，也难以说是反映其真实规模，还有一部分厘金收支并没有列入奏销项目之中。如局用一款，这是户部明确定为外销，各地可以按章扣支，不入奏销的。但各省的做法并不一致，有的在所收税款内，先将局用扣出，而后报解税款；有的是在税款之外，附加征收局用，所扣局用之数，并不报部，故户部条陈中有"支销项下并无经费名目"之语。② 所扣的比率也不一致，有扣一成的，有扣八分的。此外，多收少报、匿报税款都是普遍现象，一如潘祖荫所云："一局之中，支应去其大半，侵渔去其大半。……十分之中，耗于隶仆者三，耗于官绅者三，此四分之中，又去正费若干，杂费若干，国家所得几何？"③ 厘金在各省上报的数字之外究竟有多少侵耗，一直是户部难以查悉的"未知领域"。

厘金奏销情形如是，其他杂捐的奏销情况更是乱象丛生，有过之而无不及。各省的"就近收捐"，表面上是由藩司"统筹一切"，实则是由局、所控制，藩司只是"署衔画诺，徒拥虚名"而已。结果是"外省捐输章程有加无已，所捐银数动用并不报销，无从稽核"。④ 咸丰十一年，有人向皇帝反映，江北粮台有指捐、借捐、炮船捐、亩捐，而江南粮台又有米捐、饷捐、亩捐，漕河有炮船捐、堤工捐、饷捐，袁甲三军营有米捐，此外有船捐、房捐、盐捐、卡捐、板厘捐、活厘捐，所征甚巨，报解寥寥。⑤ 大量收支款项没有被纳入奏销制度之中，自不待言。

清廷在例外捐输报销制度上也是前后矛盾。咸丰四年广东采办夷炮，系由捐办，皇帝同意免其造册报销。但为鼓励捐赏监造的绅民人等，又准其照筹饷例请予奖叙。⑥ 咸丰八年上谕又规定："各直省修办一切工程系民间捐修并不邀请议叙者，均免其造报。其士民出资捐修奏请奖叙，均著一体造册报部核销。"同为奖叙，是否办理报销，则规定前后两歧。

---

① 户部片（光绪十年十二月）[G]//户部奏稿：第8册.北京：全国图书馆文献缩微复制中心，2004：3633.

② 光绪六年正月甲午户部奏[G]//朱寿朋.光绪朝东华录：第1册.北京：中华书局，1958：865；罗玉东.中国厘金史[M].北京：商务印书馆，2010：50.

③ 户部.遵议整顿厘捐源章程疏（同治元年）[G]//王树敏.皇清道咸同光奏议：卷37.近代中国史料丛刊：第331种.台北：文海出版社，1969：1992-1993.

④ 咸丰朝实录：卷43[Z].咸丰元年九月癸亥.

⑤ 咸丰朝实录：卷349[Z].咸丰十一年四月甲戌.

⑥ 咸丰朝实录：卷140[Z].咸丰四年闰七月丙申.

清末，有人曾这样描述奏销制度面临的窘境："户部虽为总汇，而各处之虚实不知也。外省所报册籍，甲年之册，必丙年方进，已成事后之物，更有任催罔应者。孰应准、孰应驳、孰应拨、孰应停、孰应减、孰应止，皆未闻部中下一断语，皆以该督酌量办理，兼筹并顾一笼统之词而已。"① 吴庆坻《蕉廊脞录》亦云：此后"每遇征伐，帅臣兵、饷兼操。内而户部，外而藩司，支数可稽，用数无考"②。即各项款目账面上有数可查，但实际收支规模外人难以知晓。奏销成了表面文章，外销财政遂渐具形态。

三、外销财政的生成

咸同军兴，军需急迫，户部库储支绌，各地统兵大员、各省督抚遂以就近筹款、自筹饷需之名，突破经制常规，各种经制外新增收支应运而生，这些收支款项并没有被完全纳入奏销体制当中。再加上军兴十余年未及报销的军费用款由造册改为开单，军需奏销松弛，奏销制度所发挥作用的财政空间被大大压缩。清代财政制度架构中内销、外销的分野就此形成。

（一）外销之"财"

与清代前期相比，咸同之际出现的外销款项，已形成了较为稳定的收入来源，且规模也较之前扩大。这一时期的外销收入主要来源于厘金留用及厘金收入中隐瞒不报的部分、盐课盐厘、洋税外销以及新增的杂捐税等款。

同治初年的裁厘之议，以地方大吏的抵制而告寝。厘金制度继续保留，权宜之计变成经久之策。厘金最终成为晚清政府的一项经常性税收。但由于厘金是由各省为筹军饷办起来的，从一开始就控制在地方军政大员手中。军事平息后，这些军政大员又成为地方大吏，厘金在成为经常性税收的同时，出现了各归各省的现象。清廷力图将各省厘金纳入经制，强化其奏销管理，并明确规定，各省可从所征厘金中按一定比例提出部分款项给予自由支配。这部分提留款项，名为"局用"（有的省份称厘余），不入奏销。但局用的提取，各省办法不一，或以一成开支，或正厘 1 两，附收办公银 8 分。

咸丰九年，山西巡抚英桂奏准酌改厘税成案，规定无论行商、坐贾，均以九成作为报解正项，一成作为外销公费。③ 闽省章程规定，百货厘余、洋药厘

---

① 金安清. 生财不如理财论 [G] //何良栋. 皇朝经世文四编：卷 17. 近代中国史料丛刊：第 761 种. 台北：文海出版社，1973：290.

② 吴庆坻. 蕉廊脞录 [M]. 北京：中华书局，1990：38.

③ 张之洞. 札清源局外销经费指定实用（光绪九年十月二十四日）[M] //苑书义，等编. 张之洞全集：第 4 册. 石家庄：河北人民出版社，1998：2381.

余，亦于厘金正项外酌抽十分之一，留充局用并地方一切开销，系向不报部之款。① 黔省厘金局用也按收入一成开支。② 皖省厘局原定一成开支，不入收数。③ 所谓"不入收数"，即是指这笔经费并不在正厘中提取，而是在征收正厘的同时，另外附收。同治十二年，江苏巡抚张树声援案奏请，酌提苏、沪两局厘金，以一成为率，请免造册报销。只是此项善后经费，名虽酌提一成，实因逐年厘金收不敷支，从未解足。④ 云南通省厘局，向有一成经费的开支，盐厘则是提取五分公费。⑤

　　两淮盐课经道光年间改行票法，浮费大减，但军兴以后，各种附加又使票法紊乱。咸丰五年，因江路不通，淮南盐无商收买，私贩肆行。议准淮南各场改为就场抽税，易引为斤，每百斤抽钱 300 文，以 240 文作为报部正款，以 60 文作为外销经费。⑥ 咸丰七年十月，又酌量变通，裁撤各场税卡，于泰州设立总局，改为折银征收，每百斤征银 1 钱 5 分，每引 600 斤征银 9 钱，内以 7 钱 2 分作为报部正款，1 钱 8 分作为外销经费。⑦ 每引外销占引价的 20%。同治三年（1864 年）八月，江路肃清，又招集新、旧票贩照常运盐，每引收报部正课银 1 两 5 钱 1 厘，杂课银 2 钱，又外办经费银 4 钱，仓谷、河费、盐捕营各银 1 分。⑧ 正、杂各课一并计算，每引加银 1 两 2 钱 3 分 1 厘。同治五年正月，署两江总督兼两淮盐政李鸿章奏请，改章后需用较繁，加以每解京饷一批，须另备加平、部饭、盘川等项，为数颇巨，前改 1 钱 8 分不敷支用，拟酌加 2 钱，每引收 3 钱 8 分，仍归外销。⑨ 经大幅加价后，每引外销占引价之比仍高达 18%。

① 左宗棠 . 厘定闽省各属进出款项请将摊捐停止陋规裁革另筹提给公费折（同治五年十月初五日）［M］//左宗棠全集：第 3 册 . 长沙：岳麓书社，2009：134-135.

② 罗玉东 . 中国厘金史［M］. 北京：商务印书馆，2010：441.

③ 安徽全省财政说明书·岁入部·厘金［G］//中央财经大学图书馆 . 清末民国财政史料辑刊补编：第 2 册 . 北京：国家图书馆出版社，2008：77.

④ 光绪十一年五月初四日江苏巡抚卫荣光奏［G］//中国第一历史档案馆 . 光绪朝朱批奏折：第 77 辑 . 北京：中华书局，1995：7-8.

⑤ 牛鸿斌 . 新纂云南通志：第 7 册［M］. 昆明：云南人民出版社，2007：319.

⑥ 江苏省财政志编辑办公室 . 江苏财政史料丛书：第 1 辑第 3 分册［G］. 北京：方志出版社，1999：21-23.

⑦ 江苏省财政志编辑办公室 . 江苏财政史料丛书：第 1 辑第 3 分册［G］. 北京：方志出版社，1999：24-25.

⑧ 江苏省财政志编辑办公室 . 江苏财政史料丛书：第 1 辑第 3 分册［G］. 北京：方志出版社，1999：25.

⑨ 江苏省财政志编辑办公室 . 江苏财政史料丛书：第 1 辑第 3 分册［G］. 北京：方志出版社，1999：28；李鸿章 . 议复盐厘难分片（同治五年三月初九日）［M］//顾廷龙，戴逸 . 李鸿章全集：第 2 册 . 合肥：安徽教育出版社，2008：439.

河东盐务，咸丰九、十两年，经山西巡抚先后奏定，加票1100名，正杂各课加增至银48万余两。除外销各款银62000余两，实应报部候拨银42万余两。① 河东盐的外销经费提取率约为正杂各课总额的13%。

咸丰八年，河南省因剿办捻军及太平军，军需浩繁，而司库空虚，即以用兵省份之资格奏准抽厘济饷。课厘货物计有盐斤、药材、烟茶、皮货、毡货、棉花、绸缎、布匹等数宗。其中潞盐抽厘计每百斤抽收200文，所收税款，仿湖北水路盐税章程，以八成归于军需项下济饷，以二成作为外销经费。其他药材、烟茶、皮货等物厘金税收，亦以八成为报部正税，二成为外销经费。②

两浙纲商捐输杂款，按例随纲课正银核收。改纲以前，每正课1文随收加一耗款。这加一耗款再作十成匀算，以七成抵充各项杂支，以一成解盐院，剩下二成归藩司，给发各书役办公及油烛、心红、纸张费用。改纲以后，于同治十一年十月重新厘定课额，凡不够之杂款由浙东、浙西纲商筹备，每完正课1两，随缴加二引费，即2钱，仍作十成计算，其中24%（称二四引费）归院、司办公津贴（后提正归公），其余76%（称七六引费）年收银5.6万余两，用于外销各项杂款。③

以上讨论的是以局用等名目存在的各种厘金外销款项。咸同之际，这种外销名目同样存在于常、洋关税之中。凤阳常关公费一项，不知始自何时，定章随税酌收，与皖省州县经收漕折外销六款④相仿。原为津贴全关人役办公不敷之用，其所收款内酌提二三成及四五成不等，以备添设文案、稽核各委员薪水及每年贴补解费并一切因公支用之需。如有余剩，悉充地方公用。这笔外销公费，光绪二年凤关复关后仍没有革除，光绪十一年钦差查办后，曾在该款中节省出1800两解存司库，以充藩司经费。⑤

湖南辰关亦有关用经费。该款来自木竹盐税的耗银，此项耗银，该关向未报部，定章以四成津贴幕友修金、火食，书役、库丁、水夫、更夫工食等项，六成提归关用。⑥

---

① 中华民国盐务署，纂. 清盐法志·河东：第16册 [M]. 北京：盐务署印行，1920：28.

② 罗玉东. 中国厘金史 [M]. 北京：商务印书馆，2010：381.

③ 宋良曦. 中国盐业史辞典 [M]. 上海：上海辞书出版社，2010：6.

④ 皖省漕折外销六款指漕耗、兑费、水脚、备拨、捐款、公费六项，为漕南兵赠行月等米内附加之税，为外销。

⑤ 安徽全省财政说明书·岁入部·关税 [G] //中央财经大学图书馆. 清末民国财政史料辑刊补编：第2册. 北京：国家图书馆出版社，2008：51.

⑥ 湖南财政款目说明书：卷3 [G] //国家图书馆出版社影印室. 清末民国财政史料辑刊：第3册. 北京：国家图书馆出版社，2007：336.

梧州常关有正税，有平余。此外附带正税抽收者有二，一曰三五经费，一曰柴规三五经费，向系收为火耗、补色、解费之用。又有红单、挂号等名目，月收多寡不等，向充梧州府办公，均不造报。① 广西浔厂也有一成公费名目，按正税之多寡，酌提一成归厂用及其他杂用。具体分配是，八分公费用于委员公费、丁役工食、厂中杂用；二分公费用于司照油红、修理房船、邮电汇费、亲兵口粮、各项杂用等。②

浙海常关未经税务司兼办前，每年除额征之款外，有以津贴办公名义存在的外销各款。如正税外的随征平余，以及商船添装零星杂货等项的补税，为数颇巨。凡监督常年办公、赔解短征及各口书吏饭食犒赏一切杂支，悉于兹挹注。③

五口通商以后，东南沿海一带的常关先后对外开放，征收夷税（后改称洋税）。税务司制度确立后，清廷对洋税的管理愈益严密，但即便如此，海关洋税中，仍然存在外销款项。如在江海关，即有零税名目。

所谓零税，即海关针对来自非条约国家船货征收的关税。④ 同治二年，淮军东下防护上海，所雇用的运兵轮船费用，其中有规银 7.7 万两即是由江海关零税项下垫付的，经手此事的上海道吴煦称：垫放皖军东下轮船雇价规银 20.2 万两，奉准部议，不准支销正款，先由关库项下垫付，然后经由会防局捐项筹还。因海关所收洋税，不敷动拨，尚余规银 7.7 万两，即在咸丰十年十月以前征收零税项下凑数垫放。⑤ 他在写给时任两江总督何桂清的禀中称：零税作为外销之款，向系详报抚宪核销，并不奏咨户部。⑥ 乃至朝廷第一次听到"零税"这一

---

① 广西财政沿革利弊说明书：卷 4［G］//国家图书馆出版社影印室．清末民国财政史料辑刊：第 6 册．北京：国家图书馆出版社，2007：1-2.

② 广西财政沿革利弊说明书：卷 3［G］//国家图书馆出版社影印室．清末民国财政史料辑刊：第 5 册．北京：国家图书馆出版社，2007：587-588.

③ 浙江财政说明书：第 5 款关税［G］//国家图书馆出版社影印室．清末民国财政史料辑刊：第 10 册．北京：国家图书馆出版社，2007：253.

④ 另外，据王立诚研究，江海关所征"夷船附搭内地商民货物"之税，亦称零税，每年约有 3 万两的规模，江海关添设巡船经费即出于此。王立诚．英国与近代中外贸易"法治"的建立［M］//复旦大学历史系．切问集：下．上海：复旦大学出版社，2005：450.

⑤ 吴煦为皖军东下轮船费原垫归补各款咨复江南大营报销局（1864 年 10 月 19 日）［G］//太平天国历史档案馆．吴煦档案选编：第 6 辑．南京：江苏人民出版社，1983：166-169.

⑥ 吴煦为答粤海关部问海关各事上何桂清禀（1859 年 11 月 9 日）［G］//太平天国历史档案馆．吴煦档案选编：第 6 辑．南京：江苏人民出版社，1983：344.

名目时，竟有这样的发问：江海关零税一款，究系何项税银？要求李鸿章查明报部。① 至同治三年三月，总理衙门称：江海关旧存李泰国处零税一款，除动用外，净存规平银114064两现存上海丽如银行。②

从理论上来说，零税在沿海其他通商口岸海关也同样存在，但奇怪的是，我们没有在江海关之外的其他海关找到相关的文献记录。如果说零税作为外销款项似仅是江海关一关的特例，那么海关经费作为外销款项在当时的各海关，则是普遍存在的。

税务司制度确立后，海关经费形成税务司与海关监督两套管理系统。税务司及外籍人员的薪俸，均由总税务司署核定给发，而在洋关会同巡缉及盘查秤验、登填核算诸事，仍由中方关署书役人等经理，这些人的办公经费也必须按月如数支给。咸丰十一年江海关零税并入正税后，关道吴煦即要求在所收夷税正税中每两酌提五分作为海关经费，系按比例提取。③ 同治二年，浙海关也要求援照江海关例，在所收洋税中酌提五分经费。④ 津海关准在征收现银项下每两销八分；粤海关原定在船钞项下动支，如有不敷，在子口税项下拨补。后亦请求仿照天津海关成案，在进出口洋税项下每两坐扣银八分，为支销经费之用。⑤ 江汉关经户部议定只能扣银六分。⑥ 其他海关有"按八分留支者，有按五分留支者，有按一分零留支者，并无一定"⑦。各关基本上遵循"按税课之盈绌，坐扣经费之多寡"⑧ 的原则。这些五分、八分存留海关经费，尽管在关税奏销时有所说明，但其支用并不受户部逐项核销的限制。

除以上提取各款外，海关监督的经费来源还有三成罚没款以及一些出自正

---

① 廷寄饬轮船经费迅速就近拨解曾国藩军营充饷（同治三年三月二十八日）[M] //曾国藩. 曾国藩全集：第7册. 长沙：岳麓书社，2011：104. 该件《曾文正公全集》未收。

② 奕䜣原折抄件 [M] //曾国藩. 曾国藩全集：第7册. 长沙：岳麓书社，2011：101. 该件《曾文正公全集》未收。

③ 江海关为酌提银两开销稽征夷税应需各项经费详请议奏（1861年3月）[G] //太平天国历史档案馆. 吴煦档案选编：第6辑. 南京：江苏人民出版社，1983：405.

④ 同治二年三月十四日左宗棠奏 [G] //蒋廷黻. 筹办夷务始末补遗：同治朝第1册. 北京：北京大学出版社，1988：473.

⑤ 同治二年八月十九日晏端书奏 [G] //蒋廷黻. 筹办夷务始末补遗：同治朝第1册. 北京：北京大学出版社，1988：606-612.

⑥ 同治三年五月二十三日官文奏 [G] //蒋廷黻. 筹办夷务始末补遗：同治朝第2册. 北京：北京大学出版社，1988：246.

⑦ 光绪十一年七月初一日穆图善奏 [G] //中国第一历史档案馆. 光绪朝朱批奏折：第71辑. 北京：中华书局，1995：930.

⑧ 同治元年七月二十日崇厚奏 [G] //蒋廷黻. 筹办夷务始末补遗：同治朝第1册. 北京：北京大学出版社，1988：179-186.

税外随征平余及商船添装零星杂货等项之补税，为数亦不菲，凡监督常年办公、赔解短征及各口书吏饭食犒赏一切杂支，悉于此项外销项下挹注。就浙海关而言，罚款一项，三成解总理衙门，三成归监督，四成解税务司。每结按西历由税务司开送造册详咨，向不列入奏销之内。① 其他海关的情况大致亦如是。②

清例，捐输所纳银钱，有经督抚奏请给予奖叙者，即与动用正款无异，须办奏销；如不请奖，则不必奏销。前文所提湖北省汉阳竹木捐一款，捐者有给予议叙内奖者，其捐款即移解粮台充饷。其零星不请议叙外奖者，其款归入粮台军需善后，凡善后事宜因公动用例不报销之项（如前例官文馈送钦差一事），由此动支。在江苏，实官捐全数解部，虚衔捐一半解部，一半本省留用。③ 本省留用的为外销。

江西省抽收茶捐一项，系按茶抽收。闽茶入境经过者每百斤共抽捐厘银 1 两 4 钱，湖南茶入境经过者每百斤共抽捐厘银 1 两 2 钱，义宁茶每百斤共抽捐厘银 1 两 6 钱，临江茶每百斤共抽捐厘银 1 两 2 钱，徽茶每百斤共抽捐厘银 1 两 6 钱。均以 1 钱为厘金，1 钱为炮船经费；其余银两填给收单，准照筹饷事例请奖，归入捐输案内办理。牙捐一项，仿照湖北章程酌议条款奏明办理。上则捐银 300 两，中则捐银 200 两，下则捐银 100 两；如捐换牙帖，分别照章减半、减二成，由炮船经费局委员设卡征收。④ 其中不给奖叙的炮船经费为外销款。

四川省粮额 66.8 万两，除边瘠之地免征外，实征仅 50 余万两。额赋不足以济正供，按粮随征之赋应运而生。如按粮津贴自咸丰四年开征，本属临时取给，权宜济事，其后为常赋，充当了正赋的角色。⑤ 随粮捐输也是同一事理。随粮津贴一般是每税粮 1 两，同时收津贴库平 1 两，粮额 50 万两，津贴也即 50 万两。但实际上，各地并非严格按照 1∶1 的比例征收，有的地方此项津贴甚至征收到正赋的六到七倍。这些多征收上来的津贴、捐输盈余，被称作"津捐节存"，为

---

① 浙江财政说明书：第 5 款关税 [G] //国家图书馆出版社影印室. 清末民国财政史料辑刊：第 10 册. 北京：国家图书馆出版社，2007：262.

② 《光绪十九年八月户部片》云：各关洋商罚款一项，向归监督及税务司留存办公. 拟留备各项杂用及一切不时之需，仍按年将收支银数入奏，免其造册报部. 光绪十九年八月户部片 [G] //中国第一历史档案馆. 光绪朝朱批奏折：第 73 辑. 北京：中华书局，1995：1.

③ 张之洞. 江苏捐输请留专济北军饷需、南饷并不分用折（光绪二十一年七月）[M] //苑书义，等编. 张之洞全集：第 2 册. 石家庄：河北人民出版社，1998：1019.

④ 李桓. 遵批另议牙厘盐茶章程详（咸丰十年七月）[M] //宝韦斋类稿：卷 16. 近代中国史料丛刊：第 344 种. 台北：文海出版社，1973：798-799，793.

⑤ 鲁子健. 清代四川财政史料：上 [G]. 成都：四川省社会科学院出版社，1984：312.

外销之杂款。①

以"局用""公费"等名目存在的厘金、关税等外销款项，均是按一成或八分或一定比例从正课中提取，仅开单向户部汇报收数，但不入奏销，他们构成了咸同之际各省外销收入的稳定来源。但各省外销收入并非仅此局用一项，还有大量不为户部所知悉的隐性外销款项。如厘金局用，虽有一成、八分等明确规定，各省并非都按此严格执行，有的省份支销项下就无此经费名目。这些"应出之款"各省都匿不开报，其所报厘金收数不实不尽可知。② 我们以山西运库的情况为例。

表7 山西运库杂税捐、杂款外销情况表　　　　　单位：两

款目	起征时间	款额	用途说明
盐引公费	咸丰四年	每纲 79479	备支盐务大小衙门公用以及委员弁兵薪粮书役人等津贴饭食一切汇费解费蒲摊代赋津贴
三打帖	咸丰五年	每纲 41925	备支三岸印委各员缉私经费勇役船户工食修造船只以及开纲一切等用，年终矜恤故员家属之用
销价	咸丰四年	每纲 16725	书院膏火
保用	咸丰八年	每纲 2885	供支运城安邑等处差务道署填衙暨解饷出差车马等用
墙工经费	同治十二年	每纲 7418	修补城墙并水眼各工程以及巡查禁墙员役薪工之用
盐池岁修		年收 5516	专供岁修渠堰保护盐池要工之用
团练经费		每纲 19075	补助盐捕营兵饷之用
池脚备公	咸丰四年	每纲 11000	弥补育婴堂不敷经费
粥厂经费		每纲 794	设厂散粥之用
官运公费		年收 13200	官运余利项下提拨
道署规费	咸丰四年		

---

① 鲁子健．清代四川财政史料：上［G］．成都：四川省社会科学院出版社，1984：356.
② 光绪六年正月甲午户部奏［G］//朱寿朋．光绪朝东华录：第1册．北京：中华书局，1958：865.

续表

款目	起征时间	款额	用途说明
育婴堂生息、 留养局生息			
积谷生息			用于粥厂经费
堰户工食生息			并入盐池岁修款内开报
盐捕营专款			补助盐捕营

资料来源 山西运库内外销收款说明书 ［G］//国家图书馆出版社影印室. 清末民国财政史料辑刊：第 2 册. 北京：国家图书馆出版社，2007：177-191，198-204. 其中铺捐、学堂生息等款为清末新政才有，未列入。

　　除应提的局用外，山西运库还在杂税捐、杂收入项下存在大量的外销款项。有人甚至断言：军兴时期，厘金一项，"拨归中央者不过十之一、二，各省互相协拨及自用者十之八、九"①。当然，"十之八、九"未拨归中央者，并非都是外销，但各省留存的厘金外销规模远非受限于中央规定的一成或八分的法定比例，则应无疑义。只不过，较局用而言，这部分外销每年收数不定。如安徽省厘金，自开办以来，均按月列册报抚院。每届半年，由抚院分别内、外销奏报一次，其全数报部者曰牙捐、牙税、盐厘，余则总名为货厘。每年额收若干，内销为多数，外销为少数。除报部收支数外，其余则视年岁之丰歉，事务之繁简，以支出多寡为外销数目盈亏，未可限以定额。②

　　关税外销同样如此。在法定的外销经费扣留之外，仍存在大量的隐性外销款源，既不向户部汇报收数，更不经过户部的核销。人称梧州府关税，以招集乡勇保卫地方为名，自咸丰七年后加抽经费，凡往来货物于正税银 1 两外，加抽银 1 两，每年合计加抽银四五十万两。军事平息后，征收如故。后来经查，加抽是实，只是每年加抽没有传言之多，但亦有 17 万两之巨，因为兵燹以后，正税都未能足额，经费即短收。广西巡抚藩臬盐道衙门办公不敷，每年即于此项经费项下拨解 3 万两，光绪十年才减为 2.2 万两。③ 湖北新关上游竹木出产以湖南、四川为大宗。川木由峡入江，先过荆关完税，迨过新关，例不重征。湖

---

① 包遵彭，李定一. 中国近代史论丛·政治：第 2 辑第 5 册 ［M］. 台北：正中书局，1963：9.

② 安徽全省财政说明书·岁入部·厘金 ［G］//中央财经大学图书馆. 清末民国财政史料辑刊补编：第 2 册. 北京：国家图书馆出版社，2008：75-76.

③ 光绪财政通纂：卷 5 ［G］//国家图书馆出版社影印室. 清末民国财政史料辑刊：第 21 册. 北京：国家图书馆出版社，2007：234-235.

南竹木如过湖运入荆江者，亦归荆州道征税，入长江则归新关收税。湖北新关竹木税，总督专管，每年实收100余万两，有票根可稽；报部仅3万余两，有部案可稽。其未经报部银两，作为外销开支，例准支销不敷关用杂项工食银26974两有奇。又解送各衙门公费2万两。其余银两尽解总督转发局库存储，以备短征、赔款及督署各项杂支。如遇收数较旺月份，外销之款开支各项外，间有盈余，随时札发局库收储，留备认赔之需。自光绪三年三月起至七年十二月底止，共计历年还积存了3.1万两。当然，正如左宗棠所言，这种"事属因公而必须剔归外销者，所在多有，亦不独湖北一省为然"。①

杂捐内容庞杂，各省没有统一的章程，名为尽收尽解，中间肯定存在大量未报部的外销款。咸丰十一年上谕称：江北粮台既有指捐、借捐、炮船捐、亩捐，而江南粮台又有米捐、饷捐、亩捐，漕河有炮船捐、堤工捐、饷捐，袁甲三军营有米捐，此外有船捐、房捐、盐捐、卡捐、板厘捐、活厘捐。各捐所征甚巨，但报解寥寥。② 同治二年三月，即有人向皇帝反映：江北亩捐，从不造册报销，户部无从稽考。③ 四川大足县，同治三年知县以邻氛未靖，按一亩劝捐钱10文，实得银5348两，除修城垣、炮台及军火器械外，实存银2970两，存留学署，同治四年，知县将存银尽数购置田产，岁约收租谷110石，用以支付城防局的开销。铜梁县，咸丰九年城乡富户劝捐本地城防经费，次年又改为随粮派收，自咸丰九年起至同治十二年，此项城防经费及弥补仓谷的捐项，银钱合算通共银9万余两，平均每年6000余两。④ 一县一款如此，一县又不尽此一款，当时全国有18行省1500余县，这样算起来，全国杂捐外销的规模就不可小觑了。

（二）外销之"政"

军兴之前，清代财政中虽已出现外销款项，但只是零星款目，还不具有一定的规模，也没有形成稳定的收支渠道。咸同以后，这种外销财政已初具形态，收入规模日渐庞杂，来源也较为稳定，其在各省地方军政事务中发挥的财政功能越来越重要，且于经制财政机构之外形成了一套较为独立的财政征管体系。可以说，不仅具有了外销之"财"，也具有了外销之"政"。

---

① 左宗棠. 续查已革道员被参各款据实复陈折（光绪八年十二月初五日）[M] //左宗棠全集：第8册. 长沙：岳麓书社，2009：172-174.
② 咸丰朝实录：卷349 [Z]. 咸丰十一年四月甲戌.
③ 同治朝实录：卷60 [Z]. 同治二年三月己酉.
④ 鲁子健. 清代四川财政史料：上 [G]. 成都：四川省社会科学院出版社，1984：418、419.

咸同时期各省外销收支，是因地方自筹饷需而日渐膨胀起来的，因此，它所发挥的财政功能主要体现在佐助军需、捐办团练和支应兵差等方面。

太平天国以及后来的捻军起义最终被镇压，主要靠的是曾国藩、李鸿章等领导的湘、淮等军，这些非经制兵力，军饷多为自筹。《湘军志》云："洪寇之兴，始由部筹饷拨军者六百余万，其后困竭，则以空文指拨，久之空无可指。"户部拨款成了一纸空文，曾国藩等人没有了指望，只能自己想办法。如曾国藩曾在江西筹设粮台征收牙税厘金，在湖南筹办东征局加抽厘金，要求户部颁发空白执照自办捐输。这些罗掘上来的款项，随收随放，由其亲信李瀚章、胡大任等人经理。而这些人本无此项专责，"官事非其所娴，册报间有未备"①。我们来看湘军经费的最后报销情况。湘军报销款目分四案。咸丰三年九月至六年十二月为第一案，收2891419余两（米略），支银2667371余两（米略）；第二案自咸丰七年正月至该年二月二十日，支银291394余两；第三案自咸丰八年六月至十年四月底，收银1691676余两，钱1019串，支1627046余两，钱1019串；第四案自咸丰十年五月至同治三年六月，收银16854594余两，钱965552串，支16763775余两，钱892863串。四案共银款2130余万两。② 第一案已于咸丰十年五月间照军需例案，造具简明总册、分目细册，盖用安徽宿松县印，将各册专差分送部科并另折具奏，规规矩矩办过奏销。③ 其他三案，均于同治三年获得奏销豁免，只是以开单报销的形式，一笔勾销。其收自何处，支向何方，是否符合军需则例，则一概不问，笼统归入外销了。

淮军军费同样如此。同治元年十月初六之前的报销，归苏藩司及苏淞太道吴煦办理。之后至同治三年六月底止即苏沪军需第一案，请销银4423666余两，钱34271千文，存案免其造报。④ 另行开单附奏的还有教练勇粮并各营教习洋人辛工及租买各项轮船、购买外洋军火、制造西洋炮火等常胜军用款五项，共请销银2788388余两。这五项用款皆与洋人交涉，无例可循，一并存案，同样免

① 曾国藩. 酌拟报销大概规模折（咸丰七年十二月初七日）［M］//曾文正公全集：第1册. 北京：线装书局，2016：404.
② 曾国藩. 报销款目分四案开单折（同治六年二月初八日）［M］//曾文正公全集：第3册. 北京：线装书局，2016：226-228.
③ 曾国藩. 报销历年军需折（咸丰十年五月初六日）［M］//曾文正公全集：第2册. 北京：线装书局，2016：69.
④ 李鸿章. 苏沪军需第一案清单折（同治四年二月十七日）［M］//顾廷龙，戴逸. 李鸿章全集：第2册. 合肥：安徽教育出版社，2008：22-23.

其造报。① 这种将军费开支一概归入外销支出的模糊化处理，使我们很难判断，哪些支出是来自内销收入，哪些支出本身就是外销款。② 我们只知道常胜军五款系于藩、关各库捕盗经费以及厘捐等项内陆续提拨的，其收、支均属外销。

除湘、淮等军外，地方办理军需时，遇到用所必需而例不准销的情况，均剔归外销筹补。咸丰二年因军务紧急，署广西巡抚劳崇光将广西军营支发章程略做变通，优给壮勇雇值，加增武职盐粮长夫名额，这与例案不符，多支出的费用即归入外销办理。③ 在广东，调赴军营及派办军务局务之文职各官例支盐粮、跟役、驮折各项以及一些军事物资，因各物昂贵，不敷使用，这些比例支多出的开支，另归军需外销办理。如制造火药一项，每百斤例支银仅 3 两 9 钱零，但时价非银 16 两不能成造，不得不将例价不敷之银归入军需外销。④ 山东省遇到军需亏缺的情况，筹补之法是在文职养廉项下分年摊扣。⑤

团练是从保甲的基础上发展起来的，经费多由地方绅耆自筹，不向官府报销。湖北绅民办理团练，不仅捐筹经费，而且自备口粮；⑥ 安徽潜山县团练所有军装军饷以及伤亡养恤，均民捐民办，不取公家一文。⑦ 即使是州县倡办的官团，经费或可由本省兵饷中拨给一部分，但大部分仍依靠本地士绅筹款派捐，这部分款项也不入奏销。

兵差亦为军需大宗，多由过兵、用兵州县承担，正式的军需奏销内不包括此项。江苏自咸丰三年用兵以来，江宁藩司所属各州县均承办兵差，应付过境官弁盐粮、马乾、车船、脚价以及运解军需。咸丰十年苏、常沦陷后，江路不通，南北往来均取道于里下河，各州县亦皆支应兵差，添设台站、夫马、快船

① 李鸿章. 用款与洋人交涉权宜酌定片（同治四年二月十七日）[M] //顾廷龙，戴逸. 李鸿章全集：第 2 册. 合肥：安徽教育出版社，2008：24.
② 这里面肯定存在两种情况，一是收入来自内销款，支出却归为外销（外销支出）；二是收入本出自外销（外销收入），支出亦归为外销（外销支出）。
③ 中兴别记：卷 4 [G] // 太平天国历史博物馆. 太平天国资料汇编：第 2 册上. 北京：中华书局，1979：62.
④ 郭嵩焘. 妥议变通报销章程疏（同治五年四月十二日）[M] //梁小进，主编. 郭嵩焘全集：第 4 册. 长沙：岳麓书社，2012：727.
⑤ 阎敬铭. 军需案内州县应付兵差酌议新旧报销条款折（同治四年十月三十日）[G] // 中国社会科学院近代史研究所近代史资料编辑部. 近代史资料：总 128 号. 北京：中国社会科学出版社，2013：43-44.
⑥ 胡林翼. 奏陈湖北历年团练出力拟请分别增广学额疏（咸丰八年正月十五日）[M] //胡渐逵，等校点. 胡林翼集：第 1 册. 长沙：岳麓书社，2008：383.
⑦ 胡林翼. 请奖潜山县团练出力士民疏（咸丰十年闰三月二十八日）[M] //胡渐逵，等校点. 胡林翼集：第 1 册. 长沙：岳麓书社，2008：633.

接递军报。此时藩库已空，州县无从领款，只能挪移正项钱粮，暂行垫付。[1] 而垫付是要归补的，归补途径有二：要么捐廉，要么外销。山东省各州县支发兵差等项，就是自行筹垫的，并无藩库给发银两。[2]

在自筹饷需的过程中，一些战时筹款机构应运而生，如自设的粮台、厘金局、捐输局、盐茶局、洋药厘捐局、督销局、支应局、报销局、军需局、善后局等。这些新设机构，独立于传统的藩、粮、盐、关等财政机构，并与后者并行，负责在国家正供之外，征集和调拨一切可用于本地军政开支的银钱粮款。

湘军成军之初，均系自设粮台，自办报销，收放各款，随时遴员经管，亦无专司之员始终其事。咸丰十年曾国藩任两江总督后，奏设总粮台于江西省城，另在安徽祁门设行营支应粮台。咸丰十一年安庆克复后，又在此地设江外粮台。[3] 一应粮台事务，没有奏请朝廷差遣大员综理，而是任用亲信经管，形同私设。咸丰七年，湖北省城初复，湖北巡抚胡林翼在武汉设立湖北总粮台，"无论何项进款，皆由粮台弹收，无论何项开支，多饬粮台批发"，此后五任巡抚接任时间都不长，历年相沿接办，"不暇兴复旧制"[4]。与传统粮台职在分发粮饷不同，湘军的粮台即是筹饷委员，钱粮出入，随同督抚经营。[5] 新式粮台实质上成为战时军需收、支的总汇机关。为向粮台筹措粮饷，各省出现了各种性质的局所机构。咸丰七年胡林翼在武汉创办湖北牙厘总局，其进款统一由粮台弹收。咸丰十年曾国藩在长沙设立东征筹饷局，主要职能为抽厘筹饷，饷银三分之二解拨江西粮台，供给在皖南作战的湘军；其余解拨湖北粮台，协济在皖北作战的鄂省官兵。[6] 曾国藩在江西设立总粮台后，督、抚分办牙厘、钱漕。江西通省钱漕，归巡抚毓科经收，以发本省绿营及各防兵勇之饷；另设牙厘总局，江西

① 曾国藩. 江淮等属垫发兵差酌议办理折（同治七年十一月初三日）[M]//曾文正公全集：第3册. 北京：线装书局，2016：304.

② 阎敬铭. 军需案内州县应付兵差酌议新旧报销条款折（同治四年十月三十日）[G]//中国社会科学院近代史研究所近代史资料编辑部. 近代史资料：总128号. 北京：中国社会科学出版社，2013：43-44.

③ 曾国藩. 报销款目分四案开单折（同治六年二月初八日）[M]//曾文正公全集：第3册. 北京：线装书局，2016：227.

④ 曾国荃. 整顿军需局片（同治五年五月十四日）[M]//曾国荃全集：第1册. 岳麓书社，2006：43-44.

⑤ 郭嵩焘. 保举粮台文案委员请饬部无庸另立专条片（同治五年五月二十一日）[M]//梁小进，主编. 郭嵩焘全集：第4册. 长沙：岳麓书社，2012：760.

⑥ 曾国藩. 湖南设立东征局请颁发部照折（咸丰十年十二月二十八日）[M]//曾文正公全集：第2册. 北京：线装书局，2016：135.

全省牙厘，归总督曾国藩经收，供应出境征兵之饷。① 湖南藩司向为全省度支总汇之区。军兴以后，于署侧设立善后、报销总局。开始的时候，仅出纳粮饷，迨至后来，范围渐广，附以捐输、垦务等局。凡一切无定之款，均由其出纳。厘金局之设，亦在咸同年间，专管全省厘金及盐茶各税。嗣因兼办牙帖，改称牙厘局，与善后局并为财政之总机关。② 广西财政机关，其始仅藩司、盐道而已。军兴后乃有厘金总局主收人者，有军需局主军饷之筹措及支销者，有善后总局掌军饷支发报销及官衔捐输等事。③ 浙江省在先办厘捐局、茶捐局之后，又添设江运局、船捐局、房租局、串捐局等名目。④

　　清初定制，各省设布政使司⑤，掌一省钱谷之出纳，以达于户部，职掌分明。咸丰军兴后，筹捐筹饷，事属创行，于是厘金、军需、善后、支应、报销等类，皆由督抚另行设局，派员管理。虽取便一时，但积久遂成故事。这些新增的财政机构，藩司名为综理，实则仅置衔画诺，徒拥虚名，并无查销之实。⑥各地军政大员在向皇帝解释何以在藩司之外自设粮台、另设局所时，都强调藩司和粮台局所之间可"互相通融，互相稽考"的一面，⑦"每设一局，仍令藩、臬及运司会同办理，局中有弊，该司等不难禀揭，互相钤制，而各专责成"⑧。但事实上，这些新设的财政机构，表面上是藩司督办，实际经手承办的则是地方大员委派的所谓"委员"。曾国藩在江西仿湖南章程，牙厘另设一局，遴委道府大员专管，不归藩司收款。⑨ 胡林翼主持的湖北厘务，也"多系道府大员督办，委员亦多系候补及曾任州县佐贰之员，其不尽用实任、本任者，便于稽察

① 曾国藩. 拟设江西粮台及牙厘总局片（咸丰十年五月初三日）［M］//曾文正公全集：第 2 册. 北京：线装书局，2016：67-68.

② 湖南财政款目说明书：卷 15 财政费［G］//国家图书馆出版社影印室. 清末民国财政史料辑刊：第 13 册. 北京：国家图书馆出版社，2007：506.

③ 广西财政沿革利弊说明书［G］//国家图书馆出版社影印室. 清末民国财政史料辑刊：第 5 册. 北京：国家图书馆出版社，2007：85.

④ 咸丰朝实录：卷 235［Z］. 咸丰七年九月辛巳.

⑤ 藩司皆系朝廷特简大员，其印为方，其衔曰使，对上有专折奏事之权。督抚于两司只是督率，而不能任意干预两司的事务。

⑥ 度支部清理财政处档案［G］//国家图书馆出版社影印室. 清末民国财政史料辑刊：第 1 册. 北京：国家图书馆出版社，2007：137-138.

⑦ 曾国藩. 拟设江西粮台及牙厘总局片（咸丰十年五月初三日）［M］//曾文正公全集：第 2 册. 北京：线装书局，2016：67.

⑧ 曾国荃. 裁并各局勉节经费疏（光绪十六年闰二月二十一日）［M］//曾国荃全集：第 2 册. 岳麓书社，2006：530.

⑨ 曾国藩. 拟设江西粮台及牙厘总局片（咸丰十年五月初三日）［M］//曾文正公全集：第 2 册. 北京：线装书局，2016：67.

改委耳"①。湖南巡抚骆秉章在长沙开设厘局，"以裕廉总之，藩司列衔画行，莫能问其数"②。云南自咸丰六年办理军务，一切收支款项俱系另设军需局，由司道会同经理，藩司不能专管。③

同治三年八月谕令，各处同治三年六月以前的军需用款报销，有统兵大臣，责成统兵大臣办理；无统兵大臣省份，责成该省督抚办理。徐州粮台，著责成吴棠办理；江南、江北粮台，著责成曾国藩、吴棠办理。"各省巨万军需，由该大臣督抚一言而定，倘有不实不尽之处，必惟该大臣督抚是问。"④ 粮台改由所在省负责办理报销，更加强了督抚对一省新增财政资源的控制。

战事结束后，各省新设筹饷机构并未随之裁撤，其中大多数仍以军需局、善后局、筹防局等名义继续存在。同治五年，江苏总粮台即改为军需局。有的省则先改为军需局后又改为善后局，有的省则直接改为善后局。军需局（善后局）取代了粮台的位置，江苏制定章程：除司库入款照常解归司库，粮库入款照常解归粮库，关库入款照常储存关库备提外，规定自同治五年七月起，盐课应解盐道入库，各厘局所收盐厘及百货牙厘银钱解交牙厘总局。凡有水陆马步军饷、协济邻军饷项以及军需制造应支各项，由军需局向督抚详请批示，再向各库局提取支放，所需要的印文印册，按月向督署具报备考。而原有的一些经制支出如应解京饷及应付本省坐支之款，仍悉由司库、道库、关库照例提解支应。⑤ 广东岁入之款，地丁、耗羡、盐课、杂税四项共银 190 余万两，属国家维正之供，取民有制，不能率议更张。此外，一些新增入款以厘捐为大宗，而善后局则为这些款项的出入总汇之所。⑥ 贵州向来廉俸、役食、薪饷，由藩库支放；各衙门公费、津贴，各局所薪工、各项工程、各项杂支，则由善后局支放。⑦

① 王家璧. 上官揆师师（同治元年十月初三日）[G]//皮明麻. 出自敌对营垒的太平天国资料——曾国藩幕僚鄂城王家璧文稿辑录. 武汉：湖北人民出版社，1986：227.

② 王闿运，郭振墉. 湘军志·湘军志平议·续湘军志 [M]. 长沙：岳麓书社，1983：11.

③ 岑毓英. 请仍免造报同治二年以前军需收支片（光绪元年六月十九日）[M]//黄盛陆，等标点. 岑毓英奏稿：上. 南宁：广西人民出版社，1989：404.

④ 同治朝实录：卷112 [Z]. 同治三年八月戊子.

⑤ 曾国荃. 整顿军需局片（同治五年五月十四日）[M]//曾国荃全集：第1册. 岳麓书社，2006：44.

⑥ 刚毅等. 会奏粤省分利事宜疏 [G]//国家图书馆出版社影印室. 清末民国财政史料辑刊：第24册. 北京：国家图书馆出版社，2007：349.

⑦ 贵州巡抚庞鸿书奏清理财政编成本年春季报告册折（宣统元年十月二十二日）[G]//内蒙古大学图书馆. 山西清理财政局编辑现行财政十八种：第1册. 呼和浩特：内蒙古大学出版社，2010：38.

就财政组织机构而言，原有的藩、盐、关等传统的财税机构，咸同以后仍旧存在，但新增税源大部分已转移到各种新设局所，以军需局（善后局）作为用款总汇，凡通省新增重要公事公用之需，即由军需局支发垫用。藩司的财政权限相对萎缩。那么中兴诸督抚，为何将财政出纳诸事不责成藩司而别立局所？《申报》曾有这样的评论可谓一语中的：“盖藩司出纳有一定之堂期，而军需刻不可缓；又藩司所管，显系正供，而局所则专储特别款项。”① 特别款项，须有特别之处理，非传统的经制所能羁绊。这些新式财政机构的局所，逐渐在省以下形成了另一个行政运作与财政管理的新体系。② 自此，国家财政从单一的中央统收统支体系分化为两个并立平行的财政系统，即中央户部和地方各行省，户部的财权范围仅限于全国常例性的经制收支，而大量溢出奏销制度之外的外销款项，则游离于中央的控制，掌握在地方各级政府的手里。

咸同时期，在各省内部的财政架构中，内、外销的分野已泾渭分明，分别形成了两套较为独立的收支奏报体系。如设自同治三年的金陵善后局，专办地方善后诸务，所用银两均非例定之需，又属外筹之款，向不报部。而同治八年改设的金陵军需局，专管金陵留防、海防水陆各营薪粮、军火器械各项支销，属传统的军务饷需，则动用正款，由报销局会同苏沪徐防营、淮扬太湖水师支放各饷，按年造册报部。③ 淮军淞沪军需支放各款中，其法国教练、庞字营口粮由会防经费项下动支者，应归外销；由关道库动支者，即附入奏销汇办，即归内销。④ 湖北省征收的汉阳竹木捐，给予捐者议叙内奖之款，移解粮台充饷，为内销；捐者不请议叙外奖的零星之款，归入粮台军需善后动支，为外销。善后事宜因公动用例不报销之项，统由此动支。⑤ 有的省份将一省之内这种内、外销不同收支体系造成的财政隔阂，视为“几如两界山河，南、北不相过问”。⑥

再以孤贫口粮为例。各直省收养孤贫，散给口粮须动支公项，有额内、额外之分，分造两册报销。如广东省额内孤贫 4674 口，每口每日给银 1 分，于上

---

① 粤省善后局尚难裁撤［N］.申报，1909-12-13（10）.

② 王静雅.清代咸同年间湖南东征局兴废考析［J］.近代史研究，2017（04）.

③ 刘坤一.善后经费请于厘局拨补片［M］//陈代湘，等校.刘坤一奏疏：第 2 册.长沙：岳麓书社，2013：1133；左宗棠.酌改金陵军需善后局名片（光绪九年三月初一日）［M］//左宗棠全集：第 8 册.长沙：岳麓书社，2009：212.

④ 李鸿章.用款与洋人交涉权宜酌定片（同治四年二月十七日）［M］//顾廷龙，戴逸.李鸿章全集：第 2 册.合肥：安徽教育出版社，2008：24.

⑤ 同治朝实录：卷 193［Z］.同治五年十一月丁丑.

⑥ 山西藩库内销外销收支各款表说明书［G］//中央财经大学图书馆.清末民国财政史料辑刊补编：第 9 册.北京：国家图书馆出版社，2008：449.

年所存田房税羡银两内动支，年底造册报销。如遇额内孤贫名缺，即将额外孤贫顶补足额，造册报销。额外孤贫口粮银两，则于征存司库隔年税羡银内支给报销，两不牵混。① 即额内用款要向户部报销，而额外用款则在省内报销（即外销）。在安徽，额内孤贫，银米编列《赋役全书》，可照数征给在地丁银内拨补支给造报；额外孤贫口粮，则系由各属垫支，再赴司请销，在于匣费项下动支归款，后在漕米折耗项下拨补。② 湖南各厅州县分设养济院，收养疲癃残疾，穷民所给口粮，额内岁支1549余两，在于存留项下坐支；额外1297余两，赴司请领。③ 额内、额外孤贫口粮款源不同，负责支销的管理机构、报销办法亦不同。

湖南省奉文代造直隶剥船工料费也有内、外销之分。同治十年代造剥船150艘，内销工料运费发银41046余两，外销工料运费发银23400两，杂费4000两；光绪八年代造剥船300艘，内销工料运费发银82092余两，外销工料运费发银46800两，杂费9300两；光绪十二年代造剥船233艘，内销工料运费发银63758余两，外销工料运费发银21808余两，杂费7223两。计三次内销银186898余两，历经粮道于津贴运费等款银内如数解还。三次外销银112531余两，历任藩司于扣存各营屯防谷价项下动支。④ 一省之内，同一孤贫口粮，同一工料费用，何以有额内、额外不同的报销方式？"此乃内、外销之界限为之耳。"⑤

大致而言，新增各款，关于国用者，名曰内销。关于省用者，名曰外销。以款目性质言之，凡加诸田赋货物及提诸州县官者，皆属于内销。州县官摊捐者，则属于外销。内销者，年须专册报部；外销者，年终汇报一次，部中亦不过备案，不像内销各款那样引绳削墨。在四川，将原有岁入180余万两，仍循统收统支制度及春秋册报之旧法办理，统名之曰正项。与正项的统收统支不同，外销则实行分收分支。藩库内，除正项各款并为一户外，其余新增各款，皆以

① 郭嵩焘. 奏销广东省同治元年份支给额外孤贫人口养济口粮银两疏（同治三年七月初四日）[M] //梁小进，主编. 郭嵩焘全集：第4册. 长沙：岳麓书社，2012：146-147.

② 方力. 安徽财政史料选编：第1卷清代 [G]. 合肥：安徽省财政厅编内部资料. 1992：489.

③ 湖南财政款目说明书：卷13 [G] //国家图书馆出版社影印室. 清末民国财政史料辑刊：第13册. 北京：国家图书馆出版社，2007：473.

④ 光绪十七年湖南巡抚张煦片 [G] //中国第一历史档案馆. 光绪朝朱批奏折：第87辑. 北京：中华书局，1995：193-195.

⑤ 摘录直隶正监理官刘世珩条陈 [G] //国家图书馆出版社影印室. 清末民国财政史料辑刊：第1册. 北京：国家图书馆出版社，2007：221；度支部剖改良支 [G] //内蒙古大学图书馆. 山西清理财政局编辑现行财政十八种：第1册. 呼和浩特：内蒙古大学出版社，2010：119.

收款为纲。每款一户，每户设一专簿支分派别，库内簿记，遂多至百余户。藩库如是。推之盐道库、官运局库，亦莫不如是。故当时总督在本省，虽有无上威权，然仍不能任意支用。所用如不在应支之列，藩司必具文请示此款在何种收款项下动用。否则请奏明另筹收款，以供开支。① 这种分收分支办法，虽不完全合乎理财原则，但却符合清代财政治理中的内外相维、上下相制之道。

　　财以政聚，政以财兴。财为理政之财，政为理财之政。同光以后，外销财政即在此基础上逐渐成长壮大，乃至最后骤然膨胀，其收支规模（如果包括递次化外销为内销的款项）甚至超过了原有经制财政的规模。

---

① 周询 . 蜀海丛谈［M］. 成都：巴蜀书社，1986：27-28.

第三章

同光年间外销财政的扩张

咸同军兴时期的就近筹饷，使经制外的新增税项大量出现。这些新增税项，主要服务于地方军政事务，成为清廷镇压太平天国运动和捻军起义的稳固饷源。但这些新增税项，并没有完全被纳入奏销体制，有一部分游离于奏销制度之外，成为外销财政。同光年间（同治末至光绪前中期以甲午为界），军事敉平[①]，经济恢复，诸政待兴。清廷力图规复奏销旧制，终因诸事掣肘，未能措置得宜。各省为筹措兴政经费，外销财政得以拓展壮大。本章拟以厘金、土药税、杂捐等新增税源为例，对这一时期外销财政的收支结构进行探讨，揭示其在各级财政运行，特别是在地方善后、洋务和民生工程建设中的作用。

一、起存制度的衍变

同光之际，大规模的军事行动暂时停歇，但允准各省"就近筹饷"所导致的财政内轻外重局面并未随之改变；常例征收萎缩，新增税项递增，以田赋等正项收支为主体的起运、存留制度，其财政调节功能减退。在承认地方利益前提下，户部为确保中央财政的需要，不得不从两个方面对传统的起存制度进行调整，一方面是强化京、协饷制度，在京饷之外又增加了大量的部款等解京款项；另一方面是将起、存制度从正项扩大到新增款项，尽可能地将新增款项纳入户部指拨范围。

（一）京饷的扩张

京饷起源于雍正三年（1725年），本来是专供驻京八旗兵饷和在京官吏的俸饷，向系预拨各省地丁、盐课、关税、杂赋，以备次年支放之用。京饷开始并无固定额度，道光四年（1824年）上谕："各省关税银两，除本省扣充兵饷及部议准其动拨外，余俱解交部库，以供京营兵饷及一切经费。"[②] 可见京饷指

---

① 这里是指大的战争停歇。其实，1864年清朝镇压了太平天国起义后，其他各地的农民起义还在陆续进行，如捻军、贵州苗民起义、云南回民起义、西北回民起义，直至1876年云南彝民起义被镇压后，战火才稍为停歇。

② 刘锦藻．清朝续文献通考：卷69国用［G］．上海：商务印书馆，1936：8257．

拨的对象是各省扣除常例开支、协济邻省兵饷、贮存各库款项及中央准其动拨后的余款。户部根据各省春、秋拨和冬估的情况，视其余额多少而酌情下达拨款的命令，故称酌拨。

在咸丰三年（1853 年）之前，各省常例开支、协济兵饷部分各年情况虽没有太大的变化，但各省实收税额每年都有变动（有超出税额之外的，或本年税额没有完成的），因此作为各项扣除后剩余部分的京饷各年也是略有变化，有的省份，协济他省或本省兵饷，本身就不敷拨解，因此也就无京饷可言。雍正三年奏准：各省于春、秋二季，将实在存库银两，造具清册上报户部，户部根据各省所报存银情况，酌定数目，奏明拨解。福建、广东、广西等省仅够本省需用，陕西、甘肃、云南、贵州等省不敷本省需用，以上省份存银可留贮本省，不解至京。其他省份除酌量存留本省以备协济邻省兵饷并别有所需请予拨用外，其余银全部解部。① 因此曾任广东布政使的郭嵩焘说，广东历年来各库收数年清年款，向无例解部款。②

军兴以后，各省经部指拨之款，每因起解不时，以致部库时形支绌。咸丰三年十一月上谕：各省解部京饷，自该年始，归到冬拨案内，和各省协拨兵饷一道酌拨。如有藉词截留及率请改拨者，户部可随时查核，据实参奏。③

相较于之前的酌拨，咸丰三年京饷制度实行的变通主要反映在两个方面：一方面是由冬估后酌拨变为冬估前预拨。酌拨是户部根据春、秋拨册，准确掌握各省应收应支及实存各款后，作一预算，即冬估，在此基础上进行酌情划拨，或解或协。而此次京饷改为冬拨，因清代各镇营及各属有在冬季封印前预领次年春季钱粮的习惯，冬拨即现拨，绕开了冬估环节，不再过问各省有无"的款"，即究竟有多少存银，就下达指拨的指标，且"照数起解"，不准拖延。这就等于，各省不管财政如何紧张，先要保证京饷的如数完解，然后才能妥筹安排本省其他的开销。因此，后来醇亲王奕譞云：自咸丰三年，因各省春秋报拨并无存款，户部始改按年定数指拨解部。④ 另一方面是原来不承担京饷的省份，此后也要分摊。如福建省："闽省岁入各项不敷供支营饷，向无解京之款。自启

① 光绪朝钦定大清会典事例：卷 169 ［Z］. 户部·田赋.
② 郭嵩焘. 奉拨京饷酌筹解部情形片（同治四年）［M］//梁小进，主编. 郭嵩焘全集：第 4 册. 长沙：岳麓书社，2012：549.
③ 咸丰朝实录：卷 113 ［Z］. 咸丰三年十一月戊辰.
④ 光绪十一年八月二十二日奕譞等奏 ［G］//中国史学会. 洋务运动：第 3 册. 上海：上海人民出版社，1961：542.

征洋税、厘金，始奉拨解京饷，与他省情形不同。"① 广东省也是如此。广东原无京饷，但在定额指拨下，也有了上解任务。同治三年两广总督毛鸿宾奏请截留广东应解下半年京饷，为本省防剿之需。皇帝严饬其不可置京饷于不问，令其赶紧报解，免滋贻误。② 广东巡抚郭嵩焘亦云：近年关库收数日益短绌，而京饷日益增多，海关不能兼顾，本省粮道因之库无存银，无可转解藩库，藩库更无由拨抵运库。③

咸丰三年分派各省的京饷原额是 400 万两。咸丰十年改为 500 万两，咸丰十一年以后，每年增拨至 700 万两。④ 同治四年，因神机营添练兵勇，建造陵园，中央各衙门借用之款甚巨，户部已觉年额 700 万两京饷正额不敷周转，决定从同治六年六月起每年再增添 100 万两。这样，京饷原拨、续拨加在一起每年共银 800 万两。⑤ 之后直至清末均岁以为常。

这每年 800 万两京饷在各省的分配是：山西地丁银 40 万两，山东地丁银 35 万两、盐课加价银 21 万两，浙江地丁厘金银 40 万两，湖北地丁厘金银 40 万两、盐厘银 15 万两，湖南地丁厘金银 30 万两、盐厘银 5 万两，河南地丁银 20 万两，安徽地丁厘金银 30 万两，江西地丁厘金银 39 万两，江苏厘金银 22 万两，广东厘金银 10 万两、盐课帑息银 25 万两，四川按粮津贴银 17 万两、盐厘银 25 万两，长芦盐课加价银 30 万两，两淮盐课盐厘银 33 万两，两浙盐课盐厘银 22 万两，河东盐课银 10 万两，福建盐课银 15 万两，江海关洋税银 38 万两、抵解闽省京饷银 2 万两，粤海关洋税盈余银 26 万两、抵解闽省京饷银 2.4 万两，浙海关常洋两税银 24 万两、抵解闽省京饷银 2 万两，江汉关洋税银 30 万两、抵解闽省京饷银 1.6 万两，九江关常洋两税银 30 万两、抵解闽省京饷银 2.4 万两，镇海关洋税银 8 万两、抵解闽省京饷银 2 万两，东海关洋税银 5 万两、抵解闽省京饷银 2 万两，山海关抵解闽省京饷银 1.2 万两，扬州关常税银 3 万两，芜湖关常税银 3 万两，凤阳关常税银 3 万两，夔关税银 6 万两，津海关常税银 4 万两，太平关常税银 15 万两，赣关常税银 6 万两，闽海关洋税银 45 万两，福建茶税银

① 光绪十年正月二十八日闽浙总督何璟等奏折［G］//黄鉴晖. 山西票号史料（增订本）. 太原：山西经济出版社，2002：180.
② 同治朝实录：卷 115［Z］. 同治三年九月癸丑.
③ 郭嵩焘. 奉拨京饷酌筹解部情形片（同治四年）［M］//梁小进，主编. 郭嵩焘全集：第 4 册. 长沙：岳麓书社，2012：549.
④ 汤象龙. 中国近代海关税收和分配统计：1861-1910［M］. 北京：中华书局，1992：26. 实为 705 万两。
⑤ 光绪朝实录：卷 241［Z］. 光绪十三年四月乙丑.

20万两、税厘银10万两。① 这是光绪九年的情况。

同治元年（1862年），礼部左侍郎薛焕奏请，于直隶设立四镇，每镇练兵1万，同时酌添神机营兵丁2万名，也分四处教练，以振兵威而固根本。上谕照该侍郎所奏，责成十八省督抚藩司，通力合筹，自同治二年起，每年向各省、关指拨66万两，解交直隶藩库，供支新军四镇及神机四营饷项，称直隶练饷。同治五年八月，总理衙门奏请变通练兵章程，准备筹建马、步六军。经户部奏准，将该项练饷照原定数目，改解部库。② 各省关按月解部交纳，直隶按月请领，称"固本京饷"。③ 固本京饷没有明确指定各省在何款项下动支，原则是既不影响京饷正项，又不准地方额外征求，④ 目标自然是各省新增款项中的厘捐等项。

（二）部款的加拨

同治以降，随着战事渐息，中央开始加大对各省经制外新增款项的汲取力度，在京饷、续拨京饷、固本京饷之外，又衍生出了更多的解部专款，主要有：

1. 四成洋税。四成洋税本是赔付英、法两国的战争赔偿基金。同治五年赔款完案，为不让这笔巨款为地方政府所染指，总理衙门做了这样的安排：所有停付扣款各关，仍按结酌提四成洋税，委员解交部库，另款存储，以备要需。⑤ 这样，赔款虽清，四成洋税名目却长期保留下来，遂成为户部库储的稳定进项之一。光绪元年，清政府以筹办海防的名义，每年向各省、关指拨专款400万

---

① 户部. 光绪九年分应解京饷折（光绪十年三月十二日）[G] //户部奏稿：第3册. 北京：全国图书馆文献缩微复制中心，2004：1469-1470. 这里的"抵解闽省京饷银"，即所谓抵闽京饷，其来历为：同治十三年福建省因筹办台湾海防，海防大臣沈葆桢等向英汇丰银行借款200万两，"于各海关所收四成洋税及六成洋税内，按照三个月结期，分年扣还"。各海关摊额为：粤海、闽海、九江三关四成洋税项下，每结提解洋款各6000两，江海、浙海、镇江三关四成洋税项下，每结提还各5000两，江汉关四成洋税项下，每结提拨4000两，山海关四成洋税项下，每结提还3000两，津海、东海两关六成洋税项下，每结提还各5000两。光绪二年起，除闽关以外的其他各关应年拨银17.6万两，按结提解部库，以抵闽省应解京饷，而将闽海关奉拨京饷，按每年20万两之数凑还洋款，故称为抵闽京饷。参光绪二年四月二十七日福州将军文煜折[G] //中国人民银行参事室. 中国清代外债史资料. 北京：中国金融出版社，1991：42. 抵闽京饷只是京饷内部分配的一次调整，京饷总额仍旧。

② 同治朝实录：卷183 [Z]. 同治五年八月甲寅.

③ 翁同龢. 遵议筹饷折（光绪二十年七月十四日）[M] //谢俊美，编. 翁同龢集：上. 北京：中华书局，2005：119-120.

④ 同治朝实录：卷69 [Z]. 同治二年六月丙子.

⑤ 奕訢. 各关扣款既清应照旧章结报按结酌提四成解库存储片（同治四年十二月）[G] //李书源. 筹办夷务始末：同治朝第4册，北京：中华书局，2008：1597.

两，除镇江、九江、江汉三关四成洋税仍解户部外，其他江海、浙海、粤海、闽海等关四成洋税均作为海防经费分解南、北洋大臣。十一年设立海军衙门后，令统解该衙门。二十一年，海军衙门撤销，原额经费又改解部库。

2. 洋药税厘。咸丰八年中英《通商章程善后条约》规定鸦片贸易为合法，对进口洋药开始征税。洋药税和洋药厘金虽属同一税源，却归属不同。洋药税由洋关征收，自然归入洋税系列，亦参与四、六分成。洋药税执行特别税率（每箱 30 两，还不包括厘金），比他税要重；洋药税的报解与别税另为一款，一月造报一次，每届三个月委解进京（四成中已有指定用途的除外），比他税管理更为慎重。[①] 洋药厘金则由地方厘金局掌控，所征实数中央难得与闻。光绪十三年二月，实行税厘并征，洋药进口税和内地厘金改由海关一并征收，作为专款解送户部，留为弥补户部库储之用。

3. 京员津贴。从光绪九年（1883年）起，户部每年从各省外销款项指拨专款 26 万两，供四品以下七品以上京官发放津贴之用。十二年京官恢复全俸后，原款改称"加复俸饷"，仍按年解部。各省、关分摊的京员津贴情况见表 8。

表 8 各省关受摊京员津贴数额 单位：两

解款单位	年摊派额	解款单位	年摊派额	解款单位	年摊派额	解款单位	年摊派额
安徽省	7000	直隶省	8000	四川省	14000	九江关	6000
江西省	10000	江苏省	20000	广东省	10000	津海关	12000
福建省	10000	浙江省	12000	粤海关	40000	镇江关	5000
湖北省	16000	山东省	7000	闽海关	20000	东海关	5000
湖南省	8000	山西省	3000	江海关	20000	山海关	6000
河南省	8000	陕西省	3000	江汉关	10000	合计	260000

资料来源 光绪九、十两年户部收放存储京官津贴银两清单［G］//户部奏稿：第 8 册．北京：全国图书馆文献缩微复制中心，2004：3893-3897.

4. 东北边防经费。光绪六年中俄伊犁交涉，为在东北防御沙俄，自当年起，每年指拨各省地丁关盐厘项下 200 万两，按年批解部库供用。东北边防经费的分摊是：山东地丁银 12 万两，山西地丁银 10 万两，浙江地丁银 8 万两，江西地丁银 5 万两，安徽地丁银 10 万两，江苏厘金银 8 万两。江西厘金银 8 万两，浙江厘金银 8 万两，安徽厘金银 5 万两，广东厘金银 8 万两，湖北厘金银 8 万

---

① 廷寄地方官侵吞洋药税著据实参奏（1859 年 4 月 28 日）［G］. 太平天国历史档案馆. 吴煦档案选编：第 6 辑. 南京：江苏人民出版社，1983：23.

两，湖南厘金银 8 万两，福建厘金银 8 万两，江海关六成洋税银 12 万两，江汉关六成洋税银 12 万两，闽海关六成洋税银 10 万两，九江关六成洋税银 8 万两，四川盐厘银 15 万两，两淮盐厘银 12 万两，四川津贴银 8 万两，山东粮道库银 5 万两，粤海关六成洋税银 12 万两。① 光绪二十五年，户部又以原拨经费不敷，再奏准每年加拨 50 万两，各省关加拨五分之一，可得 40 万两，其余 10 万两在各海关倾镕折耗银两内提出。②

5. 备荒经费。光绪九年二月，御史刘恩溥奏请，酌提各省厘金解部，定额 12 万两，专作备荒经费。下户部议行。③ 于江苏、浙江、安徽、江西、福建、广东、广西、湖南、湖北、四川 10 省厘金较多者，每月各提银 1000 两。

6. 筹备饷需。光绪十年，以节省西征军饷 300 万两移充近畿防饷。次年，筹办沿海边防，改近畿防饷为筹边军饷。各省、关每年分摊筹边军饷的数目是：江苏省 40 万两，安徽省 24 万两，浙江省 66 万两，广东省 24 万两，福建省 14 万两，两淮盐课 20 万两，两浙盐课 6 万两，江海关六成洋税项下拨 14 万两，粤海关四成洋税项下拨 12 万两、六成洋税项下拨 20 万两，江汉关四成洋税项下拨 12 万两、六成洋税项下拨 16 万两，闽海关四成洋税项下拨 12 万两、六成洋税项下拨 20 万两，共 300 万两。④ 光绪十八年正月起，筹边军饷又更名为筹备饷需，作为解部专款。

7. 旗营加饷。光绪十一年，户部以刑部左侍郎薛允升奏请练旗兵，固根本，议令各省就报部兵勇饷银裁节若干，为加练京师旗营兵饷之用。次年起向各省及漕运总督指拨，总额 133 万两，充加练京师旗兵饷费。其中苏、宁两属每年各 15 万两，广东省 10 万两，安徽省 4 万两等。⑤

8. 铁路经费。光绪十五年为筹筑芦汉铁路所设，次年起年额 200 万两，其中部库筹给 120 万两，直隶、安徽、江西、山西、四川、陕西、湖南、湖北、

① 户部等衙门奏（光绪九年七月初十日）[G] //户部奏稿：第 1 册. 北京：全国图书馆文献缩微复制中心，2004：90-91.
② 光绪朝实录：卷 439 [Z]. 光绪二十五年二月庚辰.
③ 光绪朝实录：卷 159 [Z]. 光绪九年二月甲寅.
④ 户部片（光绪十年十月二十三日）[G] //户部奏稿：第 6 册. 北京：全国图书馆文献缩微复制中心，2004：2935.
⑤ 曾国荃片（光绪十三年三月初二日）[A]. 中国第一历史档案馆藏. 军机处全宗，档号：03-5848-005；张之洞. 奏为遵旨筹解旗营加饷银两赴部交纳事（光绪十二年三月二十四日）[A]. 军机处全宗，档号：03-6101-067；沈秉成片（光绪十八年二月十八日）[A]. 军机处全宗，档号：03-6127-046.

河南、浙江等省每年各筹银 5 万两，共分摊 80 万两，按年解海军衙门兑收。[①]两年后，此款移用于修筑关东铁路。

9. 其他还有解部五成二厘华商税、内务府经费、练兵经费、陵工经费等。还有一些名目的专款，如轮船制造经费、军备制造经费等，主要依靠制造厂所在省份的财政支持，但仍可视其为部款，因为这些现代化的军工设施，本来就是国家工程，各省实际上是将应解部库的钱粮就近解给了所在各厂。出使经费是解往上海的，由江海关道代为收存。初定在各海关六成洋税中扣除一成，光绪四年增为一成半，即 15%。出使经费虽具有协饷形式，但实亦为中央政费的一部分，其使用权为总理衙门。

（三）各类协饷

除京饷、解部专款外，各省还承担户部直接指拨的各种协饷，其款额较大者有：

陕西协饷。陕西协饷是清户部指拨各省、关协济陕西的军饷。起先用于镇压回民起义，之后即作为协拨陕西省的饷需。同治五年六月始，应陕西巡抚刘蓉之请，清廷令浙江月拨 6 万两，广东月拨 4 万两支援陕西省。[②] 同治七年三月始，又指定粤海、闽海、江汉三关，在四成洋税项下每月各协解陕西 1 万两，即每年各协 12 万两。

甘新协饷，简称甘饷，又称甘肃关内外军饷，为西征军饷的总称。西征军饷，是竭各省之力以供应用的。原拨山东、山西、河南、湖南、四川、江西、河东等处每月协银 10.35 万两，以及河南、陕西、湖北、湖南、四川、江苏、江西、山东、山西 9 省协穆图善军月饷 12.8 万两；[③] 又每年指拨关税 100 万两，分别为江海关 50 万两，闽海关 20 万两，粤海关 10 万两，浙海关 5 万两，江汉关 15 万两。计各省、关实饷 400 余万两。同治八年，又于各省地丁、厘金等项下添拨 300 万两，分别为：安徽省厘金捐输项下，每年共添协银 24 万两；浙江省除每月原协左宗棠军饷银 7 万两外，再添协陕甘军饷 5 万两，每年 60 万两；湖北省每年共添拨银 48 万两；江西省除地丁项下每月原协陕甘军饷银 2 万两外，每年共添拨银 48 万两；福建省除每月原协陕甘饷银 4 万两照常筹解外，每年共添拨 48 万两；江苏省除曾国藩前奏由该省每月协济陕甘军饷 10 万两，每

① 德馨. 奏报筹拨铁路经费银两款目事（光绪十六年十一月十七日）［A］. 军机处全宗，档号：03-7140-003.
② 同治朝实录：卷 179 ［Z］. 同治五年六月庚戌.
③ 吴昌稳. 晚清协饷制度研究 ［M］. 北京：社会科学文献出版社，2018：195.

年再添拨 36 万两；广东省原协陕甘饷银每月 4 万两照旧筹办外，每年共添拨 36 万两。① 新疆底定后，光绪十一年户部仍指拨各省、关协解甘肃关内外军饷确数每年为 480 万两。

贵州协饷。户部原拨湖北、山东、福建、江苏、广东等省及两浙盐课各月协济贵州 2 万两，江西、四川两省各月协 2.8 万两，湖南、浙江两省及九江关、东海关各协 1 万两，共计月饷 21.6 万两。光绪四年后，贵州改防勇为练勇，裁兵节饷，此项协饷照原拨减至四成起解，为每月 8.64 万两。② 光绪九年，再次调整，改为四川每年协济 50 万两（包括代收黔省所收盐厘盐税 18 万两），其余省份湖南、浙江、九江关月协 0.4 万两，江西 1 万两，山东 0.7 万两，江苏、福建、湖北及两浙各 0.4 万两，广东 0.3 万两，东海关 0.2 万两，每年共协 60 万两。③ 计年 110 万两。

以上只是占款较大的协饷，其他的协饷名目繁多，此处挂一漏万，不予赘述。协饷与京饷一样，同属中央政费之一部。如果没有其他地方的协饷，中央政府必须动用国库拨付，因此协饷只不过是中央政府为节省路费和时间，在各省之间进行的财政资金的均衡调剂，就近划拨。

从上述京、协各饷分派的款源来看，京饷正额，向系预拨各省地丁、盐课、关税等款，均系应解正项，指拨对象以传统经制税项为主。④ 以京饷原拨 700 万两（实则 705 万两）计，出自各省地丁 346 万两，盐课 168 万两，常关税 23 万两，海关税 89 万两，厘金 79 万两，传统税项占 76%，新增税项仅为 24%。京饷外其他各款的指拨主要针对新增款项，且指拨的规模远远大于京饷正额。在此我们可以看到，起运、运留制度虽仍在起作用，但因其仅限于传统的正项收支而功能相对萎缩；新增的经制外税项，各省自为经理，起存制度难以将其规范其中。"近年以来，各省支款，莫不有开销防勇、动支局用、筹补欠款，以致出浮于入；且旧制有额之收款，大半皆缺额、欠完，而新增无额之收款，大半皆仅入数为出数。"⑤ 面对新形势，户部不得不做出财政政策的调整，通过京饷加拨、设置各类部款等定额指拨、专款专用的方式，加大对新增款项的汲取力

① 同治朝实录：卷 252［Z］. 同治八年二月丁未.
② 岑毓英. 请催减成协饷指拨的饷片（光绪六年正月二十四日）［M］//黄盛陆. 岑毓英奏稿：下. 南宁：广西人民出版社，1989：485.
③ 光绪十一年正月二十日岑毓英等奏［G］//中国第一历史档案馆. 光绪朝朱批奏折：第 57 辑. 北京：中华书局，1995：310-312.
④ 同治朝实录：卷 85［Z］. 同治二年十一月辛酉.
⑤ 户部. 议覆江西巡抚潘霨奏江西省丁厘出入不敷请饬改拨缓解折［G］//户部奏稿：第 7 册. 北京：全国图书馆文献缩微复制中心，2004：3227.

度，压缩各省自为经理的财政空间。这样，从中央的层面来看，财政收支基本上得以维持平衡。但地方上的一些洋务兴作、善后经费完全靠自力更生，自己设法罗掘。在这种情况下，各省普遍的应对办法是：其一，消极应对户部的指拨，尽量陈述本省财政的困窘，与中央讨价还价，为本省多留一些机动资金，或隐匿新增税项的实际收入规模，来规避户部的指拨。① 其二就是背着中央，积极拓展本地外销财源。

二、外销款的拓展

咸同之际大规模军事活动停歇后，中央通过京饷的指拨、各种专款的加拨，加大了对地方财政资源攫取的力度。而此时，地方正从战争的废墟中逐渐恢复，百废待兴，大量善后工作接续展开，洋务新政也日渐兴盛，各省需款孔亟，中央的强势指拨导致地方行政无法正常进行。各省既无法从传统的正项财政中去获得相应的支持，相反还要将大量经制外新增税款调往中央部库或解往户部指定的地方。为解决地方公事，弥补地方财政缺口，各省只能拓展外销途径，开辟新的财源。

（一）厘金外销

相较咸同时期，厘金外销在同光之际有一个较大幅度的扩张，其体现在两个方面：一方面是各省在中央允准的一成厘金外销的基础上，悄悄增加这一提取比例，有的省份甚至加到规定比例的五倍。② 另一方面，还有大量厘金并没有报部，随着厘金征收规模的扩大，这部分外销收入必将随之扩大。我们先来看看各省一成厘金外销提取的情况。

山西省从咸丰九年开始正式征收厘金。该省厘金税款的分配，根据其他各省的成例，无论行厘、坐厘，均以所收的九成作为正项报解部库，一成作为外销公费本省留用。自开办之日起至光绪二年，每年所收厘税多则 17 万两，少则13 万两不等，均按例提成不变。光绪三年山西大旱，行商裹足，坐贾滞销，每年厘金收数仅 6 万~7 万两，达到一个低谷。此后经大力整顿，收数渐旺。九年

---

① 支付京城八旗兵饷的京饷连年欠解。同治二年十一月上谕：历年京饷，"惟山西年清年款，他省多不能依限报解；且有逾限不解者。"同治朝实录：卷 85 [Z]．同治二年十一月辛酉；《中外日报》描述当时拨款情形：各省疆吏惟于应解之京款，或不敢丝毫短欠，其于协济邻省之款，则有置之不解者矣。有解而不足数者矣。论各省拨款为难情形（录九月二十四日中外日报）[J]．东方杂志，1904（10）：247.

② 户部．议覆陕抚裁并分卡并厘金外销情形折（光绪十一年三月初十日）[G]//户部奏稿：第 8 册．北京：全国图书馆文献缩微复制中心，2004：3945-3949.

份厘、税两项复增收至 18 万两，十年份更是达到 21 万两之多。地方政府认为，这得力于添设各卡及改派委员的缘故。但添卡增员相应即得增加经费，且当时山西省应承担的京员津贴也准备在一成厘金公费项下动支，这样，一成厘捐公费断然不敷。因此，恳请自光绪九年份起，不再受一成经费的限制，而是实用实销，但确保最高不超过二成之数。在没有获得户部同意的情况下，山西省悄悄突破了厘金外销一成的规定，从光绪九年起，改为先提一成，为不达部外销闲款；余款再作为十成，提出一成，为达部一成外销公款；其余九成，报部拨用。不达部一成外销，明定用途，专供京员津贴、令德书院经费、书局经费三项之用。① 这样，山西省厘金外销的提取，已远远超过原规定的一成，达到19%。户部对山西省的做法不予认可，认为这样两次提成，会导致多收之项半归于外销，不但与旧章不符，且恐开他省踵行之渐。要求按照原定规则执行，且对于已经多提取开销的款项，设法归补。② 但山西省仍坚持"公费不足洵为添设局卡使然"，它拿出了具体的数据：光绪九年实销公费并京员津贴银 31260两，但如照部章，只能提销公费银 22733 两，计不敷银 8527 两。十年实销公费及京员津贴银 32926 两，计不敷银 6195 两。为保证公费充足，以裨厘务而裕饷需，山西省向户部拟出两种可供选择的方案，要么实用实销，但保证外销公费不超过厘金总收的二成，要么以光绪九、十两年实销银数为基数，按照其一成五的比例提取，此后按此定数不变。③ 户部担心一意坚持会打击山西省的积极性，导致厘税的减收，遂妥协。光绪十一年九月初五户部议覆：

> 查各省厘捐药税，外销公费从未有过一成者，今该署抚沥陈九、十两年厘税之所以畅旺，部议公费之所以不敷，臣部似未便拘执前议，致办公竭蹶，将来收数短少，有所藉口。然九、十两年岁支局卡公费暨京员津贴，现经该署抚声明确数，则光绪十一年以后收数，比九、十两年即倍形畅旺，亦不至再增支款，所请二成、一成半之数，实碍难准其逐层照扣，开他省踵行之渐。臣等悉心查核，与其酌加成数，有违旧章，不如明提公费，俾无流弊。嗣后厘税两宗，如收数在十八万两至二十一万两以上者，在晋省

---

① 张之洞. 札清源局外销经费指定实用（光绪九年十月二十四日）［M］//苑书义，等编. 张之洞全集：第 4 册. 石家庄：河北人民出版社，1998：2381-2382.

② 议覆晋抚奏厘金一成公费不敷请不过二成折（光绪十一年七月八日）［G］// 英琦，世杰. 户部山西司奏稿户部陕西司奏稿：第 1 册. 台北：学生书局，1976：670-672.

③ 奎斌. 厘捐公费仍属不敷请实用实销折［M］//奎斌. 杭阿坦都统奏议：卷 5. 近代中国史料丛刊三编：第 315 种. 台北：文海出版社，1987：440-442.

即为整顿厘税着有成效，拟请准其于旧章一成外，由正款提出银一万两，弥补一成公费之用。如收数在十七万两左右，饬令照旧章提用一成，不准多支，以示限制。似此不同办理，因收数多而明提公费，既非更易旧章，于该省整顿厘税亦毫无窒碍，斯为两全之道。①

山西省再加一成的外销公费要求虽未得到户部的允准，但获得了年收 18 万两之上可从正税中多提 1 万的奖励，其酌增外销公费的愿望还是得到部分的满足。此后山西省的厘金收数有所下降，至光绪二十八年又升至年收 28 万两以上。到光绪朝末，山西省厘金各局卡每年提留局用总数 4 万余两。②

陕西省于咸丰八年开始征收厘金，历年奏报厘金收支数目，除按规定酌留一成外销经费外，还有另行存留办公一款，从来未曾报部知道。光绪十年户部尚书额勒和布钦奉谕旨，查办陕西事务，从藩司叶伯英呈递的清单中，无意中发现了这笔款项，陕省厘金存留办公一款才彻底暴露。额勒和布发现，其初，陕西省一年共收厘金 34 万余两，此项提解司库的存留银仅数万两；其后，递年加增。光绪五、六两年，各收厘金银 24 万余两，存留各 6 万两，光绪七年一年共收厘金银 26 万余两，而存留银至 11 万余两之多，核计已及四成。再加酌提的一成经费，留支厘金外销占该年所收厘金的比例已达 50%。③ 从光绪二年起至九年止，该省共收厘金银 271 万余两，所提留支经费、实存办公两款，共银 58 万余两。④ 平均算来，每年提留的外销也达 21.4%，远远突破了户部酌留一成的规定。因此，户部于光绪十一年议奏，要求陕西省将两款外销提留合为一款，只给提一成，以示限制。但陕西省不以为然，十二年三月陕抚奏请，允许陕西省局用仍准照旧例开支。在陕省的坚持下，户部最终同意，允许该省厘金外销多提半成，但"留存办公"及留支经费两款，仍应合为一款，不得分立二项。⑤

---

① 户部议覆晋省奏厘金公费照部议核计仍属不敷支销折（光绪十一年九月初五日）［G］//英琦，世杰. 户部山西司奏稿户部陕西司奏稿：第 2 册. 台北：学生书局，1976：702-704.

② 罗玉东. 中国厘金史［M］. 北京：商务印书馆，2010：666，393. 光绪二十六年开始，应支公费 1 万两被酌提归公。

③ 户部. 议覆陕抚裁并分卡并厘金外销情形折（光绪十一年三月初十日）［G］//户部奏稿：第 8 册. 北京：全国图书馆文献缩微复制中心，2004：3945-3949.

④ 户部. 议覆陕厘金外销情形片（光绪十一年十一月二十日）［G］//户部奏稿：第 10 册. 北京：全国图书馆文献缩微复制中心，2004：4875-4876；中国第一历史档案馆. 光绪朝殊批奏折：第 76 辑［G］. 北京：中华书局，1995：927-929.

⑤ 罗玉东. 中国厘金史［M］. 北京：商务印书馆，2010：412.

与山西省一样，陕西省最终也突破了厘金一成外销的限制。

陕西省暗增厘金外销提留一事，经户部查明，作为反面案例通报全国后，直隶省迅速做出表态：

> 直隶仅天津、大名两处设局抽收百货厘捐，每年约收银十万余两，其应支总局分卡委员司事薪水、差役巡丁工食、房租、船价、煤炭、油烛、纸张等项一切用款，系查照部章，统计不及一成之数，历经报部准销在案。此次部议谓各省厘局经费有扣至五成者，有一笔开销银十数万两或数十万两者，皆系他省之事，直隶既照部章撙节办理，自应仍循其旧。[①]

但事实上并不如此。有材料显示，直隶省后来也没有坚定地执行户部厘金外销一成的规定。如大名厘金局，向有应提一五外销一款，其办法系将茶糖烟酒正加各厘尽数报部不计外，在于通年所收各货厘金内划除厘局留支局用，再按一五核提外销。所提之款，支发大名镇标每年候补员弁月课奖赏银 200 两，又镇标各营四季兵饷弥补动缺马乾一半银 150 两，并东明河防营五年一届修理营房经费制钱 870 千文，大名厘金局承办厘销册案应提销费银 400 两，其余按年尽数提归外结，并不报部。[②] 至清末，直隶总督陈夔龙才最终革除大名厘金局一五外销款项，并饬该局以后造报，不得再有此等名目。[③]

吉林创办厘捐，自咸丰七年始。是年奏准，仿照内地厘金办法，设立厘捐总局。光绪四年通省统计收钱 24 万余串。征收经费系按一成开支，并免报部。光绪十九年奏请，要在一成提留基础上加增 5 厘经费。户部的承诺是，如一年能收足 24 万余串之数，再按一成五开支。此后，吉林省的厘金收数，光绪二十一年收钱 25.54 万余串，二十二年收钱 26.1 万余串，均突破了 24 万串的原额。[④] 按户部的规定，24 万串超出的部分即可按一成五的比例计提经费。

其他各省厘金外销，都有加增提取比例的情况。四川厘金总局经费，初是提前一个月做个预算，由藩库在所收货厘扣出一成公费项下支销，每年约支用银 1 万两。一成公费项下如支用有余，就拨支臬司公费、练饷汇费，并预筹经

① 李鸿章. 议覆开源节流折附条议清单（光绪十一年六月十四日）［M］//顾廷龙，戴逸. 李鸿章全集：第 11 册. 合肥：安徽教育出版社，2008：133.
② 又奏革除大名厘金局提成外销名目等片［Z］. 政治官报：33，宣统二年五月初九日，第 943 号，台北：文海出版社，1965：161.
③ 宣统政纪：卷 36［Z］. 宣统二年五月乙巳.
④ 罗玉东. 中国厘金史［M］. 北京：商务印书馆，2010：459.

费内之例支各款。后因奉提加给俸饷，弥补宁远府采办红铜脚价等项，款无所出，又经藩司崧蕃办理光绪十一、十二两年厘金报销，获准于货厘内添提 5 厘供支，归入外销，随时挪移拨补。① 这样，川省提取厘金公费比例已提升至 15% 的比例。

云南厘金局用，自同治十三年（1874 年）定章，各分局经费照收入一成开支，总局用项核实造报。光绪三年遵照部章改定无论总、分局，概照一成给发，各分局支销 8 分，以 2 分为总局开支。在宣统年间，每年开支总数约 3 万数千两。②

以上诸如一成或一成半外销提留，系经户部同意的报部外销。所谓报部，户部也仅约略知道各省有此项提留，且仅备案而不核销实际用途。而对于实收厘金多少，各省往往以支数为入数向户部汇报，除对外公开的那部分提成数据外，还有多少厘金收入归入各省外销，户部则颇为隔膜。我们这里也只有零星的资料。皖省厘金入款，如牙捐、牙税、盐厘、货厘以及后来的烟酒加税等项，皆系报部正款。遇有收数有余，则归外销，年无定额。厘金中所提盈余底串、罚款等项，向未报部。③ 云南厘金总局向系以正厘、加厘分别造报。所收正厘按半年一次，将各局报收之款通盘合计，以三分之二为报部正款，以三分之一为本省外销。④ 河南各处厘金局卡，有加抽加解、减局费、提平余等名目，向不报部，留为外销。⑤

从各省上报收数来看，同治八年厘金总收为 1400 万两，光绪三十四年增加至 2100 万两，只增加了 50%。而同时期海关洋税的收入竟从 960 万两增加到 3293 万两，增加了 2.5 倍。⑥ 按理，洋税与厘金所征课的标的物同为流通货物，两者的增减趋势理应归于一致，今竟相去如此悬殊，实可耐人寻味。厘务人员的舞弊及各省外销数目的隐匿，自是厘金册报数减少的重要原因。⑦ 有人估计，

① 四川款目说明书［G］//国家图书馆出版社影印室. 清末民国财政史料辑刊：第 3 册. 北京：国家图书馆出版社，2007：756.

② 罗玉东. 中国厘金史［M］. 北京：商务印书馆，2010：437.

③ 安徽全省财政说明书·岁入部·厘金［G］//中央财经大学图书馆. 清末民国财政史料辑刊补编：第 2 册. 北京：国家图书馆出版社，2008：75.

④ 云南全省财政说明书·岁入部·厘金［G］//中央财经大学图书馆. 清末民国财政史料辑刊补编：第 3 册. 北京：国家图书馆出版社，2008：253.

⑤ 河南全省财政说明书·岁入部·厘捐［G］//中央财经大学图书馆. 清末民国财政史料辑刊补编：第 5 册. 北京：国家图书馆出版社，2008：185.

⑥ 汤象龙. 中国近代海关税收和分配统计：1861-1910［M］. 北京：中华书局，1992：63-66.

⑦ 何烈. 厘金制度新探［M］. 台北：东吴大学出版社，1972：172.

当时厘金报部者仅 1500 多万两，而实际征收已超过了关税之所入。

各省厘金存在报数不实的情况，当时的户部心知肚明。光绪六年正月《户部条陈筹备饷需折》中整顿厘金一条即云：近年以来，厘金抽收总数递年短绌，虽然与子口税侵占有关，但主要原因还在于厘金本无定额，承办各员恃无考成，隐匿挪移，在所不免。① 张之洞幕僚周家禄致其友人徐致祥信中甚至称：各省外销之款，向恃厘金为藏垢纳污之薮。他认为，天下厘金岁入 1300 万，已征而消耗于局中之开支十之二三，未征而消耗于司巡之弊漏十之六七。国家岁入有定额，而中饱外耗之数，不啻倍蓰。② 因此，纾民困非停止厘捐不可。

（二）药厘外销

主要表现在两个方面：一方面是由于洋药税厘征管制度改变，致使留存外销公费的变动；另一方面是由于土药税厘政策的调整，导致土药外销经费的厘定。

光绪二年（1876 年）签订的《中英烟台条约》关于鸦片税厘的条款虽没有马上生效，但有洋药各省事实上都已根据户部的要求，对洋药税厘的税率有一次较大程度的提增。江苏省于光绪十一年四月二十日（1885 年 6 月 2 日）起开始实施新章，除进口税外，再对洋药税厘每箱统征银至 86 两，原征洋药常税银 30 两停征，此后经过各常关概不重征。浙江省洋药厘金原定每箱抽收 40 两，也已遵照部章，加收银至 86 两。③ 其他各省如天津、湖北、安徽等省也纷纷照此变通。江西省则自光绪十二年三月初一（1886 年 4 月 4 日）试办，且与汉口、芜湖两关征收税厘章程画一，以符部章，使商贩不至避重就轻。④

津海关洋药税厘加征以前，每箱原有随征杂费银 8 两 2 钱，这笔随征的杂费，就是关道各库的外销款项。加征以后，津海关收数较多，折耗较少，这笔随征杂费却化为乌有。直隶总督李鸿章向户部要求，津海关自十一年四月加征药厘后，应于每箱 86 两药厘中留支外销银 16 两，作为地方善举之用。⑤ 户部对于地方上的这一要求，一直迁延未复。不过，这也不妨地方未准先提。

① 光绪六年正月甲午户部奏 [G] //朱寿朋. 光绪朝东华录：第 1 册. 北京：中华书局，1958：865.

② 周家禄. 复徐侍郎 [M] //寿恺堂集：卷 29. 近代中国史料丛刊：第 83 种. 台北：文海出版社，1967：775.

③ 江苏省财政志编辑办公室. 江苏财政史料丛书：第 1 辑第 3 分册 [G]. 北京：方志出版社，1999：624-625.

④ 光绪朝实录：卷 226 [Z]. 光绪十二年四月丙子.

⑤ 李鸿章. 洋药税厘拨还洋息折（光绪十三年四月初七日）[M] //顾廷龙，戴逸. 李鸿章全集：第 12 册. 合肥：安徽教育出版社，2008：77-78.

上海口为东西诸国通商总汇，南、北两洋往来要区，华洋杂处，与各口情形迥异。交涉事繁，需费亦巨，上海道库有一笔洋务外销款，专供洋务支用，行之已数十年。这项用款，同治四年以前系动拨沪厘济用，五年以后因对洋药另行抽收厘捐，并带收会捕码头等费，以供支放，遂将前项厘金停拨。光绪十一年洋药加增税厘，每箱统征银 86 两，该道库以前在洋药所抽各捐均已包括在内，不能再行另收，所需用项无所取资。江苏巡抚卫荣光遂咨请户部，于新增药厘项下，每箱照天津成案，提银 16 两充作外销公用，以应急需。稍后户部回复，苏省药厘一直为商人包办，上交官府的仅五成七厘之谱，若每箱再提外销银 16 两，则所剩下的银两就更少了。① 因此没有允准。

光绪十三年正月，《烟台条约》所议定的洋药税厘并征的方案于各口岸海关正式统一实施。该方案议定，洋药进口税和内地厘金在进口时由海关统一征纳，进口税每百斤 30 两，此外再加征厘金 80 两。此后，洋药进入内地，可免除一切税费。该年正月初八（1887 年 1 月 31 日），津海关洋药税、厘并征开办，要求此前每百斤 16 两外销仍旧照提。户部至此才对津海关一直未准先提的这一做法表示了认可，却又规定，自本年正月并征后，各关经费还应另行核定，不得援照此案开支。显然，户部所准者，系专指并征以前而言，并征后到底能否再提，还是个疑问，可能要等到汇齐南、北洋各关商议有结果后才可议覆。②

但各省均坚持以天津为成案，认为每箱 16 两外销为必提之款。我们来看两江总督曾国荃为江海关道所做的辩解：

> 现在洋药已归关并征，全数归公，与商办情形不同。若在每百斤应缴厘金银八十两内，酌提外销公用银十六两，仅及十成之二，所余归公尚有八成。较之上年由商包征归公仅五成七厘者，多至二成有余。而近来沪局厘金入不敷出，相悬太殊，难供抱注，情形迥非同治四年之比。窃以此项药厘现在由关并征，归公成数较多，亦与前抚臣卫荣光任内情形有异。且以洋药之厘办租界之事，实属名正言顺。惟有仍请于药厘项下自归关并征之日起，每箱提银十六两，作为道库洋务要款之用，庶足维持成局，以免

---

① 曾国荃. 请拔药厘疏（光绪十三年三月十二日）[M] //曾国荃全集：第 2 册. 岳麓书社，2006：388.

② 李鸿章. 复两江部堂曾（光绪十三年闰四月二十九日）[M] //顾廷龙，戴逸. 李鸿章全集：第 34 册. 合肥：安徽教育出版社，2008：216.

贻误。①

为获得各省的广泛支持，曾国荃还写信联络直隶总督李鸿章，要求南、北洋联衔入奏，向朝廷反映心声。李鸿章回信表示认同曾国荃的主张，称：

> 津关交涉日繁，需款亦巨，且每年洋药进口约二千箱，按每箱银十六两，仅提银三万余两，而岁解京官津贴银一万两、地方善举银一万余两均在其内，只余银一万余两作为缉私等费。若不准提用，则解支各款无出，公事无从筹办。正拟续奏定案，昨在西陵差次，已将南北各关不能不酌留外销情形与翁大司农切实言之，颇以为然，未知阁相有无异议。今读尊处大疏，立言得体，虽敝衔不足增重，而事关大局，自应会奏。②

但天津情形与上海还有一定的不同，既要会奏，必须统一口风。李鸿章在写给津海关道刘汝翼的信中，讨论如何与江苏省统一口径的问题。因为津关在上年加征案内，原议每年可提银 3 万两，用于支发京官津贴 1 万两，地方善举 1 万两，其余 1 万两作为缉私等费。今年税、厘并征，多出税务司岁需经费银 1 万两，津关原准备是将 1 万两支放善举款剔归商办，腾出此项抵支税务司经费。但善举这笔钱商人不肯重出，此议阻搁不行。因此，李鸿章建议，不如将此 1 万两仍归善举，由关署撙节支发，其税务司经费另行作正开销。"盖沪关议提之十六两尽是外销，并无税司经费在内。若津关办法两歧，则沪关现奏既虑部驳，而津关再办善举无款可指，亦殊为难。尚望妥酌议复为幸。俟定议，并知照东海、山海各关仿办。"③ 尽管李鸿章同意与曾国荃联衔会奏，且共同奏案已递交御前，被下所司议。④ 但李鸿章对户部是否同意各关的请求一事颇为疑虑，他在给曾国荃的一封信中透露了自己的这种思虑：

> 津海关既有八两二钱之旧章，将来议定虽不能十六两，当可不减旧章

---

① 曾国荃.请拔药厘疏（光绪十三年三月十二日）[M] //曾国荃全集：第 2 册.岳麓书社，2006：388-389.

② 李鸿章.复两江部堂曾（光绪十三年三月）[M] //顾廷龙，戴逸.李鸿章全集：第 34 册.合肥：安徽教育出版社，2008：191.

③ 李鸿章.致署津海关道刘（光绪十三年三月）[M] //顾廷龙，戴逸.李鸿章全集：第 34 册.合肥：安徽教育出版社，2008：192.

④ 光绪朝实录：卷 240 [Z].光绪十三年三月癸丑.

之数。他关如无开支，旧章恐难照行。惟沪关交涉之繁本非他关可比，势难因乏费中辍。且从前本有取资洋药外捐之案，今实因而非创，倘被苛驳，仍可切实复陈，但虑不能有十六两之多，其向支外销各款如无他项可以抵补，似不得不量入为出耳。①

果不出李鸿章所料，各关药厘留支 16 两外销的请求被户部驳回。公文先发到天津，李鸿章提前获得了这一消息，并转告曾国荃知道。曾氏尚未接到户部的回件，即已心灰意冷，回信称：

> 津关如此，想沪关断不能独异。惟沪关自沪厘停止接济后，外销各项已暂动关款十万金有奇，专待提用外销，药厘定议后以资归垫。今部议不准十六两，悬揣另议留用之数，必不能充，实属所短甚巨，思之莫名焦灼。应俟接准部议后，再当上求指示，设法请益，以维此局耳。②

在给刘坤一的信中，曾氏更是对户部大加抨击：

> 至于两江支绌情形，厘局及善后只准合留一成，万不敷用。外销之款专盼药厘项下酌提，徒费笔舌，迄无成议。近来部中束缚太甚，外省办不动之事极多，势必至决裂而后已。事多棘手，愁比蕉心，为之奈何！③

最终，在江苏省的坚持下，户部对江海关洋药厘金外销提留制度做了调整，从按箱提取改为定额限制，决定江海关药厘外销，从光绪十三年正月江海关药厘并征之日起，每年拨银 10 万两，分四结提支。但每年 10 万两外销定额不敷地方所用，江苏省复咨户部，于光绪十五年九月奏准每年再添拨银 2 万两。这样，江海关洋务外销经费，自开办之日起，一律准照每年四结 12 万两开支。但即便如此，仍不够用，江海关药厘外销常常发生溢支。自光绪十三年正月开办起，至十五年九月止，核计十结零两个月，准支销银 32 万两，但实际上该关共

---

① 李鸿章. 复两江部堂曾（光绪十三年闰四月二十九日）［M］//顾廷龙，戴逸. 李鸿章全集：第 34 册. 合肥：安徽教育出版社，2008：216.

② 曾国荃. 复李中堂（光绪十二年闰四月）［M］//曾国荃全集：第 4 册. 岳麓书社，2006：357.

③ 曾国荃. 致刘毅帅（光绪十三年六月）［M］//曾国荃全集：第 4 册. 岳麓书社，2006：363.

借支银 372064 两，溢支银达 52064 两。户部要求将这些溢支银款，按规定提还归款。继任两江总督刘坤一解释说：此项用款名为外销，计每年额支活支需银十五六万两，实为洋务地方要需，原在洋药项下抽捐济用，嗣因洋药税厘归关并征，不能另抽，不得已请拨药厘，以资接济。此项溢支银 52000 两，均为洋务地方公用，势实无可追缴。近来该关洋务较繁，用款更多，就准拨之款支用，深虑不敷，更无余款可以筹补，委属无从提还。①

洋药税厘并征对广东省外销款的影响亦巨。粤海关于同治十年间，在新安县属附近香港的汲水门、长洲、佛头洲、九龙，香山县属附近澳门的小马溜洲、前山地方设立六厂，征收洋药正税。又于汲水门等处设立红单厂，带征洋药常税，以归补粤海常关征收之不足。广东省每年应办贡品及一切善举各项用度，需银 10 余万两；又筹备三海工程 100 万两案内，每年须还洋款本息银 10 万余两；又派拨该省京员津贴银 4 万两，户部议定不能作正开销，这一切费用均在前项常税项下取给。光绪十三年，所有六厂洋药，统归新派九龙、拱北关税务司厘税并征，其华船经过六厂者，如无各关征税红单，其常税亦归税务司征收。这样，粤海常关税收受损，以上各项用款即无从支应，遭到广东当局的抵制。鉴于此，总理衙门伙同户部做了让步，旋电覆，嗣后九、拱两关税司所收百货常税，仍解关署，所有传办事件、洋债还款及一切用项，于此开销。② 粤省的抗争得到了较为满意的结果。

洋药税厘并征后，清廷加紧了对土药税厘的整顿。光绪十六年，清廷将土药厘金与由常关征收的土药税合并。名目各省不一，有土捐、膏捐、土膏捐、土药捐、土药税捐等，至光绪三十二年始统称为土药统税。

土药税厘也有提留一成外销公费的规定，只不过，有的省份是在正项之外随征一成，如福建省于光绪十四年酌定土药税则，闽浙总督杨昌浚奏请，在每百斤土药征收税厘正项银 35 两的同时，随征加一厘余银 3 两 5 钱。正项留充本省饷需，厘余拨归局用。③ 四川土药税征收费用，实由各局卡于税内开支，月报厘金总局核销。所提一成公费，实与征收费用无涉，而是供各种外销项目支

① 刘坤一. 江海关溢支经费就款核销片 [M] // 陈代湘，等校点. 刘坤一奏疏：第 1 册. 长沙：岳麓书社，2013：773-774.

② 长有. 奏为九龙拱北两关常税仍归粤关开销免其报解折（光绪十五年十月二十五日）[A]. 中国第一历史档案馆藏. 军机处全宗，档号：03-6370-031.

③ 光绪朝实录：卷 251 [Z]. 光绪十四年正月甲子.

销。① 有的省份，是在正项内酌提一成，如云南等省。光绪十九年，滇省各局抽收土药厘金共银 28879 两 3 钱 3 分 4 厘，内除一成开支银 2887 两 9 钱 3 分 3 厘 4 毫。② 光绪十六年，总理衙门、户部会奏综核各省覆奏土药税厘，要求各省在土药征收过程中酌留的一切经费，拟照徐州土药章程，比照厘局定章，于正项内酌提一成，搏节动用。如果经征人员，异常出力，著有明效，由该省督抚咨明奏请优奖。③ 但前已述及，厘局一成外销经费在各省并没有得到长期切实贯彻，土药一成经费的规定也就难以一概执行。

江苏土药产地主要在徐州府一带，该地也行销川土。所收土药厘金，历来参照洋药减半收捐，汇入百货厘金统收，为数不多。光绪十六年冬，署两江总督沈秉成、江苏巡抚刚毅委派江苏候补道桂嵩庆前往署理徐州道，筹议在徐州设立土药统捐局，抽收土药厘捐每百斤 30 两，此后通行苏省全境，不再另抽。所收捐项，一半听候部拨，一半在全省各厘局分拨。且请旨要求将此法推广到山东、河南、安徽三省，以杜趋避。④ 此举可视为后来八省土膏统捐的先声。后又议定，再加收 30 两，经过其他各省再免重征。以事属创始，奏请按照收数一五成开支，以供局员薪水、局用及巡丁口粮等项，以资办公。皇帝让总理衙门会同户部逐条核议，议覆的意见是：所请一半分拨各局之处，应毋庸议。总理衙门担心，一经分解，易启通挪外销之弊，此款应尽全数解部。所需经费，应比照厘局定章，于正项内酌提一成，如实有不敷，再由该督抚奏明酌加。⑤ 但办理徐州统捐局江宁布政使瑞璋、署徐州道桂嵩庆力陈一成经费不敷支用：现计该局委员、司事、巡勇薪费、饭食及油烛、纸张等项，每月实共用银 3800 余两，确是减而又减，为必不可少之需，要求仍请准照原议，酌拨一成五，以资办公。⑥ 一成五经费最终得到允准。此后，徐州每年土药捐银平均 20 万两左右，

---

① 四川款目说明书［G］//国家图书馆出版社影印室.清末民国财政史料辑刊：第 3 册.北京：国家图书馆出版社，2007：782-784.

② 谭钧培.滇省土药厘金在协饷项下划拨折（光绪二十年十月）［M］//康春华，校注.谭钧培治滇奏疏.昆明：云南美术出版社，2014：137.

③ 光绪朝实录：卷 284［Z］.光绪十六年四月甲寅；光绪朝实录：卷 287［Z］.光绪十六年七月丁酉.

④ 江苏省财政志编辑办公室.江苏财政史料丛书：第 1 辑第 3 分册［G］.北京：方志出版社，1999：639-645.

⑤ 江苏省财政志编辑办公室.江苏财政史料丛书：第 1 辑第 3 分册［G］.北京：方志出版社，1999：647.

⑥ 刘坤一.提拨徐州土药局费仍请酌加折（光绪十七年十一月初三日）［M］//陈代湘，等校点.刘坤一奏疏：第 1 册.长沙：岳麓书社，2013：772.

光绪三十年后收数达到 40 万两，甚至 100 万两，经费均按一成五随收。①

光绪十七年九月，直隶开征土药税厘，准提一成经费。因收数多寡难以预定，声明俟后察看情形，如实在不敷，再请加拨。开办一年后，所提一成经费支发局用，果然不敷甚巨。直隶请求援照二成留支之例，等数年后收数畅旺，再酌议裁减。② 嗣经总理衙门会同户部奏准，照山东成案，暂按二成留支一年，俟一年后再按一成提支。光绪十九年，藩司裕长、臬司周馥、津海关道盛宣怀现在已逾一年，本应按一成开支，以符部议。但考虑到直隶与他省情形不同，平原旷野，土药质轻价昂，随处可以绕越，非粗重货物可比，若不多派丁役严密巡缉，势必大量偷漏影响税课。上年留支的二成经费，虽竭力节省尚且不敷，现在如骤减一半，恐巡缉稍松，偷漏愈多，于税课反无裨益。此时，江南、山东均按一成五分开支，直隶界连山东，事同一律，应请援案准留一成五，以资办公。暂等数年后收数略有起色，即行裁减，仍按一成开支。③ 此后，各地土药税厘基本上是按一成五提留经费的。

与百货厘金一样，洋药厘金的外销规模也远非受限于十分之一或十分之一点五的法定比例。有人向皇帝报告，洋药厘金，"闻东南各省，有以百两报五十两者，甚或三十两者。此中暗亏厘课，为数甚巨"④。按法定比例提取的这部分外销，我们较好认定，但显然，这可能只是其中的一部分。

（三）盐课外销

同光时期，产盐省份在盐政方面均做了或多或少的改良。两淮盐课为江南财赋所入又一大宗。淮盐行销范围涉及江苏、安徽、江西、湖北、湖南、河南六省，岁引 170 余万，课银 600 万两左右，是清朝最大的盐区和主要的盐税来源地。两淮盐区实行票盐制，商人购盐纳课，领票转运，在规定盐区销售。清代后期的盐税有正课、杂课、加价、盐厘等诸多名目。为办理售盐、定价、扣厘、缉私等事宜，淮南盐区在湖北汉口、湖南长沙、江西南昌、安徽大通等行盐口岸分设四个督销局，在淮北盐区设正阳督销局；又针对浙盐入皖，设徽州督销

① 江苏省财政志编辑办公室．江苏财政史料丛书：第 1 辑第 3 分册［G］．北京：方志出版社，1999：638.

② 李鸿章．直隶稽征土药税厘请提二成经费片（光绪十八年二月二十五日）［M］//顾廷龙，戴逸．李鸿章全集：第 14 册．合肥：安徽教育出版社，2008：346.

③ 李鸿章．直隶稽征土药税厘片（光绪十九年四月十五日）［M］//顾廷龙，戴逸．李鸿章全集：第 15 册．合肥：安徽教育出版社，2008：77.

④ 光绪六年正月甲午户部奏［G］//朱寿朋．光绪朝东华录：第 1 册．北京：中华书局，1958：865.

局。同时，还在皖之五河设有盐厘局，鄂之宜昌设有加抽川厘局。四川省为产盐之地，引盐销往四川本省之境，曰计岸；销往湖北咸丰、来凤、利川等八州县者亦曰计岸；销往湖北宜昌、荆州等五府者，曰楚岸；行销贵州、云南两省之地者，曰边岸。咸丰年间，滇、黔等省均于各该省境内设局抽厘，严重影响到川盐在各岸行销，导致引额积亏，引税积欠。光绪二年丁宝桢督川，革除引商，改行官运商销之法。次年，在泸州设立官运总局，要求滇、黔两省在川岸取消厘局，由四川认给协饷，弥补由此带来的损失。光绪六年，又将此法推广到部分计岸和楚岸。济楚引盐分为 9900 道，以 4500 引留归官运，以 5400 引留归商运。一时积引带销无遗，盐税大增，商民称便。① 福建盐法在咸丰初年是按包抽课，计坎定则，招贩办运。左宗棠任闽浙总督时，逐步推行票运，厘、课并抽，既征盐课，又征盐厘，还征盐耗。② 浙江盐务，道咸之前均系按票收课，先课后盐。太平天国起义后，纲务废弛。同治三年规复杭州，浙抚左宗棠奏请抽厘济饷，逐渐恢复票商。同治八年，浙东、浙西杭嘉湖绍金衢严徽广等地改票归纲，江苏五属招商复引，宁台温等处无商可招，仍抽厘金。③ 各省借盐政改章之机，扩大外销。

两淮盐课岁入之报部有案者，共只 500 余万两。至于局费、缉费外销各款向未奏咨立案，皆收而不报，此两淮相沿之办法。光绪二十九年兵部尚书铁良奉命往查，发现该年两淮正杂各款共收银 1200 余万两，奏报仅得银 500 余万两，其余均为未经报部的外销各款。④ 这种现象绝非光绪朝后期才出现。如两淮海州分司，收款分报部、外销两项。其报部者，为正税、为杂税。正税每引征银 1 两 5 分 1 厘，杂课每引 2 钱（光绪二十七年后还有每斤 2 文的加价）。其外销者，为经费、为贡捐、为坝工、为青口腌切、功盐及敦善书院各课费，名目繁多。太平、中富、西临各局，每引缴票盐经费银 4 钱；青口、临浦两局 2 钱。贡捐每引征银 6 分 7 毫，礼字河坝工每引征银 7 分，青口腌切、功盐、敦善书院每引征正杂课银 1 两 2 钱 5 分 1 厘，经费银 4 钱。此外又有票本捐，每年摊捐银 2 万两。至常年捐义渡、育婴等名目，按引带征，逐年收数之多寡，视销引之数

---

① 周询. 蜀海丛谈［M］. 成都：巴蜀书社，1986：19-20，206-208.

② 陈克俭，林仁川. 福建财政史：上［M］. 厦门：厦门大学出版社，1989：130-132.

③ 浙江财政说明书：第三款盐课税厘［G］//国家图书馆出版社影印室. 清末民国财政史料辑刊：第 10 册. 北京：国家图书馆出版社，2007：158-159.

④ 户部. 议覆署兵部尚书铁奏查明两淮盐务情形折并清单［G］//上海商务印书馆编译所. 大清新法令（1901-1911）：第 4 卷. 北京：商务印书馆，2011：31.

为增减。①

光绪九年，光禄寺少卿延茂揭露：四川官运局每年所得余利甚多，无名之费不报部者，不可胜数，要求户部详查。但户部推脱道：四川运盐局可能存在款不归公的情况，但部中无从考核，而是行令四川省自查。四川自查后回复：四川未办官运以前，盐务每年正、杂所得不及 20 万，自开办官运后。每年正、杂两项收数均在 100 万以外，所云利尽归公者，尚非虚语。年中收支一切，均实支实报，并无未尽归公闲款。② 光绪二十年四月，都察院左都御史裕德、吏部右侍郎廖寿恒，奉旨前往四川查办偷漏渝厘事件。调查到：商运济楚之盐，经过重庆，每引照章完纳渝厘 25 两，在渝厘局交收。官运万局济楚之盐，经过重庆，系照边计张，每引完渝厘 2 两，在泸州总局交收。向抽济楚商盐的渝厘一项，咸丰十年举办，岁收银约 30 万，行之至今。而泸局所征 2 两渝厘，不仅比商运每引少纳 23 两，而且开办以来，向未报部。但川盐无论官运、商运，课、厘总的税收负担都是每引 53 两，并无轻重，"要其多寡虽同，公私迥异，别商运征，款系归国课；官运征银，则外销每浮于正款，名归局用，实便图私。"③因此，川盐的主要问题出在官运上。经进一步细查，裕德、廖寿恒发现，川盐官运有运本、副本之分：

> 运本皆出自公家正款，而副本者，则外销杂款盈余之所积也。官运既开，收款支款有报部、不报部之分，实收实支亦有报部、不报部之别。凡不报部者，谓之外销，如税、羡截、厂厘、渝厘四款，此报部正款也。局费、勇费、护本、簰验、引底五款，此报部杂款也。代收黔厘，继又代收黔税暨黔省各经费，统曰黔税厘，此亦杂款，初案报部，而后未报部者也。其不报部之杂款，亦有可得而稽者。开办之初，摊征、杂款，向未画一名目，则改移无定，收数亦增减悬殊。丁丑、戊寅两纲，则曰井河堰厘、马厂生息、奏销册费、缴尾奇零。而征之涪岸引盐为他岸所无者，曰酉棚孤贫。己卯、庚辰两纲则曰炮船经费、缉私经费、河工经费、奏销册费、生息、缴尾奇零，惟河工经费，庚纲改为修滩经费，此数款者，丁纲计共收

① 江苏宁属财政说明书：丙编 [G] //中央财经大学图书馆. 清末民国财政史料辑刊补编：第 2 册. 北京：国家图书馆出版社，2008：721–722.

② 丁宝桢. 官运盐局实支实销并无闲款片（光绪九年十一月初二日）[M] //罗文彬. 丁文诚公（宝桢）遗集. 中国近代史料丛刊：第 74 种. 台北：文海出版社，1973：2679.

③ 光绪二十年九月十三日裕德、廖寿恒奏 [G] //中国第一历史档案馆. 光绪朝朱批奏折：第 75 辑. 北京：中华书局，1995：734–735.

银二万三千八百一十一两零，戊纲计共收银四万六千一百十一两零，己纲计共收银二十七万二千二百四两零，庚纲计共收银十四万二千二百八十二两零，内己纲征银较重，收银亦较多。此皆不报部之杂款，专归外销者也。而正款中如美截一项，各厂科则不一，该局向系摊征。万纲济楚之渝厘，庚纲收至八万。继照计引征收未全报部，均有所余。黔税厘摊收较多，除支解本款及认解楚省万户沱厘银外，亦有盈余。护本初办两纲，造销数多，实支数少，引底所余尤多。此又报部正杂款之余银，亦划归外销者也。四纲以来，该局杂款，除归本款专支并余银岁抵局费、勇费各项不敷之外，盈余五十余万。光绪八年乃详请拨存副本，此该局副本之所由来，即丁戊、己庚四纲外销各款之盈余也。辛巳以后，摊征款目银数始经详定，除税、美截外，其岁销到部者，曰局费、勇费、护本、籤验、引底，其曾经报部者，曰黔税厘、滇税厘，向未报部者，曰炮船经费、施济经费、生息、加摊护本，此辛巳以后各纲现在征收杂款之名目也。①

川盐官运中的乱象被揭露后，川东道夏旹著交部议处，川盐官运改革的擘画者前四川总督丁宝桢业已病故，清廷认为其有渎职之过，于款目出入未能整饬，札提公费等款多不奏明，最终将功补过，免其置议。责成现任四川总督刘秉璋，将该局外销之款一律造册报部，并将动支各款重新厘定，以杜虚糜。②

两浙纲商捐输杂款，按例随纲课正银核收。改纲以前，《票盐章程》原定每正课 1 文随收加一耗款，作十成匀算，以七成抵充各项杂支；其余三成以一成解院，二成归司，给发各书役办公及油烛、心红纸张费用。改纲以后，于同治十一年（1872 年）十月重新厘定课额，凡不够之杂款由浙东、西纲商筹备，每完正课 1 两，随缴加二引费 2 钱，仍作十成计算，除二四引费内院司办公津贴已提正归公分别支用外，其余七六引费年收银 5.6 万余两，用于外销各项杂款。③ 光绪九年，户部要求在各省库外销款内筹解京员津贴。浙江须筹解银 1.2 万两，其中由运库筹解的 9100 两，因无款可筹，运司即饬令杭嘉绍淞四所甲商，在浙东西纲商及江苏五属引地除靖江、姚家桥、坝城、朱张圩外，按引捐缴 2 分，约计年可收银 6400 两之数；又于外销七六引费项下凑支银 2700 两，分

---

① 光绪二十年九月十三日裕德、廖寿恒奏［G］//中国第一历史档案馆. 光绪朝朱批奏折：第 75 辑. 北京：中华书局，1995：740-741.

② 光绪朝实录：卷 350［Z］. 光绪二十年九月癸卯；光绪二十年十月乙巳谕［G］//朱寿朋. 光绪朝东华录：第 3 册. 北京：中华书局，1958：3487.

③ 宋良曦. 中国盐业史辞典［M］. 上海：上海辞书出版社，2010：6.

两次由藩司汇解。①

河东盐务经同治初年山西巡抚奏定加票后，正杂各课加增银14.3万两，并征引费银6.6万两。再加上原来的正额银273606余两，统共银48万余两。其中外销各款银6.2万余两，实应报部候拨银42万余两。② 外销比例为13%。

因练兵需饷，署盛京将军崇厚等曾将奉天各属原抽盐厘整顿，每盐1石，抽收东钱2400文，即二四盐厘，以八成归公，二成作为经费开支局用。后因练饷不敷，又经盛京将军崇绮等于盐厘收数奏准每石加收东钱2400文，称四八盐厘，③ 即增加了一倍。

山东省仍实行票盐制，由商人认领盐票。除收盐课外，还有一项所谓应征不入奏课，共银8.8万两。除解部之铜斤归公等项，其余均属外支、外销之款。④

湖北盐务也有外销、五成杂款公费两项。张之洞上任后，将内销、外销各款分别清查，以善后局为用款总汇，酌定节省、开支、拨正、筹补四策。并规定，该项公费每年用款即以光绪十七年各项支用之数定为限制，此后不准再有增加。⑤

（四）杂项外销

杂项指的是正项外的其他财政收入，内容庞杂，有杂捐、杂课、杂税以及其他不能归类的杂收入等。杂项有的为内销，但更多的是没有被纳入奏销。杂项外销，种类也是五花八门，军兴时期即已大量出现。此处主要罗列同光之际成长较快的外债、生息两项。

晚清时期，地方政府迫于筹款艰难，开始筹借外债，有的外债明确是地方自借、自还、自用，中央不与闻其事。在各省看来，这不过是将本省自有之财提前应用，⑥ 多不上报。因此，这些自借自还自用的外债，亦是各省外销财政收入的来源之一。

---

① 林振翰. 监政辞典：卯集 [M]. 郑州：中州古籍出版社，1988：2-3.

② 清盐法志·河东：第16册 [Z]. 卷84课额上：28.

③ 光绪十八年十一月裕禄奏 [G]//中国第一历史档案馆. 光绪朝朱批奏折：第75辑. 北京：中华书局，1995：612-613.

④ 孙毓汶档：12 [G]//虞和平. 近代史所藏清代名人稿本抄本：第1辑51. 国家清史编纂委员会文献丛刊. 郑州：大象出版社，2011：274.

⑤ 张之洞. 批北盐道详赉收支数目各册（光绪十八年四月初五日）[M]//苑书义，等编. 张之洞全集：第6册. 石家庄：河北人民出版社，1998：4698.

⑥ 张之洞. 筹办江南善后事宜折（光绪二十一年闰五月二十七日）[M]//苑书义，等编. 张之洞全集：第2册. 石家庄：河北人民出版社，1998：1004.

咸丰三年（1853年），为雇募外国船炮，攻剿上海小刀会起义，苏淞太道吴健彰向上海洋商借款12万两库平银，是为中国外债史之滥觞。太平天国后，各省筹划海防、举办洋务，也不得不依靠外债和高利贷。从咸丰三年到光绪十九年的41年间，清政府共借外债43笔，合银4592万两。[①] 其中大部分是由中央政府出面，或经过中央政府批准而借的，有一部分则是未经中央政府批准，属地方政府自借、自用、自还的。如广东海防借款。光绪九、十两年间，法舰骚扰广东海面，为筹办海防，两广总督张树声和张之洞先后做主，借了五笔洋款，债额共700余万两，明确定为"粤借粤还"，不累各省关，与自筹无异。[②] 户部只是同意，广东省协甘之款，自光绪十年开始可以停解，将此款作为该省陆续归还所借商款之需。[③] 但不足部分，仍得由该省自筹款项归还。

光绪十六年，湖北织布局动工资本无着，所拨广东闱姓捐款16万两未能及时缴纳，张之洞不得不向洋商求援，即以此闱姓捐款为担保，由广东善后局出面向汇丰银行息借10万两，认息五厘。同年稍后，又以同样方式续借了6万两。[④] 这一过程户部一概不清楚，皇帝后来知道此事后也只是告诫张之洞，不要失信外人。[⑤] 张之洞在督理两江时，还曾借过一笔瑞记洋款，债额100万镑，性质与以上借款类似，由江苏地方政府自借、自用、自还，江苏省运司及宁、苏、沪三厘局各分认筹还25万镑。[⑥] 地方举债，只要不涉及由国家正款偿还，中央政府即大可置此事于不问。

同光年间，随着战后经济的恢复，商品经济得到发展，借贷活动开始频繁，金融业日臻发达。票号、当铺、钱庄纷纷涌现，他们吸纳了大量的官府和民间的闲置资金。而这一时期，地方洋务事业纷纷上马，急需资金，这些存放于票号、当铺的公私款项，所得的生息银两，即成为其资本来源之一。有的省份将征收上来的税款延不上解，而是存放在银号里生息；有的省份则将闲置款项直

① 徐义生. 中国近代外债史统计资料（1853-1927）[G]. 北京：中华书局，1962：5.

② 张之洞. 致总署（光绪十年十二月十八日）[M]//苑书义，等编. 张之洞全集：第3册. 石家庄：河北人民出版社，1998：1894.

③ 户部速议广东省筹借商款以应要需折（光绪九年十一月初五日）[G]//户部奏稿：第1册. 北京：全国图书馆文献缩微复制中心，2004：194-195.

④ 张之洞. 致广州王藩台（光绪十六年八月初一日）[M]//苑书义，等编. 张之洞全集：第7册. 石家庄：河北人民出版社，1998：5519.

⑤ 光绪朝实录：卷275[Z]. 光绪十五年十月壬寅.

⑥ 张之洞. 致苏州赵抚台等（光绪二十一年十二月二十一日）[M]//苑书义，等编. 张之洞全集：第9册. 石家庄：河北人民出版社，1998：6861；徐义生. 中国近代外债史统计资料（1853-1927）[G]. 北京：中华书局，1962：78.

接投资到地方一些洋务实业，以获取稳定的利润（文献中也称利息）。这些息银即成为外销之款，以供该省腾挪使用。

存款取息的行为，受到地方大吏的鼓励和支持。同治十二年李鸿章曾在给朋僚的一封信中云：筹拨关局闲款发招商局生息，此事于公有益，于商有裨。[①] 光绪二年，东海关道龚照瑗将部分收存杂款寄放于招商局，常存之本息且足资该关办公津贴之需，李鸿章认为这是"一举两得"。[②] 光绪三年，刘坤一捐廉俸15万两，解交藩库，拨发招商局按年取息。此项息银除作为储养西学人才的基金外，如有余，则拨归机器局，以助工作。其本银常存招商局，不准动用，亦可备地方缓急之需。[③]

但当时利率市场非常混乱，此地彼地，官本民本，利息率各不相同。同治年间，苏藩司曾将一笔2万两的厘金银存典留备善后，每年可取息银2880两，年息率高达14.4%。[④] 招商局开办时，吸纳了一部分官款。直隶先拨练饷钱20万串，年息7厘；次拨35万两，均按8厘息，算是低息贷款了。东海关道筹5万两，则是1分起息。[⑤] 光绪八年，左宗棠统一规定了江宁、江苏和安徽三地的典当取息率，资本1两，每月一律取息2分；地方官发商生息公款，每月取息不得过1分。[⑥] 这里的取息过高，可能不仅包括利息，应该还包括投资收益（即利润）。

取息的多少，不仅取决于利息率的高低和存放时间的长短，还取决于资本额的大小。光绪三、四年前后，山西省仅司库内、外销生息款即达10余万两。[⑦] 光绪十年，山西省从息谷变价及减半平余项下一次就拿出银20万两，发商生

① 李鸿章. 复张振轩中丞（同治十二年十一月十一日）[M] //顾廷龙，戴逸. 李鸿章全集：第30册. 合肥：安徽教育出版社，2008：615.
② 光绪二年咨会拨款事 [G] //聂宝璋. 中国近代航运史资料：第1辑下. 上海：上海人民出版社，1983：917.
③ 刘坤一. 捐赀生息储养洋务人才折（光绪三年十月初一日）[M] //陈代湘，等校点. 刘坤一奏疏：第1册. 长沙：岳麓书社，2013：470.
④ 长元吴丰备义仓全案 [G] //李文海. 中国荒政书集成：第7册. 天津：天津古籍出版社，2010：4384.
⑤ 李鸿章. 致总署论维持招商局（光绪三年九月二十九日）[M] //顾廷龙，戴逸. 李鸿章全集：第32册. 合肥：安徽教育出版社，2008：146.
⑥ 左宗棠. 核减典商利息酌定赎限并拟给发官本以恤商情折（光绪八年十月十四日）[M] //左宗棠全集：第8册. 长沙：岳麓书社，2009：145.
⑦ 山西全省财政说明书·沿革利弊各论 [G] //中央财经大学图书馆. 清末民国财政史料辑刊补编：第9册. 北京：国家图书馆出版社，2008：100.

息，每年所收息银一半归还原本，一半备抵摊捐。① 山西善后局有一笔息银 20 万两，由山西巡抚汇寄粤省交粤应用，实际上是存交广东的当商生息。② 故清末《山西财政说明书》称，山西省在嘉道之前，例外支用无多；库储除各属摊捐外，概系内结之收支，倘非报拨，即应奏销，并无所谓外销。自有报部各种之息款，而外销遂以增加；自有节次抵摊及公用之息款，而外销遂又增加；自有筹办新政之息款，而外销盖复增加矣。故论晋省外销之收支，当以基本财产之利润为大宗，即所谓生息是也。③

其他省份亦复如是。光绪七年谭钟麟奏，招商局一次借拨浙江塘工生息经费银就达 30 万两。④ 光绪十五年（1889 年）筹积海军要需，各省共认筹银 260 万两，其中直隶认筹的 20 万两就存在北洋生息，每年将息银解京，以补正杂各款之不足。⑤ 连著名瘠苦边地广西省，也有巨额生息银两。《广西财政说明书》载，光绪末，广西藩库一次性提银 10 万两，道库提银 11 万两，盐库提银也有近 9 万两，发商生息。⑥ 按当时平均年利息率 8% 计算，这 30 万两的存款每年当有 2.4 万两的外销息银。广西其他各局也有生息银两，其中同光年间就已存在的有如下几款：书局经费生息，光绪十七年时尚存 1 万本银，岁收息银 1200 两；积谷经费生息，由善后局在外销各款凑集，专备省城各色采买米石修建敖仓之用；孤贫款生息，旧存官本银 4100 两，年收息银约 310 两；缉捕经费生息，光绪十八年设，开始官本 3 万两，月息 1 分；防匪经费生息，官本 2 万两，岁收息银约 1200 两；剿匪经费生息，同治年间由司库提出 2.5 万两，息银发作学堂经费等。⑦

生息也有内、外销之分。如陕西藩库生息银大别有三：曰代甘经收，曰内销，曰外销。内销有岳庙生息、旧二桥生息 2 款；外销有新二桥生息、文庙生

① 署山西巡抚奎斌奏（光绪十年闰五月十二日）[G] //户部奏稿：第 5 册. 北京：全国图书馆文献缩微复制中心，2004：2071.
② 张之洞. 粤省订购织布机器移鄂筹办折（光绪十六年闰二月初四日）[M] //苑书义，等编. 张之洞全集：第 2 册. 石家庄：河北人民出版社，1998：759.
③ 山西藩库内销外销收支各款表说明书 [G] //国家图书馆出版社影印室. 清末民国财政史料辑刊：第 2 册. 北京：国家图书馆出版社，2007：39-40.
④ 光绪朝实录：卷 128 [Z]. 光绪七年三月甲戌.
⑤ 李鸿章. 海军要需筹款片（光绪十五年二月十七日）[M] //顾廷龙，戴逸. 李鸿章全集：第 13 册. 合肥：安徽教育出版社，2008：52.
⑥ 广西财政沿革利弊说明书：卷 5 各论上 [G] //国家图书馆出版社影印室. 清末民国财政史料辑刊：第 6 册. 北京：国家图书馆出版社，2007：198-199.
⑦ 广西财政沿革利弊说明书：卷 10 各论上 [G] //国家图书馆出版社影印室. 清末民国财政史料辑刊：第 7 册. 北京：国家图书馆出版社，2007：402-406.

息、义仓生息、社粮变价生息、叛产生息等 28 款。① 内、外销的分别可能与本银来源有关，内销生息的本银多来自饷银。还有各局所、各府厅州县均有息银。

生息一项，名目繁多。在安徽，火药局典息，专为制备之用，自光绪元年提款发典生息，每年所生息款，约银 1140 余两，为发给火药库薪工及添置军装之用。②

光绪二年正月，两江总督沈葆桢、湖北巡抚翁同爵会商兴利自强之策，会奏从存放于直隶的直隶练饷（固本京饷前身）项下，筹拨资本制钱 20 万串，派委盛宣怀会同汉黄德道于湖北广济、兴国等处试办煤铁矿务。盛宣怀当即赶赴湖北，会同汉黄德道李明墀勘查地势，并雇外籍矿务工程师及洋匠，着手勘探、开矿工作。截至光绪五年五月，所花化验费、修路费等共制钱 106402 串 267 文。其中由盛氏垫用制钱 6402 串 267 文外，实际动支直隶官本制钱 10 万串。因试办三年无成效，若再接手续办，已筹之官本已不敷开支，必须招商接办。但此前动支的直隶练饷制钱 10 万串，无法归还。经湖北巡抚及两江、湖广总督往返函商，且在李鸿章的同意下，将尚未动用的应缴存库的剩余制钱 10 万串，发交苏州一家典当行存放生息。约定年利率 10%，十年息银即为 10 万，连本带息就可归还原本。这样就可以公济公，免致开销正项。但这一筹补方案并未上报朝廷，户部无从知悉。在归本之前，每年所收的息银虽有每月清册呈报督抚，但归于外销，准备等弥补完款后才向户部奏咨此事。

光绪十年，户部咨查直隶练饷数目，直隶当局一时疏忽，误将此项 10 万串的生息款一并列入复文，咨请内销。案情前后不符，引起了户部的注意。经进一步核查，户部还发现，直隶同时存放在苏州同一家典商的另一笔巨款 12 万串，自同治十一年起利率为年息 7 厘，但到光绪七年十月，降为年息仅 5 厘。相差悬殊，更加重了户部的疑惑，户部认为这是盛宣怀在其中做了手脚："揆该道之意，不过以一分生息之款系代伊弥补亏项，故欲多取息以清累；七厘生息之款，利归于上，与伊无涉，故欲少取息以市恩，且同系该道经手，更难保无移此就彼、掩饰腾挪之弊。"③ "以息保本"的方案眼看要被户部否定，盛宣怀承李鸿章授意，连忙密求户部尚书阎敬铭，请求网开一面。最终，户部同意

① 陕西全省财政说明书·岁入部·杂款类 [G] //中央财经大学图书馆. 清末民国财政史料辑刊补编: 第 8 册. 北京: 国家图书馆出版社, 2008: 329-330.

② 方力. 安徽财政史料选编: 第 1 卷清代 [G]. 合肥: 安徽省财政厅编内部资料. 1992: 418.

③ 盛宣怀上李鸿章详（光绪十年闰五月中旬）[M] //陈旭麓. 湖北开采煤铁总局、荆门矿务总局: 盛宣怀档案资料选辑之二. 上海: 上海人民出版社, 1981: 399.

"以息归还官本"，只是将原定至光绪十五年官本还清结案期提前了一年，即到光绪十四年，"除报解息钱外，并将存本十万串全数易银解部"①。李鸿章、盛宣怀等人之所以有以息保本的动议，是因为生息银两是外销款，不必解部报销，户部即无从知晓。只是后来由于直隶省这项保密工作做得并不充分，结果被机警的户部尚书阎敬铭所侦知。而户部最终还是同意了盛宣怀等人的"以息保本"方案，实由于生息银两本不是真正意义上的国帑，而是地方外销，在国帑可保无损的情况下，碍于私谊，户部对此种款项尽可睁一只眼闭一只眼。

三、外销与善后

同光之际，大规模的军事活动告一段落，百废待举，战后恢复工作旋即开始，财政用款的重心也从军需转移到善后。同治四年浙省各城规复之后，即将省城赈抚局改为浙江善后局。② 其他省也先后成立了类似的善后等局。光绪九年，新疆甫定，东北筹边营勇未尽遣散，各省协饷仍前接济。户部决定，截至光绪八年十二月底之前的用款，作为军需报销；九年正月以后，用款应作为善后报销。此外军务早平的省份，自应统归善后报销，不再列有军需名目。③ 善后工作即战后恢复重建工作，范围很广，需款也很多，有的属于国家工程，由中央拨款；有的则属地方政务，由地方自行罗掘筹款兴办。各项善后要务"皆系地方因时补救之计，即为目前万难停待之需"。④ 而地方筹款的重要来源即为外销。同光之际，各省外销财政支出善后事宜，主要集中在赈济、水利以及其他各种公用事务上。

（一）赈济

积谷为备荒要政。积谷备荒的重要措施是设立常平仓、社仓、义仓等仓储设施。社仓、义仓能发挥救济灾民、稳定市场的功能，其资本来源，主要为民间集款和官府拨款两种。民间集款将作为私款的民间资金变成作为公款的公共

---

① 户部奏折（光绪十年十二月二十日）［M］//陈旭麓. 湖北开采煤铁总局、荆门矿务总局：盛宣怀档案资料选辑之二. 上海：上海人民出版社，1981：411.

② 马新贻. 缕陈善后局经办事宜现归并军需局片（同治七年四月十二日）［M］//马端敏公（新贻）奏议：卷6. 近代中国史料丛刊续编：第171种. 台北：文海出版社，1975：626.

③ 左宗棠. 酌改金陵军需善后局名片（光绪九年三月初一日）［M］//左宗棠全集：第8册. 长沙：岳麓书社，2009：212；户部. 酌核伊犁善后事宜折（光绪十年四月）［G］//户部奏稿：第4册. 北京：全国图书馆文献缩微复制中心，2004：1681.

④ 张树声. 善后动用厘金按成酌提折［M］//何嗣焜. 张靖达公（树声）奏议. 近代中国史料丛刊：第222种. 台北：文海出版社，1973：32.

资金。这种公共资金的收支情况不向户部汇报，形成外销；除了一些大的赈灾活动，中央政府很少介入地方救助活动，因此，这些领域也不会有太多的中央政府的财政资金注入。地方官为安辑流民，保持当地社会治安稳定，一般会介入此事，但只能动用本级政府可以自主动用的财政资源，即外销。

同治年间，陕甘总督左宗棠以甘肃省垣盖藏不富，从新饷外销项下提银，立储备粮价一款，买粮储于源源仓，以备不虞。① 同治七年（1868 年），云南杜文秀起义，包围了省城。昆明粮、饷两缺，云南巡抚岑毓英号召地方助捐，同时由藩库印票汇借军饷银 5 万余两。同治十一年起义平息后，绅士王焘等禀请发款积谷，经总督刘岳昭、巡抚岑毓英批准，将同治八年绅民汇借的军饷银 5 万余两中的 32810 两银票，准予报捐职衔，以此票价作为兴复义仓之项。光绪九年，总督刘长佑、巡抚杜瑞联同意绅士们的禀请，筹款建仓，添积谷石，并批饬善后局发给银 2000 两，由管理义仓的绅士按年陆续籴买米谷，借城内府库存储。十五年，护总督、云南巡抚谭钧培允绅士罗瑞图等之请，以省垣重地，烟户稠密，亟宜积谷备荒，又从厘金外销款内两次提银 1.5 万两，发交云南知府督同各绅办理积谷，计先后共购置米谷 2570 余石，定名为丰备仓。② 甘肃之源源仓，云南之丰备仓，其创设资金均出自各该省的外销款上。

江南苏属有厘金存典一款，本系留备善后之用。尽管当时司库万分支绌，但都没有提用。同治八年六月，苏州绅士编修潘遵祁致函布政使张兆栋，建议动用此款添造仓廒，用以积谷。苏藩司承认，积谷系目前要举，自应通盘筹画，酌数拨给。一查此款，虽有现存本银 2 万两，每年息银 2880 两，但文庙祭品、正谊书院、培元局、毓元局、恤孤局各项用度均于此息银内开支，每年需银 3336 两，尚不敷 400 余两。如将此项本金拨为积谷之费，则以上各项拨款又俱归无著。两难之际，答应于此项生息款内，仅能提银 1000 两，作为积谷之需，其余等另有闲款，或书院各局拨款稍减，再行续拨。③ 积谷备荒为地方公共事务，自然要动用公共资金措办，财政再艰窘，地方政府于此项要政也不敢完全漠视。

---

① 甘肃清理财政说明书：三编下 [G] //国家图书馆出版社影印室. 清末民国财政史料辑刊：第 18 册. 北京：国家图书馆出版社，2007：603.

② 云南全省财政说明书·岁入部·田赋 [G] //中央财经大学图书馆. 清末民国财政史料辑刊补编：第 3 册. 北京：国家图书馆出版社，2008：39；牛鸿斌. 新纂云南通志：第 7 册 [M]. 昆明：云南人民出版社，2007：451.

③ 长元吴丰备义仓全案 [G] //李文海. 中国荒政书集成：第 7 册. 天津：天津古籍出版社，2010：4385.

战乱导致大量贫民涌入城市，颠沛流离，衣食无资，会引发严重的社会问题。一些有识官、绅遂出面筹集资金，设立粥厂，为这些饥民免费提供最基本的救济，免其死于饥寒。金陵绅捐粥厂，创始于同治五年。后就食者众，续有增设。同治十年冬，曾国藩再督两江，考虑到单靠社会力量难以承担此项工作，即与当时的上海道沈秉成函商，要求接济。沈秉成答应于筹防外销闲款项下每年津贴规银4000两，分季解交江藩库转发。至同治十三年冬，沈秉成因闲款项下入不敷出，议请另行筹拨，经批令其减半照解，再于苏、沪两厘局串底项下各拨银1000两，凑足原数，使得该粥厂得以维持。至光绪十三年，厂内已收有贫民340余名，孤贫米折600名，敬节160名，哺婴70名，每年需款达6000余两，如要继续维持粥厂运行，尚须筹补银3000余两，方能渡过难关。但恰在此时，原拨筹防外销闲款无款可拨，粥厂面临经费危机。两江总督曾国荃奏请提高江海关洋药厘金提用外销的比例，用以接济，但久久未获部复，只得放下身段，屡屡致函继任的上海道龚照瑗，希望他无论如何为难，一定要保证此项粥厂年款2000两照常拨解，使得该善举不致中辍，千余人生活得免颠沛流离。[①]外销款源的不稳定，一度造成金陵粥厂难以为继，说明外销对于维持地方治安、维护民生的重要性，地方政府手里如没有一点外销资金周转，即难以达到这一目的。

光绪八、九两年直隶水灾，除奏准拨帑、截漕外，各省均参与了劝捐接济。自八年五月起截至十年六月止，钱米、衣物不计，仅收捐银一项即达131万余两。[②]救灾急切，势难概执成例，地方政府已将用过钱粮各项即在办事地方分晰榜示，让百姓周知，事竣要求开具简明清单奏报，免造细册。皇帝同意了这种报销办法。十六年六月，顺直地区又遭水患，各河漫溢，被灾地方除顺属外，直属州县亦至40余处之多。工、赈兼筹，需款极巨。直隶地方除截留漕米、提拨藩运库款外，在本省、外省开办推广赈捐，派员分投劝募，以资接济。筹办的赈抚收支银钱米衣的报销，同样是开具清单，请免造册。[③]此后，各省灾赈报销，基本上均仿照直隶章程。如光绪二十年山西赈务报销，也要求将收支各数

① 曾国荃. 致龚仰蘧（光绪十三年）［M］//曾国荃全集：第4册. 岳麓书社，2006：381-382.
② 李鸿章. 灾赈收支数目折（光绪十一年正月十九日）［M］//顾廷龙，戴逸. 李鸿章全集：第11册. 合肥：安徽教育出版社，2008：6.
③ 李鸿章. 赈抚收支汇报折（光绪十八年六月十三日）［M］//顾廷龙，戴逸. 李鸿章全集：第14册. 合肥：安徽教育出版社，2008：433-434.

汇开清单，照案免造细册。朱批："著照所请。"① 光绪二十一年湖南赈捐，同样仿直隶赈捐章程，报销时亦将收支各款汇开简明清单，免造细册，以归简易。② 赈灾资金的外销化处理，反映了清廷赈灾报销制度的灵活性，同时也彰显了外销在地方灾赈活动中的重要作用。

各省也相应设有赈灾资金，这部分资金部分也来自外销。江苏省自战争平息后，开征漕粮。粮户完纳漕米，令每石随缴公费钱1000文，以抵常年公用。后因办常、镇等属灾赈，令各州县于随收公费内，每石提捐钱50文，解济赈需。江苏省称，此原出于各州县公费之中，并非加取于民。③ 新疆开设行省后，兵燹之余，疮痍满目，民食艰难，巡抚刘锦棠每于冬令散发小麦，以赈赤贫无告之民，岁计5500余两，历来都从藩库按季具领，外销不报部。④ 各省之间也互相助赈。如顺直水灾，各省都办有顺直事例。光绪二十一年湖北水灾，山东省设法劝捐，准备筹济10万两。但该款一时难以筹齐，因此山东巡抚李秉衡电请湖广总督张之洞"先为垫解"。张之洞即在外销项下垫解，特别强调："惟此系外销，不能动支正款，望速赐拨还为要。"⑤ 李秉衡回电，表示理解："此系外销之款，断不敢令宪台为难。"⑥ 没有中央的允准，正款不准动用，但外销可以通融借垫，这正是外销款的机动性所在。

（二）水利

清制，外省水利工程有官修、民修之分，其经费报销也不一样，官修还有保固期限。乾隆年间有个规定：银数在500两以下、工程无关紧要者，免其造册报销。银数在500两以上而系士民捐修之工且不邀请议叙，亦未借动官项者，只造册送部备查，但免其报销。其余各工有士民出赀捐修、奏请奖叙者；有地方官劝捐兴办、工竣奏请议叙并请实任官阶者，均无异动用正款；民修之河道、

① 李鸿章．筹办晋抚银米数目折（光绪二十年十一月十五日）［M］//顾廷龙，戴逸．李鸿章全集：第15册．合肥：安徽教育出版社，2008：525-526.
② 陈宝箴．汇报湘省赈捐各款数目并援案保奖折（光绪二十四年三月二十六日）［M］//汪叔子、张求会，编．陈宝箴集：上．北京：中华书局，2003：682.
③ 江苏省财政志编辑办公室．江苏财政史料丛书：第1辑第2分册［G］．北京：方志出版社，1999：436-437.
④ 新疆全省财政说明书·民政费［G］//中央财经大学图书馆．清末民国财政史料辑刊补编：第1册．北京：国家图书馆出版社，2008：502.
⑤ 张之洞．致济南李抚台（光绪二十一年九月初五日）［M］//苑书义，等编．张之洞全集：第8册．石家庄：河北人民出版社，1998：6674-6675.
⑥ 张之洞．李抚台来电（光绪二十一年九月初六日）［M］//苑书义，等编．张之洞全集：第8册．石家庄：河北人民出版社，1998：6675.

堤岸、桥座等工，有关田庐保障，工程紧要而民力未逮，奏请借动官款，仍由民间摊征还款者；商民以及灶户各项先行借动官项请修之工，事竣分年摊捐、坐扣归款者，均应遵照定例一体造册，报部核销，予以保固限期。① 但乾隆以后，对于地方劝捐修理及借垫库项再令民间摊征归款的工程，有的要求其造册报销，有的免其造报，办理未能画一。咸丰八年，皇帝再次重申乾隆朝的规定。② 只是各地工程千差万别，直到清末，很多地方借项兴修水利，仍以"民捐民办"为由，请免造册报销；归绅民自行办理的，均免报销；动用外销闲款的工程，更是选择开单造报。

晚清时期是中国历史上自然灾害少有的高发期。连年战争，严重破坏了本已脆弱的自然生态环境，也极大地削弱了清政府防灾、抗灾的能力，治河防灾的财政支出也因军费的激增而此增彼减。"道咸以后，军需繁巨，更兼顾不遑。即例定岁修之费，亦层叠折减，于是河务废弛日甚。"③华北地区地势平坦，又有几条著名大河横贯其间，自然也是灾害最频繁、最严重的地区之一。黄河经常决堤，导致黄淮之间大量生灵涂炭；海河流域河流蛛网密布，也极易遭受洪涝，且危及京畿地区。据统计，19 世纪中国发生的水灾有三分之一以上是在华北地区，尤其是海河流域。同治六年以后连续九年中，海河支流永定河决口 11次；光绪十一年开始，直隶连续 14 年发生洪涝灾害。④

军事结束后，为抗击洪涝灾害，地方政府开始兴办了一些水利工程。这些水利工程的经费来源，部分来自中央政府的拨款，部分则出自民间捐款和地方政府自筹的外销闲款。现将该时期若干工程罗列一表，以做分析。

表9 同光之际部分水利工程动用外销情况表

工程名称	年代	经费数量	经费来源	报销情况
藁城筑坝工程	同治年间	10 万两	由藩运两司设法筹捐，并于外销闲款项下凑足	

① 倪文蔚. 部议捐修借帑报销疏［M］//舒惠. 荆州万城堤志. 武汉：湖北教育出版社，2002：178.

② 咸丰朝实录：卷 256［Z］. 咸丰八年六月乙卯.

③ 李鸿章. 覆陈直隶河工情形折（光绪七年五月二十日）［M］//顾廷龙，戴逸. 李鸿章全集：第 9 册. 合肥：安徽教育出版社，2008：365.

④ 周秋光. 晚清六十年间（1851—1911）华北地区的自然灾害［J］. 湖南师范大学社会科学学报［J］，2010（02）.

工程名称	年代	经费数量	经费来源	报销情况
滹沱河修复堤坝工程	同治十一年		动拨营田工本发商生息余剩款7903两尽数动用，不敷再由官绅量力捐助	
山东贾庄堵口工程	光绪元年	470万两	官民协办，且多资民力	开列清单，免其造册报销
堵筑桃源决口工程	光绪八年			开单奏咨，免其造册报销
山东减河修浚工程	光绪十三年	14.4万余两	直、东两省合筹，由司道于工赈项下通融匀拨	
贾鲁河挑挖工程	光绪十三年		借粮台款仅数千两，其余由省设法归补，不动库款	免其造册
直隶工赈	光绪十四年	28万余两	或就地劝捐，仍归民办；或酌派各营，帮同力作，量予犒赏，不给方价。	开单汇报，免其造册。
热河武烈河石坝工程	光绪十七年		动用热河道库收存杂税减平银3.5万两，不敷银于现收赈捐项下筹拨	开单造报，免其造册报销
直隶堵筑济阳灰坝等处漫口工程	光绪十九年		除动用藩、粮、运、关库及赈抚局银外，不敷银及土方工价津贴银4000余两，归绅民自行办理	免其造报
保定堤工工程	光绪二十三年		每年于清河道库河淤地租堡船犳夫生息项下拨银3000两，为各工采购料物抢修之用	开单奏报，免其造册

资料来源　曾国藩. 批清河费道候补陈道会勘滹沱河上下游形势［M］//曾文正公全集：第14册. 北京：线装书局，2016：176；李鸿章. 滹沱河修复堤坝片（同治十二年二月初一日）［M］//顾廷龙，戴逸. 李鸿章全集：第5册. 合肥：安徽教育出版社，2008：320；光绪元年四月甲午丁宝桢奏［G］//朱寿朋. 光绪朝东华录：第1册. 北京：中华书局，1958：57；光绪八年十一月十六日上谕［G］//中国第一历史档案馆. 光绪宣统两朝上谕档：第8册. 南宁：广西师范大学出版社，1996：369；李鸿章. 减河要工直东合力筹

办折（光绪十三年二月初五日）［M］//顾廷龙，戴逸．李鸿章全集：第12册．合肥：安徽教育出版社，2008：35-37；李鸿章．筹修武烈河石坝折（光绪十七年四月初一日）［M］//顾廷龙，戴逸．李鸿章全集：第13册．合肥：安徽教育出版社，2008：75；光绪十九年六月初九日山东巡抚福润奏［G］//中国第一历史档案馆．光绪朝朱批奏折：第99辑．北京：中华书局，1996：316.

以上工程，均为500两以上的规模，且都不是纯粹的绅民捐建之工，因此理应办理经费报销。但由于这些工程多是工、赈结合，且经费多半来自地方外销，中央政府还是作了特事特办、免于报销的处理。

为防海水内灌，保护沿海居民屋宇民田，江浙沿海一带均筑石为堤，名曰"海塘"。其中，浙省海塘，由海宁而迄海盐，为江浙数郡农田保障，事关重大。塘工工程，有特修、岁修之分，向设三防同知、海防营守备及七汛专管工程。特修要工，由杭道委员会同厅备办理。浙省海塘工程自太平军兴后，岁久失修。同治四年军事敉平后，有过一次特修大工。该工费至20万，因工费浩繁，官府一时拿不出如此巨款，除由司局各库凑拨济用外，其余均由苏浙各属绅民捐输兴办。[1] 当地开办亩捐，山阴、会稽两邑得水利田70万亩，每亩捐钱230文；萧山一县得水利田23万亩，每亩捐钱400文，三县共收捐钱395487千文。[2] 民捐民办，且不邀奖叙，故此项工程免其造册报销。

凡遇岁修，厅备任承修之责，汛弁任监修之责。浙江海塘岁修经费，每年额定银17.4万两，其中拨运库纲课银7.5万两，藩库纲捐生息常年银24514两，绕城石塘节省生息常年银2880两，再由藩库经收塘工丝茶蚕捐及江苏代解丝捐塘工经费凑拨济用。岁修经费原由藩库发至杭防道库，由道库发交厅备，交人承办，督修、承修各官保固3年，3年内如有冲塌，责令赔修。同治六年，浙江巡抚马新贻对此项保固制度做了一番改革。岁修经费改为设局委员经理，实用实销，厅备不再经手银钱。这样，承修官就不再承担保固之责。故此特设一笔保固基金，期内应修工程，准其禀请由此保固基金项下酌量动用，由局核实请藩库给发。[3] 这笔保固基金来源于特修、岁修项下提出的各种余款，有保固款，

① 马新贻．绅民捐修土备塘堤请择优奖励折（同治四年闰五月十六日）［M］//马端敏公（新贻）奏议：卷1．近代中国史料丛刊续编：第171种．台北：文海出版社，1975：626：107-108.

② 刘秉璋片（光绪十年七月初二日）［G］//户部奏稿：第6册．北京：全国图书馆文献缩微复制中心，2004：2505-2507.

③ 马新贻．拟护中西两塘已竣柴坝各工善后章程折（同治七年正月二十六日）［M］//马端敏公（新贻）奏议：卷6．近代中国史料丛刊续编：第171种．台北：文海出版社，1975：591.

包括各案塘工保固款、各案保固等项余存款、独山石塘保固发商生息款、岁修保固款；有提备款，包括东防停给月修坦水及扫坦提备大修款、提备规复盘头款、翁念二汛石塘保固生息款、外办扣水款；有公费款，包括岁修六分公费、外销公费、岁修一分二厘水利款、新章减平款、节省一分五毫部费款公项余存款；有节省款，包括海盐塘坦节省生息款等。①

江苏省沿海也有石塘工程。战后，淞江府属华亭一带海塘坍坏过多，情形危待修复。工程虽筹得经费钱 30 万串，仍无济于事。地方政府不得已动用外销，借以周转，分年兴办，再以摊捐的形式归还此项垫款。② 光绪八年至十一年，修筑昭文、太仓、华亭、宝山、镇洋海塘及吴县太湖石塘，凡需工费银137184 两有奇，布政司库同样移外销款以济用，仍税二十一厅县农亩以偿。③

四川都江堰水利工程，雍正三年议定岁修银为1920 余两，道光末年又在此基础上续增银3720 余两。至咸丰十年以后，则每年加增银四、五、六千两不等，系由司库捐输项下垫支，但从不向户部报销。川省还开征有堰工茶票一课，司库杂款中还有都江堰工料一款，为外销，专备修理堰工经费。④ 同光之际，都江堰河身淤塞，堤埂坍废，需要兴办大工。堤工工费较巨，工价又无成例可循。地方政府最初的计划先是拨藩司银 9 万两，暂将土货厘金拨抵，事后由本省用水之十数州县按年分摊弥补，归还厘金，不动正款。但实际此项工程，至光绪二年时，司库实垫发银 103998 两，因民力拮据，摊派为难，一直没有归补完清。最后，不得不由该省各属自行酌捐养廉，并于每年通省公捐之缉捕赏需、预筹经费两项，三者共同匀摊，出银 2 万两，按年归还借款。⑤ 四川堤工的做法是摊捐不足，外销兜底。

广东大修广、肇两属围堤工程，系动用广州诚信、敬忠两堂商人捐修会馆银 3 万两，改作修围之用；又以肇庆府黄江税厂书巡等罚缴银59500 余两，以助

---

① 浙江财政说明书·岁出门 [G] //国家图书馆出版社影印室. 清末民国财政史料辑刊：第 11 册. 北京：国家图书馆出版社，2007：320—321.

② 丁日昌. 浙江海塘石工片（同治七年三月十六日）[M] //赵春晨. 丁日昌集. 上海：上海古籍出版社，2010：17.

③ 故宫博物院. 敕修两浙海塘通志、江苏海塘新志 [M]. 海口：海南出版社，2001：418.

④ 四川款目说明书 [G] //国家图书馆出版社影印室. 清末民国财政史料辑刊：第 3 册. 北京：国家图书馆出版社，2007：802.

⑤ 丁宝桢. 报销都江堰工用款折（光绪五年闰三月十七日）[M] //罗文彬. 丁文诚公（宝桢）遗集. 中国近代史料丛刊：第 74 种. 台北：文海出版社，1973：1911.

修围之用；再动用绅士捐款、官捐顺直赈款等，共集 255568 两，以充大修围堤之用。① 修筑潮属韩江围堤，仅发官款 5000 两，集资 118000 余两皆系民间捐款。② 广东省的两项修围工程，均属官民合办，且民办的色彩更浓一些。所动款项，绝大部分为民间资金，和同一时期的四川堰工、江苏塘工一样，并未动支正项钱粮，事后均免其造册报销。

（三）公用

公用即地方公共事务用费，其内容广泛，本包括前述赈济、水利等事，此处已将水利、赈济单独列出，而将其他的地方事务用费均纳入公用一节叙述。

前文已提及，厘金、关税、盐课等在征收过程中，都要提用所征税款的一成或二成公费或局用（有的在税内，有的在税外）。局用，名为办公经费，实则并非都用于征收费用，用途复杂。如四川土药所提一成公费，就支解北洋军需、京师医局经费、内阁收本房经费等项汇费，矿政局费、电报局及永宁道电报费以及后来的提学使司学务经费、警察局经费等各项之用。四川厘金总局一成局用公费，总局支用有余后，拨支臬司公费、练饷汇费并预筹经费内之例支各款。后又提作加复俸饷，以及弥补宁远府采办红铜脚价等项。③ 奉天各属原抽二四盐厘，以八成归公，二成作为经费开支，用于开支局用及各项杂支运解等费，以及新收二四厘以钱易银解省再由省解京应需倾镕平色运费等项。④

同治五年，闽省将摊捐停止，陋规裁革，由此造成的经费匮缺，在洋药、百货一成厘余连同闽安等七关税余、茶叶起运税耗、验箱经费等项下提给公费弥补。原摊捐项下应支各款包括：部饭等项，年额应解银 1780 余两；外销津贴各衙门书吏、纸张、饭食等 33 款，年额应给银 43000 余两；外办各案工程，应摊未补银 10 余万两，各府厅县自行流摊银数万两；供应项下文武乡试供给，每年应摊派银 8900 余两；琉球贡差往返夫马供应，以及年例十三帮贡差夫价等项，分年计算共需银 28000 余两；此外，如出差员弁盘费、夫价及一切杂项、

①　张之洞. 大修广肇两属围堤工竣折（光绪十二年九月初三日）［M］//苑书义，等编.
　　张之洞全集：第 1 册. 石家庄：河北人民出版社，1998：481.
②　张之洞. 修筑潮州府属各堤工竣片（光绪十二年九月初三日）［M］//苑书义，等编.
　　张之洞全集：第 1 册. 石家庄：河北人民出版社，1998：485-486.
③　四川款目说明书［G］//国家图书馆出版社影印室. 清末民国财政史料辑刊：第 3 册.
　　北京：国家图书馆出版社，2007：783、756.
④　光绪十八年十一月十八日裕禄、兴升奏［G］//中国第一历史档案馆. 光绪朝朱批奏
　　折：第 75 辑. 北京：中华书局，1995：612-613.

差使，随时应给不能预计者，两司道府暨佐贰、佐杂用费，多寡不定。① 以上公用杂费在外销项下得到提款归补。

陕省自兵燹之后，百废待兴。自光绪二年起，每年酌提厘金一、二成为留外办公款项，计截至九年共留银385600余两。陕省度支匮乏，本无余财。遇有要需，全赖此等留外款项挪垫通融，得以无误。除修理城池、仓厫、文庙、书院、贡院等工，及添买书籍、筹备垦荒牛种、采办省仓积谷、京官津贴、差徭生息并地方一切应办事宜。故外销款项，实该省所必不能无。② 江西省的情况亦复如是。该省厘金外销项下支费包罗极广，包括粥厂、自新所、候审所、救生义渡局以及修理城垣、仓厫、监狱等各项要工，涉及慈善、司法、公共工程、军事、行政以及后来的警察等各方面，均属必不可省之费用。③

津海新关洋药厘金，所提地方善举、局费等项十六两外销之款，向以开支京员津贴（后改加复俸饷）以及外国租界巡费、修费、地方善举、缉私局用经费等项。此处地方善举包括书院、义塾、广仁堂、恤嫠会、延生社、施医院、保赤堂各事，教、养兼施，寒士靠此资生，贫民赖此存活。④ 山东烟台的东海关，应支外销之款，除缉私和交涉经费外，该地书院、义学、粥厂、暖厂、华洋医院、贫民棉衣以及天津广仁堂、济南尚志堂、广仁局岁捐之款，无不取给于此。⑤

从以上所罗列的各省厘、关、盐所提一成或二成局用的使用去向上看，局用本非仅限于一局之用，⑥ 其支销很杂，涉及各级地方政府和财政局所日常办公经费、行政经费，甚至是一些地方善举、文教、治安、工程设施建设等方面。

---

① 左宗棠. 厘定闽省各属进出款项请将摊捐停止陋规裁革另筹提给公费折（同治五年十月初五日）[M] //左宗棠全集：第3册. 长沙：岳麓书社，2009：133-135.

② 光绪十年十二月初十日陕西巡抚边宝泉片 [G] //中国第一历史档案馆. 光绪朝朱批奏折：第76辑. 北京：中华书局，1995：927-929.

③ 德寿. 奏请准于每年厘金收数内每两酌提六分以资公用事（光绪二十四年闰三月十三日）[A]. 中国第一历史档案馆藏. 宫中档案全宗，档号：04-01-35-1042-025.

④ 李鸿章. 洋药税厘拨还洋息折（光绪十三年四月初七日）[M] //顾廷龙，戴逸. 李鸿章全集：第12册. 合肥：安徽教育出版社，2008：78.

⑤ 李鸿章. 洋药筹拨要需片（光绪十三年十月十六日）[M] //顾廷龙，戴逸. 李鸿章全集：第12册. 合肥：安徽教育出版社，2008：225.

⑥ 当然，局所本身除征收费用之外的其他行政经费肯定于此开支。曾国藩在解释军兴以后各省设局原委时云："经费出自外筹，无损于课。"曾国荃. 裁并各局勉节经费疏（光绪十六年闰二月二十一日）[M] //曾国荃全集：第2册. 岳麓书社，2006：530.

除局用之外，漕、盐、关、厘等报出的赢羡、公费之属，也为外销。[1] 这部分外销款的使用，从全国总体情况看，同样也是五花八门，毫无规律。但各省在使用这些外销款时，一般都循着"分收分支"的原则，一款有一款较为固定的使用去向。

四川盐斤官运，自光绪三年九月先后开办黔边、滇边、鄂边等丁丑纲、戊寅纲、己卯纲、庚辰纲等四纲，四纲平余每年各收 15 万到 20 万两之间。除支拨补平外，每年剩余多则 21 万~22 万余两，少则 19 万余两。光绪四年十一月，四川总督丁宝桢奏裁道府规礼，筹给公费，即在此项平余内动拨；五年正月，又拨将军副都统公费；十二年九月，护督臣游开智奏拨总督衙门公费，十二月总督刘秉璋奏请动支该省盐茶道公费等。此项平余经数款公费支出后，再有剩余，则归入外销盈余拨存。[2] 作为外销款的平余被指定为公费，取代了规礼。

浙省为战争蹂躏的重灾区，战火蔓延之处，衙署、仓库、坛庙、祠宇、监狱无不荡然，城垣河道年久失修，坍塌淤塞。战争停歇后，各地开展善后重建工作，如万寿宫暨有关祀典的坛庙、祠宇以及衙署的拆修整理，平地重建工程，有府县三处学宫、漕仓、义仓、监狱、织造匠局、书院、育婴堂以及修复城门墙楼、开浚西湖等，均由巡抚、藩司、粮道各处负责修复；省外如杭州府属海宁等七州县，以及嘉、湖、宁、绍、金、衢、严、台、温、处各府县一切善后应办工程所用之款，由官绅捐输及商民自请于丝货项下捐充善后之费，系零星凑集，并不请给奖叙，均遵照例案免其造报。[3] 只有那些因工程紧要，捐项不敷，暂行借动军需厘捐的款项，才将所动之款核实造册报销。

各省外销的支出是多元化的。浙江厘饷局通过各种名目对厘金加抽和带收，以致收支非常庞杂。除了中央经费、赔款和地方军费外，在清末厘金外销款"出款"项下还包括了诸如各署差委委员薪水、洋务局局用、善堂经费、贫员津贴、义渡迁善所救生局经费、书院膏火、官书局局用、科场津贴等庞杂的内容。在江海关"外销之项，如中西书院花红奖赏及西人医院经费津贴以及华太报效

① 吴廷燮. 清财政考略［G］//国家图书馆出版社影印室. 清末民国财政史料辑刊：第 20 册. 北京：国家图书馆出版社，2007：369.

② 光绪二十年九月十三日裕德、廖寿恒奏［G］//中国第一历史档案馆. 光绪朝朱批奏折：第 75 辑. 北京：中华书局，1995：732-738.

③ 马新贻. 缕陈善后局经办事宜现归并军需局片（同治七年四月十二日）［M］//马端敏公（新贻）奏议：卷 6. 近代中国史料丛刊续编：第 171 种. 台北：文海出版社，1975：626.

息银，地方一应善举，皆出其中，未必尽归私用"①。滇省每年例贡采办象牙、茯苓、普洱茶、茶膏，进贡茶价、工脚银需银，也由该省厘金外销项下动放。②

各省一些饷需的汇费不能报销，也由外销出。四川省汇款以京饷、甘饷、铁路船厂各经费及后来的四国借款、汇丰息银为大宗。凡汇京城者，每万两给汇费银 150 两；甘肃、上海等处，每万两给汇费银 120 两。③ 皖省藩司奉拨丁厘等款之内，解部京饷及边防经费、筹备饷需、内务府经费等项，均系委员领解现银，不交号商汇兑。但甘肃新饷、黑龙江俸饷、铁路经费、摊还四国洋款等项，则由号商汇解。所需汇费银两，均按银数之多寡，道路之远近，随时与号商定议，从减酌给，也是动支库储外销闲款，并不开支正项，报部销册从未登有汇费名目。芜湖新关奉拨之款，向归汇兑，京饷汇京，原、续拨四国还款及瑞记洋款均汇沪。解京汇费原定每千两支销银 40 两，嗣减为支银 38 两；解沪汇费原定每千两支销银 14 两，后核减至 10 两，均于外销筹给。④ 湖南历年委解京协饷盘费、外省过境、难民川资以及拏获匪徒犒赏等类，无款挪垫，同治十年经司道与各营统领商定，将盐粮各款改用湘平，每两扣银 3 分 6 厘 3 毫，每年约扣银 1 万余两。一切不能作正开销之款，悉归此项内开支。一省公用，大局攸关，全赖此款。虽与定章不合，实为事所必需。⑤ 即便道路遥远且财赋有限的边陲省份云南，土药厘金汇费也同样由滇省另行筹给，不能作正报销。⑥

另外，省级各衙门办公经费一部分也出自各属外销。两浙盐务外销项下每年呈解抚署，列有商纲公费、津贴引费等款，除节次裁减报效外，年约解银 1.6 万余两。如遇旺销长征之年，数在 1.8 万两。司署亦有公费、津贴、照费、引费、盘费、加平、程毫等款，除历奉裁减报效外，年约银 3.4 万两，长征年份则在 3.9 万余两，各款皆由商按引轮缴，向列外销。数十年来历任巡抚、运司

---

① 张之洞. 遵旨严核关税认定每年加解数目折（光绪二十二年正月十五日）[M] //苑书义，等编. 张之洞全集：第 2 册. 石家庄：河北人民出版社，1998：1149-1152.

② 云南全省财政说明书·岁出部·解款 [G] //中央财经大学图书馆. 清末民国财政史料辑刊补编：第 3 册. 北京：国家图书馆出版社，2008：357.

③ 奎俊. 奏为复奏川省遵办部议筹款六条情形事（光绪二十六年正月十二日）[A]. 中国第一历史档案馆藏. 军机处全宗，档号：03-6652-030.

④ 王之春. 奏为部议筹款六条安徽省分别遵办情形折（光绪二十六年五月初六日）[A]. 中国第一历史档案馆藏. 军机处全宗，档号：03-6652-094.

⑤ 光绪十七年五月二十五日湖南巡抚张煦奏 [G] //中国第一历史档案馆. 光绪朝朱批奏折：第 59 辑. 北京：中华书局，1995：13-14.

⑥ 云贵总督嵩蕃为筹款六条遵办情形的奏折（光绪二十六年二月十三日）[G] //黄鉴晖. 山西票号史料（增订本）. 太原：山西经济出版社，2002：274.

皆取以为常年办公之需。① 浙海常关也有提盈归公一项。内有解抚院办公经费8880两，向不报部，隶入外销。② 福州将军兼管闽海关税务，所有折差路费，有时就从海关外销项动支。③ 直隶学政出巡盘费每年向有津贴一款，共银126400余两，历在善后局外销项下开支。④

陕西省粥厂棉衣各项经费，同治九年起由善后局收储营田本色租粮内支领报销。后该款移作他用。光绪二十五年此项冬赈，由二成厘金积谷项下核实动支造销，每月支用1300余两，向归外销之款，不足从司库生息项下接济。恤嫠局自同治十三年开办，其经费除粮道捐廉外，各院司道府陆续筹拨闲款，并自行捐赀及历年节存余款生息，额少人众，局款日绌，光绪二十二年开始，从库存外寄款内即外销款内借拨本银1万两，发典生息。各息款满年应入银800余两。⑤ 外销款作本，所生之息自然也是外销款。

同光年间，一些地方上的文化工程也借督抚兼治兵理财、外销之款甚多的机会，纷纷上马。自江南兴办书局，各省踵之，其经费皆出于外销闲款，不在经常出纳之列。⑥ 同治八年御史范熙溥奏，军务肃清省份，亟应振兴文教，请将所属书院妥为整顿。奉旨依议。各省战乱中被毁废的书院陆续建复，本有书院之地也都先后修葺完善。浙江、江宁、苏州、湖北四地还动议合刻《二十四史》，这一学术工程所需经费，就是酌提各省闲款动用的。⑦ 同样也是文化工程，光绪十七年刻竣的《江汉丛书》刻书板价工资，也是由湖北善后局"在于外筹闲款内，如数筹拨银四千两，解还学院衙门查收，以清款目"。⑧

光绪四年（1878年），由荆州将军希元会同湖广总督李瀚章，副都统穆克

① 光绪三十四年十二月冯汝骙片 ［G］//中国第一历史档案馆．光绪朝朱批奏折：第76辑．北京：中华书局，1995：837-838.

② 浙江省通志馆．重修浙江通志稿（标点本）：第10册 ［M］．北京：方志出版社，2011：6660.

③ 朴寿．奏为查明操赏销款名实不符拟请分别更正事（宣统二年四月十三日）［A］．中国第一历史档案馆藏．宫中档案全宗，档号：04-01-01-1109-074.

④ 李鸿章．请照旧筹给义武办公津贴折（光绪二十六年三月初六日）［M］//顾廷龙，戴逸．李鸿章全集：第16册．合肥：安徽教育出版社，2008：161.

⑤ 陕西全省财政说明书·岁出部民政费 ［G］//中央财经大学图书馆．清末民国财政史料辑刊补编：第8册．北京：国家图书馆出版社，2008：489.

⑥ 陈酒勋，杜福堃．新京备乘 ［M］．南京：南京出版社，2014：132.

⑦ 李鸿章．设局刊书折（同治八年五月二十日）［M］//顾廷龙，戴逸．李鸿章全集：第3册．合肥：安徽教育出版社，2008：450.

⑧ 张之洞．札北善后局将已刻各书板价工资银两如数筹拨（光绪十七年十月十五日）［M］//苑书义，等编．张之洞全集：第4册．石家庄：河北人民出版社，1998：2929.

德布、恩来，知府倪文蔚等劝募得银8200余两，于湖北江陵兴建辅文书院，又捐廉7000余两兴建文昌宫，以复兴文教，作育人才。[①] 陕西省泾阳县学宫，自同治元年回民起义中被烧，光绪十一年有前候选郎中吴聘之孀妇吴周氏独力捐修，至十八年八月落成，用银4万余两，自捐自办，实支实销，不耗公款一钱，不用官中一役。[②] 类似这些由外捐修的工程，清廷均将其纳入外销处理，免其造册报销。

此一时期，就连文化比较落后的边远省份甘肃，也先后创办了一些书院。如兰州的兰山书院，光绪七年陕甘总督谭钟麟奏设，在厘捐项下提取库平银2万两发商生息作为该书院师生学杂费之用；求古书院，光绪九年甘肃学政咨请总督设立，在甘州府商民抽帮项下提银2万两，连同原有存款库平银1.38万两，发商生息，以为求古书院师生讲薪及学杂费之用。[③] 两书院的运营，同样得益于各地的外销款项。

不单文化工程如此，各地城市工程建设也有赖于各级政府的外销资金。光绪二年，因省垣年久坍塌，黑龙江地方官号召官商殷实之家集资捐修；[④] 光绪九年乌鲁木齐捐修城池，除在迪化善后房租和古城厘金项下拨用外，尚缺口7000余两即由乌鲁木齐提督金运昌薪公项下动支补足。[⑤] 光绪十二年珲春创修城垣，也是借资兵力，并未动用正款。[⑥] 光绪十四年，广东香山县绅士刘永康等，捐资修理拓建香山县前山寨，不动官款。[⑦] 辽宁锦县城年久失修，约需9000两修理费，即由当地劝捐兴修。[⑧] 因这些工程均是民捐民办，不动正款，毫无例外也是免其造册报销。

---

① 希元，祥亨．荆州驻防八旗志［M］．沈阳：辽宁大学出版社，1990：112．

② 光绪十七年十一月戊子鹿传霖奏［G］//朱寿朋．光绪朝东华录：第3册．北京：中华书局，1958：3031-3032．

③ 甘肃省地方史志编纂委员会．甘肃省志·财税志［M］．兰州：甘肃人民出版社，1990：216．

④ 丰绅．奏为捐修省垣完竣拟请立案并免造销事（光绪二年七月十一日）［A］．中国第一历史档案馆藏．军机处全宗，档号：03-6184-022．

⑤ 刘锦棠．奏为乌鲁木齐提督金运昌捐修城垣请免造报并饬立案等事（光绪九年十一月初三日）［A］．中国第一历史档案馆藏．军机处全宗，档号：03-6184-070．

⑥ 光绪十二年九月十三日希元、恩泽奏［G］//中国第一历史档案馆．光绪朝朱批奏折：第103辑．北京：中华书局，1995：382-383．

⑦ 光绪十四年九月二十二日两广总督署广东巡抚张之洞奏［G］//中国第一历史档案馆．光绪朝朱批奏折：第103辑．北京：中华书局，1995：470-471．

⑧ 光绪十三年十二月初七日庆裕、济禄、裕长奏［G］//中国第一历史档案馆．光绪朝朱批奏折：第103辑．北京：中华书局，1995：446．

四、外销与洋务

军事平定后，各地"筹饷练将，修船制器，铸造军火，置设天线以及储备械具煤斤，无一而非急物，而其中仿用西法者十居六、七"[①]，大量洋务事业亟待开展。这些洋务事业，规模大的一般属于国家工程，如海防、造舰、制械，所需经费主要从洋税、厘金这些新增税项中来，少数部分来自各省外销；一些涉及各省利益的地方性洋务项目，其经费则主要来源于该省的外销财政。

（一）机器制械

自咸丰十一年曾国藩在安庆创办内军械所制造洋枪洋炮始，清政府投资创办了一系列带有近代色彩的军工企业，以求自强。这些企业均命名为"局"或"厂"，如同治元年李鸿章在上海创办洋炮厂，翌年该厂迁往苏州，后又随李鸿章迁往南京。太平军失败后，曾国藩和李鸿章又进一步建成了规模更大的江南制造局和金陵制造局。其他地方，也有督抚大吏开始兴办近代军事工业，如同治五年，崇厚在天津创办天津机器局，同治八年左宗棠在陕西创办西安制造局，同治十年在兰州创办兰州制造局，同治十三年瑞麟在广东创办广州机器局，光绪七年岑毓英在昆明创办云南机器局等。

上海和苏州洋炮厂的开办和运行经费来自淮军军饷，其提用拨款归于军需正案汇总开报。设在上海的江南制造总局是洋务运动时期清政府投资规模最大的一个军工工程，创办经费为银54万两，此后规模还不断扩充；其常年运行经费每年少时在30万两，多时达60万两。同治六年以前，随时于军需项下通融筹拨，之后以江海关二成洋税作为常年经费。[②] 金陵机器局同治四年创立，至光绪二年规模大定，用款均于淮勇军需报销案内另册请销。同处南京的乌龙山机器局系同治十三年筹备江防奏明添设，用款汇入江防炮台报销案内附销。后因地段太窄，光绪五年该局与金陵机器局归并。两局合为一局后，规模扩大，经费亦增，每年由江海关拨解二成洋税银5万两，江南筹防局拨银3万两，扬州淮军粮台拨银2万两，共10万两作为常年额定经费。光绪十一年后每年又增加工料经费5万两。续加之款先在洋药加增税厘项下动拨，不敷者再由两江总督

---

① 李鸿章.分别撤留各局折（光绪十六年三月二十一日）[M]//顾廷龙，戴逸.李鸿章全集：第13册.合肥：安徽教育出版社，2008：340.

② 江南制造局的经费[G]//汪敬虞.中国近代工业史资料：第1辑上.北京：科学出版社，1957：310.

在各关局库中分别凑拨。① 天津机器局开办经费21万余两，常年经费出自津海、东海两关四成洋税，所用款项，多以"事由创举，难以例价相绳，所有开单用过银数，即著准其开销"②。以上都是国家工程，无论是开办经费还是常年经费，基本上都来自中央财政资金，均应作为正开销。但由于这些新增的洋务支出，大多无例案可循，有的支出款项，根本就无法适用户部的报销则例，只能是实用实销，或干脆开单报销。这些开单报销的经费支出，成为外销支出。如江南制造局，张之洞在《奏请移建制造局新厂疏》里已指出这一弊病："沪局向来风气，凡外省订购枪炮，修理轮船，缴到价银，往往收支含糊，诸多牵混。"要求当时新任总办魏允恭彻查。③ 魏允恭却官官相护，竭力代为掩饰，但也不得不透露了局中部分经费外销内幕。他一方面说：各省拨还之款，随时收入正款，历经申报有案，并无分毫遗漏。接着又不得不承认：报部册内，各省咨部有案的款项，全部罗列；如只是用文牍函电商请代办之款，则大多无案可稽，因担心将这些收、支各数一并列入后，会遭到户部驳诘，是以未便列款开报。④ 这种收支"含糊"情形，在其他各省制造局中均普遍存在，当无疑义。

各省也纷纷建立了一些机器制造局。这些省级官办企业除天津机器局、吉林机器局由部库直接拨款，湖北枪炮厂、汉阳铁厂得到中央财政的一些补助或拨款外，其余均由该省督抚自行筹款解决。

广州机器局，同治五年创建，仿外洋制造枪炮、轮船等武备。试办期间，购置机器及制造机房铁石木料杂费，支银1.5万余两；局绅薪水及各项匠役工资饭食杂用，每月支银1200余两。修造各项，随时核实开支，由善后局筹给，所有动支款项，由善后局办理报销。⑤

山东机器局，光绪元年设立，先造子弹火药，再造枪炮。其经费自光绪元年十月至二年九月底，共收藩库银9.4万两，粮道库银7.28万两。各种机器局

---

① 曾国荃. 扩充机器局疏（光绪十一年五月二十六日）［M］//曾国荃全集：第2册. 岳麓书社，2006：322. 凑足二十万之数，以为三厂常年经费。二十五年户部议覆江海关税厘项下加拨制造经费改由江苏各司关道局分筹协拨［M］//魏允恭. 江南制造局记：卷4. 近代中国史料丛刊：第404种. 台北：文海出版社，1961：509.

② 同治九年十月十二日上谕［G］//汪敬虞. 中国近代工业史资料：第1辑上. 北京：科学出版社，1957：350.

③ 又札查据湖广总督张奏请移建制造新厂原疏［M］//魏允恭. 江南制造局记：卷4. 近代中国史料丛刊：第404种. 台北：文海出版社，1961：523.

④ 总办魏允恭禀［M］//魏允恭. 江南制造局记：卷4. 近代中国史料丛刊：第404种. 台北：文海出版社，1961：528.

⑤ 同治十三年两广总督瑞麟、广东巡抚张兆栋片［G］//汪敬虞. 中国近代工业史资料：第1辑上. 北京：科学出版社，1957：456.

购自外洋，件数繁多，名目歧异，无例案可稽，仿天津、上海各局，免其造册，开单报销。该局制造西式军火、各种类型的枪炮，制造用费由山东巡抚从南、北运余利项下筹拨应用。① 此种余利，为自行筹备本省办公之款，与库储无涉，自可毋庸开报。

四川机器局，光绪三年设。其应需一切经费，均不动正款，在川省原解成绵道库之土货厘金项下，每年额支银 8 万两。后因增设新厂加拨至 12 万到 13 万两，土厘不敷分拨，又由盐道在盐引加票项下设法筹办。② 机器局由此藉得小补。除机器局外，洋务、电报两局经费，栖流所、贫妇口粮、督署办理洋务经书饭食，并川江轮船公司官股，皆于此类土厘项下取给，历归外销。③

湖北机器局，光绪十年设立，其经费来自记名提督刘维桢的捐助。此项捐银，拟以 6 万两凑办鄂省设局制造之用，其余 14 万两概归海防军需，随时拨用。④

以上各省所办的机器局，规模小，经费也是各省自筹，下面所举的湖北枪炮厂案例，规模较大，涉及鄂、粤多省，其经费来源就要复杂得多。

光绪十五年，张之洞拟在广州设厂铸造枪炮，向德国订购了价值约 30 万两的机器设备。购机、建厂经费不动拨库款，均是由外捐办。⑤ 此前粤省由官弁、绅商捐助的船炮专款已期满。船炮专款的原则是"粤捐粤用"，一为文武官绅捐，一为盐埠商捐。官捐为武营罚款，年约 20 万两，盐捐系仓盐盈余，化私为公，年约 5 万两。张之洞与各局商定，再续办三年，约可得 80 万两，来凑齐此项购机、建厂经费。⑥ 光绪十六年，张之洞迁任湖广总督，广州枪炮厂也"移鄂就铁"，迁移至湖北（成为湖北枪炮厂），所购机器也须相应移置湖北。机器价值、运输保险费共 38 万两（机器已付款一半），建厂费约 15 万两，仅迁置一

---

① 丁宝桢. 机器局用款报销折（光绪二年十月初三日）[M] //罗文彬. 丁文诚公（宝桢）遗集：卷 12. 中国近代史料丛刊：第 74 种. 台北：文海出版社，1973：1455-1458.

② 丁宝桢. 川省设立机器局片（光绪三年十二月二十八日）[M] //罗文彬. 丁文诚公（宝桢）遗集：卷 14. 中国近代史料丛刊：第 74 种. 台北：文海出版社，1973：1657-1658.

③ 四川款目说明书 [G] //国家图书馆出版社影印室. 清末民国财政史料辑刊：第 3 册. 北京：国家图书馆出版社，2007：783-784.

④ 卞宝第. 在籍提督捐助海防军饷及湖北创设机器局经费恳恩奖励折（光绪十年）[G] //汪敬虞. 中国近代工业史资料：第 1 辑上. 北京：科学出版社，1957：510.

⑤ 张之洞. 致天津李中堂（光绪十五年四月十二日）[M] //苑书义，等编. 张之洞全集：第 7 册. 石家庄：河北人民出版社，1998：5340.

⑥ 张之洞. 筹建枪炮厂折（光绪十五年七月初七日）[M] //苑书义，等编. 张之洞全集：第 1 册. 石家庄：河北人民出版社，1998：674-675.

项即需 53 万两。张之洞担心粤省原筹之款可能因自己的遣调发生差池，向中央提出"部垫粤还"方案，即先由部库垫付湖北购地建厂等费，再由广东省在原筹之款中拨还。①

"部垫粤还"方案中张之洞承诺，开厂后常年经费约 40 万两，则全由湖北预筹承担，不会向中央伸手。这 40 万两的常年经费，湖北省是这样筹措的：湖北土药税 20 万两。此项土药税，是通过新近整顿得来的，整顿之前，此款就非解部之款，经整顿后所获新增款项，更非湖北司局向来所有之款；楚岸行销的川、淮各盐，每斤加抽钱 2 文。淮盐加抽可得 6 万两，川盐加抽可得 10 万两。不敷之数，在厘金项下腾挪凑拨。② 川、淮盐加抽钱文，均为外筹之款，与正项厘金、盐课无涉。光绪二十年，湖北枪炮厂又扩大规模，添建炮架、枪弹、炮弹三厂，并购换新式快炮机器。此项架弹厂屋、机器两项，共不敷银 28 万两，不在预估的常年经费之内。最后的筹措办法是：织布局纱布余利每年提出 9 万两，银圆局余利及善后局外筹杂款每年提出 10 万两，枪炮厂常年经费每年挪移 9 万两。③ 光绪二十二年，刘维桢之子候补郎中刘国柱，又捐助军饷汉平银 10 万两，全数拨归枪炮局济用。④ 因此，湖北枪炮厂的购机、建厂经费以及常年经费等，无论是粤筹还是部垫，事实上均来自粤、鄂等省的外销。

（二）筹防交涉

光绪元年（1875 年）十二月御史张道渊奏报：各地"江、海防务，费用多端"，皆各省自筹。而各省分筹之款，无非取诸钱粮、厘税、捐输、盐引等所入之项。⑤ 光绪十年八月，编修朱一新也向皇帝反映："东省办防，须就地筹饷。"上谕："著就地情形，悉心体察，妥为筹议。"⑥ 筹防本为国防要务，却也被纳入就地筹款的范围。光绪九、十两年，为筹办广东海防，经两广总督张树声、

---

① 张之洞．海署来电（光绪十六年二月初四日）［M］//苑书义，等编．张之洞全集：第 7 册．石家庄：河北人民出版社，1998：5452.
② 张之洞．妥议枪炮厂常年经费折（光绪十七年三月十八日）［M］//苑书义，等编．张之洞全集：第 4 册．石家庄：河北人民出版社，1998：785-787.
③ 张之洞．添办架弹三厂并改换快炮机器折（光绪二十年十月初三日）［M］//苑书义，等编．张之洞全集：第 4 册．石家庄：河北人民出版社，1998：940.
④ 张之洞．奏为候选郎中刘国柱捐助饷银请旨嘉奖事（光绪二十二年十二月初十日）［A］．中国第一历史档案馆藏．军机处全宗，档号：03-5349-135.
⑤ 光绪元年十二月癸未御史张道渊奏［G］//朱寿朋．光绪朝东华录：第 1 册．北京：中华书局，1958：171.
⑥ 光绪十年八月乙巳谕军机大臣等［G］//朱寿朋．光绪朝东华录：第 2 册．北京：中华书局，1958：1808-1809.

张之洞之手，先后借了洋款五笔，债额共 700 余万两，均粤借粤还，不累各省各关。① 广东当局用这些外销借款，购置了一些现代化的军事设施。

北洋舰队是清廷当时最重要的海防重器。北洋经费为海防要需，各省共认筹银 260 万两，内有直隶认筹 20 万两。这 20 万两系由直隶藩库拨节年耗羡银 2 万两，六分平银 2 万两，外销款银 2 万两；长芦运库拨正课银 5 万两，外销款银 3 万两；天津道拨满剥变价银 2 万两；海防支应局拨天津厘捐银 4 万两。② 其中外销款占四分之一以上。另外，北洋常年养船经费，部议每年 50 万两。这 50 万两由招商、电报、矿务等局岁提盈余银 30 万两，淮军节饷项下每年提银 12 万两，练军节饷项下每年提银 8 万两。如果以上款源哪一年不能足额接济的话，即由北洋舰队所在的直隶省在筹节关税厘金并裁节外销等款中拨补，这一规定曾引起直隶当局的不满。直隶省认为，本省系缺额之区，向恃外省协济，就现有之款，实属力难匀顾，海防为国家要需，未便由直省兜底。③ 国家要需竟占用本省外销，显然难以为直隶所接受。

光绪十四年，北洋新购英国产鱼雷大快艇的价款，即是由一笔存在英商汇丰银行的购船款所得生息银计库平银 78800 余两尽数拨付的。主持其事的李鸿章称："以分外所得之息银，添海军必需之利器，实属以公济公，一举两得。"④ 所谓"分外所得"，即是不应得而得，息银为外销收入，与正项无涉，自可视为"分外"，但毕竟是公款，以外销之公款，购得国防之公器（现代财政称为公共产品），故云"以公济公"。不过，"公"也是有层次的，有国家之"公"，也有地方之"公"，如果李鸿章购艇动用的是直隶省的外销，则国家之公与地方之公发生错位，就很难做到这种公公相济了，上例北洋养船经费就能很好地印证这一问题。

同治五年，左宗棠在福建创立福州船政局。福州船政厂是清政府官办的规模最大的船舶修造厂，专造轮船，创办经费约 47 万两，常年经费由闽海关年拨

① 张之洞. 查明洋款数目请饬各省关分还折（光绪十一年九月初四日）[M] // 苑书义，等编. 张之洞全集：第 1 册. 石家庄：河北人民出版社，1998：346-347.
② 李鸿章. 海军要需筹款片（光绪十五年二月十七日）[M] // 顾廷龙，戴逸. 李鸿章全集：第 13 册. 合肥：安徽教育出版社，2008：52.
③ 光绪二十六年二月二十六日直隶总督裕禄奏 [G] // 中国第一历史档案馆. 光绪朝朱批奏折：第 62 辑. 北京：中华书局，1995：20-22.
④ 李鸿章. 新购雷艇酌定饷章折（光绪十四年五月初十日）[M] // 顾廷龙，戴逸. 李鸿章全集：第 12 册. 合肥：安徽教育出版社，2008：408.

60万两，同治十二年起再从福建茶税项下每年增拨24万两。① 但船政局在工员绅，除正常的薪水外，还有一笔加增津贴的收入。这些津贴局内没有杂款动支，只能将拨解制船经费贴水银两提作外销杂款，就此发放。② 我们从两江总督左宗棠的相关奏折中，也发现此项属于外销的船政员绅等津贴。③

沿海、沿江各省均设有筹防经费。江海关向以筹防捐项为外销之款，月入约2万金之谱。④ 天津抽收百货厘金，始自同治元年，初名义馆厘捐，由三口通商大臣派委天津府督同绅士管理，所收之款，作为津郡芦团练勇之用。同治九年李鸿章到任后，因查历年收数短绌，必须另定章程，认真整顿，下令裁撤绅董芦团，革去义馆名目，另外派人接办，所收款项，按月如期报解海防支应局，专款存储备拨。先尽大沽北塘海口炮台营垒各项要用，归支应局附案报销；其炮台等工，仿照洋工办理，并无例案可循，应免造细册。⑤ 山东海面辽阔，登州一郡尤关紧要，必须大号轮船出洋巡哨，方保周密。同治十一年（1872年），山东巡抚丁宝桢请调福建安澜轮船开赴山东沿海备用，将东省所收洋药厘金款辟为此项轮船经费。如有不敷，再从藩、运两库巡防缉捕经费生息项下凑拨接济，保证不动正款。⑥ 山东省还有一项"海防经费"的专款，自道光二十年就已存在，每年由院司道府暨各州县公捐银内4000两，作为巡洋兵弁例雇船价津贴火药等项之用。⑦ 广东内河外海，水陆纷歧，捕务紧要，必须添造大小轮船分驻巡防。光绪四年（1878年），广州请添雇轮船，在虎门内外严缉私枭贩盐，是以筹款制造小轮船5只，内河缉私拖船1只，扒船8只，经费由司库外销项下借垫，不动库帑。⑧ 次年，又仿造蚊子船，一年造成，计用工料33900余两，由江苏试用道温子绍经理，其所有经费也是由其自行捐资接济，且不仰邀奖叙，

① 福州船政局的经费［G］//汪敬虞.中国近代工业史资料：第1辑上.北京：科学出版社，1957：425.
② 光绪朝实录：卷168［Z］.光绪九年八月壬子.
③ 光绪朝实录：卷181［Z］.光绪十年四月辛亥.
④ 何璟.咨总署筹议洋关闲款协养轮船沪局接续制造须力求撙节并论轮船招商运粮得失（同治十一年六月十八日）［Z］//近代中国对西方及列强认识资料汇编：第2辑第2分册，"中央研究院"近代史研究所，1984：705.
⑤ 李鸿章.货厘收支数目折（光绪六年四月十三日）［M］//顾廷龙，戴逸.李鸿章全集：第9册.合肥：安徽教育出版社，2008：69-70.
⑥ 同治朝实录：卷331［Z］.同治十一年四月甲子.
⑦ 山东清理财政局编订全书财政说明书·盐课税厘［G］//国家图书馆出版社影印室.清末民国财政史料辑刊：第14册.北京：国家图书馆出版社，2007：159-160.
⑧ 刘坤一.筹办盐务缉私事宜折（光绪四年二月十六日）［M］//陈代湘.刘坤一奏疏：第1册.长沙：岳麓书社，2013：495-496.

应请免其造册报销。① 光绪十一年，黄埔船坞招致香港工匠，仿造浅水兵轮，一年之内成船 4 艘，巡缉内河外海盗匪，共用折洋银 14.26 万余两，其中有原拨续拨闱姓捐款 14 万两。② 光绪十二年，由广东文武官绅及盐埠各商分年捐资，以三年为率，集银 80 万两，在福建船厂及本省分造甲、乙至壬、癸兵轮 10 只，并购备炮械，至十四年底已满三年，所有捐款陆续缴齐。③ 光绪十五年，广东船局续造兵轮一艘，全船工料 5.7 万两，所需经费任系照案外筹捐办，免其造册报销。④ 光绪十九年，购得黄埔旧船坞二处，修理后，嗣后可供各船乘暇轮修。此项工程，系拨用官绅造船捐款，邀免造报。⑤

广东的台炮经费实质是坐厘的附加，与坐厘合称厘费。光绪十六年，广东整理海防，订购大炮，垫款已多，而筑台经费又尚未筹得，于是粤督李瀚章奏请援照巡缉经费办法，劝办台炮经费，剔除小户，专收大宗。其有货物不能归总、商人不愿承抽者，由各厘厂抽收厘金时带征。按值百抽一五征收，每年认缴银 29.5 万两有奇，以为筑台购炮之用。⑥

与国防不同，以上沿海、沿江省份所办筹防业务，带有维护本地治安意味，各省自有专责，动用本省外销作为经费，自然也就会为地方所能接受。

山东烟台一埠驻扎多国领事，海关职司外务、商务，理应竭诚交际，凡宾筵酬酢、烟酒馈赠等事在所不免；夏季各国文武官员及兵船人等来此避暑，人数日多，均需接待照料。烟台的东海关应支外销之款，除缉私经费外，还承担办理中外交涉案件中华洋词讼、发审案件员役薪工之费，为保护洋船免造劫掠而设的各卡董事、巡丁饭食并雇船之费，各国租界、洋关、码头的巡捕工食及

① 张树声．绅士捐造蚊子船工竣验收合用折（光绪六年）［M］//何嗣焜．张靖达公（树声）奏议：卷 5．近代中国史料丛刊：第 222 种．台北：文海出版社，1973：290．
② 张之洞．试造浅水轮船工竣折（光绪十二五月二十七日）［M］//苑书义，等编．张之洞全集：第 1 册．石家庄：河北人民出版社，1998：465．
③ 张之洞．筹建枪炮厂折（光绪十五年七月初七日）［M］//苑书义，等编．张之洞全集：第 1 册．石家庄：河北人民出版社，1998：674-675．
④ 张之洞．续造兵轮片（光绪十五年十月十八日）［M］//苑书义，等编．张之洞全集：第 1 册．石家庄：河北人民出版社，1998：734-735．
⑤ 李瀚章．黄埔船坞修理工竣片（光绪十九年十一月十一日）［M］//李经畬．合肥李勤恪公（瀚章）政书：卷 10．近代中国史料丛刊：第 146 种．台北：文海出版社，1967：909．
⑥ 广东财政说明书：卷 6 厘金［G］//国家图书馆出版社影印室．清末民国财政史料辑刊：第 8 册．北京：国家图书馆出版社，2007：489-490．

修理之费等。① 到光绪三十四年的时候，此项外销开支一年达到 1.58 万两。②

上海一口，为东西诸国通商总汇之区，华洋杂处，交涉事繁，需费亦巨。上海道库有一笔洋务外销款，专供支用，行之已数十年。这项用款，同治四年（1865 年）以前系动拨沪厘济用，五年以后因对洋药另行抽收厘捐，并带收会捕码头等费，以供支放。如曾国荃光绪十三年的奏折显示，在上海，会捕巡防、炮船护勇，以及南、北洋通商随员及办理关务、洋务员役人等薪饭杂支，暨英法租界码头巡费、刊刻约章、修理桥路等款，或事关交涉，或保卫地方，这些必不可少之需，均款归外销。③ 江海关光绪二十九年分外销款项的开除项就有放英法会审公廨薪费等银 11840 两，放洋务提调两员薪费银 2600 两，放拨补码头捐内防疫经费不敷银 3657 余两，放英法文翻译四员薪水银 4160 两，等等，大致以薪费和办公经费支出为多。外销款项还有年内不敷支用的情况，如江海关光绪二十八年份就有不敷银 8440 余两，在二十九年分外销款内拨还。④

以上两例均属地方上的外交活动，亦属地方官员的分内之事，其活动经费的开销自然也就记在地方政府公费的头上。

（三）工矿轮运

同光之际，在朝廷大力兴办军事工业的同时，各省也开始创办民用企业，借以求富。当时几乎各省都兴办过民用洋务工程。这些洋务工程被视为地方应办之事，而与国家拨款无关，其所面临的共同问题即是资本不足，筹资困难。各省督抚千计百计拓展筹集资金的渠道，除截留关税、从省军需款中拨支外，还开始加抽捐税，或直接从藩库中挪用。其中各省外销资金对其不无小补。

光绪十五年（1889 年），张之洞调任湖广总督，次年即在武昌成立湖北铁政局（后来的汉阳铁厂），四年后建成投产。湖北铁政局的成立成为中国近代钢铁工业的滥觞，近代著名煤铁综合企业汉冶萍公司即肇基于此。但湖北铁政局开办经费却主要不是来自国家财政拨款，而是来自地方政府自筹的外销资金。

---

① 李鸿章. 洋药筹拨要需片（光绪十三年十月十六日）［M］//顾廷龙，戴逸. 李鸿章全集：第 12 册. 合肥：安徽教育出版社，2008：225.

② 山东清理财政局编订全书财政说明书·岁出部交涉费［G］//国家图书馆出版社影印室. 清末民国财政史料辑刊：第 14 册. 北京：国家图书馆出版社，2007：618.

③ 曾国荃. 请拨药厘疏（光绪十三年三月十二日）［M］//曾国荃全集：第 1 册. 岳麓书社，2006：388.

④ 呈江海关道经理进出各款清单（光绪三十年）［A］. 中国第一历史档案馆藏. 军机处全宗，档号：03-6426-007.

表10　湖北铁政局经费来源表　　　　单位：库平两

奏拨年份	款项来源	款项性质	款额
光绪十五年	自香港汇丰银行暂借，由广州闱姓商人预捐款140万两中拨还。	捐款	131670
光绪十六、十七年	户部所筹铁路经费，在湖北应解京款项中截抵	部款	2000000
光绪十七年	湖北新海防捐留垫勘矿杂支	海署款	28551
光绪十八年	湖北厘金余款	省款	100000
光绪十八、十九年	湖北盐、粮道库存杂款，逐年摊还	借省款	400000
光绪二十年	湖北厘金、盐厘	省款	200000
光绪二十一年	江南筹防局经费，由盐商报效归还	江南捐款	150000
光绪二十一年	江南筹防局经费，由盐商票引增价归还	江南款	350000
--	其他	借款	2469408
	共计		5829629

资料来源　孙毓棠．中国近代工业史资料：第1辑下册［G］．北京：科学出版社，1957：885-887．对原表中款项做了合并处理。

　　表中款项性质一栏中，标为"部款""海署款"的，应明确为内销，"省款"中湖北厘余一项为外销，湖北厘金、盐厘一项姑且将其全部归作内销，其他均为外销无疑。这样看来，湖北铁政局经费构成中，外销来源竟占了61.8%。

　　湖北织布局是张之洞于光绪十四年在湖北创办的另一个重要的民用洋务企业。张之洞在两广总督任上时，以购设织布机振兴商务，劝令闱姓商人认捐洋银40万两，作为订购机器之本。又因造厂及常年经费无出，光绪十六年接充新商时，要求其另捐洋银80万元（合56万两），为将来建厂及常年经费之用。声明与正项无涉，亦未动用粤省司局各库款及闱姓原案奏明认捐之正饷。光绪十五年张之洞离广赴鄂，在继任粤督李瀚章的同意下，移局鄂省，由粤、鄂两省合办，获利两省均分。张之洞电商李瀚章，将原筹常年经费56万两随拨鄂省，作为鄂省织布局建厂之用。李瀚章不肯全拨，仅允拨16万两，且以6厘起息，作为粤省借给鄂省的资本。当时，山西善后局有一笔资金20万两，由山西巡抚汇寄粤省交广东应用，实际上是存交广东当地的当商生息。李瀚章为不拂张氏脸面，又做主将此项晋省生息银一同拨给湖北，作为织布厂常年经费之用。这样，鄂可借充资本，粤可免出息银，晋款在粤在鄂，同是纳息，一举三益。① 织布局在粤购机移设鄂省后，又添购轧花机器及厂屋铁料，增加了 30 余万两的资本，这些资本来源除借晋省存款 20 万两，提存当生息善举公款银 10 万两外，余皆系向商号暂借，及挪借善后局闲款垫用。织布局开办经费 20 万两，则部分出自积存质当捐一款，该款系新筹外销之款，留于本省储备缓急之需，当时已积存银 8 万两，连同生息银，全数提交织布局。②

表 11   湖北织布局经费来源表

湖北织布局经费来源	数额
广东闱姓商捐	453000
广东闱姓报效	143000
湖北善后局拨款	300000
湖北枪炮局拨款	78375
山西省拨款	196000
湖北官钱局借款	49000
湖北官钱局代付款	60000
共计	1279375

资料来源   汪敬虞. 中国近代工业史资料：第 2 辑上 [G]. 北京：科学出版社，1957：572.

上表显示，湖北织布局的资本来源有二：一靠商捐报效，二靠借款（包括从其他局厂拆借），与湖广总督张之洞所称购办织布机器用款、建厂暨常年经费均不动鄂省库款的承诺，③ 是吻合的。

既然湖北织布局纯粹是由地方自筹资金创办，其内部的资本运作情况即无须向户部报告。故光绪十五年户部称：湖北织布局购办织布纺纱机器，及筹购机器创设炼铁厂等费，共花费 90 余万两的巨款，但张之洞既未先行奏报，亦未咨商户部。张之洞已汇购机订价究由何款动用，未汇价款是否有着，户部一概

----

① 张之洞. 粤省订购织布机器移鄂筹办折（光绪二十六年闰二月初四日）[M] //苑书义，等编. 张之洞全集：第 2 册. 石家庄：河北人民出版社，1998：757-759.
② 张之洞. 筹拨织布局官本折（光绪十七年六月初四日）[M] //苑书义，等编. 张之洞全集：第 2 册. 石家庄：河北人民出版社，1998：885.
③ 光绪朝实录：卷 282 [Z]. 光绪十六年闰二月乙丑.

不知。皇帝在接到户部的报告后，也只是告诫张氏免致失信外人。① 光绪十九年，织布局纱布出产旺销，形势甚好。又值新棉上市，需款尤亟，张之洞要求善后局、布政司于新筹外销之款内设法腾挪，借援银七八万两，② 迅速筹措解拨，扩大生产。

光绪二十年，张之洞曾将湖北所产蚕茧寄至上海，通过该地机器缫出，发现质性优良，可与江、浙之丝媲美，遂奏请在湖北开设缫丝局，以"官开其端，民效其法，庶可以渐开利源"。湖北缫丝局资本筹措办法是，先酌借公款试办，再凑集商股，等将来生产走上正轨后，或将官本附入商股，或让商人承领，官本退出。该局实行官督商办，议定资本 10 万两，其中官款 8 万两，商款 2 万两。先以善后局扬州绅士严作霖存款 3 万两、盐道库外销款 1 万作为官本，用来建厂。③ 光绪二十二年扩充规模，添设缫车 100 部，追加官本 2 万两，资本比例变为官十商二。续添官本这笔 2 万两的资金是湖北善后局在于闲款项下拨给，解交缫丝局直收应用的。④

另外，张之洞还在湖北创办了制麻局，筹拨外销公款，配合机器，建造厂屋，渐次试办。⑤ 建厂安机，费时日五六年，纳本金 70 余万，始能成立。当时本系筹拨外销公款办理。⑥ 至光绪二十八年招商承租，仍由委派的监司大员督饬制造。

论者认为，光绪年间，湖北省由内销款的存留和外销款构成的较为可观的地方财政，是张之洞开展湖北新政的财政基础。正是由于具备了较大的财政权限，张之洞才能够在湖北举办人们所称道的"项目齐、布局全"的新政事业。⑦

轮船招商局是清末设立的一家大型轮船航运企业，也是晚清洋务运动中开

① 光绪朝实录：卷 275［Z］．光绪十五年十月壬寅．

② 张之洞．札北藩司借拨布局银七八万两以应急需（光绪十九年八月十九日）［M］//苑书义，等编．张之洞全集：第 5 册．石家庄：河北人民出版社，1998：3179．

③ 张之洞．开设缫丝局片（光绪二十年十月五日）［M］//苑书义，等编．张之洞全集：第 2 册．石家庄：河北人民出版社，1998：943．

④ 张之洞．札北善后局筹拨银二万两交缫丝局为添发官本（光绪二十二年八月二十三日）［M］//苑书义，等编．张之洞全集：第 5 册．石家庄：河北人民出版社，1998：3331-3332．

⑤ 张之洞．创设制麻局暂免税厘并请敕各省仿办折（光绪三十二年七月初二日）［M］//苑书义，等编．张之洞全集：第 3 册．石家庄：河北人民出版社，1998：1733．

⑥ 陈夔龙：机器制麻悬免厘税折（光绪三十四年十二月初六日）［M］//俞陛云．庸庵尚书奏议：卷 20．近代中国史料丛刊：第 507 种．台北：文海出版社，1973：1021．

⑦ 江满情．论张之洞在湖北新政中的财政行为及其影响［M］//陈锋，张笃勤．张之洞与武汉早期现代化．北京：中国社会科学出版社，2003：151．

办的第一家近代民用企业，同治十一年由李鸿章在上海招商筹办，名义上"仿照西商贸易章程，集股办理"，实际上是官商合办。最初股本官款 190 万两，商款 73 万两。其中所谓的官款，主要来自直隶、江苏、浙江、江西、湖北、东海关等省关，都是该省关的外销闲款，急于寻找投资渠道，借本取息。我们看光绪九年尚存的官本情况。

表 12　光绪九年招商局存官本银两表

款源	金额
天津练饷公款	制钱 20 万串，合库平 12 万两
江宁木厘公款	库平 10 万两
江宁藩库公款	库平 10 万两
江安粮库公款	库平 20 万两
扬州粮台公款	湘平 10 万两
江海关库公款	库平 20 万两
浙江塘工公款	库平 10 万两
浙江丝绢公款	库平 20 万两
江西司库公款	库平 20 万两
东海关库关库	规平 2.5 万两
湖北军需公款	规平 23.65 万两
保定练饷公款	库平 10 万两
直隶支应局、天津道公款	库平 10 万两

资料来源　招商局档案复印件［G］//聂宝璋. 中国近代航运史资料：第 1 辑下，上海：上海人民出版社，1983：928-934.

表中东海关库 2.5 万两规平可能来自：荣工加价项下提银 2 万两，练饷生息项下内提 2.5 万两，关库杂款内凑拨银 0.5 万两，共 5 万两，拨交招商局备用，年 1 分起息。其每年息银，即归垫之关道自行经收，作为商局附股。此次既由私款凑集，应请毋庸指名立案。其中练饷生息项下内提 2.5 万两内，1.2 万两由上海钞关划拨，1.3 万两则在江西补用道胡某欠交浙省典商应缴制钱合银项下拨给；关库杂款，分别来自水田押租银、浙江海运局租旧新关房租银三项。①

---

① 光绪二年咨会拨款事（招商局档案复印件）［G］//聂宝璋. 中国近代航运史资料：第 1 辑下，上海：上海人民出版社，1983：916-917.

该款六年内以息抵本，且自光绪三年起每年返还 1 万两，五年内即完全归本。至光绪九年所谓官本，即完全是其利息。

表中最后一款即直隶支应局、天津道公款 10 万两，在于海防支应局练钱生息项下拨银 2.5 万两，天津道库满剥变价油舱长余项下拨银 5 万两，海关道库加增洋药厘捐项下拨银 2.5 万两，共 10 万两，于光绪二年九月十五日拨招商局具领，年息 8 厘。所收息银归海防支应局存储备拨，① 均为外销。

轮船招商局归商办理，无论在集资、组织经营管理、盈利分配等方面，户部均不介入。至于文案、听差等繁杂名目，免其造册报销。② 以致光绪十二年户部曾称：招商局行之十年，官本之盈亏，商情之衰旺，该局从未报部，部中均无从查悉。③

（四）机铸钱元

利用机器铸造制钱、银圆和铜圆，既关民生，又属洋务。清代币制银、钱并用，大数交易用银，民间小额交易用钱，实际上是银两为主币，制钱为辅币。在西式机器引入中国前，制钱均是利用钱范浇铸而成，这种手工铸的钱称范铸钱；自光绪十四年后，开始使用机器铸造制钱，称机制钱。④ 同时及稍后，中国也开始铸造银圆和铜圆。机器铸造的钱元，具有统一的金属含量配比指标和工艺标准，批量生产，较传统的翻砂范铸法，工廉质优，难以私铸。因此，机器铸钱实是清代洋务运动的组成部分。⑤

同光时期，多年战事导致滇铜运途不畅，加上铜价上扬，开铸成本大大提高，各省原有的钱局已经停止铸钱，市场上流通的大都是咸丰时期为筹饷而铸造的当十大钱。当十大钱面额大于实际价值，市场上兑换仅能抵制钱 2 文使用，造成物价久涨不下。朝廷欲罢大钱，却苦于市场制钱不足。同治以降，朝廷上下有些官员就已提出要规复制钱。同治四年左宗棠在创办福州船政局时就曾提出利用机器铸钱的主张。受当时国外机器铸造银圆的启发，清中枢也有意试办机铸制钱来改变流通领域制钱匮缺的局面，但限于财力，户部对此项动议积极

---

① 李鸿章札饬招商局（光绪三年四月二十八日）［G］//聂宝璋. 中国近代航运史资料：第 1 辑下，上海：上海人民出版社，1983：919.

② 光绪八年唐廷枢等致商局股东说帖摘录［G］//聂宝璋. 中国近代航运史资料：第 1 辑下，上海：上海人民出版社，1983：823.

③ 光绪十二年三月户部奏［G］//聂宝璋. 中国近代航运史资料：第 1 辑下，上海：上海人民出版社，1983：825.

④ 吴榕. 清代湖北制钱［M］//杨熙春. 钱币研究文选. 北京：中国财政经济出版社，1989：232.

⑤ 戴建兵. 中国近代币制的转折点——机制制钱研究［J］. 中国钱币，1993（03）.

性不足，规复制钱一直停留在口头上。光绪十二年，醇亲王奕譞始奉懿旨，令直隶、江苏两省先行试办，"查外洋行用银钱，皆用机器制造，式精而工省"，直隶、江苏两省是引进外国机器设备创办机器局最集中的地方，要求两省督抚查明情况，在机器局内添购机器，制造制钱。① 同时饬令其他一些省份，如条件不成熟，也应采用传统方法，一体开炉铸造。但直隶、江苏各督抚担心机器制钱工本过高，会造成亏损，未敢率办。正当直隶、江苏两省就机器铸钱一事踟蹰畏难之时，闽浙总督杨昌浚报告，闽省利用船厂轮机可试铸制钱。闽省原设的铸钱机关宝福局虽已停铸多时，但造船厂机器齐备，可设炉鼓铸，再借资机器动力，以省人工，"一俟铸有成效，再行扩充办理"。②

闽省利用新式机器试铸制钱的报告，③ 正中清廷下怀。福建机器局办理既有成效，直隶、江苏即不可再事迟疑。光绪十三年正月醇亲王奕譞令直隶、江苏等省仿照试铸，逐渐推行。李鸿章可先行购置相关机器，在天津机器局赶紧鼓铸，运京应用。④ 在朝廷的催逼之下，两省开始添购机器，制造制钱。其他省份，如山东、山西、江西、浙江、湖北、陕西等省也相继奉旨，开炉鼓铸。光绪十三年，张之洞奏称，广东已向英国订购机器，开始试铸制钱，并兼铸银圆。⑤ 中国近代机器铸币工业就这样产生了。

清廷关于规复制钱的讨论旷日持久，未能果行。到光绪十二年才痛下决心试办，主要原因是经费不足；地方政府迟疑迁延，也是由于经费问题。同光时期，清廷从太平天国等起义的沉重打击中刚刚恢复过来，百废待兴，财政困难可想而知，实已无财力进行币制改革。即使光绪十三年后一些省份纷纷奉旨试铸后，中央政府也没有为这些省份提供一份相应的铸币基金，而是各省自筹经费，自负盈亏，因此各省只能量力而行。

福建首先在船厂设炉鼓铸，且借资机械之力，但并没有大量铸造，不久就

---

① 醇亲王奕等请以三年为期规复制钱并拟定办理章程（光绪十二年七月十四日）［G］//中国人民银行总行参事室金融史料组．中国近代货币史资料：第 1 辑．北京：中华书局，1964：521.

② 闽浙总督杨昌濬报告已着手试办机铸八分五厘制钱（光绪十二年七月十二日）［G］//中国人民银行总行参事室金融史料组．中国近代货币史资料：第 1 辑．北京：中华书局，1964：559.

③ 光绪十二年福建省在机器局铸造的是稍经改良的翻砂制钱，并非机制钱。李建清．福建省铸机制制钱问题的探讨［J］．中国钱币，2012（01）.

④ 廷寄著直隶购机试铸新钱（光绪十三年正月二十七日）［G］//中国人民银行总行参事室金融史料组．中国近代货币史资料：第 1 辑．北京：中华书局，1964：529.

⑤ 张之洞．开铸制钱及行用情形折（光绪十五年八月初六）［M］//苑书义，等编．张之洞全集：第 1 册．石家庄：河北人民出版社，1998：677.

恢复了土法鼓铸。闽省铸钱，是在办防经费内筹银二三万两，作为成本，其应行酌贴厂绅、丁役薪资及制办模范具，自定局费 200 两，另于外销款内筹支。①不久，船厂不能兼顾，改就械器局启铸，重新创设炉座、制办模范，监工委员丁役薪费也与之前不同，但月定经费银 200 两，仍在外销款内筹支，不动成本正款。② 因此，闽省铸钱，除铜铅成本及运费 20 余万两，系在奉拨地丁京饷银 20 余万两内划拨外，此外修盖铸钱厂屋以及制办器具、局用、管解委员盘川火食，为数不少，均于外销款内动支。③

吉林是机铸钱元较早的地方。早在光绪八年，吉林将军希元就尝试在机器局用机器制造厂平银圆。为解决市面交易缺少制钱的难题，光绪十年，希元又下令设立宝吉钱局，就吉林省城旧有废置不用的官铁炉，鼓铸制钱。光绪十五年，吉林将军长顺又增设炉座，增添工料，并从上海采购机器，大量制造制钱。④ 但宝吉钱局铸造制钱，赔费甚巨，于是绅商集议，请于七厘捐之外再加抽 4 厘，是为四厘捐，归宝吉钱局征收，除扣出百分之十五的经费外，余下皆拨补铸钱赔费。通省所收四厘捐钱约 12 万串有差，奏明款归外销，免报户部核销。⑤

在湖北，湖广总督张之洞首先将制造枪炮的机器改造为铸钱机，再由茂生洋行向美国汉立克纳浦厂定购春饼机、压字机、剪床等机器及刻字钱模，利用原有的宝武局基地建造了"铸铜钱局"。光绪十三年鄂省开始机铸制钱，曾借司库质当捐银 2 万两（换成钱 3 万串），借拨盐厘五成外销公费等项钱 2 万串，发商生息，为弥补铜、铅折耗之用。旋因铜价陡增，暂停铸造，又将此项钱 5 万串提还藩库、盐道库存储。后来发现铸银圆利润高，遂动支此项钱文，作为开铸银圆购机、造厂之用，经费不敷部分，由司局设法于外销之款筹足。⑥ 张之洞迁任两江总督后，即于江南支应局借拨银 20 万两，为该局购买银条之用。等铸成后，即可以此银圆支发各款，购买银条。其买机、造局经费，俱由湖北筹备

① 杨昌濬. 请开炉铸钱疏（光绪十一年）[G] //葛士濬. 皇朝经世文续编: 卷49. 近代中国史料丛刊: 第 741 种. 台北: 文海出版社, 1966: 1324.

② 闽浙总督杨昌濬报告已着手试办机铸八分五厘制钱（光绪十二年七月十二日）[G] //中国人民银行总行参事室金融史料组. 中国近代货币史资料: 第 1 辑. 北京: 中华书局, 1964: 558.

③ 光绪十四年三月十三日闽浙总督杨昌浚奏 [G] //中国第一历史档案馆. 光绪朝朱批奏折: 第 91 辑. 北京: 中华书局, 1995: 768.

④ 戴建兵. 中国近代币制的转折点——机制制钱研究 [J]. 中国钱币, 1993 (03).

⑤ 罗玉东. 中国厘金史 [M]. 北京: 商务印书馆, 2010: 458.

⑥ 张之洞. 请铸银元折（光绪十九年八月十九日）[M] //苑书义, 等编. 张之洞全集: 第 2 册. 石家庄: 河北人民出版社, 1998: 891.

铸钱专款项下及外销款凑援。此后局费及修补添设机器各费，都由江南筹拨。[1]

江苏省在宝苏局旧址上，开炉铸钱，每年共可得钱 12 万串，其工炭成本、铜铅折耗动支正项。起造炉房 28 间，每间估需银 50 两，共 1400 两，在本省外销款内凑用；局用经费参照闽省章程，每月开支银 200 两，亦在本省外销款内匀拨，不归成本。[2] 江西省在宝昌局的基础上添建炉库，鼓铸制钱。添造炉库及局用等款，援照江苏省成案，在于本省外销款项下开支。添造炉库计房 20 间，每间工料银 50 两，需银 1000 两，与员役薪水饭食心红纸张一切照江苏银数减半，月支银 100 两，均在本省外销款内动支，不请正款。[3] 陕西省铸钱，是从厘金外销项下先提银 3 万两，作为采买铜铅及一切开局试铸之用。[4]

光绪朝前中期，各省兴办的铸币业，无论是机铸还是炉铸，其目的一是维护本地金融市场的稳定，一是企图获得超过铸钱成本以上的余利，为本地财政解困。正是带有地方本位利益的考虑，各省纷纷动用本省外销款项作为开铸及日常运行的经费，才会有积极性。

---

① 张之洞 . 进呈湖北新铸银元并筹行用办法折（光绪二十一年闰五月二十七日）［M］// 苑书义，等编 . 张之洞全集：第 2 册 . 石家庄：河北人民出版社，1998：1010-1011.

② 光绪十三年闰四月初九日曾国荃、崧骏折［G］//中国第一历史档案馆 . 光绪朝朱批奏折：第 91 辑 . 北京：中华书局，1995：717-718.

③ 光绪十三年六月初二日江西布政使李嘉乐折［G］//中国第一历史档案馆 . 光绪朝朱批奏折：第 91 辑 . 北京：中华书局，1995：726-727.

④ 陕西巡抚叶伯英片（光绪十三年四月十五日）［G］//中国人民银行总行参事室金融史料组 . 中国近代货币史资料：第 1 辑 . 北京：中华书局，1964：565.

第四章

甲午之后外销财政的膨胀

光绪朝前期，清廷力图规复财政旧制，将财权统一到户部手里。但甲午以后，军费、赔款以及外债，一时各种经费纷至沓来，清廷在巨大的债务压力下，被迫放弃统一财政的企图，转而采取向各省分散财政负担的摊派办法。甲午之后的债、赔各款多数以省为单位摊还，户部无法知悉地方实有财力，情急之下只能盲目加大对各省的摊派。而省复摊之于州县。清末各省又自办新政，地方百计罗掘，更进一步促发外销财政的膨胀。户部与疆臣内外失信，拨解矛盾激化。本研究拟根据清末各省财政说明书，对资料较为齐全的山西、广东等省的外销财政进行重点探讨，并在此基础上对全国外销财政规模做一蠡测。

一、债、赔各款与外销

（一）债、赔各款的分摊

甲午战争是晚清财政的又一转折点。为筹措甲午战费，清廷再次谕令"就地筹款"，并称："各该督抚均有理财之责，即著各地就地方近日情况通盘筹划，何费可减，何利可兴，何项可先行提存，何款可暂时挪借，务须分筹的饷，凑支海上用兵之需，一面先行奏咨立案，毋得以空言搪塞。如其军事速平，仍准该省留用，总期宽筹的款，有济时艰。"① 同时，由中央政府出面，向洋商大借外债，以为军费之用。其中款额较巨者有：汇丰银款，系于光绪二十年十月向英汇丰银行借上海规银1090万两（合库平银1000万两），年息7厘，原定10年还清，后展限10年，约定前10年还息，后10年本息并还。光绪二十一年至三十年，拟每年还利规平银38.15万两，光绪三十一年（1905年）后每年还本109万两，每年还利不等，从三十一年的38.15万两递减，至光绪四十年还清，计本利2272.65万两。汇丰镑款系光绪二十一年正月同样向汇丰银行所借，款额300万英镑，年息6厘，20年偿清。光绪二十一年开始每年还利9万镑（当年多还6.75万镑），二十七年至四十年每年还本20万镑，本利共531.75万镑。克萨镑款，光绪二十一年三月向英麦加利银行借英镑100万镑，年息6厘，20

---

① 清德宗实录：卷344［Z］．光绪二十年七月丁亥．

年偿清。光绪二十二年开始每年还利 3 万镑，二十七年后本息并还，每年还本 6.67 万镑，利息各年不等，至光绪四十一年还清，本利共 175 万镑。①

战争结束后，清政府为支付巨额战争赔款，由总理衙门与户部代表中央政府出面，又连续三次大借款。这三次大借款，债权国分别是英、法、俄、德四国，故又称四国借款。俄法借款，光绪二十一年借，债额 4 亿法郎，合 1 亿两白银，年息 4 厘，36 年还清；英德借款，光绪二十二年借，债额 1600 万镑，合 1 亿两白银，年息 5 厘，36 年还清；续英德借款，光绪二十四年借，债额 1600 万镑，合 1 亿两白银，年息 4.5 厘，45 年还清。三次借款总债额 3 亿两，连同之前所借的汇丰、克萨等甲午战费借款，前后合计即达库平银 3.5 亿余两，比清政府在甲午战前所借的外债总额还要多出 6.6 倍。② 款巨期迫，库储告匮，户部不得不尽力维持，补救之法无外乎裁减制兵，严核钱粮，整顿厘金，停不急之工，罢无名之费。但这些办法，终因地方督抚的强烈抵制或搪塞敷衍，并无实效。传统的"财政出入，皆有常经"的老办法早已不可行，户部认为："此非各省、关与臣部分任其难不可。"③ 所谓"分任其难"，即是将偿款总额一起分摊到各省，由各省将军、督抚分认数目，于各省所收地丁、盐课、盐厘、杂税及各海关所收洋税、洋药税厘项下，除常年应解京饷、固本京饷、旗兵加饷、加放俸饷、筹备饷需、备荒经费、东北边防经费、甘肃新饷、内务府经费、税务司经费、本关经费、出使经费等项仍照常分别批解留支外，其余无论何款，俱准酌量提划，按期解交江海关道，汇总付还俄法、英德两款本息。分摊的原则是，"量其物力，定以等差"，由各省督抚分担财政风险，共维大局。俄法、英德两款应还本息，每年原摊各省、关约银 1200 万两。后由于法郎、英镑汇价高昂，偿还过程中发生汇兑损失 250 万两，自光绪二十六年起，又在各省、关原摊的基础上加摊 25%。连同汇丰、克萨等款在内，各省每年所摊偿款不下 2500 余万两。

庚子赔款，总数 4.5 亿两，转化为 39 年期的外债，年息 4 厘，本息计 9.82 亿两，每年偿还本息约在 2000 万两以上，"款目之巨，旷古罕闻"，加上之前尚未偿清的四国借款的款项，就中国当时的财力而论，实属不堪。上谕：此次偿

---

① 克萨镑款［G］//中华人民共和国财政部、中国人民银行总行．清代外债史资料（1853-1911）：上册．内部资料，1988；239-240，257-258，287.

② 徐义生．中国近代外债史统计资料（1853-1927）［G］．北京：中华书局，1962：22.

③ 户部．奏定拟摊派各省筹还洋款并筹备要需援案核扣京外俸廉事（光绪二十二年五月）［G］//沈桐生．光绪政要：卷22．近代中国史料丛刊：第 345 种．台北：文海出版社，1966：1181.

款，为数过巨，自应由各督抚合力通筹。将一切可省之费，极力裁节；至地丁、漕折、盐课、厘金等项，更当剔除中饱，涓滴归公。此外应如何设法之处，各应悉心筹度，不遗余力，以期凑集抵偿。① 结果是，除中央部库节省开支"省出"300 余万两用于偿付外，余下 1800 万两，即按省份大小、财力多寡为断，摊派各省。全国除东北三省以外，其他 19 省多少不一，均有摊额。因此，筹款偿还外债成为战后清廷上下的重要财政任务。

表 13　宣统元年各省承担甲午战争后各国借款和庚子偿款情况一览表

单位：万两

	汇丰银款	汇丰镑款	克萨镑款	俄法洋款	英德洋款	续借英德洋款	庚子偿款	合计
直隶			0.3	36.5	51.5	10	85.8	184.1
奉天				1.25	1.875			3.125
山东			3	19.75	28.5		99.3	150.55
河南	3.5	5		20.5	26.75	17.41	126.8	199.96
江苏		10	26	100.75	145.875	213.25	297.25	793.125
安徽		12	5	33.5	50.25	26.7	125.7	253.15
江西		26.3		35	50	16.4	216.6	344.3
湖南			10	12.5	17.5	0.34	100.4	140.74
湖北			10	61	83.5	84	167.4	405.9
福建		20	10	37.5	52.5	6	99	225
浙江	20	21.5		56	68.5	82.3	156.4	404.7
广东	63.5	160	5	109	146.5	16	231.9	731.9
广西		4		8.75	10	12	30	64.75
山西			3.3	18	24.25		116.3	161.85
陕西				12.5	15	2	70.4	99.9
四川	44		5	45	65	7	226.8	392.8
云南	2.7		4	5			30	41.7
贵州						0.6	20	20.6
甘肃	0.5	3.5	1				30	35

---

① 光绪朝实录：卷 481［Z］．光绪二十七年三月辛巳．

	汇丰银款	汇丰镑款	克萨镑款	俄法洋款	英德洋款	续借英德洋款	庚子偿款	合计
新疆						6	40	46
合计	134.2	262.3	82.6	612.5	837.5	500	2270.05	4699.15

资料来源 中华民国财政部. 宣统元年各省应解京洋赔各款剔除由盐关项下拨解数目应解总数表暨分省清单 [G]. 民国财政部印刷局印行. 各省数据均包括该省所在海关承担的摊额. 1905 年后各省又有追加. 孙毓棠. 庚款的史实 [J]. 新清华, 1950. 所以表中数据与后文各省每年筹还数据未必一致.

清廷除将偿赔各款分摊各省厉行摊派外, 以前分摊的常年应解京饷、协饷及各项部款仍照解不误 (只是将各省原解户部的加复俸饷、加放俸饷、加增边防经费、旗兵加饷四款抵偿庚子赔款), 还将以前国家不太重视的杂税细款清理调查, 酌提归公, 连一些靠协饷度日的瘠苦边省也不放过, 可谓底囊尽现, 已饥不择食了. 光绪二十九年十一月谕令各省, 各州县身拥厚赀, 不能坐视国家独为其难, 应将所属州县房田税契, 切实整顿. 岁增之款, 各按省份派定额数, 源源报解. 除新疆、甘肃、贵州及东三省地方瘠苦免其筹解外, 广东、江苏两省每年应各派 35 万两, 直隶、四川两省每年各 30 万两, 山东省每年 25 万两, 浙江、江西、湖北、湖南、河南各省每年各 20 万两, 安徽省每年 15 万两, 福建、山西、陕西、广西、云南每年各省 10 万两. 以上计 16 省, 每年共派定 320 万两. 如该省实有为难情形, 准其在本省原有中饱陋规内酌量筹补, 以筹足定额为度, 不得稍有短欠.① 又令户部通行各省, 整顿烟酒税, 并量其省份之繁简, 派定税额之多寡. 直隶、奉天两省每年各应派 80 万两, 江苏、广东、四川各省每年应派 50 万两, 山西省每年应派 40 万两, 山东、江西、湖北、浙江、福建各省每年各派 30 万两, 陕西、吉林、河南、安徽、湖南各省每年各派 20 万两, 广西、云南、甘肃、新疆各省每年各派 10 万两, 贵州省每年应派 6 万两. 以上 21 行省, 每年派定共 646 万两.② 兹将清末各省实际负担京协等饷、各项部款及派定债赔各款所有情况列为表 14 所示:

① 光绪朝实录: 卷 523 [Z]. 光绪二十九年十一月丙戌. 此次偿款外的摊款后来大部分作了练兵经费.
② 光绪朝实录: 卷 523 [Z]. 光绪二十九年十一月丙戌.

表14 宣统元年各省每年应解京各款及承担债、赔各款摊派数目表

单位：两

省份	解京各饷（款）		债赔各款		解京、债赔各款合计
	应解总额	其中盐、关项下	应摊总额	其中盐、关项下	
直隶	2833043	780322	1841000	1741000	4674043
奉天①	1555189	417112	31250	31250	1586439
山东	3706771	916772	1505500	507500	5212271
河南	1020762	28946	1999600	300000	3020362
江苏	7678327	2905127	7931250	4091000	15609577
安徽	1365474	272083	2531500	753000	3896974
江西	2210493	384426	3443000	1131617	5653493
湖南	1218821	140000	1407400	700000	2626221
湖北	2651083	1009501	4059000	1415000	6710083
福建	1950592	842887	2250000	964000	4200592
浙江	2580329	666840	4047000	2049000	6627329
广东	3472991	1424489	7319000	3100000	10791991
广西	360611	2542	647500	100000	1008111
山西	1482670	94994	1618500	322000	3101170
陕西	484229	30550	999000	172440	1483229
四川	2219683	790568	3928000	1817036	6147683
云南	238518	180	417000	90000	655518
贵州	75054		206000	100000	281054
甘肃	146176		350000	100000	496176
新疆	115693		460000	170000	575693
合计	37366518	10707344	46991500	19754843	84358018

资料来源 中华民国财政部. 宣统元年各省应解京洋赔各款剔除由盐关项下拨解数目应解总数表暨分省清单［G］. 民国财政部印刷局印行.

从表14提供的数据来看，宣统元年各省关承担各项解款和偿债的负担达 8

---

① 包括吉林、黑龙江。

千余万两，这一数字相当于甲午前后清廷一年的正项财政收支规模。即使将盐、关两项剔除，各省实际承担的偿款及解款负担也达 5400 余万两之巨。

（二）债、赔各款的筹措

甲午前后为筹措战费而借的外债，主要有汇丰银款、汇丰镑款、克萨镑款、瑞记洋款等 4 笔。其中瑞记洋款为江苏省独借独还。其他均由中央政府出面而借，属于中央的债务，但筹还却仍摊之于各省。

湖南省应还汇丰银款息银，照案系由该省盐斤加价项下每年拨库平银 4 万两，如加价不敷，即在三成养廉、六分减平项下凑足。实际情况是，湘省盐斤加价项下只能提库平银 1.8 万两，不足由藩库三成养廉项下支 2.2 万两，凑成 4 万两之数；另还须附汇费湘平 600 两，亦在所收盐斤加价项下开支。至于六分减平一项，已留作凑还俄法英德四国借款了，实难再作他用。① 浙江筹解汇丰银款息银 20 万两，按照历年成案，部分出在盐课外销项下。光绪三十三年动支运库解存盐课外销银 7558 两，三十四年动支 12121 两。② 云南省承担的汇丰银款 2.7 万两偿额，是在新章减平银项下备足拨解的。③

光绪二十八年，汇丰镑款本息偿期已到。浙江省在应解筹备饷需项下借动银 8 万两，又动支归公盈余银 2.5 万两，共 10.5 万两，用以偿付。筹备饷需为京饷要需，浙省此举是挪动京饷来拨还洋债，户部担心这样做会引起其他各省效尤，势必贻误部库，遂出面干预，要求浙省必须在本省应支各项斟酌缓急，撙节腾挪，不要有碍京、协各饷。④ 另外，浙省归公盈余一项，是出自浙海、瓯海两处常关的。自五十里内常关改归税务司兼管后，此提盈归公之款即归无着。在关道的奏请下，户部同意这笔款由税务司代征常税内如数解沪关归还汇丰洋款。⑤ 浙省总算没有另筹别款。

① 汇解光绪廿三年盐斤加价等项银两备还汇丰借款片（光绪二十四年八月）［G］//中国第一历史档案馆. 光绪朝朱批奏折：第 82 辑. 北京：中华书局，1995：886-887.

② 浙江巡抚张曾敭奏（光绪三十三年八月初四日）［G］//中国第一历史档案馆. 光绪朝朱批奏折：第 85 辑. 北京：中华书局，1995：163；浙江巡抚增韫奏（光绪三十四年八月二十九日）［G］//中国第一历史档案馆. 光绪朝朱批奏折：第 85 辑. 北京：中华书局，1995：508.

③ 云南全省财政说明书·岁出部·解款［G］//中央财经大学图书馆. 清末民国财政史料辑刊补编：第 3 册. 北京：国家图书馆出版社，2008：360.

④ 议覆浙抚奏汇丰镑款动用筹备饷需请另拨补解片（光绪二十九年十二月十七日）［G］//中华人民共和国财政部、中国人民银行总行. 清代外债史资料（1853-1911）：上册. 内部资料，1988：260.

⑤ 浙江省通志馆. 重修浙江通志稿（标点本）：第 10 册 ［M］. 北京：方志出版社，2011：6660.

　　江西省受摊汇丰镑价本息 26.3 万两。① 光绪二十六年汇丰镑价本息第一批还款，除司库存银 7.52 万两，地丁京饷项下挪垫银 2.48 万两，剩余的 11.3 万两，由铁路经费 5 万两，裁减水陆防营节省口粮 6.3 万两凑齐。② 此后，此项镑价均由该省议定提解各州县漕粮一三副米折价一半，各属厘金盈余及盐斤加价、节省报销等款银两凑拨起解。③ 因此，该省筹解此款，基本上都是在司库筹提盈余并裁节外销各款项下动支的。

　　广东省承担的汇丰镑价，是在该省的通融外销项下指拨。所谓"通融外销之项"，包括运库所谓的融引成本④、积引成本、筹补引成本等款。据《粤嵝纪实》称，以上融引成本等三款，向是归入外销，凑还上海江海关镑款等项之用的。⑤ 尽管广东省尽力从各库提存，仅得银 80 万两，粤抚德寿只得向商富认息再订借银 80 万两，凑够足数汇还。⑥

　　光绪二十六年，户部饬令各属关税、厘金、盐课，裁去陋规提归公用，山西省将商捐工程及官运余利银裁减，每年以 2 万两提存公用，拨解克萨镑款。⑦ 与筹还汇丰银款 20 万两一样，浙江省筹还的汇丰镑款本息 10.5 万两，也是出自关税、盐课、厘金盈余、外销归公银。⑧ 在安徽，截取的厘金外销，"虽未报部，几与正款无异"，分别解藩库，凑解克萨、汇丰镑款（还有一部分解该省筹议公所凑济庚子赔款）。⑨ 安徽巡抚王之春称：安徽省城、淮北两厘局，所收厘款内

---

① 其中 5 万两由铁路经费改拨。

② 光绪二十六年十月松寿片［G］//中国第一历史档案馆．光绪朝朱批奏折：第 83 辑．北京：中华书局，1995：295-296．

③ 江西全省财政说明书·岁出部·各项洋款［G］//中央财经大学图书馆．清末民国财政史料辑刊补编：第 2 册．北京：国家图书馆出版社，2008：303；光绪三十一年十月十六日江西巡抚片［G］//中国第一历史档案馆．光绪朝朱批奏折：第 90 辑．北京：中华书局，1995：306．

④ 旺销之埠受销他埠悬宕缺额之引，饬令完缴成本，以弥补缺饷。有正融、续融、公融等名目。

⑤ 邹琳．粤嵝纪实：第 5 编［M］//沈云龙．近代中国史料丛刊：第 890 种．台北：文海出版社，1966：17-18．

⑥ 陶模．闽厂快舰粤省无力领用片（光绪二十七年二月二十八日）［M］//陶葆廉．陶勤肃公（模）奏议：卷 11．近代中国史料丛刊：第 441 种．台北：文海出版社，1973：12．

⑦ 山西全省财政说明书·沿革利弊各论［G］//中央财经大学图书馆．清末民国财政史料辑刊补编：第 9 册．北京：国家图书馆出版社，2008：120．

⑧ 浙江财政说明书·岁出门第九款［G］//国家图书馆出版社影印室．清末民国财政史料辑刊：第 11 册．北京：国家图书馆出版社，2007：51-52．

⑨ 安徽全省财政说明书·岁入部·厘金［G］//中央财经大学图书馆．清末民国财政史料辑刊补编：第 2 册．北京：国家图书馆出版社，2008：79．

奉拨京、协各饷并本省防军口粮等项及认还洋款镑价，内销银 30.73 余万两，钱 282600 千零，外销银 13.58 余万两，钱 262100 千零。① 湖南省指拨铁路经费、船厂经费两款 10 万两，作为归还克萨镑款。后两款或已动拨别项，或无款可筹，改在厘局土药项下动支 4 万两，司库裁兵节饷项下动支 4.4 万两，粮库裁兵米折项下动支 1.6 万两。②

云南省筹解克萨镑款，系由整顿盐厘、关税款内拨解，每年由善后局裁撤兵勇节省银提解 1.6 万两，盐道另加溢课内解银 13802 两，厘金局节省开支解银 9000 两，蒙自、思茅两关裁减监督二成经费银 1000 两，共 4 万两。嗣后因善后局裁节之款并无节存实银，光绪三十二年开始由加征土药、大锡厘课备解练兵经费余款中补足。③

甲午之战，以中国失败割地赔款告终。战争结束后，清政府又出面借了三次外债，分别为俄法借款、英德借款和续英德借款。三项外债的规模远远大于前者汇丰、克萨等款。我们来看俄法、英德两借款的偿还情况。

表 15　俄法、英德两款应还本息原定各项摊派表　　　　单位：万两

提派偿款的款源	俄法偿款	英德偿款	合计
盐斤加价、加放俸饷、广东闱姓捐输三项	100	100	200
摊派各省地丁、厘金、杂税等项	205	295	500
摊派各海关洋税、洋药税厘	205	295	500
小计	510	690	1200

资料来源　光绪二十二年五月初一日户部奏 [G] //中华人民共和国财政部、中国人民银行总行. 清代外债史资料（1853-1911）：上册. 内部资料，1988：547.

表 15 显示，两款派诸关税者 500 万两，派诸各省者 700 万两。因此，有人称：俄法、英德借款，派之各关者，皆有的款；派之各省者，全赖自筹。④ 其意在于，各海关由外籍税务司负责征税，每年收数均被准确地报到中央，关税本

① 廖大伟，雷瑶. 上图盛档有关义和团的资料及其价值 [J] // 中国义和团研究会. 义和团运动 110 周年国际学术讨论会论文集. 济南：山东大学出版社，2012：314.
② 湖南财政款目说明书：卷 11 协款 [G] //国家图书馆出版社影印室. 清末民国财政史料辑刊：第 13 册. 北京：国家图书馆出版社，2007：381.
③ 云南全省财政说明书·岁出部·解款 [G] //中央财经大学图书馆. 清末民国财政史料辑刊补编：第 3 册. 北京：国家图书馆出版社，2008：359.
④ 吴廷燮. 清财政考略 [G] //国家图书馆出版社影印室. 清末民国财政史料辑刊：第 20 册. 北京：国家图书馆出版社，2007：377.

就是中央掌握的款项，因此谓之"的款"。而各省厘捐外销的剩余，则由地方兜底，派之各省越多，剩余就越少。在广东，俄法借款由各海关洋税、洋药税厘项下摊派，粤海关每年36万两，闱捐银、地丁等项银各24万两，广东盐斤加价、加放俸饷银各5万两。① 计94万两，再加25%的镑亏，共117.5万两。其他洋款的偿还，主要指拨的是台炮经费。光绪十六年（1890年），广东开办台炮经费，在坐厘之外，按值百抽一五附加征收，每年认缴银29.5万余两。光绪二十二年因筹还洋款，台炮经费在原来基础上再加征七成，没有台炮经费的地方在坐厘加增，每岁约增饷银20余万两。光绪二十八年，将台炮原、加各经费50余万两，除每年提银23万两指还汇丰镑款外，再提银27万两专款解赴藩司，备还四国洋款，如有不敷，在正项厘金项下提解补足。②

安徽省应摊俄法一款12万两，于地丁、厘金、杂税等项下指拨，一年分两次批解上海江海关道。光绪二十六年起又二成五加拨3万两。二十七年应解头批六成银9万两，是在库存地丁项下动拨银7万两、芜湖关解存二十六年份常税银1.5万两、节省减支银5000两交纳汇付的。③

在浙江，四国洋款包括镑价，每年由司库筹解69.5万两。但司库奉拨各款，只有盐斤加价银12万两有着，其余多半不解。历年不敷之数，均由司库设法凑动内、外销各款，始能如期汇解。④ 河南省被摊33万两，是由酌提州县平余及盐斤加价、煤厘、货厘等项勉强凑集，又拨用丁漕止项以足其数，其中俄法借款是在河东盐斤加价项下拨解的，加派镑价还挪用了部分学堂经费。⑤ 光绪二十四年河南巡抚刘树棠奏，河南厘税"每岁约十三万两上下，遵章拨解本省

---

① 陶模.奏报广东筹解本年三月应还俄法借款银数日期事（光绪二十七年四月初六日）［A］.中国第一历史档案馆藏.军机处全宗，档号：03-6696-056.

② 广东财政说明书：卷6厘金［G］//国家图书馆出版社影印室.清末民国财政史料辑刊：第8册.北京：国家图书馆出版社，2007：490.

③ 安徽巡抚王之春奏折——皖省认解俄法借款本息情况（光绪二十七年三月初六日）［G］//中华人民共和国财政部、中国人民银行总行.清代外债史资料（1853-1911）：上册.内部资料，1988：350.

④ 浙江省摊还光绪二十六年俄法英德本息，即由运库筹动盐斤加价银、盐课作解光绪二十六年海防经费、粮道解存光绪二十四年节省水脚修舱银、藩库筹动光绪二十六年地丁作解本年铁路经费银、光绪二十六年二月分归减平银等项汇付。浙江巡抚刘树堂片——浙省摊解俄法英德借款情况（光绪二十六年六月二十二日）［G］//中华人民共和国财政部、中国人民银行总行.清代外债史资料（1853-1911）：上册.内部资料，1988：413.

⑤ 锡良.豫省筹还赔款疏［G］//国家图书馆出版社影印室.清末民国财政史料辑刊：第24册.北京：国家图书馆出版社，2007：358-362.

练饷暨新添偿款這销外，下余之款，向外销济用，相沿已久"。①

光绪二十一年，直隶奏准盐斤每斤加价制钱 1 文，京引折半，用于筹还四国赔款。② 江西省原将米谷厘金、加抽二成茶糖烟酒厘税，并酌提七分钱价平余等款凑解。后来钱价平余一款免提，改为由银炉盈余、帖捐税项下拨补。③ 山东省应摊四国赔款 48.25 万两，则在裁兵节饷、新案减平等项下筹措。

表 16　山东省筹还四国赔款情况表　　　　　单位：万两

库名	应摊本息	应摊镑亏	赔付的款源
藩库	26	6.5	在正杂并旧案裁兵节饷、新案减平暨土药等税动支
运库	5	0.75	在节年征存、加课等款动支
东海关库	8	2	在洋税六成款内动支
合计	39	9.25	

资料来源　山东清理财政局编订全书财政说明书·岁出部·解款 [G] //国家图书馆出版社影印室. 清末民国财政史料辑刊：第 14 册. 北京：国家图书馆出版社，2007：519.

光绪二十六年，天津因办军务，谕旨允准指拨各省协济直隶银 200 万两。④ 该年十二月间直隶总督李鸿章奏，直隶藩、运、关、局各库存款已罄，进项无收，请将摊还洋债各款改拨他省，来抵各省应协直隶新饷。二十七年上半年，直隶应摊俄法款银 21 万两、英德款银 25.6 万余两，即须偿还。令江苏代解俄法款银 21 万两，四川、浙江、江西、安徽等省代解英德款银 25 万余两。但两江总督奏称：本省就有应付的偿款，实无余力再替别省代偿。户部承认江苏所称自系实情，只得令江海关在解部出使经费款内划出银 21 万两代偿。⑤ 这就等于是户部同意江苏截留解部之款，拨归该省应用。

----

① 刘树棠. 奏为查明豫省抽收厘税留外办公各款分别裁减事（光绪二十四年六月十五日）[A]. 中国第一历史档案馆藏. 军机处全宗，档号：03-6510-067.

② 直隶全省财政说明书：第 2 编盐课 [G] //中央财经大学图书馆. 清末民国财政史料辑刊补编：第 1 册. 北京：国家图书馆出版社，2008：68.

③ 江西全省财政说明书·岁出部·各项洋款 [G] //中央财经大学图书馆. 清末民国财政史料辑刊补编：第 2 册. 北京：国家图书馆出版社，2008：302.

④ 李鸿章. 直隶解部洋款请停拨一年折（光绪二十六年十二月初三日）[M] //顾廷龙，戴逸. 李鸿章全集：第 16 册. 合肥：安徽教育出版社，2008：233.

⑤ 议覆江督奏苏省代解津海关三期洋款请改拨折（光绪二十七年二月初二日）[G] //中华人民共和国财政部、中国人民银行总行. 清代外债史资料（1853-1911）：上册. 内部资料，1988：348-349.

为避免各省之间因偿款一事而扯皮推诿，光绪二十四年为筹措续英德借款的偿付，户部想了个新的办法，将苏州、淞沪等七处厘金交给外籍税务司征收，代征的厘款即抵还洋债。这七处厘金抵押的厘款共500万，分别为淞沪货厘120万、浙东货厘100万、宜昌盐厘并万户沱加价100万、苏州货厘80万、鄂岸盐厘50万、皖岸盐厘30万、九江货厘20万。这一办法自光绪二十四年闰三月开始实行。但问题是，这七处厘金，有的省份在代征前已将其指明是偿还洋债的款源，有的省京协各饷以及本处防饷等项都取给于兹。这些待支要款，一下没了款源，该如何弥补？户部做了这样的安排：在江苏、浙江、福建、江西、安徽、河南、湖南、湖北、四川、广东十省裁兵节饷、丁漕折钱平余及昭信股票项下，划拨银500万两，作为补足七处厘金抵还洋款之数。这样既可保证债款的按时赔付，又不影响有关省份的应解京、协各饷。

但江苏省觉得不公平，这七处厘金，江苏省占多处，"各省共摊不及十之四，江南独任竟逾十之六"，且很快发现，户部所指拨弥补的款项多为无着之款。江苏分别电询指提各款的省份，屡催罔应。广东省回复：奉拨裁兵节饷28万两，已奏明专还本省俄法、英德洋债，一款不能两用，无可拨解；安徽省回复，只有昭信股票7万两稍迟可解，其裁兵节饷等项恐征不足数；江西省覆称：裁兵节饷6万两，尚未奉文，届时再给答复；只有河南省明确表示，部拨裁兵节饷等款16万两可以如数筹办。这样，江苏"徒有拨补之虚名，并无协济之实效"，本省一应要需无从拨放，要求截留苏省应解京、协各饷145万两，以本省之款供本省之用。① 苏省实际上是把球重新踢给了户部。

户部一面告诫苏省，凡尚未应解京饷等项仍照常报解，不得借口出入不敷任意截留、免解，致有贻误全局；一面飞咨各省，务将欠款赶紧补解江苏。但截至二十八年底，各省总计欠抵补江苏款共205万余两。② 浙江省也有几处厘金作抵，外省与本省应筹解者均不足恃，宣统元年的抵款只收到30万两，还有70万两的窟窿，需要由浙省自己填补。③ 清廷将七处厘金抵付续英德债款，迫使各省交出了这七处厘金的征管权，还成功地将由此造成的财政亏空一股脑留给地

① 刘坤一. 部拨难恃仍指款留抵折（光绪二十四年六月二十二日）[M]//陈代湘，等校点. 刘坤一奏疏：第2册. 长沙：岳麓书社，2013：1129-1131.

② 魏光焘. 请旨饬各省拨还苏州奉部拨补英德洋款项下货盐厘金（光绪二十九年三月二十七日）[G]//中华人民共和国财政部、中国人民银行总行. 清代外债史资料（1853-1911）：上册. 内部资料，1988：421.

③ 浙江全省财政说明书：上编岁入门协拨 [G]//国家图书馆出版社影印室. 清末民国财政史料辑刊：第10册. 北京：国家图书馆出版社，2007：27-28.

方政府设法填补，可谓一招"妙棋"。

庚子赔款摊派任务下到各省后，两江总督刘坤一、湖广总督张之洞会同东南各省督抚曾联衔电行在军机处，请将各省赔款减免四成，另凑他款。清廷先是允准减免三成，①但旋又经全权大臣奏准，各省必须如数筹拨，不能核减。

新疆应解 40 万两。新疆巡抚饶应祺开始以为摊到新疆头上的这些赔款只解一次，仓促间答应可以解到，等电复后始知误会了户部的意思，是每年都必须筹解，不得已加收粮草盈余、提解驿站悬缺借资抵补，但此两项每年也仅为 10 数万两的收数。②

福建庚子后派还各国赔款每年 80 万两，主要靠举办五项捐，责成各州县饬商认缴。③《福建全省财政说明书》称："杂捐凡七十余项，其中以划作赔款用之粮、贾、铺、膏、酒五项为最普通，亦最大宗。"④

安徽省奉拨 100 万两，专门设立了一个筹议公所来筹办此事。自设局筹议偿款以来，凡在官之州县平余、厘金中饱，业经归公；而在民之房捐、铺捐、膏捐、丁漕捐、牙贴捐，以至酒肉各捐，也已搜罗殆尽。还有短少之数，只能在盐斤加价一事上想办法。⑤ 我们来看该省的庚款筹措情况。

表 17　安徽省庚子赔款筹措情况表

指项	筹措办法	预定数额
丁漕	每两、每石复旧 100 文，再加捐 200 文	26 万两
盐斤加价	每斤 4 文，后再加 4 文	20 万两
膏捐	每灯日捐 10 文	4.6 万两
铺捐	分六等：上每月 4000 递减至 500 文。票号每家月捐 16 两。钱铺分三等：大者月 12 两，中 8 两，小 4 两	8.5 万两

---

① 光绪财政通纂：卷 1 国债［G］//国家图书馆出版社影印室. 清末民国财政史料辑刊：第 21 册. 北京：国家图书馆出版社，2007：44.

② 新疆全省财政说明书·解款［G］//中央财经大学图书馆. 清末民国财政史料辑刊补编：第 1 册. 北京：国家图书馆出版社，2008：467.

③ 光绪三十年三月二十一日李兴锐奏［G］//中国第一历史档案馆. 光绪朝朱批奏折：第 69 辑. 北京：中华书局，1995：275-278.

④ 福建财政沿革利弊说明书·杂捐类［G］//国家图书馆出版社影印室. 清末民国财政史料辑刊：第 12 册. 北京：国家图书馆出版社，2007：305.

⑤ 方力. 安徽财政史料选编：第 1 卷清代［G］. 合肥：安徽省财政厅编内部资料，1992：28-29.

指项	筹措办法	预定数额
当捐	原收 4 厘，加息 2 厘。后改为向取 2 分息者提 2 厘，2 分 5 厘息者取 3 厘	10.3 万两
酒捐	分三等：上 30 两，中 20 两，下 10 两	不及 2 万两
肉捐	宰猪 1 头捐 200 文	3.4 万两
官捐		10 万两
牙捐		3 万~4 万两

资料来源　方力．安徽财政史料选编：第 1 卷清代 ［G］．合肥：安徽省财政厅编内部资料，1992：400-401.

另外，为筹措连同庚款在内的其他八项借款，安徽省还加征典税、茶课、烟酒税等，开办了房捐、米捐、木行捐、典捐等。据光绪二十八年安徽巡抚聂缉椝称，当时安徽省指望每年能从所开征的房、铺、酒、肉、膏五捐中，获得 27 万两的征数。① 皖省还仿照广东的办法设立店房捐，并办了酒单捐、杂粮捐等未报部之款目，皆充赔款之用。

江苏省的筹措办法是酌加课厘，加提丁漕。其中盐课项下：淮南运商每引加新课银 3 钱，加新厘 8 钱，场商每引捐银 1 钱 5 分，江宁等食岸每引捐银 2 钱，淮北票贩每引捐银 1 钱 2 分，池商每引捐银 2 分，每年可增 60 余万两。盐斤加价，江宁等食岸系在腹地，距场太近，每斤止加 1 文。盐厘项下：在皖岸、西岸，一律统加 4 文，分 2 文归安徽、江西济用，所余 2 文及食岸各加价，并加课、加厘、场食各捐，均归江苏备还偿款之用。② 丁漕项下：苏属地丁，每银 1 两在折钱 2000 文的基础上附收规复银价钱 200 文，后因银价增长，再加收钱 200 文，共钱 2400 文；崇明县有银无米，每两共收钱 2800 文。宁属丁漕：每征地芦等款银 1 两提钱 100 文，米 1 石提钱 200 文。后漕米再提钱 200 文。另外，苏省还加征过契税、牙税、土药税等杂税，开办了膏捐、房捐、当捐等杂捐。③

云南省认解庚子赔款银 30 万两。由藩署裁节、加提银 84860 余两，粮库裁

---

① 方力．安徽财政史料选编：第 1 卷清代 ［G］．合肥：安徽省财政厅编内部资料，1992：401.

② 刘坤一．酌加淮盐厘课折（光绪二十八年三月初八日）［M］//陈代湘，等校点．刘坤一奏疏：第 2 册．长沙：岳麓书社，2013：1456-1457. 两淮盐，行销安徽者为皖岸，行销江西者为西岸.

③ 徐义生．中国近代外债史统计资料（1853-1927）［G］．北京：中华书局，1962：78.

节银 12000 两，盐库裁节银 12470 两，厘金局裁节、加收银 13 万两左右，善后局裁节银 68000 两，蒙自关裁节银 1510 余两，思茅关提加银 1000 两，团练处裁节银 740 余两，团保局裁节银 860 余两，统计裁节、加提共银 31.1 万余两。① 自光绪二十七年十二月起，滇省支发各衙门薪工按额支之数统一以八成支放，所减二成银两，另款存储，备还洋款。② 总之，无论内销、外销，入款则力求加增，出款则锐意裁减。

湖北田房税契原只征 3 分，后因赔款，加契捐 3 分。宣统元年湖广总督陈夔龙奏，湖北省各司局及州县，均入不敷出，只能酌加契捐，以资弥补，准备在原加征的基础上再加收 3 分，其中以 1 分解储司库，为调查等局常年之用；1 分解储善后局，专供赔款不敷之用；1 分留给州县，供津贴公费之用。③

浙江省除加放俸饷等部款抵偿外，尚摊派 140 万两，在粮捐、绸捐、契税捐、牙行铺房钱以及厘饷局征收之酒膏及茶糖烟酒捐加成等款中凑成，分别由运、粮、关等库经收动发。粮库每年 18 万两，系动漕折；汇费每万两给银 40 两，系动支粮捐，其他各库均自己想办法。④ 以上外销各捐，牵前搭后，本为各库凑拨之款，后竟成额定之数。

陕西省每年摊还 60 万两，办法之一是规复旧有的差款。陕西省差徭，向系收钱，光绪二十八年改章收银，统按完正银 1 两另收差徭银 4 钱，岁可得 40 万两。除扣留支差外，余银尽数解善后局作为赔款之用。⑤ 差徭向不报部。⑥

山西省的偿款办法是：核扣驿站三成，每年约筹得 5 万两；节省公用 8000 两；商畜税溢额、无额盈余归公得 1 万两；提煤厘归公得 6000 两；提斗捐 2 万两；加抽百货土药厘金得 12 万～13 万两；加征盐牙各税课得 8000 两；停解节省饷得 4 万两；文职各官报效得 3 万两；河东盐商报捐得 8000 两。⑦ 光绪三十

① 云南全省财政说明书·岁出部·解还赔款［G］//中央财经大学图书馆.清末民国财政史料辑刊补编：第 3 册.北京：国家图书馆出版社，2008：358.
② 牛鸿斌.新纂云南通志：第 7 册［M］.昆明：云南人民出版社，2007：371.
③ 宣统政纪：卷 9［Z］.宣统元年闰二月辛巳.
④ 浙江财政说明书·岁出门第八款［G］//国家图书馆出版社影印室.清末民国财政史料辑刊：第 11 册.北京：国家图书馆出版社，2007：44-45.
⑤ 李绍芬.秦省筹款疏［G］//国家图书馆出版社影印室.清末民国财政史料辑刊：第 24 册.北京：国家图书馆出版社，2007：356-358.
⑥ 陕西全省财政说明书·岁入部·协各款及田赋类［G］//中央财经大学图书馆.清末民国财政史料辑刊补编：第 8 册.北京：国家图书馆出版社，2008：102.
⑦ 山西全省财政说明书·沿革利弊总论［G］//中央财经大学图书馆.清末民国财政史料辑刊补编：第 9 册.北京：国家图书馆出版社，2008：74-75.

年，又从运库商捐外销公用各款内提拨充饷银 10461 两，凑还洋款。① 因此，《山西财政说明书》称：晋省自庚子以后，筹防赈捐，措办偿款，举行新政各事宜，每年骤增出款一百数十万两，半取给于外销之项、中饱之资。②

河南、直隶两省基本上都在盐斤加价上想办法。豫省被摊 120 余万两，在盐斤原加价每斤 4 文、2 文的基础上，再加抽 4 文，得 40 万两；裁汰勇练各营每年得 18 万余两，房捐 10 万余两，不足之数从按粮捐输上筹措。③

山东庚款 90 万两，运、粮、藩三库各承担 30 万两（后藩库代运库 2 万两，运库变为 28 万两）。运库 28 万两，在二五加课加价、民运票课、官办盐务租价、南运局余利等款项下动支。④ 所谓二五加课，系在南、北运引票地，允许每引票加耗盐 30 斤，加征课银 2 钱 5 分，年约征银 10 万两；二五加价同理。民运票课，每民运票 1 张加征课银 1 两，归入地丁摊征分解，岁约征 30435 两⑤，尽数拨解新案赔款。

我们从以上各项偿款情况来看，在中央摊派压力下，各省均不遗余力，在本省内加意搜括，办法五花八门。大致说来，甲午前后的外债主要是利用各省外销偿付的，四国外债则部分动用关税、厘金等正款，部分动用外销。庚子以后，正款、外销均无足恃，只能加捐加摊。其间，外销发挥了与国家正项库款一样的作用。清季各项外债赔款，最终与各省外销发生了联系。偿款摊派，导致大量地方款项被罗掘出来，提作偿债基金，而这些地方款项中就包括了大量的外销杂款。此时，清廷上至中央，下至各省乃至州县，均在大力举办新政。既要罗掘赔款，又要筹措新政经费，双重财政压力导致各省外销财政规模进一步膨胀。

① 山西全省财政说明书·沿革利弊各论［G］//中央财经大学图书馆．清末民国财政史料辑刊补编：第 9 册．北京：国家图书馆出版社，2008：120.

② 山西全省财政说明书·沿革利弊总论［G］//中央财经大学图书馆．清末民国财政史料辑刊补编：第 9 册．北京：国家图书馆出版社，2008：75.

③ 锡良．豫省筹还赔款疏［G］//国家图书馆出版社影印室．清末民国财政史料辑刊：第 24 册．北京：国家图书馆出版社，2007：358-362.

④ 山东清理财政局编订全书财政说明书·岁出部·解款［G］//国家图书馆出版社影印室．清末民国财政史料辑刊：第 14 册．北京：国家图书馆出版社，2007：516.

⑤ 山东清理财政局编订全书财政说明书·岁入部·盐课税厘［G］//国家图书馆出版社影印室．清末民国财政史料辑刊：第 14 册．北京：国家图书馆出版社，2007：111-112.

二、新政与外销

清末新政，以兴学、警务、地方自治、实业、司法五者为用款大宗。① 这五大宗新政要务，并非分别缓急、次第施行，而几乎是诸政并举，同时兴办。再加上清廷又在各地编练新军，需款孔亟，而应支应解各款如故，一时直省各项用费急剧增加，只能百计罗掘，就地筹款。皖省自举办新政以来，所需经费，莫不借漕杂各款为挹注，"向之所谓外销杂款者，今则为举办新政之命脉关系也"②。奉天向为受协省份，本省自收的厘捐租税为数无多，近年因筹办新政，应用经费，不得不就本省所出以谋本省所入。各省财力竭蹶情形大致相同。

（一）兴学

甲午后，为救亡图存，保国兴邦，一些有识之士认识到"世变日深，需才孔亟"，而"求才之道，立学为先"，主张自京师以下及各省州县都开设新式学堂。光绪二十二年五月刑部左侍郎李端棻奏请推广学校，提议每省每县各改一处书院为学堂，书院旧有公款即为学堂经费，如有不足，始拨官款补之。③ 同年八月，军机处就翰林院侍讲学士秦绶章整顿各省书院预储人才一折展开讨论，指出各属书院常年经费来源，或田租，或公款生息，或各官捐廉，或绅富乐助；一些僻陋之区或有不足，即在本地公款酌拨，以扩旧规而收实效。④ 光绪二十四年五月，康有为建议清查善后局及电报、招商局各溢款、陋规、滥费，尽拨为学堂经费。⑤ 以上建议无一例外都要求各省利用自筹经费投资近代教育，而不是利用国家"正项"经费改造传统书院。

光绪皇帝最终听取了康氏等人的意见，下令京城开办京师大学堂，各地改

① 闽浙总督松寿奏并议御史赵炳麟等奏请定行政经费折［G］//内蒙古大学图书馆．山西清理财政局编辑现行财政十八种：第2册．呼和浩特：内蒙古大学出版社，2010：207．司法、实业亦为地方利用外销举办新政用款之大宗。如在陕西，每年司法经费，出乎内销者十分之三，属于外销及例不入销者则十之六、七。陕西全省财政说明书·岁出部·司法费［G］//中央财经大学图书馆．清末民国财政史料辑刊补编：第8册．北京：国家图书馆出版社，2008：102．限于篇幅，本文对以上两项没有详论。

② 安徽全省财政说明书·岁入部·漕粮［G］//中央财经大学图书馆．清末民国财政史料辑刊补编：第2册．北京：国家图书馆出版社，2008：23．

③ 李端棻．奏为时艰需才请推广学校敬陈管见事（光绪二十二年五月初二日）［A］．中国第一历史档案馆藏．军机处全宗，档号：03-7209-070．

④ 礼部议覆整顿各省书院折（光绪二十二年九月）［G］//朱有瓛．中国近代学制史料：第1辑下．上海：华东师范大学出版社，1986：158．

⑤ 康有为请饬各省改书院淫祠为学堂折（光绪二十四年五月十五日）［G］//朱有瓛．中国近代学制史料：第1辑下．上海：华东师范大学出版社，1986：438．

书院为学堂，省会之大书院为高等学堂，郡城之书院为中等学堂，州县之书院为小学堂。原各书院所用经费，全数提作各学堂之用，并鼓励各省绅民捐建学堂。① 光绪三十二年，停止科举，各省裁撤学政，改设提学使司统辖全省学务，归督抚节制。② 一时间，全国大、中、小学堂次第开办，而朝廷仍沿袭之前不动现有国家正款的政策，决定从各省调拨科场经费来支持京师学堂；省城学堂，不给支正款，从州县调拨经费；州县小学堂无款可支，自为经理。这种筹款办法，一时引起朝野上下很大的争议。

科举时代，各省学政手头都有一笔可观的考试经费，学政本人除优厚的养廉外，还有供应、棚规等外销名目。州县岁科考三年一次，亦由各属自筹经费按期举行。安徽省考试经费有内销、外销之分，内销项下，有各属额定编征办试正科文场库平银1833余两，每科除荒缓外各属征银1200余两，还有苏、皖两省轮值之年文闱经费库平银7000余两，在江安粮道库漕耗款内拨用。外销项下，则有协拨文闱经费库平银22000两。岁科两考各州县每次所领学院考费库平银25600两，肄业生津贴银1080两，以上两款均在司库漕折抵补捐款项下支给。举盘银两，系按各属熟征数目并年摊派，每年得银2100余两。综计共银56500余两。③ 山东省科举款目报部项下，有文武乡试科场经费、文武举人会试车价、举人旌匾、主考盘费等款，扣减平后年需支银27738余两，外销项下如文武乡试科场经费及通省岁科考试经费，均由州县摊捐，每年共摊银16666余两。④ 浙江省科场经费及各府州县科岁考经费，同样岁额巨万，皆系就地筹拨，列作外销。⑤

清廷对各省内、外销巨额科举经费时有耳闻。学务大臣注意到：各省报部之款，如文武乡试经费廪粮、岁贡旗匾花红、进士花币、举人进士牌坊银两、举人盘费、主考盘费、协济会试等项，名目不同，皆为科举例支款项；科场外销款项数尤为繁巨。⑥ 光绪三十一年底，岁科试举既停，清廷发布上谕，要求各

① 光绪朝实录：卷420［Z］.光绪二十四年五月甲戌.
② 光绪朝实录：卷558［Z］.光绪三十二年四月己亥.
③ 光绪三十一年十月初三日安徽巡抚诚勋奏［G］//中国第一历史档案馆.光绪朝朱批奏折：第90辑.北京：中华书局，1995：301-303.
④ 抚部院曹行准部咨覆东抚以后科场内销外销各款分别解部章程文［N］.秦报，1907（18）：684-690.
⑤ 张曾敩档：10［G］// 虞和平.近代史所藏清代名人稿本抄本：第1辑98.国家清史编纂委员会文献丛刊.郑州：大象出版社，2011：570-573.
⑥ 孙家鼐.奏为学务紧要经费支绌拟请提解各省科场款项事（光绪三十一年十一月初三日）［A］.中国第一历史档案馆藏.军机处全宗，档号：03-6002-027.

省督抚将原有的科举各项用款，无论报部、外销，尽数解京。各省认解大学堂协济各款，仍照解不误。很显然，清廷是想将包括外销款在内的各省所有科举经费据为中央所有，专注于京师的学堂。但各省认为：今科举既废，所有乡会岁科等考试内结、外销之款，理应提归该省学务项下，归本省办理学堂之用。①有的省份，在科举停废之前就已动用了部分科举经费；科举停止后，他们随即将科举各款"依旧留支，转而解司，另视为入款"，②来资助本省的学堂。

光绪三十年，福建停止岁科试举，将各属摊捐考差经费提作兴学经费，年收银38641余两，由各属径解提学司收存，为转给本省各学堂之用。光绪三十二年，闽督向学部提出，本省财政困难，所有外销之款应酌留本省兴学之用。学部则强调"本部为学务总汇之区，需款较各省为巨，筹款较各省为难。查各省关于外销之款既经奉旨尽数解京，自应钦遵办理"，重申各省解京的科场费"自光绪三十三年起分年核算，每年六月以前解半，十二月底前扫数解清"③。时限虽略有通融，款额则寸步不让。但闽省最终也仅将进士牌坊、进士花币、文武举花币盘缠与旧举盘缠等科场编征银部分提出解京，④应解学部的9000两科场经费，借口本省教育费用支绌，并未全额照解。

山东省称，现在科举虽停，但学堂仍有考试。要求将外销之款留省备用，以原来的科场考棚经费作为学堂考试经费。但学部没有同意，要求全部解部。交涉的结果是，内销每年十二月之前全部解部；外销之款系各州县摊捐，应分别提留，以四成解部，六成留办本地学堂之用。岁科考试经费，则以五成解部，五成留为本省兴学之用。⑤

浙江省科岁考外销经费本出之于各府县，因此也奏请截留归各府州县自办学堂之用。经往返交涉，作为妥协，浙省同意将科场经费解部，仅截留万金，

---

① 袁世凯. 缕陈学务未尽事宜折（光绪三十二年二月初三日）［M］//廖一中、罗真容，整理. 袁世凯奏议：下. 天津：天津古籍出版社，1987：1250.

② 直隶全省财政说明书：第一篇田赋［G］//中央财经大学图书馆. 清末民国财政史料辑刊补编：第1册. 北京：国家图书馆出版社，2008：37.

③ 咨复闽督科场外销款目仍应分期按成解部文［N］. 学部官报，1906年12月10日（6）：52.

④ 福建财政沿革利弊说明书·岁入部·杂款类［G］//国家图书馆出版社影印室. 清末民国财政史料辑刊：第12册. 北京：国家图书馆出版社，2007：445，457.

⑤ 抚部院曹行准部咨覆东抚以后场内销外销各款分别解部章程文［N］. 秦报，1907年3月（18）：684—690. 科场经费山东三十三年起分三年允解部库，每年约1400余两. 山东财政说明书·岁入部·杂款［G］//国家图书馆出版社影印室. 清末民国财政史料辑刊：第14册. 北京：国家图书馆出版社，2007：366.

拨归本省学务处以资办公。① 留归各属的外销考费，后又经藩司议决，以五成留作本府县兴学，其余五成提省，解交藩司，分别拨充提学司并学务公所办事员绅薪水之用。②

皖省乡试和岁科考试停止后，准备开办师范学堂，学堂常年经费就在考试及举盘各款悉数拨给。但朱批"仍遵前旨"，没有批准。光绪三十二年安徽巡抚诚勋又提出此项经费可在安徽省考试内销、外销各款匀摊，按年拨银 2.7 万余两，再将淮北盐斤加价，自光绪三十三年为始，接续再办十年，专做兴办学务之用。③ 藩司冯煦还曾要求在科场考试外销项下支银 3.6 万两作为皖省改设学务公所常年经费。④

甘肃各属摊院试棚费及府州试棚费共 33900 两。岁科试既停，奉学部提解院试费一半，另一半留给司库，作为本省省城各学堂不敷经费之资。至于府州试棚费，全数拨归该省中学堂之用。⑤ 光绪三十三年，湖南省停罢岁科考试，仍令各州县摊解经费银 1 万两，其中以 5000 两解交学部，以 5000 两作为本省学务公所经费。⑥

朝廷既废科举而兴学堂，则科举所费自应拨归学务之用。而学部欲提为学部经费，士绅则坚持以地方之财治地方之事。双方争持的结果是各自妥协，中央与各省共分这笔科举制度遗留下来的经费。但对于各省来说，随着大中小学堂的纷纷开办，这笔科场经费仍属杯水车薪。中央与各省相互推卸教育财政责任。如浙江省在学部催促下，筹办实业教员讲习所并兼办高等农业学堂。浙江巡抚上奏要求将高等农业学堂的经费作为正开销，由藩库拨发。但度支部坚持，这项经费"不得动用正款，应就外销项杂款内动支"。为此浙藩司声明浙江省

① 张曾敔档：10［G］// 虞和平. 近代史所藏清代名人稿本抄本：第 1 辑 98. 国家清史编纂委员会文献丛刊. 郑州：大象出版社，2011：570-573.
② 浙江全省财政说明书·岁入门·杂款［G］//国家图书馆出版社影印室. 清末民国财政史料辑刊：第 10 册. 北京：国家图书馆出版社，2007：474-475.
③ 光绪三十二年二月二十二日安徽巡抚诚勋奏［G］//中国第一历史档案馆. 光绪朝朱批奏折：第 76 辑. 北京：中华书局，1995：583-584.
④ 冯煦，陈师礼. 皖政辑要［G］. 合肥：黄山书社 2005：469.
⑤ 甘肃清理财政说明书：次编下［G］//国家图书馆出版社影印室. 清末民国财政史料辑刊：第 18 册. 北京：国家图书馆出版社，2007：391.
⑥ 湖南财政款目说明书：卷 11 解京各衙门经费［G］//国家图书馆出版社影印室. 清末民国财政史料辑刊：第 13 册. 北京：国家图书馆出版社，2007：367-368.

"司库竭蹶万分，实无外销之款可拨"，浙抚至再至三上奏，要求"仍准做正开销"。①

各省奏请学务经费做正开销的要求多得不到户部的允准。苏省学务用款，向恃铜圆余利。后铜圆停铸，即无款可筹。光绪三十三年，江苏全省学务经费请求动用江海、镇海两关正税，② 但度支部担心他省援以为例，不准。苏抚一意坚持，具奏力争，认为此举不得不为。度支部仍以同样的理由拒绝，特别强调："学务用款照学部定章，凡有理财之责者均应合力通筹，自当各就地方设法筹措。应仍由该关在外销款内设法另筹，以符定章而重税款。"③ 地方学务经费不能列入正款开销，各省只好在外销各款中东拼西凑。

开办学堂必须有雄厚的经费支持。各省认识到，地方学堂常年需款，均须就地筹划，申请动用正款只会招来户部的诘驳。光绪二十一年，张之洞创设江南储才学堂，所有学堂经费，包括洋教习薪水、学生膏火奖赏、员役薪水夫马、学堂购置图书器具杂用等项，统计需银约 6 万两，以仪征淮盐总栈、皖岸督销局每年节省商捐局用银各 3 万余两，尽数拨给充用。此两项均系新筹节省之款，归入外销。④ 光绪二十九年，江南省创建三江师范学堂，其经费即取于江宁银圆局铜圆盈余银两，"此为外销款，可尽取以兴学也"⑤。

湖南时务学堂于光绪二十三年由蒋德钧、熊希龄等人倡议兴办。当时的湖南巡抚陈宝箴支持新学，答应每年从湘省的矿务余利中拨数千两为时务学堂的常年经费。但这一款源并不可靠，因为湘省矿务局本身是否有盈利还是未知数。再就是发挥社会力量，个人捐款，这也是杯水车薪，难以济事。熊希龄等人最终把眼光盯在了湘省的盐厘上，"湘省盐厘，于光绪二十年部议东征筹饷，每斤加价二文，其时各盐行以钱折银，每百斤缴银一钱，现就近来钱价折合，应有盈余银二分有奇，拟请在此项加价二文内，每售盐百斤，饬补缴银二分，作为时务学堂经费，仍于公款毫无所损，而以地方已出之款，为地方作育人才，尤

---

① 增韫．为抄录本部院具奏省城附郭之地设立高等农业学堂应需开办经费请作正开销一事致宪政编查馆王大臣咨呈（宣统二年二月二十七日）[A]．中国第一历史档案馆藏．宪政编查馆全宗，档号：09-01-06-0068-008.

② 陈夔龙．学务无款可筹恳准动用关税折（光绪三十三年六月初七日）[M] //俞陛云．庸庵尚书奏议：卷 8. 近代中国史料丛刊：第 507 种．台北：文海出版社，1973：851.

③ 关晓红．晚清学部研究 [M]．广州：广东教育出版社，2000：307.

④ 张之洞．创设储才学堂折（光绪二十一年十二月十八日）[M] // 苑书义，等编．张之洞全集：第 2 册．石家庄：河北人民出版社，1998：1082-1083.

⑤ 三江师范学堂之现状 [N]．大公报，1903-3-8（05）.

与另行筹捐不同"①。尽管陈宝箴同意这一做法，但负责在湘省征收盐厘的督销局却属于两江总督管辖，如想动用这笔款项，需得到两江总督的同意。无奈，蒋、熊二人又东下到南京，做两江总督刘坤一的工作。刘坤一本是湖南人，对家乡办学自然支持，但他认为"江南拮据异常，亦不能不资分润"，最终只同意将这笔每年盐厘加价收入的14000余两的一半拨给湖南，另一半给江南支应局收用。但湖南督销局总办易顺鼎在中间又横插一杠，称该局缉私经费不敷，要求在拨给时务学堂的7000两内拨出2000两，作为缉私经费及湘水校经堂与《湘学新报》之用。熊希龄不允，刘坤一最终同意，再从此项长余盐厘款中分拨2000两，这使得时务学堂最初的开办经费7000两总算得以保全。② 地方学堂经费来源的不稳定性，由此可知。

当时各省仍将兴学的重心放在省城，州县学务经费和私立学堂经费更形竭蹶。省城学堂经费不开支正款，可以从州县调拨。但州县学堂或私立学堂则很难得到上级官府的补助，③ 其经费只能由本县或本地自筹。

湖北自光绪三十年将新案赔款捐留办各州县学堂，名之为赔款改学堂捐。三十三年因为学务公所岁入学款的款源铜圆盈余被户部提走，造成经费不敷甚巨，不得不将此项赔款改学堂捐提出一半，充省城办学经费。除宣恩、来凤、咸丰、建始、归州、长阳、长乐、兴山、巴东、竹山、竹溪、保康十二州县及鹤峰直隶厅为瘠苦之区，原派捐款无多准其全数存留自办学务外，其余各厅州县一律照办，"省城学务，赖兹挹注"。④

浙省各府厅州县官立小学堂经费，或筹之于串票捐，或筹之于原有之各书院经费，或截留考试经费，全由官款设立者绝无仅有，且向不报告来局。⑤ 根据户部的规定，各省征收丁漕时折纳制钱会产生平余，可以提出一部分作为地方学堂经费，浙江每年约有这种平余收入10万串，但只留下一半给各府县中小学

① 陈宝箴. 拨盐厘加价款用于学堂备案片（光绪二十四年闰三月二十四日）[M] // 汪叔子、张求会，编. 陈宝箴集：上. 北京：中华书局，2003：698.

② 周秋光. 熊希龄传 [M]. 天津：百花文艺出版社，2006：73-74.

③ 江西省城学务公所及各学堂经费年额定17094两，而同在省城的6处私立学堂官府共补助仅为2134两. 江西全省财政说明书·岁出部·教育费 [G] //中央财经大学图书馆. 清末民国财政史料辑刊补编：第2册. 北京：国家图书馆出版社，2008：444，446. 因此，有的省份学堂经费的统计，只包括官立学校和私立学校的官府补助费，私人投入的经费则未统计在内.

④ 宣统政纪：卷13 [Z]. 宣统元年五月壬戌.

⑤ 浙江财政说明书：第6款教育费 [G] //国家图书馆出版社影印室. 清末民国财政史料辑刊：第11册. 北京：国家图书馆出版社，2007：212.

堂，另一半还是被提解藩库，备充省级学堂经费。① 云南各府厅州县官立学堂共492 所，共有职员 1078 员，学生 19510 名，但年筹的款仅 171480 余两，平均每个师生年获得官府拨款仅为 8.3 两。各属办学经费基本上都靠就地自筹，如税捐、租产以及公款助款之类，由地方绅士经管者居其多数。② 在广西，甚至连省拨给地方学堂的官款补助费也是不报部的外销款。平梧浔郁第一初级师范学堂光绪三十四年岁拨地方费 5000 两，公家补助费 2000 两，补助费系在苍梧、藤县、容县三县统税项下拨给，向未报部。光绪三十一年桂林中学堂公家补助2000 两，庆远中学堂补助费 1000 元，浔州中学堂公家补助 840 两，均在所在地方统税项下支给，未报部。③ 四川广元县则以附加税的形式来解决教育经费问题，照正附税收入，每钏取制钱 30 文。④ 河南省各州县学务经费，则多于地方杂捐杂收入中取给，表 18 以该省开封府为例：

表 18 河南开封府各属学堂经费一览表

府州县	年需款数	款源说明
开封府	11000	中学堂 1 所，每年由藩库拨发 3000 两，各属摊解 1500 两，书院生息 1067 两。又书院经费 264 余两，各属斗捐 1600 两，陈尉通三县升科平余 1840 两，学生缴费 1700 余两不等，尚足敷用
祥符县	2960	高等小学 1 所，初等小学 8 所，每年经费 2600 余两。又劝学所 1 所，经费 360 两，除由学务公所补助 500 两外，均系该县捐廉自办
兰封县	1225	高等小学堂 1 所，初等小学 7 所，劝学所 1 所，教育会 1 所，每年经费由斗捐余款 491 千 400 文，新案摊租平余余钱 162 千 290 文，车捐 240 千，房书税契盈余 300 千，书院租 208 千，各营汛归并书院租 236 千 536 文，以入抵出，不敷 133 余两，由县垫发
杞县	5000	提用地丁平余及学田绅捐地租 2000 两，不敷 3000 两，由县补助

---

① 浙江全省财政说明书·岁入门·杂款［G］//国家图书馆出版社影印室. 清末民国财政史料辑刊：第 10 册. 北京：国家图书馆出版社，2007：473-474.

② 云南全省财政说明书·岁出部·教育费［G］//中央财经大学图书馆. 清末民国财政史料辑刊补编：第 3 册. 北京：国家图书馆出版社，2008：490-505. 但据陈锋的校对，分别是：共外属官立学堂 492 所，职员 1073 员，学生 19619 名，年筹的款 171390 余两，支出 176967 余两. 陈锋. 晚清财政说明书［G］. 武汉：湖北人民出版社，2015：268.

③ 广西财政沿革利弊说明书：卷 13 各论下［G］//国家图书馆出版社影印室. 清末民国财政史料辑刊：第 7 册. 北京：国家图书馆出版社，2007：630-633.

④ 鲁子健. 清代四川财政史料：上［G］. 成都：四川省社会科学院出版社，1984：426.

续表

府州县	年需款数	款源说明
通许县	6564	官立各学堂常年经费需银 3326 余两，由书院课租、斗捐平余、契尾捐、沙地平余、车马余款、典当生息及学生缴费等项开支。又，公立各学堂常年经费需银 3681 余两，由庙款、地捐二项开支
尉氏县	2133	每年由串票捐 1200 千，地租 834 千 933 文，生息 475 千，又银 256 两
鄢陵县		小学堂经费，由房地税契每价银 1 两抽钱 12 文，每年收钱 1280 千，又斗捐 300 千，车马余款 240 千，又生息钱 648 千，稞租 243 千 800 文，社仓稞租 20 千。劝学所经费系抽收戏捐 300 千
禹州	6092	中等农业学堂 1 所，高等工业小学堂 1 所及城乡初等小学堂，每年经费系由三峰山煤矿公司捐银 1400 两，又生息银 150 两，药材、杂货、车捐 850 千，石灰行捐 500 千，火香行捐 250 千，洋靛行捐 200 千，酌提户书饭食银 460 两，产行煤行用钱收银 450 两，宾兴生息银 420 两，绅董捐入地亩稞租 333 两，书院义学及祠堂地稞租等银 238 两，四乡庙宇酌提田房租稞银 1403 两，学生缴费 63 两
新郑县	1533	高等小学堂 1 所，劝学所、教育会各 1 所，常年经费系官地稞租 1400 千，煤捐 300 千，户房捐 300 千，抽收呈捐 300 千，会捐 300 千

资料来源　河南全省财政说明书·岁出部·地方行政经费［G］//中央财经大学图书馆．清末民国财政史料辑刊补编：第 6 册．北京：国家图书馆出版社，2008：520-523．另所属开封府的陈留、洧川、密县、中牟等县情况不详。

奉天各新式学堂于光绪三十三年前后设立，兴学经费也主要取于各属所抽的车捐、亩捐等杂捐，系外销，无关奏案。如表 19 所示。

表 19　奉天各属兴学经费一览表

名称	处数	动用何款		
		正开销（处）	由车捐、亩捐项下（处）	由其他杂捐项下（处）
师范学堂及师范传习所	30	3	17	10

名称	处数	动用何款		
		正开销（处）	由车捐、亩捐项下（处）	由其他杂捐项下（处）
中小学堂	102	9	64	29
半日学堂	3	0	3	0
蒙养院	1	1	0	0
官话字母学堂	4	3	1	0
教育会	5	0	4	1
劝学所	41	0	35	6
宣讲所	22	0	17	5
其他各项学堂	17	12	4	1

资料来源　奉天全省财政说明书·岁出·经常类［G］//中央财经大学图书馆. 清末民国财政史料辑刊补编：第7册. 北京：国家图书馆出版社，2008：531-549.

（二）警务

警务亦是清廷推行新政的重要举措之一。警务属民政，其功能是维护地方治安。清末各省办理新政，大都就地筹款，巡警、教育，其数尤巨。在广东，"诸端岁支经费，以巡警为最多数"①。警务经费包括巡警道衙门经费、警务公所经费、各局薪费、各属警视员薪费、教练所经费、高等巡警学堂经费、游民习艺所经费及料本、罪犯习艺所料本、水巡警局经费等。

山西省警务行政始于光绪二十八年，当时巡抚岑春煊设立巡警总局于省城，要求各属也设法筹办。继任巡抚赵尔巽也严催速办，全省巡警乃一律设立。山西省城警务公所及巡警额设1000名，岁费92000两；各属厅州县城关巡警4700余名，岁费20余万两。②宣统二年，晋省省城又设立高等巡警学堂，筹有常年

---

① 广东财政说明书：卷12民政费［G］//国家图书馆出版社影印室. 清末民国财政史料辑刊：第9册. 北京：国家图书馆出版社，2007：73.

② 遵旨详议分年筹备行政各经费开具清单［G］//内蒙古大学图书馆. 山西清理财政局编辑现行财政十八种：第1册. 呼和浩特：内蒙古大学出版社，2010：284.

经费 10700 余两，教练所设立 180 处，招收学生 5390 余名，经费 30400 余两。①
警务经费的来源主要有裁汰壮捕等役食，裁汰伞扇夫等工食，旧有练勇、乡勇
各经费，铺捐及商捐，斗捐及戏捐，特别捐（如花布捐、铁炉捐之类），裁汰绿
营规费，城镇乡村捐款等。②

　　奉天警务经费每年至 300 余万两，③ 包括巡警道经费、各属巡警局杂支、
警务公所经费等。奉天巡警道创设于光绪三十三年，后该道裁缺，改归民政
局统属，经费由民政局造册奏销报部，系内结正款。奉天乡镇巡警局一切杂
支，均由司库在税捐经费项下支给，向不奏销报部，系外结款项。警务公所
下辖警卫队、七分局、消防队、马巡队、稽查处、卫生处、探访队、屠兽场、
兽医学堂等，经费多由局捐项开支。④ 各属巡警局系由光绪三十二年先后创办，
所需经费，盖就地筹得，取资于亩捐、车捐者为尤多。度支司照发者，即于土
药坐票税项下支拨，向不奏销报部，系外结款项。⑤ 其中奉天亩捐是专门为警务
之用而开征的，向不报部。嗣因兴学无款，遂分警款以办学务。在奉天各州县，
亩捐收入统归警务的有海城县、盖平县、法库厅、镇安县、彰武县、广宁县、
怀德县、奉化县、辽源州、凤凰厅、庄河厅、宽甸县、通化县、怀仁县、洮南
府、开通县、靖安县、安广县、临江县等；警学各半的有承德县、抚顺县、铁
岭县、复州、开原县、新民府、锦西厅、柳河县等；警学不分的有辽阳县、辽
中县、盘山厅等；还有的是警七学三、警八学二，来筹措警察经费。⑥ 可见表
20 所示。

①　山西巡抚丁宝铨奏胪陈晋省第四届筹备宪政情形［G］//内蒙古大学图书馆．山西清理
　　财政局编辑现行财政十八种：第 1 册．呼和浩特：内蒙古大学出版社，2010：255-256.
②　山西全省财政说明书·沿革利弊各论［G］//中央财经大学图书馆．清末民国财政史料
　　辑刊补编：第 9 册．北京：国家图书馆出版社，2008：186-187. 教练所经费即由各村社
　　担认。山西斗捐每斗捐钱 6 文，一半解司，一半留充地方巡警等公用。续加 2 文，专办
　　巡饷。抚部院核第一次呈送议案摘录［G］//内蒙古大学图书馆．山西清理财政局编辑
　　现行财政十八种：第 1 册．呼和浩特：内蒙古大学出版社，2010：228-229.
③　吴廷燮．清财政考略［G］//国家图书馆出版社影印室．清末民国财政史料辑刊：第 20
　　册．北京：国家图书馆出版社，2007：378.
④　奉天全省财政说明书·岁出·经常类［G］//中央财经大学图书馆．清末民国财政史料
　　辑刊补编：第 7 册．北京：国家图书馆出版社，2008：479-481.
⑤　奉天全省财政说明书·岁出·经常类［G］//中央财经大学图书馆．清末民国财政史料
　　辑刊补编：第 7 册．北京：国家图书馆出版社，2008：488-489.
⑥　奉天全省财政说明书·正杂各捐［G］//中央财经大学图书馆．清末民国财政史料辑刊
　　补编：第 7 册．北京：国家图书馆出版社，2008：201-204.

表20 奉天各属警务经费来源一览表

名称	局所处数	动用何款		
		正开销	由车捐、亩捐等捐项①下	其他筹款项下
警务局	49	0	43	6
巡警教练所	12	0	11	1
巡警学堂	6	0	6	0
屠宰场及验牲所	7	0	6	1
卫生局及医院	9	0	8	1

资料来源 奉天全省财政说明书·岁出·经常类 [G] //中央财经大学图书馆.清末民国财政史料辑刊补编:第7册.北京:国家图书馆出版社,2008:485-492.

黑龙江省每办一新政,即添一捐项。有警学晌捐,光绪三十二年开办以来,各属每晌加征之数,且较大小租而倍之;② 有铺捐,收入专供地方巡警或办理公益之用。兰西县铺捐每月按额定警费300吊,挨店铺征收,大赉厅所收之款专充办理地方公益之用;③ 有渔网鱼税捐,如呼兰府鱼纲税,按卖价每吊抽钱36文,留充巡缉哨兵津贴赏给之用。大赉厅渔捐由地方绅董经理,全数截留,作办理警学经费;④ 有粮石捐(或曰粮用,或曰出境粮捐),如巴彦州粮捐,按石收捐。所收之款,分为五股,以二股充巡警经费,二股充习艺所经费,一股充自治会经费。统由巡警局经征,向不解省;有车捐,黑龙江省除各税局征收车捐外,各属复有另收车捐,以为本地警学经费,如呼兰车捐,由商会经收,以五成提充本城警费,以五成留充修治道路之用。东布特哈车捐,巡警教练所开

---

① 捐项除亩捐、车捐外,还包括船捐、房铺捐、货床捐、菜市捐、客店捐、户捐、屠宰捐、牲畜捐、验牲畜捐、戏捐、妓捐、女伶捐、卫生捐、盐摊捐、煤炸捐、渔捐、网捐、渡捐、桥捐、菜园捐、蚕捐、斗秤捐、斧捐、路灯捐、粮捐、河饼捐、房墙照捐等。

② 自光绪三十二年至三十四年,各属征大小租为3002166余吊,警学晌捐为3747339余吊,还多745172余吊。黑龙江全省财政说明书·交涉杂税类 [G] //中央财经大学图书馆.清末民国财政史料辑刊补编:第1册.北京:国家图书馆出版社,2008:307,309-310.

③ 黑龙江全省财政说明书·交涉杂税类 [G] //中央财经大学图书馆.清末民国财政史料辑刊补编:第1册.北京:国家图书馆出版社,2008:328.

④ 黑龙江全省财政说明书·普通杂税类 [G] //中央财经大学图书馆.清末民国财政史料辑刊补编:第1册.北京:国家图书馆出版社,2008:218.

办伊始就已开办。①

吉林省也有晌捐。所属农安县于光绪二十六年创办练军，按县属租地，每晌岁捐钱300文，后又加至1吊300文，拨充警饷。五常府、磐石、方正等县于光绪三十二年开办，长春府、伊通州、榆树县于三十三年开办，吉林府、依兰府、绥芬厅以及桦甸、敦化等县于三十四年开办，此项晌捐，向不解省，截留本地为警、学二费开支。吉林车捐，在省城是归统税局征收的，拨归巡警工程局修道之用，附于九厘捐案内汇核奏销，为内结；但长春、双城、宾州、宁安各府、珲春、绥芬、东宁各厅，磐石、农安、长岭、阿城各县，额征之外的款项，被截留拨充警饷，则为外销。② 吉林省警费来源还有土货售价二厘捐、营业附加税、粮石公捐、屠捐、铺捐、戏捐、妓捐以及脚行捐、旅店捐、商捐、货厘捐、房捐、卫生捐、驮捐等，几乎和奉天省一样。

在山东，警务经费包括巡警道衙门经费、警务公所经费、巡警学堂经费以及两处由绿营改设的登州镇巡警和兖沂道巡警。其中警务公所经费来自藩库和各州县认筹，经费结构如图1所示③：

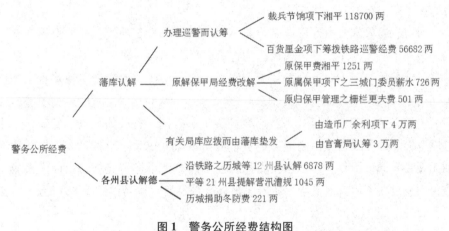

图1　警务公所经费结构图

云南警务开办有巡警厅治17处，州治29处，县治40处，盐井2处，经费均就地自筹，或提团款，或抽街捐，或抽酒税，或牲畜税，或房铺租，或米谷

① 黑龙江全省财政说明书·交涉杂税类［G］//中央财经大学图书馆．清末民国财政史料辑刊补编：第1册．北京：国家图书馆出版社，2008：329-331．

② 吉林行省财政各种说明书·地方税·省税［G］//国家图书馆出版社影印室．清末民国财政史料辑刊：第4册．北京：国家图书馆出版社，2007：568-576．

③ 山东清理财政局编订全书财政说明书·岁出部·民政费［G］//国家图书馆出版社影印室．清末民国财政史料辑刊：第14册．北京：国家图书馆出版社，2007：645-647．

租,以及升科公租等款。各厅州县核警员 139 员,巡目巡警 2412 名。① 贵州兴办巡警、学堂多系抽收各类杂捐。杂捐名目繁多,各属都不相同,船捐征于船户,屠捐征于屠案,斗捐征于斗息,其他各项杂货或由各行征收,或由绅士经征,计物估抽,岁无定额。② 云、贵两省为边省,地瘠民贫,在无中央财政补助的情况下,警务等地方公益筹费更为不易。

陕西巡警之设始于光绪三十一年。陕西殚其地之所有,尽力以赴办之,全省警务并教育、自治及实业而计,每年所费不下数十万金。③ 陕西各府城之巡警则归首县办理,其余若直隶州、厅、州县以及各县中之繁盛镇堡通设局所、教练所,其经费除间有由印官提捐及垫补外,余皆就地方筹措者为多。如咸宁县,在城内里民局旁设立警务局,即以里民局绅兼理稽查各镇警务,不支薪水。旧设保甲局差役改隶巡警,每月由县署认解警务公所、巡警局役口食钱 45 串 580文。县署新筑、草滩、灞桥、杜曲、韦曲、引驾卫、十里铺凡七镇,各设 1 处巡警局,本年共支薪饷、杂用之钱 864 串 500 文,款系各镇绅就地自筹,巡警教练于长安县合办,本县年约之薪膳、杂用银 249 两,制钱 1056 余串,经费由里民局在于杂捐存息项下拨支。④

河南省巡警部分由保甲改制。原有保甲员绅勇役各项用款,向由该省支应局平余外销项下津贴开支,现在改为巡警,增募巡兵,仍归该局开支外,新筹的款,计裁兵一项 1.2 万余两,下余不敷之数,统在司库漕折留备本省军需项下动用。⑤

浙江省城巡警经费与各州县巡警经费款源有别。省城如仁钱巡警局,本由省城巡警总局改设,城内之巡警经费本应由裁撤五成兵丁节饷动支,因司库支绌无现银腾挪,历年在厘饷项下拨用;至于湖墅江干巡警经费,由商人筹集举办,而委员薪资由总局支给。各府厅州县巡警经费,岁需银圆 578640 余元,则

① 云南全省财政说明书·岁出部·民政费 [G] //中央财经大学图书馆.清末民国财政史料辑刊补编:第 3 册.北京:国家图书馆出版社,2008:402-403.
② 贵州全省财政说明书·岁入部·税捐 [G] //中央财经大学图书馆.清末民国财政史料辑刊补编:第 4 册.北京:国家图书馆出版社,2008:306.
③ 陕西全省财政说明书·岁入部·杂捐类 [G] //中央财经大学图书馆.清末民国财政史料辑刊补编:第 8 册.北京:国家图书馆出版社,2008:251.
④ 陕西财政说明书·岁出部·民政费 [G] //中央财经大学图书馆.清末民国财政史料辑刊补编:第 8 册.北京:国家图书馆出版社,2008:438-439.
⑤ 陈夔龙.设立巡警局折(光绪三十年二月二十四日)[M] //俞陛云.庸庵尚书奏议:卷 4.近代中国史料丛刊:第 507 种.台北:文海出版社,1973:347.

由商店捐集者居多。① 浙省商贸发达，地方经费筹措比他省相对而言要容易些。

较兴学而言，警务更具有所谓"地方性"的特征。警务之设，是用来维持某一地区的地方治安和社会秩序的，其经费固当于该地方筹之。正是基于这种观念，清末巡警经费的筹措，带有分级管理的特点，"各省巡警经费，省垣拱埠出之于国库，各府州县均由自筹"。② 省垣为省级政府治下，在清末自治章程中，省级政府属于间接官治，因此省垣巡警经费来自省级政府的投资。而州县乃至城镇乡则属于自治，其巡警经费则大半出之于基层，上一级政府则只是酌情给予补助。

（三）地方自治

地方自治在全国范围内实行和试验，是清末新政时期清廷主动学习西方、引进西方国家政治和社会制度的产物。③ 时人将地方自治定位为宪政之枢纽，官治之补充。地方自治在于"以本地之绅民，集本地之款项，图本地之公益"④。宣统元年及次年，清廷先后颁布城镇乡和府厅州县自治和选举章程，各地纷纷设立地方自治筹办处，从事调查、选举事宜；开办自治研究所，培养训练人才；建立地方自治公所，选举各级自治议事会、董事会。清末一部分地方行政和公共事务管理权转移到各级自治机构手中。

自治活动需要大量的人力和财力。光绪三十四年以前，地方非常之负担在于教育和警务，宣统元年以来，地方非常之负担则趋重于自治。直隶总督陈夔龙曾就直隶一省的情况盘算，如果按照中央的步骤从宣统元年至六年全省自治会一律成立的话，该省将共应需经费银61万余两，而直隶尚有34万余两没有筹定的款。⑤ 按照清政府颁布的城镇乡自治章程规定，城镇乡自治经费来自三个途径：一、本地方公款公产；二、本地方公益捐；三、按照自治规约所科之罚金。城镇乡如果没有公款公产，或其数很少不敷使用，由议事会指定本地方与

---

① 浙江全省财政说明书·岁出门·民政费［G］//国家图书馆出版社影印室.清末民国财政史料辑刊：第11册.北京：国家图书馆出版社，2007：102–103.

② 浙江全省财政说明书·岁出门·民政费［G］//国家图书馆出版社影印室.清末民国财政史料辑刊：第11册.北京：国家图书馆出版社，2007：103.

③ 李帆，邱涛.近代中国的民族国家建设［M］.北京：商务印书馆，2015：338.地方自治广义上来讲，包括公共卫生、慈善公益、公共设施建设以及前文已讨论过的地方文教、警务、社会治安等诸多内容。此处仅作狭义的界定，即自治仅指自治机关，自治经费即自治机构团体的运行费用。

④ 出使奥国大臣李经迈奏地方自治权限不可不明求治不宜过急片［G］//故宫博物院明清档案部.清末筹备立宪档案史料：下.北京：中华书局，1979：718.

⑤ 宣统政纪：卷39［Z］.宣统二年七月乙丑.

自治事宜相关的款项、产业，呈请地方官核准拨充。公益捐分为附捐、特捐二种，就官府征收的捐税，附加征收若干作为公益捐者，为附捐；在官府所征捐税之外另定种类名目征收者，为特捐。清廷颁布的直省地方公款出入统计表也明确将地方公款定为自治基本财产，除此之外，新收之数包括随钱粮厘税加收或由官绅商民公捐，按田派者，归入随粮加收之内；按户派者，归入公捐之内。《天津府自治局试办调查章程》将慈善事业款、神赛公积金、家族祠堂公积金等纳入该地自治经费。①《天津县地方自治章程》第十四条甚至还将境内庙产作为公款公产，归入自治经费项下。

各地自治机关成立后，首先着手清厘地方公款公产，解决地方自治经费问题。但地方公款公产毕竟有限，这影响到地方自治的推行进程。"催办各属地方自治为本年预备宪政之第一要事，今之所以迟迟不进者，人才之不敷、民智之不进犹不足虑，其最难之问题曰款。"因此，地方自治经费于旧有公产、公款而外，不能不别开筹措之途。地方原有之公款、公产，多系属于地方原有之事，所有甫办之事，大概出于另筹者十之七，出于移用者十之三。②

江苏苏属各州县办理自治事宜，公款、公产不敷所需，不得不让咨议局集议征收公益捐。旋咨议局拟呈报决议，以每一地产银1两，带征钱20文；漕米一石，带征钱40文，来凑济自治经费。③

宣统二、三年山西省省城已设立自治筹备处，由司库筹定常年经费11000余两。各属自治事务所及城镇乡议事会，宣统二年均按地方情形划分三等，各定经费若干，岁需经费338000余两，宣统三年为有闰之年，经费为363000余两。④ 山西省规定，除各州县开报已列入预算表册的那部分由官府补助作为自治经费外，所有官厅尚未调查的行户及尚未报出的私收入、吏收入等项，由咨议局协同地方自治组织详晰调查开报，以备厅州县自治经费之用。山西省还要求各属对宣统三年预算册没列入的中饱陋规、行户赔累等项进行调查，宣统三年册无而今有，或宣统三年册少而今多者，应一律划归作自治经费，以免纷歧而

---

① 天津府自治局试办调查简章［G］//甘厚慈.北洋公牍类纂正续编：第1册.北京：全国图书馆文献缩微复制中心，2004：80.

② 张謇.预计地方自治经费厘订地方税界限应请开国会议（宣统二年二月初六日）［M］//李明勋，等编.张謇全集：第1册.上海：上海辞书出版社，2012：199.

③ 宝棻.奏报筹办捐济地方自治经费事（宣统二年四月初一日）［A］.中国第一历史档案馆藏.宫中档案全宗，档号：04-01-35-0589-012.

④ 遵旨详议分年筹备行政各经费开具清单［G］//内蒙古大学图书馆.山西清理财政局编辑现行财政十八种：第1册.呼和浩特：内蒙古大学出版社，2010：281-282.

息争执。① 而城镇乡地方自治，如地方公产公款不敷使用，则自应就地方情形，酌量加捐。各地加捐的情况是：介休的煤捐、汾阳的差徭捐、曲阳的肉捐、垣曲的药草捐、代州的车捐、大宁等处的树捐，以及斗捐、酒捐、烟捐、牲畜捐、戏捐、木捐、皮货捐、所得捐等。② 以各村公款及无益之费办各村之事。各属抽收斗捐，多有不实不尽，再加整顿，在保证巡警经费的前提下，加增若干，尽留充自治经费之用。③ 以太原县为例：光绪三十四年开办有铺捐，按上、中、下铺户按月抽捐，宣统元年收钱 800 吊；水磨捐，年收 960 千文，充研究所经费。宣统二年开办窑捐，公认捐钱 3200 千文，充自治事务所经费；宣统二年自治事务所经费不足，又加征戏捐，每戏价 10 千文抽捐 2000 文，一半归劝学所，一半归自治事务所。④ 以上各捐均为外销。

清末河南省各城镇乡也筹设自治机关，其经费来源以开封府属各州县为例，见表 21：

表 21 清末河南开封府各厅州县筹办自治款项表

府县	年需款项	款源
开封府		各州县摊捐银 500 元，各生缴费共 1120 元。自元年四月开办至十一月，已用过 2400 余元，不敷甚巨，暂由该府筹垫
祥符县	800 千	系由捐款内拨付钱 400 千，不敷之数已禀准由当买房契地契价银 1 两内，支扣经费银 2 厘
杞县	750 千	抽收地亩捐，拨充经费
通许县	384 千	由县捐办
尉氏县	1654 千	自治研究所 1 处，年需 854 千。筹办自治事务所 1 处，年需 800 串。系由公捐项下拨用

① 山西藩司咨议局宣统三年预算分别裁减及实用不敷情形文移［G］//内蒙古大学图书馆．山西清理财政局编辑现行财政十八种：第 4 册．呼和浩特：内蒙古大学出版社，2010：62-64．

② 山西全省财政说明书·沿革利弊各论［G］//中央财经大学图书馆．清末民国财政史料辑刊补编：第 9 册．北京：国家图书馆出版社，2008：194-196．

③ 抚部院核第一次呈送议案摘录［G］//内蒙古大学图书馆．山西清理财政局编辑现行财政十八种：第 1 册．呼和浩特：内蒙古大学出版社，2010：228-229．

④ 山西全省各府厅州县地方经理各款说明书［G］//国家图书馆出版社影印室．清末民国财政史料辑刊：第 14 册．北京：国家图书馆出版社，2007：119-122．

续表

府县	年需款项	款源
洧川县	1254 千 400 文	自治筹办处 1 所,自治研究所 1 处,系抽收各种捐款拨付
鄢陵县	912 两	由房地契尾项下支发
兰封县	240 两	现时尚未筹定的款,教员等均先尽义务,仅支火食,不支脩金,所有用款暂由县垫
禹州	1800 千	系由各里大二三户集捐办理
新郑县	300 千	现正筹抽车捐,借资应用,所有支款暂由县垫

资料来源 河南全省财政说明书·岁出部·地方行政经费[G]//中央财经大学图书馆.清末民国财政史料辑刊补编:第6册.北京:国家图书馆出版社,2008:508-509.未报州县未列。

广东省地方自治于宣统元年才在各属普遍开展,其经费筹措情况如表 22 所示:

表 22　广东省垣及各属地方自治经费一览表

处所	款目	实支数(两)		款源
		光绪三十四年	宣统元年	
省垣	地方自治筹备处经费	无	9022	由藩、运两库分筹
广州府	自治研究所经费	2398	53	个人报效项下拨银 1 万两,不足另拨正款
连州	自治研究所经费	无	559	个人报效,不足另筹
番禺县	会议自治区域费	无	12	由县开支
增城县	自治学员经费	无	930	由县垫支,另筹归款
新宁县	自治研究所经费	无	720	无的款,官绅随时筹拨
花县	自治研究所经费	无	90	来自罚款及各地租收入
高明县	自治员旅费川资	无	202	县公益各款项下支送
开建县	自治研究生官费	无	144	由县筹款支送
海阳县	自治员川资学费	无	84	杂租项下支发,不足由县筹垫

续表

处所	款目	实支数（两）		款源
		光绪三十四年	宣统元年	
潮阳县	自治研究生川资	无	56	在地方词讼罚款项下发给
惠来县	自治员旅费	无	72	在田心乡罚款项下支给
澄海县	自治经费	无	210	在各案罚款项下支给
丰顺县	自治研究员经费	无	115	由县筹给
博罗县	自治研究所开办经费	无	29	由县筹助开办经费
长宁县	自治员川资	无	18	由县筹助川资
永安县	自治员川资及月费	无	86	在罚款、平余、米羡项下支送
和平县	自治员川资	无	72	由县垫支

资料来源　广东财政说明书：卷 12 民政费 ［G］//国家图书馆出版社影印室．清末民国财政史料辑刊：第 9 册．北京：国家图书馆出版社，2007：111-113. 款额已四舍五入。

宣统二年，奉天省盐务局订立章程，规定盐斤每石收斗用 2 角，以所收斗用的二成提作各属地方自治经费。①

表 23　奉天各属自治经费来源一览表

名称	处数	动用何项处所（处）					
		正项项下	各捐项下	度支司领款	营业税项下	乡会摊派	其他
自治会	17	1	13	0	2	0	1
自治研究所	3	0	3	0	0	0	0
自治调查所	1	0	1	0	0	0	0
议事会	1	0	0	0	0	1	0
济良所及孤贫	8	3	1	2	0	0	2

资料来源　奉天全省财政说明书·岁出·经常类 ［G］//中央财经大学图书馆．清末民国财政史料辑刊补编：第 7 册．北京：国家图书馆出版社，2008：496-498.

---

①　奉天全省财政说明书·盐厘 ［G］//中央财经大学图书馆．清末民国财政史料辑刊补编：第 7 册．北京：国家图书馆出版社，2008：128-129.

吉林自治研究所于光绪三十四年开办，附属于咨议局筹办处，由该处拨给开办费吉钱 2.9 万串，其余经费则通饬各属按月接班认缴。吉林各属自治经费则有赖于各地开办的营业税。吉林本无营业税名目，自商会抽收之地方税改为营业税，为外结。于是各属关于警学、自治等事，纷纷以开办营业税为请。长春的营业税，于光绪三十四年由省城自治厅禀准开办，而宾州、磐石、农安等处，同时仿照办理。吉林城镇乡自治向由厅州县主之，渡捐为地方维护公益之举，大半由民人发起收捐，而受裁于地方官吏。① 榆树厅、珲春厅、桦甸县、方正县还开有自治亩捐，由绅商筹办，作为自治经费。②

江西省地方自治初附丽于咨议局筹办处，咨议局成立后，自治筹办处才分立出来，专办城镇乡地方自治筹备事宜，并附设自治研究所，各属报送学员入该所研习，为各府厅州县筹办自治培育人才，所需常年经费达 219600 两，临时经费尚不在内。司库每年仅补助 8000 两，其他均靠地方自筹。③

云南自治局于光绪三十四年四月成立，由提充学堂用款、书院生息银内提银 1000 两，以资开办所需。常年经费经司道会议，从五华、育才、经正三书院放存兴文公当生息项下，与学务公所各提一半使用，每年可划提 1100 余两。又从盐库裁节各井委员薪水及团饷平余等项，按年提拨银 5000 两，从厘金外销项下每年提银 6000 两。④ 三项合计，每年共得实银 1.2 万余两。

浙江地方自治筹办处始设于宣统元年，常年额支、活支经费年需 27124 元，在藩库筹防丝捐项下动拨；全省地方自治研究所经费，同样在藩库筹防丝捐项下动支，年需 4115 元。各厅州县设立地方自治研究所，预计每所年费 978 元；筹办城镇乡地方自治事务所经费，预计每所 800 元。两项合计 138684 元，在藩库杭州通益公纱厂缴回成本存储款内动拨银 46000 两，塘工丝捐专款内动拨 39684 元，在运库已入月报外销加价项下动拨 30000 元。⑤

福建省学、警及自治经费主要来自该省杂捐，如表 24 所示：

① 吉林行省财政各种说明书·地方税之府厅州县税 [G] //国家图书馆出版社影印室. 清末民国财政史料辑刊：第 4 册. 北京：国家图书馆出版社，2007：558-576.
② 吉林行省财政各种说明书·吉林行省调查税费补编目录 [G] //国家图书馆出版社影印室. 清末民国财政史料辑刊：第 4 册. 北京：国家图书馆出版社，2007：612-613.
③ 江西全省财政说明书·岁政部·民政费 [G] //中央财经大学图书馆. 清末民国财政史料辑刊补编：第 2 册. 北京：国家图书馆出版社，2008：407-408.
④ 云南清理政财局. 调查财政说明书·岁出部·民政费 [G] //中央财经大学图书馆. 清末民国财政史料辑刊补编：第 3 册. 北京：国家图书馆出版社，2008：410.
⑤ 浙江财政说明书·岁出门：第 3 款民政费 [G] //国家图书馆出版社影印室. 清末民国财政史料辑刊：第 11 册. 北京：国家图书馆出版社，2007：122.

表24　福建省杂捐使用表

	用于学堂	用于巡警	学、警共用	用于地方自治、公益
捐名	鱼捐、船照捐、海埕捐、蛏蛤牙捐、粮串捐、埠租捐、酒捐、布捐、膏牌捐、花炮捐、笋捐、羊捐、厘卡捐、盐帮捐、水仙花捐、货船捐、喜庆捐、社仓捐、商会捐、钉麻行捐、彩票捐	缘捐、纸箔捐、店捐、锅炉捐、红柴捐、油车捐、清洁捐、代书陋规捐、官中仲钱捐、盐牙捐、灰捐、靛捐、碗捐、盐馆捐、煤坑捐、花轿捐	米捐、谷捐、茶捐、猪捐、纸捐、铺捐、牙捐、贾捐、鱼牙捐	随排捐、膏店捐、商货捐、官渡捐、油捐、盐厘捐、善社捐、桥会捐、会捐

资料来源　福建全省财政说明书·杂捐类捐目［G］//国家图书馆出版社影印室. 清末民国财政史料辑刊：第 12 册. 北京：国家图书馆出版社，2007：331-337.

山东地方自治研究所于宣统元年开办。开办经费来自藩库拨款1000两，常年经费额定每年1.8万两，在藩库酒税及文职停廉项下动支。[①]

广西自治局于光绪三十四年设立，并附设研究所。宣统元年改为自治筹办处后，年经费实支2.6万余两，准备在南宁新关出口正、半税项下开支，但接到户部通知，自治经费不能作正开销，应在杂款项下筹措，最后是在各属提解牛判五成项下动支。从前用过的南宁新关税款，还须按期匀还。[②]

清末地方自治，先城镇乡，后府厅州县，第次进行。地方自治行政视地方经费充裕程度以为率。较兴学、警务而言，自治推行较晚，且度支部将地方自治经费划于预算册外，地方自治经费更为依赖地方财力。[③] 清末地方公产多被地方教育、警务等新政分用，自治经费无以维系，不得不与地方官衙或其他新政各局争夺经费。不筹款则无以地方自治，筹款则必将致地方自乱，自治和官治一时无法相济。各属办理自治，之所以官多敷衍，绅多退缩，实因无确定之入款故，官、绅皆无从着手。

---

① 山东清理财政局编订全书财政说明书·岁出部·民政费［G］//国家图书馆出版社影印室. 清末民国财政史料辑刊：第 14 册. 北京：国家图书馆出版社，2007：769.

② 广西财政沿革利弊说明书·地方行政经费之部·民政费［G］//国家图书馆出版社影印室. 清末民国财政史料辑刊：第 7 册. 北京：国家图书馆出版社，2007：621-622.

③ 如山西省，以上三类计近 40 万两，已两倍于旧有之款。且自治一部分若办理完全，则所费犹不止此。山西全省财政说明书·沿革利弊各论［G］//中央财经大学图书馆. 清末民国财政史料辑刊补编：第 9 册. 北京：国家图书馆出版社，2008：197-198.

清末举办自治等新政，多取给于由各省所属府厅州县开办征收的各项杂捐。与咸同时期为筹办军饷开办的各捐性质有异，前者是各省督抚或领兵大臣以筹措国家经费的名义征收的，后者则是由各州县甚至是以城镇乡为单位，借着"以地方之财办地方之事"的名义征收的。前者可谓为国家捐，后者可谓为地方捐。这些地方捐均以各属为主体，征收情况甚至不达知于省级政府。① 与咸同时期中央政府放权于省级政府一样，清季新政时期省级政府也因无力承担各属的筹办新政的财政压力，而被迫放任各属因地制宜，从外销上想办法，解决新政经费短缺难题。"欲办一事，须有一事之款。现在库款支绌，各该地方办理新政，均系自量财力，随时推广"。各地"若能于外销款内，酌提若干为地方新政费用，未为不可。若必事无大小，动向省城请款，不但无此办法，实亦力有未逮"。② 这样，就形成了李三谋所谓的"外销财政的第二层次"③。就笔者的理解，所谓外销财政的第二层次，即是指掌握在各府厅州县乃至城镇乡手里的地方财政。于中央对于省级政府的外销一样，省级政府亦无法控制所属州县级政府的外销。

（四）练兵经费

编练新式军队是清末新政重要内容之一。甲午以后，清廷就开始逐步裁汰兵勇，尝试引入西方练兵方式编练新军。日俄战争，东北防局岌岌可危，清廷加快了编练新军的步伐，认为练兵实当今急务，不容缓议。而练兵必先筹饷，正好又可借练兵之名收各省兵权和财权。

光绪二十九年（1903年）清廷成立练兵处，为全国编练新军的领导机关，准备先在北洋练兵6镇，继而在全国编练36镇。练兵处随即奏请朝廷向各省摊派银数1000万两，作为北洋练兵经费。但那时，广西发生天地会起义，而奉天、吉林又为日俄交战之地，三省奏明缓解；新疆为受协省份，也允准免解。实际上受摊此项经费的只有17个省，且各省也未能认解足额，最后共派银639.7万余两，④ 从光绪三十年开始筹解。

为使这600余万两的练兵经费落到实处，清廷责成各省酌提丁漕钱文，并

---

① 国家财政应以司库为主体，地方财政应以各属为主体。地方自行经理之款，历来惯例，多不达于官厅。山西各府厅州县地方经理各款说明书·例言［G］//国家图书馆出版社影印室. 清末民国财政史料辑刊：第4册. 北京：国家图书馆出版社，2007：2-3.

② 徐鼐霖. 覆福全斋总管论分别旗署民官权限各事［M］//李澍田，编. 夏润生，等编注. 徐鼐霖集. 长春：吉林文史出版社，1989：227.

③ 李三谋. 明清财经史新探［M］. 太原：山西经济出版社，1990：339.

④ 1905年又追加140万两。实际上，各省承担的专款远远不止上列各项。刘伟. 晚清督抚政治——中央与地方关系研究［M］. 武汉：湖北教育出版社，2003：251.

切实报解田房税契，以及确查各属优缺优差浮收数目酌量归公。如确有难办情形，准其在本省中饱陋规内酌量筹补，以筹足定额为度，不准稍有短欠。① 各省对此种摊派不以为然，湖广总督张之洞、两江总督端方甚至谋求据实顶奏，表示无力筹办，全不认解。这使朝廷的筹饷计划大打折扣。此时正值直隶省征收烟酒税卓有成效之时，拟从每年80万两收数中以40万两解练兵处应用。② 户部认为以直隶凋敝之区，犹能集此巨款，而他省报解无多，实在于稽征不力，当即抄录直隶现办章程咨送各省，责成各省一体仿行。朝廷严令催缴，甚至钦派练兵大臣铁良南下明察暗访，在中央的压力下，各省经再三讨价还价，最终接受了各自的筹款任务。

山西派解练兵经费50万两。晋省报告，按照户部的筹款途径，报效一项可得17600两，其中巡抚报效廉俸3000两，藩司4000两，臬司2000两，冀宁道1000两，河东道3000两，雁平道800两，归化关向解抚署公费银2000两，归绥道向解公费银1800两。整顿烟酒税并裁减各局用得4万两；加籴变米豆盈余得1.8万两；商畜契税加于州县2.5万两。后面诸款均是从外销中饱中极力搜罗而来的，合之报效各款每年只能认解10万两。但部议只准减10万，每年最少得解部40万两。③ 晋省不得不另想办法，光绪三十二年起将新增斗捐盈余一款全数解往藩司，备解练兵经费。④

浙江省部派练兵经费每年50万两，本省认解30万两未准，仍按部派数目筹解。浙抚率同藩运两司、粮关各道于本衙门办公经费内分筹报效，又从仁和等57州县丁漕平余项下每县提银600两至5500两不等，再于各州县漕折盈余及役食、驿站暨厘金局卡、盐务、差缺等项极力搜罗，但还是未能照数凑足。浙江省想了一个办法，以奉拨各省关抵补浙江筹还续英德借款之厘金30万两，让各省关直接解京，作为浙省应解练兵经费。⑤

安徽省原派35万两，只认筹20万两。皖省自光绪二十九年十一月奉旨酌

---

① 光绪二十九年十一月丙戌谕军机大臣等 [G] //朱寿朋. 光绪朝东华录：第5册. 北京：中华书局，1958：5117.

② 袁世凯. 拟由烟酒税内拨还公债片（光绪三十三年七月二十日）[M] //廖一中、罗真容，整理. 袁世凯奏议：下. 天津：天津古籍出版社，1987：1523.

③ 山西全省财政说明书·沿革利弊各论 [G] //中央财经大学图书馆. 清末民国财政史料辑刊补编：第9册. 北京：国家图书馆出版社，2008：75-77.

④ 抚部院核第一次呈送议案摘录 [G] //内蒙古大学图书馆. 山西清理财政局编辑现行财政十八种：第1册. 呼和浩特：内蒙古大学出版社，2010：228-229.

⑤ 浙江全省财政说明书·岁出门·解款 [G] //国家图书馆出版社影印室. 清末民国财政史料辑刊：第11册. 北京：国家图书馆出版社，2007：6.

提优缺优差、浮收款目归公，并整顿房田契税。由抚院报效 5000 两，藩司 1 万两，臬司 2000 两，芜湖、凤阳两道 7000 两，安庐滁和道 200 两，安庆等八府共 4100 两，广德等 53 州县共 5190 两，总计 80200 两，① 名为报效，实则由各属在丁漕内摊派。

湖北省原派 50 万两，其中通过节裁冗员廉费，尽力认解 3 万两，司道厅府州县报效 5 万两。② 四川省练兵经费派烟酒捐银 50 万两，提取中饱银 30 万两。③

江西省派 50 万两，认解 20 万两，每年筹提州县丁漕钱价盈余漕粮脚耗等款银 8 万两，烟酒正加税厘银 4 万两，巡抚司道及各府州县报效银 8 万两，共 20 万两，一年分四次批解。光绪三十三年第四批的筹解情况是：税契项下动放 28600 两，四分练兵经费项下动放 4000 两，报效练兵经费项下 1900 两，烟酒正税项下 15500 两，共 5 万两。④

云南省派 20 万两，自光绪三十一年为始，每年认解银 12 万两。经滇省司道筹议，在加收土药、烟酒、厂税、锡课暨粤盐厘金项下筹解。⑤ 后因云南本省也编练新军成镇，遂于三十三年年底停解。

福建省受摊 50 万两，只认解 2 万两，由闽海关承担。原拟在闽海关常税平余并谕礼挂谕等款及节省养廉项下每年设法筹措。后来闽关更定章程，将谕礼挂谕等款化私为公，由此导致的不敷之数在该关关税溢收项下提凑。⑥

山东省所派练兵经费，光绪三十年运司每年认捐节省银 2000 两，票课盈余项下 1 万两（宣统元年银价上涨，民运无盈余可提，改由留东四文加价内动支），每年酒税项下认解 15 万两，烟税 1 万两；东海关 1 万两，在洋税八分经

---

① 安徽全省财政说明书·岁入部·杂款［G］//中央财经大学图书馆. 清末民国财政史料辑刊补编：第 2 册. 北京：国家图书馆出版社，2008：103-104.

② 胡钧. 张文襄公（之洞）年谱［M］//沈云龙. 近代中国史料丛刊：第 47 种. 台北：文海出版社，1969：225.

③ 锡良. 按期解足练兵经费折（光绪三十一年七月初四日）［M］//中国科学院历史研究所第三所工具书组. 锡良遗稿奏稿：第 1 册. 北京：中华书局，1959：499.

④ 光绪三十三年十一月江西巡抚片［G］//中国第一历史档案馆. 光绪朝朱批奏折：第 90 辑. 北京：中华书局，1995：709；江西全省财政说明书·岁出部·解款［G］//中央财经大学图书馆. 清末民国财政史料辑刊补编：第 2 册. 北京：国家图书馆出版社，2008：278.

⑤ 云南全省财政说明书·岁出部·解款［G］//中央财经大学图书馆. 清末民国财政史料辑刊补编：第 3 册. 北京：国家图书馆出版社，2008：349.

⑥ 光绪三十三年十一月十五日闽浙总督兼管闽海关松寿片［G］//中国第一历史档案馆. 光绪朝朱批奏折：第 64 辑. 北京：中华书局，1995：239.

费余款内动支。①

河南省派银 40 万两，认筹 20 万两。在契捐归公要款暨岁协山东武卫军饷内匀拨。②

田房契税、报效归公毕竟款源有限，光绪三十年后，练兵处和户部又要求各省从铜圆余利和盐斤加价方面再设法筹措。

光绪二十七年，清廷谕令沿海省份普铸铜圆。初铸铜圆时，每年所得余利甚厚，且不报部。③ 各省遂争相购机鼓铸，据湖广总督陈夔元称，湖北一省历年所得此项余利计有 700 余万两之多，除解部练兵经费 140 余万两，其余尽充湖北练兵、兴学以及各新政之用。光绪三十一年（1905 年）两江总督周馥亦称："举凡一切新政之无款可筹者，皆指此余利以为的款，即练兵处摊提兵饷，亦竟指此为大宗。"④ 光绪三十三年户部整顿各省铜圆厂，制定章程，规定各省铜圆余利以四成解部为练兵经费，以六成归本省公款。⑤ 据称，各省筹解练兵经费以来，从铜圆余利项下先后解部者，多至 270 万两。⑥ 几近半数的练兵经费都是从铜圆余利项中来的。

湖南省派得的练兵经费 40 万两，是从节省官捐等项内每年认解 20 万两，从铜圆余利项下 20 万两。后节省官捐项下不敷 20 万两之数，改为酌提厘金局节省经费 2.7 万两，矿务局节省公费 1 万两，官运局 1 万两，归并农工商局及口捐、筹备垦务等局节省经费 1 万两，裁提辰州、宝庆两关浮费、火耗银 3000 两，烟酒加税 6 万两，田房契税 4 万两，加收一分契税款内动支 4 万两。但铜圆局余利项下 20 万两仍认解如故。⑦ 福建省则将铜圆余利分为二十成，以七成拨充兵

① 山东清理财政局编订全书财政说明书·岁出部·解款［G］//国家图书馆出版社影印室．清末民国财政史料辑刊：第 14 册．北京：国家图书馆出版社，2007：491.

② 河南全省财政说明书·岁出部·解款［G］//中央财经大学图书馆．清末民国财政史料辑刊补编：第 5 册．北京：国家图书馆出版社，2008：308.

③ 民国财政部泉币司编．币制汇编：第 4 册［M］.244. 国家图书馆缩微号：MGTS/095157.

④ 江苏省钱币研究会．中国铜圆资料选编［G］．江苏省钱币研究会，1989：14.

⑤ 载泽．拟定各铜圆厂统一章程（光绪三十三年七月十六日）［G］//中国人民银行总行参事室金融史料组．中国近代货币史资料：第 1 辑．北京：中华书局，1964：943.

⑥ 光绪三十一年二月丙辰户部奏［G］//朱寿朋．光绪朝东华录：第 5 册．北京：中华书局，1958：5316.

⑦ 湖南财政款目说明书：卷 11 京饷［G］//国家图书馆出版社影印室．清末民国财政史料辑刊：第 13 册．北京：国家图书馆出版社，2007：359.

费，三成拨充学费，其余十成留为本省举行新政之用。①

练兵经费的另一款源为盐斤加价。广西练兵经费出在米、盐两项。米为该省出口大宗，原抽出口米正税每百斤1钱1分2厘，加抽积谷经费3分；出口谷每百斤正税7分7厘7毫，加抽积谷经费1分8厘。后将积谷经费停征，由统税卡于米谷出境时随同正税一律加收练兵经费，每米百斤另筹6分，每谷百斤另收3分6厘；盐斤为该省入口大宗，拟将临大引盐在梧州及怀集、贺县入口时每斤另抽练兵经费1文，平柜冲销之盐在入口时每斤抽练兵经费2文。如此盐斤加价一项岁可增收20万两上下。②

三十一年后，各省铜圆局厂日增，铸造愈多，加上银钱比价发生变动，铜圆余利减少，各省相继停铸，铜圆余利化为乌有，各省原借此接济的那部分练兵经费没有了着落，③ 土药税又开始成为各省筹解练兵经费的主要款源。因此，《清财政考略》云：练兵经费摊解之始，多提铜圆余利，其后以铜圆为害市面，复议停铸，而原指供军费者遂无著。土药税收大盛，则岁以抵之。④

光绪三十三年，浙省铜圆停铸，浙江巡抚张曾敭曾将铜利减少情形据实奏陈。户部强调：各省所派练兵经费为钦定额款，因为部库支绌，是以议由各省筹解，藉济要需。铜圆余利是否可恃，如何补解足额，唯在该省通盘计划，自行设法。而额定之练兵经费决不容短欠丝毫。⑤ 户部只强调练兵经费的足额，而不关心外省款源是否足恃，于是各省开始在土药统捐上打主意。

土药统捐创始于光绪三十年，先由湖南、湖北两省合办，继而推广到安徽、江西。铁良南下后，又增加两广、苏闽四省，促成八省共办统捐。土药税捐，统归一处抽收，其收数先按各省定额仍照旧拨给应用，余下为溢收之数，另储候解，专做中央练兵经费的款，不得挪移。⑥ 照旧拨给有关省份的税款数额是以

① 崇善. 请勿禁贩销铜圆（光绪三十一年九月十四日）[G] //中国人民银行总行参事室金融史料组. 中国近代货币史资料：第1辑. 北京：中华书局，1964：948.

② 张鸣岐. 奏为加抽米谷盐税专充练兵经费事（光绪三十四年五月初八日）[A]. 中国第一历史档案馆藏. 宫中档案全宗，档号：04-01-01-1088-093.

③ 张之洞曾致函练兵处，"鄂省自铜圆减铸后，本省指拨要需，皆苦无从应付"。张之洞. 致练兵处（光绪三十二年八月二十三日）[M] // 苑书义，等编. 张之洞全集：第11册. 石家庄：河北人民出版社，1998：9527.

④ 吴廷燮. 清财政考略 [G] //国家图书馆出版社影印室. 清末民国财政史料辑刊：第20册. 北京：国家图书馆出版社，2007：378.

⑤ 陆军部. 为抄录本部会同度支部具奏议覆浙江省铜圆停铸练兵经费无从筹解一折致宪政编查馆咨文（光绪三十三年十一月十三日）[A]. 中国第一历史档案馆藏. 宪政编查馆全宗，档号：09-01-05-0060-006.

⑥ 光绪朝实录：第537卷 [Z]. 光绪三十年十一月甲申.

光绪二十九年的各省土税收入为基数。该年有关省份或刚刚创办，或还未创办，返还各省的基数普遍偏低，溢收部分多，练兵处因而得到了一个稳定的经费来源。由户部、练兵处主导的南方八省土产鸦片统捐创办，持续数年之久，为清廷带来巨额税收，督办颇有成效，仅上交清廷部分即有1182万两之数。① "此项土税为练饷大宗，近来各省认解练兵之款多未照解，尤恃此统税溢收之项源源接济"，② 足见清廷编练新军经费对八省土膏统捐的依赖程度。

此外，铁良南下催款也向各省督抚施加压力，仅江宁司库局所查出各款有另款存储者，有历年积存者，有以后可以常年拨用者，共约得200万两之谱。③ 到光绪三十一年二月，户部先后收到各省解交到部的练兵经费600万两。④

三十四年禁烟后，土药产量降低，土药统捐又渐不足恃，各省又在想其他办法抵补。广东省练兵经费受派85万两，认筹40万两，除在土药统税拨解外，不敷之数由藩、运、关、厘、善后五库分筹，每库2.2万两，解归藩库汇解。⑤ 光绪三十三年第二批练兵经费：善后局解到土药统税4万两，各库节存拨补银4.8万两，设法筹垫银1.2万两，计10万两。⑥ 光绪三十四年，部议酌加盐斤，各省每斤一律加价4文，加价之款以一半解部，抵补练兵经费，以一半划归产盐、销盐省份。⑦ 各省欠解累累，部分省份因为本省也办练兵（如前述云南省），干脆将此项经费停解。

不同于上述兴学、警务、自治经费，练兵经费应为中央用款，但中央却是通过摊派各省的方式筹集。中央在摊派这一费用时，虽指明了筹措的饷源，但各省情况不同，款源自有丰瘠盈绌，各省筹解办法并不一律。且户部指明的"的款"，也时而有变动，经历了从田房契税、浮收归公到铜圆余利、盐斤加价再到土药统捐的一变再变。练兵经费虽为报部杂款，但来源归根结底是从各省

①　刘增合. 纾困与破局：清末财政监理制度研究［J］. 历史研究，2016（04）.

②　光绪三十三年十一月辛卯度支部奏［G］//朱寿朋. 光绪朝东华录：第5册. 北京：中华书局，1958：5796.

③　户部议覆兵部左侍郎铁良奏查明江宁司库局所进出款项指提备拨片［Z］. 东方杂志，1905，2（08）：161-162.

④　光绪三十一年二月丙辰户部奏［G］//朱寿朋. 光绪朝东华录：第5册. 北京：中华书局，1958：5316.

⑤　广东财政说明书：卷10解款［G］//国家图书馆出版社影印室. 清末民国财政史料辑刊：第8册. 北京：国家图书馆出版社，2007：865.

⑥　光绪三十四年二月广东巡抚片［G］//中国第一历史档案馆. 光绪朝朱批奏折：第64辑. 北京：中华书局，1995：323.

⑦　广西财政沿革利弊说明书·收入部·盐税［G］//国家图书馆出版社影印室. 清末民国财政史料辑刊：第5册. 北京：国家图书馆出版社，2007：102.

外销项下提解的。这无形中影响乃至挤占了靠各省自筹的其他各项新政的经费，对各省外销财政实则形成了一种倒逼机制。张之洞对户部指拨各省外销颇为不满，认为外销当论公私，其入己者，自应严行禁革。若地方要需，关系厉害而非部例所有者，自应筹款济用。外国名曰地方税，视之极重，盖以地方捐款办地方之事，多由绅董经收，不在丁漕厘税之列。然其事既关地方民生休戚，也有关国家厉害。湖北外销之款，大率系兴学、练兵及振兴农工商诸实业之用。①因此，练兵经费的摊派与筹解，中央与各省督抚之间的利益博弈交织其间，它也是清季各省外销财政急剧膨胀的又一助力。

三、各省外销财政规模蠡测

在清代前期中央集权体制中，省只是中央的派出机构，省财政亦不成为一级独立的财政。咸丰军兴以后，随着省级事权的扩张、行政职能的拓展，行政管理部门也因事增设。清末，随着新政的深入开展，各种工商和新政事务机构更是纷纷设立，有的省份还将分散的税务机构合并，成立财政局所，从而大大增强了省的适应性和独立性。②因此，以省为单位作外销财政规模的估计，具有考察价值。近年来，清末各省财政说明书的整理与出版，为分省统计在材料利用上提供了一定的支持。此处选取山西、广东两个资料较为齐全的省份作重点分析，在此基础上对晚清各省外销财政规模作一整体蠡测。

（一）山西省的情况

山西省地处边地，天寒地瘠，物产不丰，财政状况难以与内地富裕省份相比。嘉道以前，例外支用不多，当时晋省除各属摊捐、差徭等项外，其他基本都是内销收支，倘非报拨，即应奏销，无所谓外销。③道咸以后，晋省外销规模渐增，州县解交两司暨本管府州的摊捐，有增无减。至光绪八年，山西司库正杂摊捐已计 300 余款，经清理后尚存常年摊捐 17 款，通计约银 10 万两，为官场第一巨累。④晋省差徭，有兵差、大差、流差之别，有随粮征收者，有按里摊派

---

① 张之洞. 筹拨练兵的款折（光绪三十年七月十六日）［M］//苑书义，等编. 张之洞全集：第 3 册. 石家庄：河北人民出版社，1998：1615.

② 刘伟. 重新认识晚清中央权威衰落的原因［J］. 华中师范大学学报，1998（06）.

③ 山西藩库内销、外销收支各款表说明书［G］//国家图书馆出版社影印室. 清末民国财政史料辑刊：第 2 册. 北京：国家图书馆出版社，2007：39-40.

④ 山西全省财政说明书·沿革利弊总论［G］//中央财经大学图书馆. 清末民国财政史料辑刊补编：第 9 册. 北京：国家图书馆出版社，2008：69；山西清理章程［G］//国家图书馆出版社影印室. 清末民国财政史料辑刊：第 2 册. 北京：国家图书馆出版社，2007：21.

者，有由官捐廉者，有筹款生息者，有协自邻近州县者，有抽之过往脚户者。光绪六年大侵之后，晋省善后局曾拟定均减差徭章程。但差徭愈减愈重，每年入数仍在 16 万两以上。① 盐课一项，咸丰三年定为每斤征银 4 厘，以其中八分之一作为办公经费。光绪十一年抚臣奎斌就于此项公费中，一次提出银 1.04 万两备充公用。晋省厘金，咸丰九年设局开办，岁征银 12 万 ~13 万两。后经抚臣张之洞、刚毅先后整顿，加重土药税厘，裁革煤铁陋规，渐征至 22 万余两。经奏准每年收数如在 18 万两以上，除提一成外销经费外，由正款内再提银 1 万两，以备公用。②

光绪八年，晋省还对本省财政做过一番清理，特设清源局，下分设八科，其中会计科以清岁入、岁出之款，报销科以清内销之款，工程科以清外销之款，裁摊科以清官累之款。规定司库每年立一会计总簿，分入款、存款、借款、尾款、欠款、用款六门，一年出入正杂闲款各几何，分报部、不报部、奏销、咨销情况，分晰注明。③ 因此，晋省财政虽然并不充裕，但与其他省份相比，管理较为规范，外销规模一直被控制在较小范围。其时"晋省之外收，以较报部各款，尚不及十与一之比例"。④

辛丑以后，晋省每年承担 160 余万两的外债偿付任务，再加上清末新政，地方自治事业逐一展开，在在需款，基本上都要在"就地筹款"上想办法，外销财政规模因而逐步壮大。清末晋省外销财政情况，在《山西全省财政说明书》中有较为详细的披露。兹按该省说明书的编写体例，将藩库、运库、归绥道库、归化关库、各州县留支、各署局自行经理各款、各府厅州县自行经理之款等 8 个财政单元内、外销收入情况逐个作一统计分析。

首先看藩库。据《山西全省财政说明书》载，晋省藩库内销收入项下，有地丁、耗羡、盐课、厘金、杂捐等 10 类 104 项，年收入 4984647 两；外销年收入包括营产地租、厘课充公、关税盈余、正杂各税、捐输、杂款、官款生息、

①　酌提差徭 [G] //内蒙古大学图书馆. 山西清理财政局编辑现行财政十八种：第 5 册. 呼和浩特：内蒙古大学出版社，2010：291.
②　何枢. 奏为遵旨整顿关税厘金盐课酌提归公银两数目事（光绪二十六年正月二十八日）[A]. 中国第一历史档案馆藏. 军机处全宗，档号 03-6411-037.
③　山西清理章程 [G] //国家图书馆出版社影印室. 清末民国财政史料辑刊：第 2 册. 北京：国家图书馆出版社，2007：1、31-32.
④　山西藩库内销、外销收支各款表说明书 [G] //国家图书馆出版社影印室. 清末民国财政史料辑刊：第 2 册. 北京：国家图书馆出版社，2007：40.

摊解各款共 12 类 101 项，计银 446893 两，钱 21464 千文。① 具体情况如下表 25 所示，各类别详细情况见附表二。

表 25　山西省藩库内、外销收入款目简表

类别	内销	外销
田赋	20 项，2968997 两	2 项，1866 两
盐课	4 项，84817 两	1 项，381 两
土药税	7 项，302057 两	2 项，93 两
关税	0	1 项，40633 两
正杂各税	7 项，279827 两	1 项，276 两
厘金	4 项，264715 两	8 项，50731 两
杂捐	3 项，119015 两	3 项，7569 两
捐输	9 项，169254 两	9 项，24592 两
杂款	42 项，711948 两	35 项，105503 两，14504 串，32 元
官款生息	5 项，53693 两	31 项，166071 两，6960 串
摊解各款	3 项，30324 两	6 项，40564 两
官业收入	0	2 项，8614 两
合计	4984647 两	446893 两，21464 千 397 文，银圆 32 元

资料来源　山西清理财政局. 山西藩库内外销收入各款表［G］//国家图书馆出版社影印室. 清末民国财政史料辑刊：第 2 册. 北京：国家图书馆出版社，2007：75-87. "不数银"未计入。

但上表数据有待调整之处至少有三：

第一，山西抽收药税、药厘两宗，按照规定每年可提出一成作为外销公费，如每年收数在 18 万两至 21 万两以上者，还可在一成外，再从正款内提出 1 万

---

① 山西藩库外销收入各款表［G］//国家图书馆出版社影印室. 清末民国财政史料辑刊：第 2 册. 北京：国家图书馆出版社，2007：87. 总数与原书统计数略有出入。张曾敭曾于光绪二十九年至三十一年官山西巡抚，该时期山西藩库内销年收银 5041200 余两，外销收入银 168300 余两，钱 5800 串。张曾敭档：10［G］//虞和平. 近代史所藏清代名人稿本抄本：第 1 辑 98. 国家清史编纂委员会文献丛刊. 郑州：大象出版社，2011：223-237. 外销收支规模仅占内销 5% 以下，这与后来的清理财政数据差异较大，可能有很多外销款项未能清理统计进来。

两，以补一成公费不敷之用。① 表25 中该年土药税年收入已达 30 万两以上，而外销项下仅列 93 两，明显存在瞒报或漏报，应将此项外销调整增加 4 万两。

第二，晋省盐课也有八分之一的外销公费可提，而表中外销项下仅列 381 两，同样应调整增加 1 万两。

第三，摊解各款，光绪朝前期该省已有 10 余万两的规模。辛丑以后，晋省司库仅地亩摊捐银便已达 42 万两。② 而上表摊解各款内、外销相加，也仅为 7 万余两。差徭一项，表中也未反映。此两项外销至少要调整增加 30 万两。

其次看运库。河东运库于晋、豫、陕三省之财权各占其一部，其收支向系特别开报，与山西藩库财政立于对等的地位。③ 晋省盐课正课等 12 款，均为内销；运库杂税捐，除畦税 1 款为内销，其他向不报部之外销各款为盐引公费、三打贴等 10 项；杂款类，内、外销各为 7 项，具体情况见表 26。

表26 山西运库内、外销收入一览表　　　　单位：两

类别	内销		外销	
	款目	金额	款目	金额
盐课等款	三省正课并杂课、灵宝正课并杂课	511125		
	海防经费	52987		
	公约赔款加价	211946		
	按引摊捐	3179		
	偿款摊捐	12716		
	晋陕另筹加价	71969		
	晋引解部普通加价	71676		
	晋引解司产销加价	71676		
	陕豫拨回产盐加价	78082		

① 山西巡抚张人骏奏（光绪三十一年十二月初十日）［G］//中国第一历史档案馆. 光绪朝朱批奏折：第 90 辑. 北京：中华书局，1995：344.

② 山西全省财政说明书·沿革利弊各论［G］//中央财经大学图书馆. 清末民国财政史料辑刊补编：第 9 册. 北京：国家图书馆出版社，2008：102.

③ 山西运库内、外销收支各款说明书·例言［G］//国家图书馆出版社影印室. 清末民国财政史料辑刊：第 2 册. 北京：国家图书馆出版社，2007：171.

续表

类别	内销		外销	
	款目	金额	款目	金额
杂税捐	畦税	不定	盐引公费	79480
			三打帖	41925
			销价	16726
			保用	2885
			墙工经费	7418
			盐池岁修	5517
			团练经费	19075
			池脚备公	11000
			粥厂经费	795
			铺捐	1200
杂款	缴引饭食等	5731	官运公费	13200
	都统养廉	4013	道署规费	12800
	提备饷需	10461	中学堂生息等	7169
	加复俸饷	1000	育婴堂生息等	518
	河东道养廉	2708	积谷生息	不定
	盐署官俸役食	1133	堰户工食生息	228
	官运余利	20000	盐捕营专款	21121
	合计	1130402	合计	241057

资料来源　山西清理财政局. 山西运库内、外销收款说明书［G］//国家图书馆出版社影印室. 清末民国财政史料辑刊：第 2 册. 北京：国家图书馆出版社，2007：177-204. ；山西全省财政说明书·沿革利弊各论［G］//中央财经大学图书馆. 清末民国财政史料辑刊补编：第 9 册. 北京：国家图书馆出版社，2008：120-124. 其中"道署规费"以其支数为收数。

再看归绥道库。山西归绥道管辖山西北部 12 厅，为独立库储。其收款可分地租、饷需、税捐、各项新收、廉俸薪公等五种，岁约收 15 万两，大半为庚子后增加之款。[①] 其内、外销收入情况如表 27 所示。

[①]　山西全省财政说明书·沿革利弊各论［G］//中央财经大学图书馆. 清末民国财政史料辑刊补编：第 9 册. 北京：国家图书馆出版社，2008：146-147.

表 27　山西归绥道内、外销收入一览表　　　　　　单位：两

内销		外销	
款目	金额	款目	金额
丰宁兴陶四厅新案各王公牧地租等	14153	丰宁兴陶四厅应解中学堂二厘另租	2154
丰宁兴陶四厅新垦升科牧地正租耗	19366	归化关解道公费	12000
萨厅征收达拉特旗四成地租耗	1753	归化关拨解委员薪水	2000
养廉	3008	收发监印委员薪水	240
绥远留防马队官薪饷	10000	归化关解到刑书津贴	120
绥远陆军步队官兵薪饷	7686	归萨等九厅解到斗秤捐	47995
归化关税拨充绥远留防马队饷	11979	归萨丰三厅解到商捐	6640
编俸	100	归厅解到铺捐	2400
各役工食	234	中学堂提用烟酒税	3000
归绥巡防队截旷	47	兴和厅解到中学堂经费	300
		宁远厅解到中学堂经费	120
		归化等八厅摊解发审委员薪水	860
		归化等八厅摊解定更炮药价	40
		各厅解道署刑书缮详经费	56
		善举生息	2040
		中学堂生息	5560
合计	68326	合计	85525

资料来源　山西清理财政局 . 山西归绥道收支各款说明书［G］//国家图书馆出版社影印室 . 清末民国财政史料辑刊：第 2 册 . 北京：国家图书馆出版社，2007：277-293.

　　山西归化关收支各款。晋省关税，一曰杀虎口，一曰归化城。杀虎口一向由钦派监督专管。归化关于乾隆三十四年改归巡抚兼管，历系归绥道兼充监督，额征常税正余银 1.5 万两。归化关向系独立之款，专册详咨报销，不附庸于司道各库。收项 6 款均为内销，如表 28 所示。

表 28　归化关内、外销收入一览表　　　　　单位：两

内销		外销	
款目	金额	款目	金额
额定杂税	15000		
杂税盈余	1637		
代征土默特额牲畜税	7000		
油酒面课	28		
额外溢收杂畜税	68894		
度支部核减二成并六分减平	318		
合计	92877	合计	0

资料来源　山西清理财政局．山西归化关收支各款说明书［G］//国家图书馆出版社影印室．清末民国财政史料辑刊：第 2 册．北京：国家图书馆出版社，2007：317-321.

但关税收支亦向有内外销、咨达不咨达之分。① 表 28 中仍有可调整之处：

第一，表中归化关收款无外销，但支款有 3 款外销，其中总分各局员司薪水书巡工食心红等款，系在关税一五经费等项下开销，年 18744 两。② 而表 28 中未见有一五经费提取，至少应在外销收入项下增加 14000 两。

第二，光绪二十三年，归化关关务进行了改革，添派委员实力稽查，严杜中饱，增加的额外盈余按理是作为外销款提归公用，向只咨达户部，但概不造报。光绪三十四年归化关长收银已达 6 万余两，应为外销。表 28 将其列为内销，③ 应予调整。

山西各州县内、外销留支等款。留支支出之数，即为留支收入之数。晋省各属留支向只内销，自光绪二十八年以来，始有外销留支。④ 其中内销 18 款，外销 4 款，如表 29 所列。

---

① 山西归化关收支各款说明书·例言［G］//国家图书馆出版社影印室．清末民国财政史料辑刊：第 2 册．北京：国家图书馆出版社，2007：311.

② 山西归化关收支各款说明书［G］//国家图书馆出版社影印室．清末民国财政史料辑刊：第 2 册．北京：国家图书馆出版社，2007：327，329.

③ 山西全省财政说明书·沿革利弊各论［G］//中央财经大学图书馆．清末民国财政史料辑刊补编：第 9 册．北京：国家图书馆出版社，2008：150，148.

④ 山西各厅州县内外销留支等款说明书·例言［G］//国家图书馆出版社影印室．清末民国财政史料辑刊：第 2 册．北京：国家图书馆出版社，2007：335.

表 29　山西各厅州县内、外销留支各款一览表

内销		外销	
款目	金额（两）	款目	金额
进表什物	2	解命盗人犯并缮详等费	12467 两，1452 千文
呈文纸价脚	124	巡警兵饷	11098 两，26830 千文
祈晴祷雨	21	学堂经费	4105 两，3439 千文
迎春土牛	93	积谷	30 两
行香讲书	608		
贡生旗匾	762		
坛庙祭品	13863		
文职官俸	21270		
文职养廉	78189		
州县繁费	13320		
各衙门役食	81363		
铺司工食	4412		
驿站夫马工料	114447		
五台山喇嘛俸	2197		
廪生饩粮并膳夫工食	1540		
廪生贫士学租	257		
临晋县义学束脩	64		
孤贫冬衣花布	1255		
合计	333787	合计	27700 两，31721 千文

资料来源　山西清理财政局.山西各州县内外销留支各款说明书［G］//国家图书馆出版社影印室.清末民国财政史料辑刊：第 2 册.北京：国家图书馆出版社，2007：353-401.

　　各署局所自行经理之款。藩、运、关三库为晋省财政上独立之收支，至于各省其他财政骈枝机构如粮储厘税等局所林立、管理纷歧的局面，在山西却不

明显。光绪二十九年，晋省曾将筹饷局所经管的厘税专储局库，但不久又归藩库。此后，各署局因管理上的便利，亦间有自行经收者，但为数较少。主要款源为：原有之基金，如冀宁道及铁绢军装等局所经收的生息；新筹之特捐，如警务公所经收的车捐、妓捐、灯油捐之类；受上级官厅委托征收，如太原府经收的佐杂津贴及中学堂生息；因职权上所发生的，如臬署经收的笞杖罚金；因法律上所规定的，如各学堂经收的火食费及劝工陈列所收的游览票费。①

表30 山西各署局所自行经理各款　　　　单位：两（特别注明者除外）

单位	内销		外销	
	款目	金额	款目	金额
太原城守尉			满营红白事赏恤生息	290
			满营充公地租	226两，127串576文
			满营地租	125千文
藩署办公处			盐本生息	1912
			路泽两属摊解呈文纸价脚	124
			铁绢局房租	913千420文
按察司			栖流所煤炭生息	3
			笞杖罚金	7368
			盗案记过罚款	1515
			自新所工艺局生息	3600
			罪犯习艺所经费	18900
学务公所			大德通息银	120
警务公所	土药营业凭照捐	0	妓捐	916
			车捐	4660

---

① 山西全省财政说明书·沿革利弊各论［G］//中央财经大学图书馆. 清末民国财政史料辑刊补编：第9册. 北京：国家图书馆出版社，2008：152.

单位	内销		外销	
	款目	金额	款目	金额
冀宁道			育婴堂生息	38
			普济、育婴两堂生息	480
			晋阳书院第三次生息	1200
			道署书吏饭食生息	384
			普、育二堂地租	19
			布公祠香火地租	4
太原府			改良监狱生息	75
			佐杂津贴	4330
			发审局生息	1200
晋泰官银局			倾销火工暨银罐银黝变价	3346
濬文书局			书价并排印工料	458，钱 8358 千 473 文
			并州官报价资	4595，钱 335 千 290 文
			暂向商号借款	1000，400 串
大学堂			中西两斋自费生饭馔	8439 元
			课本缴价	94 元
高等巡警学堂			自费生膳费	2340
陆军小学堂			自费生膳费	317
晋阳公立中学堂			刘京卿捐款	1900
			宁寿寺房捐	钱 700 千
公立女学堂			官绅捐助公款	1847
军装局			经收枪药价值	无定数
			岁修生息	5760
机器局	代造代器械工价	366		

续表

单位	内销		外销	
	款目	金额	款目	金额
农工商局			书北仓港房租	79
			劝工陈列所售卖游览票钱	65
太原商务总会			商务总会生息	220
			公园房租	152
	合计	366	合计	69443 两, 10960 串, 8533 元

资料来源　山西清理财政局. 山西各署局所自行经理各款说明书［G］//中央财经大学图书馆. 清末民国财政史料辑刊补编：第10册. 北京：国家图书馆出版社，2008：583-600.

表30所列各署局所自行经理之款太少，如警务公所、学务公所，自理之款决不仅此之数，但缺少相关资料佐证。

山西省各府厅州县地方经理各款。晋省124厅州县，该项所收近千款，系各属就地自筹，以杂捐、生息为大宗。合计银210616两，钱397532千文，大钱396文，粮76石。[①] 地方自行经理之款，历来惯习，多不达知于官厅，故虽一再调查，仍难为完璧，新筹之自治经费多系批由各上级官厅查明核覆，除业已确定及报明有案各款外，其余都没有统计在内。[②] 因此实际规模应超于此。

地方官厅所得。来源有二：来自明定所得，即法律或章程上有明白规定准其留支，按年奏销之款；来自默认所得，即法律指为不正当行为，而惯习相沿，借所得以补助各种支出之不足。如表31所示。

表31　山西省地方官厅所得情况表　　　　　　　　单位：两

明定所得	金额	默认所得	金额
编俸	20000	粮银平余	300000

---

① 山西全省各府厅州县地方经理各款说明书［G］//国家图书馆出版社影印室. 清末民国财政史料辑刊：第4册. 北京：国家图书馆出版社，2007：119-502.

② 山西全省各厅州县地方经理各款说明书·例言［G］//国家图书馆出版社影印室. 清末民国财政史料辑刊：第4册. 北京：国家图书馆出版社，2007：1-3.

明定所得	金额	默认所得	金额
养廉	110000	各项规费	50000
繁费	10000	税捐盈余	60000
公费	17000		
津贴	15000		
合计	172000	合计	410000

资料来源 山西全省财政说明书·沿革利弊各论 [G] //中央财经大学图书馆. 清末民国财政史料辑刊补编：第9册. 北京：国家图书馆出版社，2008：153-154.

兹将以上各财政单元内、外销收入情况列为一表，如表32所示：

表32 山西省内、外销各款情况一览表

类别	内销			外销			合计（两）
	数额	折成银两	占比%	数额	折成银两	占比%	
藩库	4984647 两	4984647	91.5	446893 两，21464 千 397 文，银圆 32 元	463014	8.5	5447661
各厅州县留支	333787 两	333787	86.6	27700 两，31721 千文	51491	13.4	385278
各署局所自行经理	366 两	366	0.4	69443 两，10960 千文，8533 元	83807	99.6	84173
运库	1130402 两	1130402	82.4	241057 两	241057	17.6	1371459
归绥道	68326 两	68326	44.4	85525 两	85525	55.6	153851
归化关	92877 两	92877	100	0	0	0	92877
府厅州县地方经理各款	0	0	0	银 210616 两，钱 397532 千文，大钱 396 文，粮 76 石	509145	100	509145
地方官厅所得	172000 两	172000	29.6	410000 两	410000	70.4	582000
合计		6782405	78.6		1844039	21.4	8626444

资料来源 前文中各表. 不敷银剔除不计，1000 文折 0.75 两，1 元折 0.72 两，粮 1 石折 5 两，大钱 1 文视同 1 制钱。

表 32 晋省内、外销财政规模之比为 3.7：1。但根据以上分析，如考虑明显漏报的因素，需要调整的数据见表 33。

表 33 山西省财政收入调整情况表　　　　　　　　单位：两

财政单元	收入款目	内销增减情况	外销增减情况
藩库	药厘、药税	−10000	+40000
	盐课	−10000	+10000
	摊解、差徭各款	0	+300000
归化关	一五经费	−14000	+14000
	外销盈余	−60000	+60000
合计		−94000	+424000

经过调整后，内销合计为 6688405 两，外销合计为 2068039 两，晋省内、外销整体财政规模为 8956444 两，外销占整个财政的 25.3%，内销为 74.7%，内、外销比为 2.9：1，即外销规模为内销规模三分之一以上。

（二）广东省的情况

广东地处南方沿海地区，与海外往来互通最早，商贸发达，岁入之巨仅江南、直隶足与比肩。粤省每年财政收入维正之供并不多，地丁、耗羡、盐课、杂税四项，额银仅 190 余万两，归粤省藩司管理；另有粤海关常税年额约 15 万两，洋税尽征尽解年 200 余万两（甲午前），汇于粤海关库。其他以杂收入及厘金为大宗，闱捐、台炮经费、官业收入、正杂各款又次之，正杂入款岁约银 500 余万两，而善后局则为这些正杂各款总汇之所。因此，粤省的情况是正项往往不足，多借外销之有余，移缓就急以弥补之。①

光绪二十五年，就在钦差大臣刚毅衔命南下搜括前夕，粤省曾做过一次财政自查，当时的两广总督谭钟麟奏称：广东省厘金总局每年抽厘进款仅 180 万两有奇，委员中饱、司巡卖放之弊诚所不免，抽厘确数迄不可得。还有未经报部的商办土丝、土茶两款 20 余万两，为解送善后局的外销款；商捐台炮经费，自光绪十六年督臣李瀚章奏明开办，年收洋银至 50 余万两，亦由厘局解交善后局。而善后局内销额款，岁约 260 余万，主要是厘局所解，不敷则由藩库筹拨；

① 刚毅等. 会奏粤省分利事宜疏［G］//国家图书馆出版社影印室. 清末民国财政史料辑
刊：第 24 册. 北京：国家图书馆出版社，2007：349.

外销入款，以杂项厘金、硝磺缴价、各属小押费为大宗，岁收47万余两。这是厘局、善后局的情况。该省盐课，向归商办，只有潮桥一处为官运，综计正杂各款每岁征银67万余两。光绪二十四年奏定盐斤加价，又岁增10万两；外销各项多系出自商捐，如盐仓公费及各场修仓、修堤之类需用，名目甚繁，每岁约入银20余万两，多寡不定。这是运库的情况。归广东省藩库或地方府库的关税，除黄江税厂所收倍于定额，其他如太平关税，年年征不足额；潮州府税洋纱一项，为子口税所分，岁短定额2万两；廉州、广州等府所收府税，收数亦绌。①

以上是粤省自查的情况，当然并不能反映真实情况。因为就在前一年，甘肃布政使岑春煊就揭了粤省藩库的老底，他向朝廷奏陈粤省曾挪用本省藩库未报部银800余万两，这与粤省自称藩库入不敷出的情况隔若云泥。岑春煊此前担任过粤省藩司，这属于局内人的揭秘曝光，自然为朝廷所深信。尽管粤省很快辩称，此800余万两是自咸丰五年至光绪二十四年44年间逐年积累之款，但也不得不承认其中580万两确为未经报部的外销款。"广东藩库款目甚繁，有正款、有部款，中有入春秋拨册者，有不入拨册者，正、部之外复有各属寄存候领候拨之款，有另项存储听候部拨之款，有收支久停远年余剩之款""至司库外销之款，除昔有今无者不计外，现仅二十余款，岁入银十万数千两，数属无多，尚非滥用。且此等款项，或遇地方有事，仓促筹集，以本省筹出之款为本省应办之事，势难责其逐款报部"。末了，粤省避重就轻，"惟厘务、善后两局，外销款项较多，业经奴才于筹饷案内按年提存，听候拨用"。② 粤省的辩解自然难以取得朝廷的信任，此时正值刚毅南下江南搜括完毕正在上海稍歇之际，遂有不必着急回京，著"即督同随带司员，克日启程，前往该省，会同督抚，将一切出入款项，悉心厘剔"之谕。③

刚毅在广东待了将近两个月，将粤省各财政机构进行了一番清查，最后掠走了大约160万两的巨款，"均系取自外销及新旧加增节省盈余等项"。④ 其中，厘务局共筹得850120两，善后局400300两，运库204500两，督抚藩司各衙门

① 谭钟麟折（光绪二十五年八月二十六日）[G] //中国第一历史档案馆.光绪朝朱批奏折：第76辑.北京：中华书局，1995：57.

② 光绪二十五年十月壬寅刚毅奏[G] //朱寿朋.光绪朝东华录：第4册.北京：中华书局，1958：4446-4448.

③ 清德宗实录：卷448 [Z].光绪二十五年七月己巳.

④ 光绪二十五年十月丁丑刚毅等奏[G] //朱寿朋.光绪朝东华录：第4册.北京：中华书局，1958：4439.

酌提节省公费 53600 两，各府厅州县优缺报效 10 万两。这无疑是粤省财政的一次大抽血。据称：广东自经刚毅搜括以后，外销之款悉数全提，正项钱粮又未可擅动。地方无外销款项可支，只得开办小闹姓、缉捕经费，或向富商贷款借银来弥补由于外销被提所留下的用款亏空。① 以致地方政府每开办工程需款动用时，即会以外销已悉数提出为由，要求在正项钱粮下动支。广东学政出巡盘费每年向有一笔 126400 余两的津贴，在善后局外销项下开支。刚毅来粤筹饷，将此款悉数议裁，导致学政出棚盘费无出，其余镇将、道府州县也声称无力办公，朝廷最后不得不同意从强取之款中留出 50 万两于本地拨用。②

又过了五年，另一位钦使铁良再次奉命南下，筹措练兵经费。铁良这次筹款的重心在长江一带省份，没有到广东，但邻省的纷纷认筹，粤省不可能无动于衷，最后还是认缴 30 万两③，多少做了点表示。

刚毅、铁良的两次筹款行动，攫取了包括广东在内的南方各省大量外销款项。外销提归中央，地方相应就缺少了财政灵活性，这对各省财政造成了负面影响。但这一影响到底给广东省财政带来多大的冲击，难以作具体的评估。不过，也绝不会像广东督抚向皇帝奏报时说的那样外销已悉数全提，无力办公，连学政出巡也无款可支的地步。可谓是既有的财源被抽走，新的外销财源又被开拓。清末，粤省财政规模扩大，据统计，当时粤省岁入总计达 2100 万~2200 余万两，岁出达 2300 万~2400 余万两，④ 实际收支规模还高过此数。财政规模扩大的主要原因，就是外销财政规模的扩张。当时的《申报》称：

> 粤督袁制军莅任以来，即以粤省度支经费每年内解及协解款项多至数百万，而由外支销款项，合练兵、防营、缉捕、水军以及洋务官缺津贴公费等，其名目百数十项，每岁需五六百万，据司道册报除由藩运关厘官银

① 李鸿章．交卸起程并陈保疆筹饷布置情形折（光绪二十六年六月二十日）[M] //顾廷龙，戴逸．李鸿章全集：第 16 册．合肥：安徽教育出版社，2008：199.

② 李鸿章．请照旧筹给文武办公津贴折（光绪二十六年三月初六日）[M] //顾廷龙，戴逸．李鸿章全集：第 16 册．合肥：安徽教育出版社，2008：161-162；两广总督片（光绪三十二年七月十八日）[G] //中国第一历史档案馆．光绪朝朱批奏折：第 64 辑．北京：中华书局，1995：791-793；两广总督兼管广东巡抚事张人骏片（光绪三十四年正月）[G] //中国第一历史档案馆．光绪朝朱批奏折：第 64 辑．北京：中华书局，1995：469.

③ "江南认缴 80 万两，浙江 90 万两，四川 40 万两，江西 40 万两，广东 30 万两，湖北 30 万两，以上每年可得 320 万两。"各省筹解练兵经费确数 [N]．时报，1904-10-28.

④ 粤省岁出入各款大纲 [G] //内蒙古大学图书馆．山西清理财政局编辑现行财政十八种：第 4 册．呼和浩特：内蒙古大学出版社，2010：188-190.

钱各处分认解款外，其余悉归善后局支办。查善后局外销款项入款共数百万，出款则在千万以外。卷查目下应筹款项，如成镇经费、兴埠经费等俱为数甚巨。①

袁制军即袁树勋，其任两广总督时正是宣统元年。也就在其在任的前一年，清廷开始在全国范围内开展财政清理，粤省也成立了清理财政局，专办清理财政事宜，并于宣统元年八月间完成了该省光绪三十四年、宣统元年的各类调查报告，编纂了《广东全省财政说明书》。与前述山西省按各财政单元编写的体例不同，广东省财政说明书的编写是按款项罗列，无论入款、出款，均分报部、未报部，以及国家税、地方税来分类，逐款说明。基于此，我们对该省外销财政收入的分析也只能分款项类型来逐类进行。先看广东省清理财政局统计宣统元年广东全省财政的入款情况，如表 34 所示。

表 34 广东清理财政局统计宣统元年广东省财政收入结构表　单位：两

款别		报部		未报部
		国家税	地方税或非税收入	
田赋	正款	3045567	58194	43910
	杂款	29305	140400	81811
盐课税厘	正款	2168312	0	73113
	杂款	339416	200	775097
关税	正款	7088746	0	0
	杂款	205341	0	15689
正杂各税	正款	1730106	0	32969
	杂款	131836	0	26932
土药税	统税	329338	0	32934
厘金	正款	2972355	0	12058
	杂款	617854	0	37132
正杂各捐	正款	1160955	3596942	132733
	杂款	6586	325354	579886
捐输	正款	914484	0	6979

---

① 粤督派员整理外销财政［N］. 申报，1909-9-25（10）.

续表

款别		报部		未报部
		国家税	地方税或非税收入	
官业收入	正款	0	1439988	18470
	杂款	0	0	4839
杂收入	杂款	0	1755543	1244098
合计		20740201	7313969	3118650

资料来源 广东财政说明书［G］//国家图书馆出版社影印室.清末民国财政史料辑刊：第8册.北京：国家图书馆出版社，2007：29-765.表中数据系根据说明书各项所列数据统计而成.

表34中，已、未报部之款，俱以光绪三十四年未经设局清理之前为断。[①] 未报部的款项，是外销无疑。从表34中的数据可见，粤省宣统元年未报部款项占全省财政收入（包括报部、未报部）的10%，已、未报部款项之比为9：1。但报部款项并非都是内销，因为《广东财政说明书》"总说"一节已说得明白，广东省存在"有报部而仍归外销之款"。[②] 我们这里可以这样理解，不报部明确为外销，但还有些款项，虽报部，但仅作为备案，户部并不对其支用进行依例核销，这就是所谓的"报部仍属外销"。表34中，我们将报部但为"地方税或非税收入"单独列作一栏，该栏主要是减成扣平、加平补水、扣收截存、提存提解、捐摊酌提、生息报效等款，可视为"报部仍属外销"款项。经过这样的调整，外销款项即为7313969两+3118650两=10432619两，占全省该年财政收入（包括内、外销）的33.47%，几乎为三分之一，内、外销之比为1.99：1。

但这一数据仍需进一步评估。我们按照表34中收入各款逐项核算。首先是田赋。田赋为国家正供。根据清理财政局的统计，广东田赋分正、杂两款。报部正款共50项，其中国家税38项，地方税12项；报部杂款共4项，其中国家税2项，非税收入2项。未报部均为杂款共28项，其中国家税20项，地方税4项，非税收入4项。粤省田赋之弊主要在于州县之浮收，书差之苛索，如丁、米私规等各项厘头项目，利分于胥役幕丁。根据粤省说明书的说法，浮收之杂费，与正额相倍，即民间完银1两，同时随交杂费1两。我们从当

---

① 广东财政说明书·凡例［G］//国家图书馆出版社影印室.清末民国财政史料辑刊：第8册.北京：国家图书馆出版社，2007：8.

② 广东财政说明书·卷1总论［G］//国家图书馆出版社影印室.清末民国财政史料辑刊：第8册.北京：国家图书馆出版社，2007：15.

时广东各府厅州县随征杂费的比率来看，最高花县，正银1两，随征1.742两；最低合浦县，正银1两，随征0.150两，取平均数，各县随征率94.6%，可见说明书所云并非虚言。宣统元年广东省所收地丁正银为110余万两，正米60万两，合计170万两，① 随征杂费即应达160万两。当然，这160万两并非都是外销，假设一半入了私囊，一半为外销也达80万两，资料表中没有体现，应予调整。

盐课是除田赋外最重要的维正之供。粤盐行销两广，旁跨江西、三楚、闽黔等地，地广岸繁，每年经征正杂各款，举其大要，约分数端，曰课饷，曰税厘，曰盐斤加价，曰价款，曰帑利，曰羡余，曰经费，曰杂款。② 有入奏销者，有不入奏销者；有已报部者，有未报部者。正款报部18项，未报部4项，均为国家税。杂款报部17项，其中国家税16项，非税收入1项，未报部62项，其中国家税52项，非税收入10项。表34中至少有两处需要调整。其一，一成局用，未见体现，该年盐课正饷572907两，至少应提局用57000两；其二，报部杂款中至少有部饭、配盐饭食拨补潮饷、筹补潮桥垫款本息、子盐京羡四项，在《粤醝纪实》一书中被标为外销。③ 四项合计41420两，应予调整。

清末粤省税关，由关务处统辖者有8关16口，这8关分别为粤海、潮海、琼海、北海、三水、江门、九龙、拱北等关。有专收洋税者，有兼收常税者，有专收常税而归税司稽征者，有派委征收者。所收税款有洋税、常税、单费牌照费、溢余平余、杂款等。关税每四结奏销一次，且与税务司折报征数针孔相符，征多报少之弊较少，侵蚀税款现象并不严重。有报部正款7项，均为国家税，正款无未报部款项；报部杂款16项，未报部款项8项，均为国家税。可调整之处为，以表34中未列外销局用一款。按照规定，粤省关税外销局用是八分提成，④ 因此应在该年洋税、洋药税的基础上提出八分经费约

---

① 广东财政说明书：卷2 田赋上［G］//国家图书馆出版社影印室. 清末民国财政史料辑刊：第8册. 北京：国家图书馆出版社，2007：102-109，135-149.

② 广东财政说明书：卷4 盐课税厘［G］//国家图书馆出版社影印室. 清末民国财政史料辑刊：第8册. 北京：国家图书馆出版社，2007：297.

③ 邹琳. 粤醝纪实：第5编［M］//沈云龙. 近代中国史料丛刊：第890种. 台北：文海出版社，1966：15-23. 该省财政说明书亦称，部饭先按年列册奏销，后来此款未能征收足额，历于外销各款凑解。子盐京羡等项同样如此。广东财政说明书：卷4 盐课税厘［G］//国家图书馆出版社影印室. 清末民国财政史料辑刊：第8册. 北京：国家图书馆出版社，2007：305，330. 但该省财政说明书表中却将其列为报部国家税。

④ 同治二年八月十九日晏端书奏［G］//蒋廷黻. 筹办夷务始末补遗：同治朝第1册. 北京：北京大学出版社，1988：606-612.

489026 两。

粤省杂税，以独立名目由各厅州县及各局厂收解藩库者，曰契税、当饷、煤饷、落地商税等；由厘务局收解藩库者，曰炉饷，收解运库者，曰土炉饷，曰铁税；由厅州县汇入地丁解缴藩库者，有渡饷、槟税、牛税、鱼税、船税、地税、山坡税等；还有各县特别名目的小税，如文昌县的菜税，会同县的车税等等。另有一些久不征收的，概行豁免，不在此次统计之列。说明书中有正杂各税，其中报部正款 27 项，未报部正款 4 项，都为国家税；报部杂款 5 项，都为国家税，未报部杂款 5 项，其中 4 项为国家税，1 项为非税收入。

粤省厘金岁入，正款为厘金，杂款则为经费。其属于厘金项下者，有百货厘金、加抽三倍烟酒厘、土丝土茶厘、潮州厘金、省河石厘、石围塘西南等处火车货捐、各项坐贾、各厂牛厘、江门化厘、劝业道移解芦苞厂锑矿厘、琼州关税司解邮包关税抵作内地厘金等，计有报部正款 11 项，未报部正款 4 项，均为国家税。其由厘金所从出而属于经费项下者，有台炮经费、水火油台炮经费、九拱两关台炮经费、花纱经费、台炮一五经费、簿帮费等，计有报部杂款 4 项，未报部杂款 5 项，均为国家税。表 34 所列厘金各款需调整之处有二：其一，光绪十三年，香港、澳门创设九龙、拱北两关，将原设附近港澳补抽华船货物半厘之汲水门等六厂，归税务司代征，但所征百货常税（事实上是百货厘金）仍归广东省，所有传办事件、洋债还款及一切用项，于此开销。[①] 宣统元年，九、拱两关所征百货厘金达 203747 两，应划归外销。[②] 其二，粤省厘金局用为外销款，向不报部。局用一项，光绪三十四年计支出洋银 352510 两，宣统元年则为418350 余两，每年约占收入总数的五分之一。[③] 表 34 未列此款，今以宣统元年418350 余两支数为收数，未报部栏下应补充此款。

粤东杂捐，名目繁多，不胜枚举，如房、粮、屠、酒、膏、牌等款，其余零星各捐，毫末已甚，所收有限。其中报部正款 16 项，内有国家税 7 项，地方税 6 项，非税收入 3 项；未报部正款 5 项，内有地方税 4 项，国家税 1 项；报部杂款 14 项，内有国家税 2 项，地方税 10 项，非税收入 2 项；未报部杂款 24 项，内地方税 21 项，非税收入 3 项。表 34 所列粤省"正杂各捐"一栏应予调整的有：第一，小押店饷项、硝磺饷两项。前者系针对当铺征收的一种营业税，商

---

① 长有. 奏为九龙拱北两关常税仍归粤关开销免其报解折（光绪十五年十月二十五日）[A]. 中国第一历史档案馆藏. 军机处全宗，档号：03-6370-031.

② 广东财政说明书：卷 6 厘金 [G]//国家图书馆出版社影印室. 清末民国财政史料辑刊：第 8 册. 北京：国家图书馆出版社，2007：465.

③ 罗玉东. 中国厘金史 [M]. 北京：商务印书馆，2010：356.

人在换领执照时缴纳，由广东善后局征收，作为军需银两，以补饷需，咸丰八年即已创办。后者由生产经营硝磺的商家认饷承办，亦由善后局征收。这两项在前引谭钟麟折中均为外销，表中却列为内销。第二，杂项中铁税一项，财政说明书中称其虽报部，但不入奏销，[①] 本表却列入内销，应予调整。

粤省自咸丰元年开办接济团练捐以来，陆续动员文武官员、盐商，捐输京饷、海防新例捐、郑工捐、新海防捐、盐商普捐报效、股票捐、绅富捐，还有代他省劝办者，如陕甘捐、黔捐、顺直赈捐、秦晋捐等。光绪三十三年，清廷停止实官捐，自此以后，粤省所经办者仅剩下七项常捐、本省赈捐及代办部捐三项，以及他省代办各捐。

官业收入即官府投资收益。当时的官业性质有三种，即官府独办、官商合办、官督商办。只有盈余即企业利润，是该局、厂、公司实在收入，其余皆枝节。其存款息项，归入盈余结算。粤省官业，甫经开办，前几年多尚无收益。有收益者，除盈余外，均属不报部杂款。其中造币粤厂收款一项，内有盈余外性质款项9674两，表34列入报部款项，应予调整。

杂收入一门，属于临时收入者居多，均为杂款，其性质极为复杂。有报部杂款146项，其中减平扣平各款12项，扣收截存各款12项，提存提解各款6项，平余1项，裁节各款6项，借垫各款11项，缴还各款22项，寄存代收各款3项，摊捐酌提各款8项，赈恤各款1项，各项生息25项，各项罚款6项，各项变价5项，认缴报效1项，各项学费20项，各项经费2项，书报价1项，各项杂款3项；未报部杂款290项，亦分减平扣平、扣收截存、提存提解、平余、裁节、借垫、缴还、寄存代收、摊捐酌提、赈恤、生息等，均为非税收入。

表35 广东省财政收入情况调整表 　　单位：两

款别	报部			未报部	
	国家税	地方税或非税收入		名目	金额
表34	20740201		7313969		3118650
田赋				随征杂费	+800000

① 广东财政说明书：卷5关税［G］//国家图书馆出版社影印室. 清末民国财政史料辑刊：第8册. 北京：国家图书馆出版社，2007：427.

款别	报部			未报部	
	国家税	地方税或非税收入		名目	金额
盐课	一成局用 −57000			局用	+57000
	部饭 −7964			部饭	+7964
	配盐饭食拨补潮饷 −3990			配盐饭食拨补潮饷	+3990
	筹补潮桥垫款本息 −1153			筹补潮桥垫款本息	+1153
	子盐京羡 −28313			子盐京羡	+28313
关税	八分公费 −489026			八分公费	+489026
厘金	六厂百货厘 −203747			六厂百货厘	+203747
				厘金局用	+418350
正杂各捐	小押饷 −334377			小押饷	+334377
	硝磺饷 −85058			硝磺饷	+85058
	铁税 −502			铁税	+502
官业收入		造币粤厂收款	−9674	造币粤厂收款	+9674
调整后	19529071	7304295			5557804

从调整后的数据来看，清末广东省全省财政收入（包括内销、外销）约为32391170两，其中未报部款占整个财政收入的 17.2%，外销款规模为12862099两，约占该省整个财政收入的 39.71%，内、外销之比为 1.52：1。

虽然粤省强调，一切款目，无论内销、外销，都要按规定的格式据实编定报告，力祛欺饰之风，将收支、存储数目逐项梳栉，期于针孔相符。① 但"省外各州县新政待兴，往往就地筹款，以为弥补之计，其所收复有不报闻者"。② 各州县报上来的数据很难说真正做到涓滴归公，纤私不遗。因此，以上数据很难

① 护理两广总督胡湘林奏广东财政局依限编成本年春季出入确数报告册折［G］//内蒙古大学图书馆．山西清理财政局编辑现行财政十八种：第1册．呼和浩特：内蒙古大学出版社，2010：12．

② 广东财政说明书：卷1 总论［G］//国家图书馆出版社影印室．清末民国财政史料辑刊：第8册．北京：国家图书馆出版社，2007：15．

说精确无误。

（三）整体的估算

以上之所以选山西、广东两省做个案分析，并不是这两个省具有代表性，而是因为两省所编制的财政说明书中有关外销财政的资料比其他各省要详细一些，易于统计分析。从统计结果来看，两省外销财政在清末均达到了一定的规模，在该省财政总量中各占有重要的比例。但对于其他省份外销财政规模，由于资料的缺乏，我们没有办法像对上述两省那样，逐省对其进行统计分析。我们只能以这两个省份作为样本，对其他省作一推算。推算必须具有两个前提条件，首先是要弄清楚清末全国财政总体规模究竟有多大，其次是要知道各省外销财政规模占当时财政总量的比率是多少。

清末财政总体规模究竟有多大？论者一般认为，清末财政预算岁出、入数据比较接近清末财政真实规模。[①] 这里有几组数据需要具体分析，如表36所示。

表36 清末最后几年财政统计和预算岁入情况表

财政单位	光绪三十四年岁入（两或另标）	宣统元年岁入（两）	宣统三年预算原册数（两）	宣统三年岁入预算数（两）	宣统四年岁入预算数（元）
中央各衙门	没作统计	没作统计	没作统计	41857637	189739101
奉天	15807273	20441601	16183311	13503444	17265018
吉林	4858702	6723288	8488600	7521384	12138652
黑龙江	933256 中钱 4855040 串 羌钱 102803 元 金沙 306 两	4379533	5400169	4626771	5798618
直隶	21658597	25417088	25156557	22575553	24998539
顺天	不详	244731	254714	28696	213675
热河	806385	不详	1078860	867641	911010

[①] 韩祥《晚清财政规模估算问题初探》（《中国经济史研究》2014年第3期）一文，就如何估算清末财政规模提出了一些建设性意见，但并未作具体的测算。

续表

财政单位	光绪三十四年岁入（两或另标）	宣统元年岁入（两）	宣统三年预算原册数（两）	宣统三年岁入预算数（两）	宣统四年岁入预算数（元）
江苏宁属	25496890	28318995	25741937	18253505	
江苏苏属	20403020	21754595	9834751	23856616	63315514
江苏江北	132525 湘平1506987两 钱280739.667串	1704717	1507000	547905	
安徽	6006729	6431158	4997800	6182019	7811948
山东	11311699	11171383	9349000	11344050	17137250
山西	5871806	6481170	8188561	9497918	10319219
河南	6885117	6995046	9741000	10580551	12042370
陕西	3963702	4986818	4213511	4340129	6928624
甘肃	3121780 钱2518.798串	2792518	3805956	2286888	2740796
新疆	3172300	3166473	3567385	1165997	1583067
福建	6721105	5651412	5061163	7233132	11533419
浙江	8148581 银圆4633444元 小银圆657角 钱240914.477串	11708952	14289452	12812742	18249754
江西	7569863	9395118	6926340	8201886	11550133
湖北	16545200	17180310	13545147	16404608	20242711
湖南	6028100 476元 662200串	8260255	7661553	7976441	10480526
四川	15320657	24384894	23696100	22536361	30047575
广东	7259463 洋银20018037两	37398472	23201957	29734833	35530696

财政单位	光绪三十四年岁入（两或另标）	宣统元年岁入（两）	宣统三年预算原册数（两）	宣统三年岁入预算数（两）	宣统四年岁入预算数（元）
广西	4890643	5262040	4470000	3704694	6570776
云南	6011502	9003544	5461700	4368732	5570203
贵州	1533270	1752471	1734060	1605290	1681209
其他地区	没作统计	不详	2525774	521869	1279446
合计	236861241	281006582	246082358	294137292	525679849

资料来源 光绪三十四年岁入岁出清单［G］//国家图书馆出版社影印室．清末民国财政史料辑刊：第 1 册．北京：国家图书馆出版社，2007：165-172；内蒙古大学图书馆．山西清理财政局编辑现行财政十八种：第 1 册呼和浩特： ［M］．内蒙古大学出版社，2011：105-108，168-171；贾士毅．民国财政史：上［M］．郑州：河南人民出版社，2016：33，38．第一列数据计量单位的换算是：中钱作制钱半数折算，羌钱元按 0.82 比率折成两，金沙按 1 换 28 的比价折算成银，湘平按 0.96 的比率折成库平，元按 0.72 的比率折算成两，制钱 1000 文折算成 0.75 两，1 库平洋银按 0.94 的比例折算 1 库平纹银．其他地区系指察哈尔、绥远城、归化城、乌里雅苏台、科布多、阿尔泰、库伦、伊犁、青海西宁以及川滇边务等非行省区域。

光绪三十四年岁入数据，是宣统元年十月间由各省咨报，经度支部往返驳查更正，最后汇总而得。《清末民国财政史料辑刊》和《山西清理财政局编辑现行财政十八种》（以下简称《十八种》）都载有这份资料，但两者略有参差。如《十八种》载山东为 10525928 库平两，与《辑刊》数据有异，福建省则完全漏载。考虑到《十八种》是抄件，且有疏漏，这里选用《辑刊》所载的数据。但中央各部院衙门收入，以及其他非行省各地区的财政收入，两种资料均未载。可能是该年清理财政的工作重心在各省，各部院以及其他非行省地区并未相应作财政清理，故无数据。表 36 中计量单位也不统一。经换算，得出该年各直省财政总收入约为 2.37 亿两。内中各省彼此协拨，一收一支，款项尚多重复。①这 2.37 亿两中尚存在遗漏和重复计算的问题。

第二列数据系宣统元年各省岁入统计。宣统二年四月间，度支部通知各省督抚转饬清理财政局，将宣统元年出入总数按照预算册式分类分款造册送部。

---

① 光绪三十四年岁入、岁出总数清单［G］//国家图书馆出版社影印室．清末民国财政史料辑刊：第 1 册．北京：国家图书馆出版社，2007：171-172．

宣统元年已属清理财政工作的"现行案"环节，各省已有季报资料。度支部根据各省报上来的数据，再结合该年各省季报各册，复加查核细数，发现两者虽有参差，大致尚能符合。原报虽有舛错之处，都已驳查更正。其有银钱不一，平色不齐，均统一折合成库平。至于各省互协之款，本系重复，收支自应彼此相抵，一律删除。总计岁入库平银 281002514 两（实为 281006582 之误）。其中内除收协各款不计外，实际岁入库平银 263219700 两。但清理财政主要是统计各省出入总数，没有将部库收支计入其内；部库收支不计，自然不能将各省承受部拨及解交部库之款，概予删除。因此，部拨及解部各款，仍行照列。等下一年度汇查全国确数，再行查明剔除。① 其他非行省地区的财政收支亦未做统计。

"宣统三年预算原册数"一栏，系采自《十八种》一书，有一处抄录有误，广东省数据原为 12201957 两，前后相较数据太小。从其后出入盈余数推断，应为 23201957 两之误，已在表中更正。该资料首次将察哈尔、绥远城等非行省区域财政数据统计在内，但在京各衙门收支仍没有统计。且各省数据没有包括本省的海、常关的税收资料，而该年各关关税收入当在 4200 万两左右。该年财政入款总数为 2.46 亿两，多数省份均含有部拨、受协的重复计算，如直隶、新疆等省，受协各款为最巨，奉天、吉林、黑龙江、湖南等省有部款、协款，广东省也有受拨部款各款，贵州省有四川协饷及代征之盐课税厘为大宗。

"宣统三年岁入预算数"一栏，系各省上报，先后经度支部、资政院两次审核增减后的数据。该数据第一次将在京各部院和非行省区域的财政收支一并统计在内。岁入总数达 2.94 亿两，与之前几组数据略显偏大。这里存在部省互拨和省际互协的重复统计的原因，还存在度支部和资政院为追求收支平衡，故意压低各省支数，夸大收数的人为因素。

宣统三年预算，被指为内容卤莽灭裂，贻诸海内外以笑柄，各部臣疆臣亦视其为无物，纷纷要求变更。② 因此，在编制宣统四年预算时，相关人员即呼吁应吸取宣三预算的编制经验。收入有定额者，须照定额；无定额者，用三年均

---

① 度支部奏覆查各省岁出入总数折［G］//内蒙古大学图书馆．山西清理财政局编辑现行财政十八种：第1册．呼和浩特：内蒙古大学出版社，2010：169-166. 此处宣统元年山西、广东两省入数与前文该两省各自的统计数据有所出入。

② 为筹制宣统四年预算案事敬告部臣及疆吏说［G］//内蒙古大学图书馆．山西清理财政局编辑现行财政十八种：第4册．呼和浩特：内蒙古大学出版社，2010：172.

平之法计算。[①] 宣统四年的预算，对上年预算进行了改进，分成中央与各省两部分，以宣统二年实支实用之数为准。中央岁入共 189739101 元，出款 195323300 元。各省岁入 335940748 元，出款 172366021 元（各项数据见附表三、附表四），其中奉天、吉林、黑龙江、直隶、山东、山西、河南、江苏、安徽、浙江、江西、湖南、湖北、四川、陕西、福建、广东、广西及顺天、归化城等处，以入抵出盈余 174902441 元，此款应拨解中央作为京饷、洋款、赔款等之用；如甘肃、新疆、云南、贵州、热河、察哈尔、乌里雅苏台、阿尔泰、西藏、科布多、库伦、绥远城、川滇边务、塔尔巴哈台等处，出入相抵不敷 11327714 元，此款系中央应协济边疆省份之款。这样，我们在统计全国财政整体规模时，就可剔除部省互拨和省际互协的因素。正确的计算办法是，全国整体财政收入规模＝中央岁入＋各省岁入－各省盈余，得 350777408 元，以 0.72 的比例折算等于 252559734 库平两（同样，岁出规模＝中央支出＋各省支出－各省协款，等于 356361607 元，以 0.72 的比例折算等于 256580357 两）。

以上各栏岁入总数颇有差异，笔者认为宣统四年预算数据统计较为全面，结果似更近真。

山西、广东两省，一为内陆省份，一为沿海省份；一为北方贫瘠山区，一为南方商贸发达之地。在以上五组数据中，22 个行省按财政收入总量大小排列，广东省的位次分别为第 2、2、4、2、2 位，且与第一位次江苏省相差甚远，总量仅为后者的一半；山西省的位次分别为第 15、13、11、10、14 位。如将两省财政总量加以平均计算，其规模应居于 22 个行省中之中游偏上。山西省财政管理较为规范，经历任督抚力加整顿，外销规模一直受到抑制；广东省虽商贸发达，外销滋生具有条件，但已经过中央钦派的刚毅、铁良等人（特别是刚毅）的多次搜括，大量外销款已被递次提出，由外销变成内销归于国库，外销财政的占比与其他富裕省份相比，不会太高。因此，就单个省份而言，山西、广东两省的情况确实不具有代表性，但如将两省财政情况结合在一起来看，却颇有代表性。我们仅以宣统元年作为时间节点来考察。该年山西省内销收入清理财政数据为 6782405 两，本文调整后数据为 6688405 两；外销收入清理财政数据为 1844039 两，本文调整后数据为 2268039 两；内、外销岁入合计，清理财政数据为 8626444 两，本文调整后数据为 8956444 两。广东省，内销收入清理财政数据为 20740201 两，本文调整后数据为 19529071 两；外销收入清理财政数据为

---

① 财政新闻［G］//内蒙古大学图书馆. 山西清理财政局编辑现行财政十八种：第 4 册. 呼和浩特：内蒙古大学出版社，2010：309.

10432619 两，本文调整后数据为 12862099 两。内、外销岁入合计，清理财政数据为 31172820 两，本文调整后数据为 32391170 两。两省综核在一起，财政收入规模清理财政数据为 40129264 两，必要调整后数据为 41347614 两。其中外销收入，清理财政数据为 12276658 两，必要调整后为 15130138 两。外销占财政总体规模，按清理财政的数据为 30.6%，必要调整后为 36.6%。从全国整体情况来看，无论是清理财政数据，还是调整后的数据，外销占比应比这两省综合统计的比例略高，至少不会低出太多。我们假设以上统计得出的比例就是全国外销财政占比，以宣统四年预算岁入数据 2.53 亿两为基础，可得清末全国外销财政规模约为 9200 万两（如按清理财政数据，当为 7742 万两）。当然，这并非一个十分精准的数字。

甲午战前，清廷年岁入规模约在 8000 万~9000 万两之间。据刘岳云《光绪会计表》记载，光绪十七年全国岁入数为 8968 万两，光绪十八年为 8436 万两，光绪十一年至二十年的岁入平均值 8359 万两。哲美森估计甲午战前全国岁入 8898 万两，与此大致相埒。庚子前后，清廷文献记载的财政岁入规模也就在 1 亿两上下，而到宣统三年，竟一下子骤增到近 3 亿两。论者认为，财政规模膨胀的主要原因，是清末财政清理把各省瞒报的大量外销款揭露了出来。[1] 也就是说，当时各省外销财政实际上已达到 2 亿两的规模。即便如上文分析的那样，扣除掉部拨、协拨等重复统计外，清末财政实际规模大约在 2.53 亿两，外销财政也已达到 1.5 亿两的巨量。这与我们前面所分析的仅为 9200 万两（调整后数据）的规模相差甚远。另据史志宏等人的估计，甲午前各省不奏报的外销收入就已在 5000 万两以上。[2] 因此，无论是山西、广东两个省份的统计（尽管我们在分析中已对两省所呈报的款目作了一些必要的调整），还是就全国各行省情况的整体分析，以上估算出的清末外销财政的规模还是比我们所感受到的偏小。这里可能存在着两个因素：

其一，财政规模总量是一个流量指标，而非存量指标。所谓流量指标，是指数据随着时序递进而流动不居，每个时序节点均呈现出增减盈缩的动态变动，而不像存量指标那样，某一时间段的数据可以加总，随着时序递进自然呈现单向递增的结果。晚清时期，各直省的外销款项历经多次提解归正，即中央政府强令各省将公款提解为官款，将外销提解为内销。各省外销财政规模即会随政

① 周育民. 晚清财政与社会变迁 [M]. 上海：上海人民出版社，2000：295.
② 史志宏，徐毅. 晚清财政：1851-1894 [M]. 上海：上海财经大学出版社，2008：279.

策波动，时而增加，时而减少。

晚清时期，清廷较大规模地提用各省外销，有这么几次。第一次为京员津贴的提解。京员津贴专款原派 26 万两，分摊到 14 行省 9 海关，由各省、关外销闲款中凑拨，不动正款。第二次是甲午前后。四国赔款，连同汇丰、克萨等款在内，各省每年所摊偿款不下 2500 余万两。各省筹解此款，基本上都是在司库筹提盈余并裁节外销各款项下动支的。光绪二十六年，户部饬令各属关税、厘金、盐课，裁去陋规提归公用，山西省将商捐工程及官运余利银裁减，每年以 2万两提存公用，拨解克萨镑款；① 浙省筹还的汇丰银款 20 万两、汇丰镑款本息10.5 万两，也是出自关盐厘等项盈余、外销归公银；② 在安徽，截取的厘金外销，分别解藩库，凑解克萨、汇丰镑款。③ 人称俄法、英德借款派之各省者，几乎全赖自筹。④ 第三次是刚毅南巡索款。光绪二十五年，刚毅在江苏获得 121.2万两，在广东获得库平银 160.85 万两，均系出自外销及新旧加增节省盈余等项。⑤ 如广东土丝土茶捐一款，原为外销款（谭钟麟折中还称其为外销），光绪二十五年归公，翌年即列入报告，作为内销款统计。⑥ 宣统元年财政说明书载土丝土茶厘为报部内销款，款额 240126 两。第四次是庚子赔款，除中央部库 300万两外，余 1800 万两均由各省自筹。山西河东运库盐课杂款项下提备饷需、加复俸饷、官运余利三项，计 3 万余两，本为商捐外销公用，后陆续提拨充饷，⑦财政说明书中即归到内销统计。晋省自庚子以后，筹防赈捐，措办偿款，举行新政各事宜，每年骤增出款一百数十万两，半取给于外销之项、中饱之资⑧，如

① 山西全省财政说明书·沿革利弊各论［G］//中央财经大学图书馆．清末民国财政史料辑刊补编：第 9 册．北京：国家图书馆出版社，2008：120.
② 浙江财政说明书·岁出门·第九款［G］//国家图书馆出版社影印室．清末民国财政史料辑刊：第 11 册．北京：国家图书馆出版社，2007：51—52.
③ 安徽全省财政说明书·岁入部·厘金［G］//中央财经大学图书馆．清末民国财政史料辑刊补编：第 2 册．北京：国家图书馆出版社，2008：79.
④ 吴廷燮．清财政考略［G］//国家图书馆出版社影印室．清末民国财政史料辑刊：第 20册．北京：国家图书馆出版社，2007：377.
⑤ 刚毅．会奏粤省分利事宜疏［G］//国家图书馆出版社影印室．清末民国财政史料辑刊：第 24 册．北京：国家图书馆出版社，2007：349.
⑥ 罗玉东．中国厘金史［M］．北京：商务印书馆，2010：351；广东财政说明书：卷 6 厘金［G］//国家图书馆出版社影印室．清末民国财政史料辑刊：第 8 册．北京：国家图书馆出版社，2007：484.
⑦ 山西全省财政说明书·沿革利弊各论［G］//中央财经大学图书馆．清末民国财政史料辑刊补编：第 9 册．北京：国家图书馆出版社，2008：120.
⑧ 山西全省财政说明书·沿革利弊总论［G］//中央财经大学图书馆．清末民国财政史料辑刊补编：第 9 册．北京：国家图书馆出版社，2008：75.

按引摊捐、偿款摊捐等，作为克萨赔款之用后，均列入运库内销之款。浙省除加放俸饷等部款抵偿外，尚摊派 140 万两，在粮捐、绸捐、契税捐、牙行铺房钱，以及厘饷局征收之酒膏及茶糖烟酒捐加成等款中凑成，分别由运、粮、关等库经收动发。外销各捐，牵前搭后，本为各库凑拨之款，后竟成额定之数。① 第五次是铁良南巡搜括练兵经费。铁良在江苏搜括并被户部指拨的款项，共计 216 万两。基本途径是彻查外销款项，将其涓滴归公，裁减冗员和不必要的征收机构，以节省靡费。② 在铁良的不断敲打下，其他各省被迫响应，纷纷认筹的款。通过以上五次大规模的归公、提解，各省有 6000 万~7000 万两的外销款被"化私为公"、化公为官，进入了国库或充当了正项财政的角色。

其二，清末预算诸数据，统计仍然不够全面，还有大量没有被纳入预算的款项。以上我们是以清末各省财政说明书的各项数据为基准，将解部、协拨等重复计算的部分进行剔除，推算出清末财政收入的总体规模，再将其与我们进行个案分析得出的一个外销占比的比率相乘，推算出各省外销财政规模至少为 9200 万两（调整后数据）。这种推算的准确性建立在两个前提之上，一是通过个案分析得出的这个外销财政占比能代表全国整体情况；一是清末各省财政说明书的数据是准确的。而恰在后一点上，清末时人对此就不以为然，认为"各省所报岁入断非实数"。③ 王业键认为，宣统三年的预算是由度支部匆匆制定出来的，有些收入显然被度支部低估，仅田赋一项，实际规模应是宣统三年预算数据的两倍。他估计清末国家财政的实际数额应在 2.92 亿两左右。④ 这比我们所估计的 2.53 亿两要高出近 4000 万两。

外销财政具有隐蔽性和不规范性，由于没有系统的簿记资料参考，真实规模不易统计。就以上我们的两个案例山西、广东两省而言，所做的数据调整，只是我们在阅读材料时已确认漏报、瞒报的部分，还有没被我们发现未调整的款项，想必为数尚多。清末各省预算肯定存在瞒报、漏报的问题。其中最大的漏报项目，当数各州县自治经费（扣除中央补助费后）。在度支部颁布的预算册式中，只有地方行政经费，而没有将地方自治费列入其中。地方行政经费专指

---

① 浙江财政说明书·岁出门·第八款 [G] //国家图书馆出版社影印室. 清末民国财政史料辑刊：第 11 册. 北京：国家图书馆出版社，2007：44-45.

② 何汉威. 从清末刚毅、铁良南巡看中央和地方的财政关系 [J]. 台北："中央研究院"历史语言研究所集刊，1997，68（01）：67.

③ 何议员对于审查预算之意见 [N]. 申报，1910-11-26（05）.

④ 王业键. 清代田赋刍论（1750-1911）[M]. 高风，等译. 北京：人民出版社，2008：96-104.

关于官治事业而言，而各府厅州县所办公益之堂所，如中小学堂、蒙养院、劝学所、宣讲所、图书馆、阅报社、施医局、戒烟会、公园、工艺厂、救火会等项，不在官治范围之内，其经费多出于府州县税，因此没有纳入预算。① 清末地方自治事业是地方政府开支最大的一个项目，据民国初年的预算统计，当时地方自治预算收入，全国每年当在2000万两以上。②

至于瞒报，主要在于州县。各省财政说明书中的数据均是层层汇总上报的，州县报上来的数据很难说精确无误。虽然粤省强调，一切款目，无论内销、外销，一律按照册式据实编定报告，力祛欺饰之风，将收支、存储数目逐项梳栉，期于针孔相符。③ 但"省外各州县新政待兴，往往就地筹款，以为弥补之计，其所收复有不报闻者"。④ 如租课一项，名目繁多，通省署局皆有收入，尚有案牍稽考；但外府州县，下逮教佐收入杂租，有属藩司者，有解学司者，有解道府者，有的案失无稽，未据填报，概从阙如。⑤ 各州县报上来的数据很难说真正做到涓滴归公，纤私不遗。瞒报部分最重要的当数各州县办公经费。因为在清理财政之时，清廷迟迟未就各基层政府的办公经费作一厘定。各州县普遍存在今后办公经费无出的担心，不愿将州县外销和盘托出。地方官厅的收入非常芜杂，有明定者，有默认者。如前文提到，在山西，明定所得有编俸、养廉、繁费、公费、津贴等款；默认所得有粮银平余、各项规费、税捐盈余等，统计全省地方官厅所得约共银58万余两。⑥ 这58万余两减去编俸、养廉等内销支出约17万两，剩下41万余两为外销。当时山西府厅州县共122缺，平均每缺年工薪及办公经费加在一起仅4700余两，实属偏少，存在瞒报可能。晋省各属外销公

---

① 不过，各省处理不一。有的省份难以将外销在自治经费中划出，故仍统计在内，如奉天省。熊希龄. 就奉天财政预算上度支部堂宪禀（1910年）[M] //周秋光，编. 熊希龄集：第2册. 长沙：湖南人民出版社，2008：260.

② 民国二年，地方自治预算岁入38668745元，民国三年为38499332元，民国五年仍然占有27376516元. 贾士毅. 民国财政史：上册 [M]. 郑州：河南人民出版社，2016：131.

③ 护理两广总督胡湘林奏广东财政局依限编成本年春季出入确数报告册折 [G] //内蒙古大学图书馆. 山西清理财政局编辑现行财政十八种：第2册. 呼和浩特：内蒙古大学出版社，2010：12.

④ 广东财政说明书：卷1总论 [G] //国家图书馆出版社影印室. 清末民国财政史料辑刊：第8册. 北京：国家图书馆出版社，2007：15.

⑤ 广东财政说明书：卷2田赋上 [G] //国家图书馆出版社影印室. 清末民国财政史料辑刊：第8册. 北京：国家图书馆出版社，2007：99-100.

⑥ 山西全省财政说明书·沿革利弊各论 [G] //中央财经大学图书馆. 清末民国财政史料辑刊补编：第9册. 北京：国家图书馆出版社，2008：153-154.

费的瞒报情况在当时全国 22 省，还有十来个非行省的地区应属普遍。如果将这些漏报、瞒报的因素都考虑进去，那么，清末外销财政规模将会高于我们的分析结果。

以上我们仅对外销收入规模作了统计，限于篇幅，没有对外销支出情况做分析，但可以肯定地说，外销财政支出规模与外销财政收入规模应大致相当。

第五章

清季外销财政治理

清廷每到需款紧急之时，即会启动对各省外销财政的清理整顿，企图从地方外销中分得一杯剩羹。各省也会装模作样配合中央的清查，并相应奉献出一部分财政权益，但事后又一如既往迅速填补、扩充自己的外销财政规模。中央与各省就在这种取予授受、反复博弈之中达成一种利益的均衡。本研究将光绪十年奏销科目编订、甲午之后钦使南下索款、清末编制预算视为三个典型事件，据此将清季外销财政治理归纳为三种模式，即奏销规制框架下的常规式治理、行政威权压制下的运动式治理、国地分税背景下的规范式治理。拟从指导思想、目标、措施、绩效，特别是财政权责确定等方面，对晚清外销财政治理三种模式的得失作一检讨，揭示清末财政体制改革的取向及历史意义。

一、光绪朝前期的重整奏销规制

光绪朝前期，大规模的军事行动暂告一段落，百废待兴，奏销制度亟待规复正轨。光绪八年（1882 年），阎敬铭主政户部。阎氏早年曾任户部司员，后又历任湖北布政使、山东巡抚等职，于部务、地方行政无不谙熟，素以廉正、善于理财著称。阎氏有心在任上有所作为。此时，正好爆出云南军需报销大案。阎氏即以查办云南报销案为契机，作补偏救弊的努力，通过筹发京员津贴，"内除户部招摇需索之由"；通过重整奏销规制，试图将外销纳入奏销制度，"外绝各省含混冒销之弊"。

（一）事先立案

云南报销案暴露出光绪朝前期奏销制度所面临的两难窘境。如严格按照奏销程式，外省有好多款项无法报销。而这些用款又是真实花出，地方政府为弥补这一财政亏空，只能通过外销的形式来抵补这笔费用。如果不严格按照则例，搞变通处理，又会增加部吏随意核销的权力，并肆意向外省提出额外索求，从而加剧奏销环节的弄虚作假和吏治腐败，而地方政府同样须从外销途径来筹措这笔部费应对各部院的需索。外销财政既是现行奏销制度败坏的结果，同时又成为奏销制度进一步败坏的导因。

光绪十年（1884年），清廷推出京员津贴政策，向四、五、六品京堂官及四品以下七品以上科道司员发放津贴，意在增加一些京官的收入，略助其饮食、办公之资，改暗取为明予，使报销环节的索贿侵渔无所借口。但京员津贴显然只是堵住了奏销制度窳坏的一个阀门，规复旧制使奏销制度走上正轨在当时才被视为治本之策。清廷的办法是重整报销规制，对经制之外的新增开销实行事先报部立案制度，极力将各省外销收支纳入奏销轨道。

同治三年（1864年），为厚待勋臣，清廷对该年六月以前的军需报销已做过一次变通处理，前文已述及。清廷将此次报销变通视为特恩，同治三年六月以后的军需报销仍当遵照旧例造册，自不待言。但此后的各省军需报销并没有因此次特恩而有所改进，拖延泄沓之风仍一如既往。[①] 正如光绪八年御史梁俊所奏，历年既久，用款甚繁，军需、善后事宜名目尤多。一意苛求造册合例，往往再三驳查，稽延时日，甚至迁就挪移，串通作弊。军兴时期各省应行造报之案积久不办的情形再次重演。他建议，对同治三年六月以后的军需善后用款报销，再来一次变通。以光绪八年为界，之前各省没有报销各案，准其将收支款目总数分年分起开具简明清单奏明存案，免其造册报销，宽其既往；之后的军需、善后各款，仍照造册报销的旧例执行，严其将来。[②] 但右庶子张佩纶提出不同的意见，认为报销免造细册，会导致外重内轻之弊，请求皇帝派大臣秉公核议，以慎度支。[③] 清廷对张氏外重内轻之言颇为警惕。皇帝要求户部妥议具体的解决方案。户部结合张、梁二氏两方面的意见，很快拟出军需善后报销内外办法，其中部章6条，外省章程14条，奏请通行。

新的报销章程最要者有如下规定：光绪八年八月之前各省未经报销各案，向来开单者，截至八年十二月止照旧开单，向系造册者，仍旧造册；九年正月以后概令一律造册送部核销，不准再有开单。开单者，必照户部制定的格式，先开兵勇、员弁名数与口粮实数及增勇、裁勇四柱清册，再开收支银数数目四柱清册，定限速结。户部强调，酌定开单格式之意，不过易册籍之繁重归于简明，略弁勇之花名惟考实数，只要逐款明晰，即与造册无殊，在疆吏不致苦造

---

① 如陕西省。陕省咸丰十一年至同治十三年收支各款汇案报销，册开收支数目寥寥数语，户部无从稽查，其中51万余两款项，没有造具细册报销。户部. 厘定清查陕省各事宜缮具清单（光绪十年八月初五日）［G］//户部奏稿：第6册. 北京：全国图书馆文献缩微复制中心，2004：2605. 陕西省的情况在当时应是一个普遍现象。

② 梁俊. 奏为军需报销致招物议请饬开具清单免造细册事（光绪八年九月初八日）［A］. 中国第一历史档案馆藏. 军机处全宗，档号：03-6017-035.

③ 光绪朝实录：卷152［Z］. 光绪八年九月壬寅.

报繁难，在部臣可详考军饷出入，不再像从前那样毫无轮廓，笼统奏销。① 造册者，统由户部查照该省奏明原案兵勇数目、支饷数目核算，有案者准销，无案者议驳；与现定章程相符者准销，不符者议驳。各省防军凡从前没有奏明营制、兵勇数目、口粮、军火杂用等项者，统限三个月内奏咨立案。以后如有增裁勇数、饷数者，随时奏报。倘不依限奏明立案，或兵勇饷数与原案不符者，概不准销。各省设立机器局以及购买外洋枪炮、电线等件，均为洋务新事物，部中无凭稽核。虽不能限以定数，亦当立有范围，总计常年经费若干，添购机器经费若干，事前奏明报部立案，事后方准报销。

户部为何一再强调各省军需报销事前务必要立案？在讨论御史丁振铎奏请《将军需报销各款核定简明章程增入则例》一折中，户部即已解释了原因："自军兴以来，各省督抚及各路统兵大员，练兵募勇，所在立营，肃清以后，各就原定营制创立章程。原定营制各处不同，章程因以互异。"报销时部中无例、无案可依，为吏胥舞弊提供了可乘之机。而事前立案，"实以外省奏报之章程，为部中核销之章程"。② 即各省在动用军需之前，须先向户部提交一份备案。这份备案，是事后户部核销该省军需的依据，所销之数与立案之数相符即准，不符者不准。这样，明白划一，内外共知，部、省两造，一报一销，均有案可凭。

部定新章，遵守者有之。如两江总督左宗棠办理的江苏防营收支报销案，左氏在办理这份报销时，与部新颁章程一一对照，有应奏明立案者3条：

> 江苏防营马步水师营哨官弁勇夫员名总数、驻防处所，历经按年造册报部。自九年春季起，遵照新章，按季造册报部一次，并将薪粮、正杂各款，按照历届准销成案及淮军饷章，分晰汇开清册，咨部查核，以符新章。
>
> 江苏留防军需用款，向系按年造册报销，业经造报至光绪七年十二月底止，列为第十案，奏咨在案。除营哨官弁勇夫支饷各数现经分晰汇开清册送部外，嗣后仍循旧按年造册，于次年八月依限送部核销，以符新章。
>
> 购买洋枪、洋炮、子弹、火药、铜火等件，由经管委员随时禀准后，与洋商按物之粗细，查照外国厂价，临时议购，故无一定用款，亦无一律价目。虽例所不及，而支给惟期核实。拟请嗣后自九年正月起，添购外洋军火，无

---

① 户部奏（光绪十年二月）［G］//户部奏稿：第3册.北京：全国图书馆文献缩微复制中心，2004：1177-1178.

② 户部片（光绪九年十二月初五日）［G］//户部奏稿：第2册.北京：全国图书馆文献缩微复制中心，2004：653-654.

论巨细，用款名目、件数、价值随时专案呈报，咨部查考，以便造报。①

金陵洋火药局厂光绪七年始建，工程、建厂经费共需银18万余两，分别由金陵防营支应局、江南筹防局陆续拨给。该厂悉仿洋式，难以营造成式相绳，经费开销既无定例可循，亦无定章可比。左宗棠亦遵部新章，将建厂经费银数缘由，向皇帝恭折陈明，请敕部立案施行。② 光绪十年闰五月间，该厂建成，仿用洋式机器制造各种枪炮需用粗细火药，委员、司事、各工匠工费及所需柳炭、硝磺、煤柴杂件等物料，各项常年经费约需银4万两，同样咨部查照立案。③ 甚至连士卒郊宿使用的帐棚因过于窄小导致夏季士兵疾疬流行，请仿甘肃行营尺寸加阔布幅一事，左氏也请旨敕部立案。④ 光绪十年左宗棠督师闽省，陆续抽调江南、江西各营添募援台亲军、士勇，以及设立粮台、转运、军装各局需月支饷项经费，左氏同样将大致数目先行造具简明清折，咨部存案备查。⑤ 左宗棠不愧是中兴名臣，在军需报销方面能严遵部章，做到一丝不苟，身体力行。

立案之意，必部中无案可稽者，始行奏咨，以备核销时有所稽考。如曾经报部有案或常年照章支用各款，当然无须再行立案。筹办海防事属创始，一切用款皆无成例可循，亦非他项军需可比，凡购物、制器、用人，头绪较多，必须每年都要将应需各款奏咨立案一次。北洋海防经费除旧有各船艇、鱼雷、水雷，各营原支薪粮煤斤号衣旗帜以及水师、武备两学，业经报部复准，不必再行立案，此外采买制造、旅顺口添设水陆军械局及原有各师船营局学堂添派员弁人等薪数，暨一切新支用款，均需遵部新章，按款摘叙案由、支数，分别造册开单，先行奏咨立案，⑥ 使以后办理报销更为简易，户部稽核亦有依据。我们

① 左宗棠. 江苏防营正杂饷项仍循准销成案造报折（光绪九年三月初六日）[M] //左宗棠全集：第8册. 长沙：岳麓书社，2009：225-227.

② 左宗棠. 陈明金陵创造洋火药局建厂经费银数折（光绪九年十二月十七日）[M] //左宗棠全集：第8册. 长沙：岳麓书社，2009：382.

③ 曾国荃. 奏请为金陵制造洋火药局之常年经费立案片（光绪十年十二月十六日）[G] //中国近代兵器工业档案史料：第1册. 北京：兵器工业出版社，1993：873. 此折《曾国荃全集》未收.

④ 左宗棠. 军中帐棚加阔布幅请敕部立案折（光绪九年十一月二十八日）[M] //左宗棠全集：第8册. 长沙：岳麓书社，2009：3049.

⑤ 左宗棠. 各营旗台局月支饷银开具清折咨部立案折（光绪十一年四月二十三日）[M] //左宗棠全集：第8册. 长沙：岳麓书社，2009：525-526.

⑥ 李鸿章. 海防用款立案折（光绪十四年十二月初十日）[M] //顾廷龙，戴逸. 李鸿章全集：第12册. 合肥：安徽教育出版社，2008：531；李鸿章. 海防用款立案折（光绪十六年十二月十一日）[M] //顾廷龙，戴逸. 李鸿章全集：第13册. 合肥：安徽教育出版社，2008：546-547.

从北洋大臣李鸿章的奏折中发现，几乎每年十二月份，李氏都要拟具一份内容基本一致的《海防用款立案折》上奏朝廷。

需要事先报部立案的，要么是没有成案可依的洋务活动，必须事先向户部备案，如各省机器局，员弁、司事、匠役薪水等项，人数或添或裁，口粮或添或减，或常年供役，或随时短雇，数目虽有多寡，支放茊无章程，若不先期咨报立案，将来报销到部，实无凭稽考。① 金陵机器局制造枪炮、军火等件，系仿照西洋各法，概用机器制造，所需料物多购自外洋，名目既有不同，价值亦难画一；匠役工食，按技艺之优劣，定支数之多寡，随时增减。无例可循，恐部臣无案可稽，致多查诘，因此要求皇帝敕部立案。② 光绪十年，四川机器局委员在本地采购钢铁，光绪十四年（1888 年）派人赴上海采买洋铜、镪水、洋钢、洋锉等项及一切应用物料，都预先开具名目、价格清单，先行咨部备查。③

要么是超常规的军事行动，用款具有不确定性，难以常例相衡，报销前亦需提交立案材料，如中法之战期间刘铭传率军涉海援台一事，刘氏称：

> 臣此次行军未久，而奇险百倍前人，照部新章实难造报。合无仰恳天恩，俯念台湾远隔重洋，复被禁海，行军、筹防，显分二事，缓急悬殊，敕部准将行军一岁之间，查照收支款目各单，先行立案。俟销册到部，以便核销截清此项。④

户部会根据各省报上来的立案材料，比照该省以前的相关奏案，或参考他省同类例案，逐一核对，详加核减，能定数者立为定数，不能定数者设法稽核。光绪十年，山西巡抚张之洞遵照部章，将晋省已撤暨现存各军勇数、饷数并各项薪水、杂费开单奏咨立案。户部发现该省军需报销上一案，收支各款均为开单报销，无法援照核算，只能督饬司员，检查该省历年相关奏案例章，逐款校

---

① 户部 . 各省机器局请立定章程折（光绪十年三月十二日）［G］// 户部奏稿：第 3 册 . 北京：全国图书馆文献缩微复制中心，2004：1463.

② 左宗棠 . 请仍准机器局支用各款实用实销片（光绪九年三月初九日）［M］// 左宗棠全集：第 8 册 . 长沙：岳麓书社，2009：232.

③ 丁宝桢片（光绪十年三月二十九日）［G］// 户部奏稿：第 4 册 . 北京：全国图书馆文献缩微复制中心，2004：1666；刘秉璋 . 奏为四川机器局赴上海采买洋铜等项物料事（光绪十四年八月初三日）［A］. 中国第一历史档案馆藏 . 宫中档案全宗，档号：04-01-03-0176-009.

④ 刘铭传 . 行军用款截清立案以凭核销折（光绪十二年八月二十六日）［M］// 马昌华、翁飞，点校 . 刘铭传文集 . 合肥：黄山书社，2014：286.

对，其名数、饷数与例章奏案合者，悉于单内分款注明，准其立案；其有不合者，也于单内按款详注，令其删除。① 等到晋省下次办理此项报销时，户部即可以此次所立之案作为核销的标准。

同年，浙抚将浙江省留防各营实存员弁兵勇数目，造具清册，送部立案。户部同样督饬司员按照原册逐款稽核，应删应减，定案后原册抄齐存部，嗣后该省销案永照此办理，随案同送，以凭核对。②

户部已经发现，军需则例今昔不同，已不能尽行援引，各省章程不一，也难令强同。因此要求有条件的省份一省撰一省例，存部备查：

> 有奏咨各案可稽者，即可编纂；尚有未经奏咨立案，限令各省拟定章程奏明，俟各省到齐后，臣部将各省后奏案参酌定例，分前准驳刊即报销简明章程，一省各纂一例，颁发遵照办理，以后变通，随时编入，使各省支报销款目，仍系该省奏咨定案。③

贵州遵照部章，参酌历届成案，因地因时，拟定报销省章 16 条，以后再有变通，还可随时呈请补充。④ 黔省后来发现，改编练军章程在省章内没有详细开载，致碍核销，又于光绪十一年七月申请补充。户部遂督饬司员按照原单，查照军需则例及该省历次奏咨并办过各成案，逐款稽核，同意该省另缮清单，奏请立案，以便遵守。⑤ 光绪十年，清廷特派户部尚书额勒和布亲赴陕西，调查陕省外销事宜，就规复额饷、停发未支欠饷、未支廉俸饷乾分别改奖等事与该省进行了沟通，最终促成陕省厘定军需用款章程 8 条。⑥

户部有时也督催各省军政大员遇事要及时立案，以便事后报销。光绪十年帮办福建军务的杨岳斌准备赴台作战，先赴安徽等地招募新军，练习洋枪、洋

---

① 核议晋抚奏晋省军需用款开单奏明立案折（光绪九年九月二十五日）［G］//英琦，世杰.户部山西司奏稿户部陕西司奏稿：第 1 册，台北：学生书局，1976：325.

② 户部奏（光绪十年五月初九日）［G］//户部奏稿：第 4 册.北京：全国图书馆文献缩微复制中心，2004：1765-1773.

③ 李用清片（光绪十年十一月二十一日）［G］//户部奏稿：第 7 册.北京：全国图书馆文献缩微复制中心，2004：3386.

④ 李用清.奏为声明拟定报销章程以后遇有变通随时呈请事（光绪十年八月二十五日）［A］.中国第一历史档案馆藏.宫中档案全宗，档号：04-01-01-0951-086.

⑤ 户部奏（光绪十一年七月初八日）［G］//户部奏稿：第 9 册.北京：全国图书馆文献缩微复制中心，2004：4315-4316.

⑥ 户部.议覆陕西省用款章程分别办理折（光绪十一年七月十六日）［G］//户部奏稿：第 9 册.北京：全国图书馆文献缩微复制中心，2004：4350.

炮，月需饷项照楚军章程稍为变通散放，为旧例所无，中途接到户部的咨文，"该前督所募十一营，究竟官弁勇夫若干，月需饷项若干，系照何项章程开支，应请旨饬下该前督遵照臣部奏定新章，赶紧造具清册，奏咨报部立案。"① 杨岳斌赶紧将详细情况报告给皇帝，请饬部立案，以便日后由福建省汇案报销。

各省对于部定新章，敷衍应对者亦有之。福州船政局自同治五年十一月开办到光绪八年十二月底止，所有制船经费援天津机器局成案，将收支各款开单奏报，其历次单内所开支给在局员役薪工等项，均系笼统开报总数，并未将每人各应支若干分晰声叙，这与部颁新章不符。光绪九年七月，户部令船政局大臣何如璋，按照部颁格式详晰开单，另行奏报。要求上自总理、提调，下至员绅、书役人等，将其每月所支薪工及一切杂费逐一厘定，奏明立案，以凭核办。② 但何如璋在请销光绪六、七、八三年制船用款时并未遵办，户部不予核准，令将应销各款按照部颁单式，将员役人等名数、饷数起止日期，并照何项章程支发，其无例案可援者是否奏定有案，开具清单，专案奏报。③

工程维修亦需立案。科布多城城垣残破，年久失修，参赞大臣清安奏请修理，估银 5500 两。光绪九年领到户部拨银购料兴修。自勘估到兴工时隔两年，其间未估工程续行坍塌，原估之款不敷使用，决定由铺商垫款 2300 两续估修整。但续修工程没有报部立案，这笔款项后来想在科城台费项下开销，户部以续修工程没有报部立案为由，不准开销，令将动用台费银两照数归款。④

光绪朝前期，军需报销混乱情形以西北边疆的西路各军最甚。西路各军每年需饷 1180 万两，岁耗财赋占当年国家岁入近八分之一。但支销各款向系笼统开单报销，一切章程并不报部，⑤ 估拨成法荡然无存。正如户部所言：

募勇则各请专饷，善后则各立章程，饷则各自迎提，浮开盘费，局则

---

① 杨岳斌. 军饷照楚军章程稍为变通折（光绪十年十一月十八日）［M］//肖永明，等校点. 杨岳斌集. 长沙：岳麓书社，2012：460.

② 户部奏（光绪十年五月二十五日）［G］//户部奏稿：第 4 册. 北京：全国图书馆文献缩微复制中心，2004：1813-1815.

③ 户部奏（光绪十年闰五月十六日）［G］//户部奏稿：第 4 册. 北京：全国图书馆文献缩微复制中心，2004：1922-1925.

④ 户部. 科布多续修工程查无估报核准案据所请动用台费银两碍难照准折（光绪十一年）［G］//户部奏稿：第 10 册. 北京：全国图书馆文献缩微复制中心，2004：4674.

⑤ 议驳伊犁将军请将军需用款照立案章程核销折（光绪十一年十二月二十四日）［G］//英琦，世杰. 户部山西司奏稿户部陕西司奏稿：第 4 册. 台北：学生书局，1976：2229-2237.

各自添设经费尤多，至无事之员亦复张颐待哺，一官之费耗十数勇之口粮，官阶无可清查，虚冒更难考核，即如前乌鲁木齐都统恭镗所部一千余人，开报差员至一百七十余名之多，几于数勇一官，纷纷滥支薪水，尤出情理之外。良由事权不一，无所考核，以致于此。①

可以这么说，户部出台事先立案，主要是为西路各军的报销量身定做的。西路军需尤以西征粮饷为最，岁拨至 793 万余两。光绪六年左宗棠交卸起，西征军需分成两块，关内分用四成，关外分用六成，各专责成。甘肃省城设总粮台，统司收发；哈密设行营粮台，总司关外之供支。关内防勇供支月饷并一切支发款目，由陕甘总督谭钟麟照新章缮具清单，奏明立案；② 关外行营粮台也将光绪七、八两年实支款目，开列 24 条，由督办新疆军务刘锦棠详请具奏立案。③ 但户部对关内、外的军需报销立案情况均表示不满意。

对甘肃善后收支款项报销，户部的议驳意见是：

> 该省报销清单，系以光绪八年收支数目为一单，自同治八年起至光绪七年止则汇为一单，并未划清年限，与原奏所谓分年开单，既不相符。即以款目而论，如土勇口粮并未声明勇数若干，每名口粮若干；出差文武员弁亦未声明共有若干，每员发给薪水若干；各府厅州县办理团防保甲薪工局费，不知系何章程；抚恤汉回难民，采买籽种耕牛及采买军粮供支防兵，不知系何价值。④

总之，款目牵混，无从核销，饬下分项分年、分款开报，毋得笼统报销。对关外军需报销，户部同样认为刘锦棠等开报的简明清单，仍系笼统开报，"简明则极简明则未明"，虽声称各营勇数、饷数每年应用之数业经立案，其实仅有大概，究属模糊，"夫立案为报销之根据，非立案之后即可笼统报销"。要求刘

---

① 统筹甘肃新疆全局折（光绪十年二月二十七日）[G] // 英琦，世杰．户部山西司奏稿户部陕西司奏稿：第 3 册．台北：学生书局，1976：1361.

② 户部奏（光绪十年三月）[G] // 户部奏稿：第 3 册．北京：全国图书馆文献缩微复制中心，2004：1222.

③ 刘锦棠．关外各军行粮坐粮章程善后台局一切应发款目缮请立案折（光绪九年七月初一日）[M] // 杨云辉．刘锦棠奏稿·李续宾奏疏．长沙：岳麓书社，2013：158-160.

④ 议驳甘肃善后收支款项折（光绪十年二月十七日）[G] // 英琦，世杰．户部山西司奏稿户部陕西司奏稿：第 3 册．台北：学生书局，1976：1391-1395.

锦棠照部奏定格式，另行开报，务须按款登明，眉目清楚，使人一目了然。①

西路军饷又一重要支出是伊犁军需，岁费 228 万两。户部章程要求各省，从前未经奏明兵勇数目、营制员弁薪水口粮及军火杂用等项，限三个月奏明报部立案。考虑到新疆距京辽远，特宽限至 9 个月，但伊犁将军金顺接到部章后，拖延一年之久，未据覆陈。经户部行催，至光绪十年七月，该将军才开具清单报销前来。户部查覆，该将军仍未将员弁薪水口粮及军火杂用奏咨立案，亦未遵照部颁格式填写四柱清单，无人数，无例案，无开支细数起止日期，无存留增添裁减案据。户部表示，如此笼统含糊，实无从核办。该将军既不遵照奏定章程，户部惟有按章议驳。② 光绪十一年四月，金顺始定军营支款章程 21 条（其中户部核销者 13 条，兵部 7 条，工部 1 条），再次要求立案。③ 户部循照定章，将该立案章程分款核覆，满营则比照荣全军营历年奏案，勇营则比照刘锦棠军营关外章程，一切杂支仿此办理，与例不符之处，概行核减。这引起了金顺的强烈反应，他上奏皇帝，强调：

> 奴才一军地处极边，久经兵燹，百物凋零，迥异内地，一切款目不得不因地因时变通办理。今户部以奴才与例不符，议令概行核减。查此项报销均系早经支发之款，其间官弁兵勇或陈故假旋，制办军实或时阅数载，已往之事无从著追，吁恳天恩，俯准将未经报销军需用款仍照前此立案章程核销。

户部也据理力争，解释对伊犁军需痛加核减的原因是不合例章，滥支、滥应之款太多。户部的根据是：

> 以满营论之，该将军接统荣全旧部，即应循照荣全定章。查荣全章程，营总月支口分二十九两，笔帖式月支口分十二两，该将军改为营总月支四十两，笔帖式月支十五两。当西陲平定之际，已异荣全进剿之时，国家经费有常，理应规复旧制，荣全所定之款已属过优，该将军乃更增于荣全定

---

① 户部奏（光绪十年二月十七日）[G] //户部奏稿：第 3 册．北京：全国图书馆文献缩微复制中心，2004：1177-1178．

② 户部奏（光绪十年七月十二日）[G] //户部奏稿：第 5 册．北京：全国图书馆文献缩微复制中心，2004：2399．

③ 核议伊犁将军军营支款章程折（光绪十一年四月十三日）[G] //英琦，世杰．户部山西司奏稿户部陕西省司奏稿：第 4 册．台北：学生书局，1976：2011-2012．

章。臣部不得不照章议减。……以勇营论之，据该将军声称，系照楚军章程。臣部查楚军饷章乃前大学士曾国藩所定，该将军步队饷章尚鲜不符，惟马队多不相合，绥靖马队人数且未成营，至统领公费定章必统至三千人以上，始准酌加。该将军并未照此核给，当即查照楚军旧章，令其更正。……该将军滥支款项极巨，销册杂乱无章。现在到部者已有数案，臣等叠派满汉司员二十余人详加考核，有一人而数处重支者，有其人已故已撤仍行开支者，有原系甲兵继而升补官阶既支兵丁饷银又支官员口分者。至于局费一项，开报不下三十余万两之多，又为从来罕见之事。倘任其浮支冒销，流弊何所底止，该将军请将未经报销军需用款仍照前此立案章程核销之处，臣等公同商酌，委难准行，应毋庸议。[1]

金顺的请求被户部再次否决，此事体现了户部维持奏销纪律的定力，也反映出光绪朝前期奏销制度在户部的整饬下，在形式上确实有所强化。

光绪十年，户部最终厘定西路各军军饷善后的分配方案。关内勇营、绿营120万两，关外刘锦棠军饷180万两，伊犁将军金顺和乌鲁木齐锡纶两军共分110万两，张曜所统军40万两，宁夏凉（州）庄（浪）满营及西宁勇饷青海王公俸银20万两。总额480万两，统名之为甘肃新饷，由甘肃藩库统收统分，并酌定章程4条。[2] 通过定额饷，定兵数，一事权，三管齐下，户部统筹新疆全局，厘定新章，西路各军虚糜饷需无所底止的局面得到一定的遏制。

传统的军需则例，与现实太过脱节，凭此作为核销各省军需的标准，自然会弊端百出，这其实是咸同年间就已遗留下来的老问题。但跟之前的解决办法不一样，这次户部推出事先立案制度，希望各省根据本省实际，制定出符合本省情况的省例，并以此作为该省以后报销的依据。说明户部已充分认识到各省则例难以强同，试图改变以前则例过死的情况，也使部中有案可稽，不至漫无限制。这确实比之前户部核销时毫无准的略高一筹，此举也算是没有办法的办法。但户部既同意各省自行立案，又允许其根据情况随时增减，这不啻又落入"实报实销"的旧套路。当定章之始，各省立案尚能核实，但后来每年立案银数

---

① 议驳伊犁将军请将军需用款照立案章程核销折（光绪十一年十二月二十四日）[G] // 英琦, 世杰. 户部山西司奏稿户部陕西司奏稿：第4册. 台北：学生书局，1976：2229-2237.

② 户部. 筹拨乙酉年甘肃新饷酌定章程并免拨数目折（光绪十一年九月）[G] // 户部奏稿：第10册. 北京：全国图书馆文献缩微复制中心，2004：4603-4605.

任意加增，部中即据为核销准的，其逐年自立之案，与自销之案安有不符之理？① 因此，光绪朝前期重整奏销规制，形式远胜于实质。

（二）黄册科目的调整

建立合理的经费分类体系是对政府各项财政收支实行有效控制和管理监督的基础。对具有共性的收支科目进行归集，才能使政府收支得以明细化和具体化。《礼记·王制》云，国家应"以三十年之通制国用，量入以为出"；《商君书·去强篇》亦云："强国知十三数。"周代将国家财政收入分为"九赋"，将财政支出分为"九式"，强调以九赋之财以制九式之用。到唐代，宰相李林甫著《常行旨符》一书，说明当时的政府财政收支科目已经固定化。宋神宗时，"凡一岁用度及郊祀大费，皆编著定式"。据孙翊刚归纳，北宋时期的财政收入分为九类，即赋税、公田、市易互市、和买和籴、均输、常平仓义仓、贡献、铸钱会子、公债；"即皇室支出、百官俸禄支出、军费、祭祀费、土木建筑支出、河工、农田水利、行政外交费、赈恤救济、教育支出等"②。清代前期，对直省赋役收支的统计，户部也"颁布式样"。嘉庆《大清会典》载："凡岁出之款十有二：一曰祭祀之款，二曰仪宪之款，三曰俸食之款，四曰科场之款，五曰饷乾之款，六曰驿站之款，七曰廪膳之款，八曰赏恤之款，九曰修缮之款，十曰采办之款，十有一曰织造之款，十有二曰公廉之款。"③

乾隆十年起，户部每年还将各项奏销通盘核算，另造黄册，汇总具奏一次。但到乾隆二十四年，大学士傅恒等认为，每年汇奏出入，其中额征地丁等项一切动用细数，均于奏销案内按款核题，而汇奏之时又复写清单，已属详明，另造黄册应行删除。盖当时由于财政收支事务较简，清廷主要收入来自地丁、常税、盐课三项。户部将此三大项汇开出入大数，列单陈奏，皇帝也就基本上了解了整个国家全年度支的大概。

咸同以后，财政收支内容和结构较乾隆年间已发生了显著变化。从前出入均有例额，入款不过地丁、关税、盐课、耗羡数事，出款只有京饷、协饷数端，简括明晰。自军兴以来，出、入均难依定制。岁入之项，传统的入款大项田赋，其重要地位下降，转而以厘金、洋税等为大宗；岁出方面，除传统的京、协等项外，又以善后、筹防等为巨款。原来的则例、成案不能囊括所有财政收支款

① 工部.各省报销逐年加增拟请明定章程折（光绪二十二年十月初四日）[G]//中国近代兵器工业档案史料：第1册.北京：兵器工业出版社，1993：318.

② 孙翊刚.中国财政问题源流考[M].北京：中国社会科学出版社，2001：307.

③ 托津，纂：钦定大清会典（嘉庆朝）：卷12[Z].户部.

项，新增款项无法按照旧式表册核销、造报。旧式表册已难以反映全国财政的整体情况。

光绪元年，御史余上华奏称，军兴以来用兵二十余载，帑藏空虚，支绌日甚。而户部对于出纳各款至今仍未确切筹维。建议户部应按年将岁入正项地丁、盐课、关税以及厘金、洋税、捐输、随征津贴、各杂项共有若干，开列成简明清单；按年将实用京饷、廉俸及陵寝要工、神机营兵饷为一款，各省应留俸饷、杂支为一款，各省旗、绿各营额设官兵俸饷为一款，各省练军、防勇应支饷需为一款，西北两路征兵应拨饷需为一款。各款总计实出若干，分晰开具简明清册，与入款互相比较，实亏若干，应如何酌量撙节，先事绸缪之处，由户部综合统筹，汇总开单具奏，以备查考。① 余上华的建议没有引起清廷的重视，当时历任户部尚书董恂、景廉、王文韶等人或昏聩无为，或钻营苟且，无心于部务的改良。

光绪八年阎敬铭任户部尚书后，力图改革。阎氏治事刻核，重视财政统计。② 上任伊始，即裁撤派办处，选择资深廉正、熟习例案的满汉司员 16 员，派入北档房，③ 令其通筹出入，综核度支，编制会计黄册。光绪九年八月，户部行令北档房，要求各省督抚将所属司库、厘局、营防、善后、盐关漕等各衙门一切旧有新增、有额无额、正杂出入各款项，进行汇总统计，将光绪六、七两年岁出岁入款项数目以及官数、兵数、勇数，开列清单送部，入项逐款先列额收，次列实收；出项逐款先列额支，次列实支，各将散款、散数开齐，再以散合总，开列一省通收、通支总数，并将此两年有无应收未收、应支未支之款，一并详细开列，无论从前已报、未报，彻底通查一次，限九年十二月前报部，

---

① 光绪元年正月甲寅御史余上华奏 [G] // 朱寿朋. 光绪朝东华录: 第 1 册. 北京: 中华书局, 1958: 87-88.

② 无锡杨仁山著《光绪通商综核表》一卷, 阎氏甚为赞许, 将列表存于户部, 令下属按年仿造, "我国统计之学自此始"。杨恺龄. 无锡杨氏三叶传记碑志集 [M] // 沈云龙. 近代中国史料丛刊续辑: 第 218 种. 台北: 文海出版社, 1975: 106.

③ "文介掌户部数年, 其最有力之改革, 即以汉司员管理北档房是也。故事天下财赋总汇, 皆北档房司之, 而定例北档房无汉司员行走者。以故二百余年, 汉人士大夫, 无能知全国财政盈绌之总数者。文介为户部司员时, 夙知其弊, 及为尚书, 即首建议, 谓满员多不谙筹算, 事权半委胥吏, 故吏权日张, 而财政愈紊, 欲为根本清厘之计, 非参用汉员不可。当时满司员尚无所可否, 而胥吏皆惧失利权, 百计沮之, 文介毅然不少动。幸是时慈圣眷公方殷, 竟从其请。邦畿财政出入之赢缩, 至是乃大暴于天下, 此亦满汉权力消长之一大事也。"阎文介公轶事 [M] // 胡怀琛. 清谭: 卷 2 政治谈. 近代中国史料丛刊续辑: 第 120 种, 台北: 文海出版社, 1975: 91.

以便户部汇核。① 但十二月届限，各省仍多未复。户部督饬北档房司员，跟接上年各省奏案，先就各省藩司及漕盐关厘各处报部有案可稽者，一面详算造具简明出入清册，争取于次年开印后赶紧缮妥进呈；一面督促各省赶紧造报，于次年开印前咨报户部。光绪十年四月，各省造报清单才陆续咨送过半，如川省拖到闰五月才到部。② 承办司员等检集各项已到奏册、咨单，逐件查算，共办成光绪七年一年各省岁出、岁入详细底册 84 本，简明清册 9 本，然后汇编成全国会计黄册呈送皇帝。户部奏称：

> 查此次所办册籍，系敬遵《钦定大清会典》及《皇朝文献通考》内原分门类，参酌近年情势纂定。以地丁、杂赋、地租、粮折、漕折、漕项、耗羡、盐课、常税、生息等十项为常例征收，以厘金、洋税、新关税、按粮津贴等四项为新增征收，以续完、捐输、完缴、节扣等四项为本年收款。排比核列，以见一年入数。……以各省陵寝供应、交进银两、祭祀、仪宪、俸食、科场、饷乾、驿站、廪膳、赏恤、修缮、河工、采办、办漕、织造、公廉、杂支等十七项为常例开支，以勇营饷需、关局经费、洋款、还借息款等四项为新增开支，以补发旧欠、预行支给两项为补支预支，以批解在京各衙门银两一项为批解支款。排比核列，以见一年出数。③

光绪七年（1881 年）的会计黄册于光绪十年编竣后，户部力图巩固成果，接续编制下一年份的黄册。令各省按新颁册式，填造光绪八、九两年各项收支款数，于光绪十一年八月间同秋拨册籍，一起造送报部；光绪十年收支款数务必于光绪十一年十二月封印前造册送部。嗣后即成定例，按年将前一年收支各款于次年十二月封印之前造册加结报部，不许延误。否则据实指省严参，将督抚司道一并议处。户部的意图虽好，但落实却难。光绪八、九两年各省岁出、岁入照式清单，除江苏、安徽、云南三省奏咨要求展限外，其他无一省份遵照户部奏案，按时将该省各项出入按新颁册式填造送部，以致户部应办八、九两

---

① 户部片（光绪九年十二月十八日）[G] //户部奏稿：第 1 册. 北京：全国图书馆文献缩微复制中心，2004：515-516.

② 四川总督丁宝桢奏（光绪十年闰五月初六日）[G] //户部奏稿：第 5 册. 北京：全国图书馆文献缩微复制中心，2004：2015-2016.

③ 户部. 奏为年例汇奏出入款明改办会计黄册今已告成折（光绪十年）[G] //户部奏稿：第 6 册. 北京：全国图书馆文献缩微复制中心，2004：2624；户部. 议覆银库郎中丰伸泰敬陈管见折（光绪十年）[G] //户部奏稿：第 6 册. 北京：全国图书馆文献缩微复制中心，2004：2949-2951.

年岁出岁入会计黄册无从稽考，请旨饬吏部查取各省督抚等职名，照造册迟延例议处，再令八、九两年出入清册随同十年份清册一起限于本年十二月封印前造送到部。① 各省于编制会计黄册一事并不积极配合，并非全因填造表册繁难，实在于各省对户部的"尽度支之全"的本意有所警惕。此后阎敬铭因其部务改革屡遭挫折，渐失信心，迄至光绪十四年乞退，后任户部尚书翁同龢、王文韶等人行事风格与前任迥异，特别是王文韶就任后，将阎氏在任时的一切革新举措一并推翻，黄册的编制也就不了了之。

表37　户部编制光绪七年份会计黄册科目一览表

入 款		出 款	
类别	款目	类别	款目
常例征收	地丁、杂赋、地租、粮折、漕折、漕项、耗羡、盐课、常税、生息	常例开支	陵寝供应、交进银两、祭祀、仪宪、俸食、科场、饷乾、驿站、廪膳、赏恤、修缮、河工、采办、办漕、织造、公廉、杂支
新增征收	厘金、洋税、新关税、按粮津贴	新增开支	勇营饷需、关局经费、洋款、还借息款
本年收款	续完、捐输、完缴、节扣	补支预支	补发旧欠、预行支给
		批解支款	批解在京各衙门银两

　　黄册科目的增减变动，是财政收支结构变化在奏销制度上的必然反映。黄册是户部上报给皇帝看的，但所需资料须由各省提供。黄册中新科目的使用，必定对各省的填报工作提出了新的要求，各省必须依照黄册的填报内容相应调整奏销内容。这就意味着，新增收支项目已与经制收支项目一样，也被纳入了奏销制度的正轨。

　　我们可以将事先立案与编制黄册结合在一起来看，前者意图从财政支出方面，对各省的随意性作一限制，后者则有意将一些经制外的新增收支项目纳入财政统计，以"尽度支之全"。两者试图从收、支两方面对纷乱无序的各省报销制度进行规范与健全，一方面这是对奏销旧制的规复，另一方面也顺应了财政管理的要求，为奏销制度纳入了一些新的内容。此为案例一。

---

① 户部片（光绪十一年十一月）[G] //户部奏稿：第10册.北京：全国图书馆文献缩微复制中心，2004：4631-4632.

二、刚毅、铁良的两次南下索款

光绪朝后期，清廷迭遭甲午之役和庚子之变。甲午战败，赔款 2.3 亿两，通过息借外债偿付；庚子赔款 4.5 亿两，39 年偿清。两者相加，就对外赔款偿付一项，清政府每年需支付银 5000 余万两；再加上操练新式军队，兴办现代工矿企业及公共事业，洋务、军饷两项又需 5000 余万两。清政府财政捉襟见肘，入不敷出，较光绪朝初期更显得异常困窘。开源节流，效果不著；发行昭信股票，又因债信不佳，以失败告终。为整军经武，必须宽筹的饷，国家意志难以靠正式官僚体制贯彻到各级地方政府，只能引入其他治理机制来调节中央与地方关系。① 清廷先后于光绪二十五年、光绪三十年两次派钦差大臣刚毅、铁良巡视南方各省，名为考察吏治人才，整顿军务，实则是搜括南方各省财赋，特别是外销财源，以供中央，强化以户部为中心的财政控制。

（一）刚毅南巡

光绪二十五年四月十二日，上谕：著派刚毅前往江南一带查办事件。刚毅，字子良，满洲镶蓝旗人，时任兵部尚书、军机大臣、协办大学士，权重一时，深为慈禧信任。刚毅南下第一站为江宁。

江宁为两江总督驻节之处，也是宁属布政使司的官署所在地。从四月二十八日抵江宁到六月十七日离开赴苏州，刚毅待在江宁的时间最多也就五十来天。不过，由于刚毅曾在江苏巡抚任上多年，对江苏省的情况较为熟悉，且委用了江苏候补道穆克登布、丁葆元等几个知根知底的老部下，巡查工作很快开展。除巡查江南各营，查办江南矿务，确查江南团练、保甲、积储各事宜之外，刚毅在江宁将主要精力放在整顿弊端重重的厘金、盐课和常关税收方面。

江苏为厘金大省。征收机构有三，金陵厘捐总局，为江宁布政使职掌；苏州牙厘总局和淞沪捐厘总局，则属苏州藩司管辖，三局“各收各捐，各不相涉”。刚毅一面责令江苏巡抚德寿，在五日内，提交省内各厘金征收局、所最近二十年厘税历年收支清册；② 一面遴委候补道穆克登布驰往各处，明察暗访。穆克登布多次亲临各卡，查明情弊，筹议办法，最后迫使江宁藩司恩寿答应，将

① 周雪光. 从"黄宗羲定律"到帝国的逻辑：中国国家治理逻辑的历史线索 [J]. 开放时代，2014 (04).

② 何汉威. 从清末刚毅、铁良南巡看中央和地方的财政关系 [J]. "中央研究院"历史语言研究所集刊，1997, 68 (01)：68-69.

江宁厘金每年征收定额从 50 万两提高到 70 万两。①

两淮盐差为著名优缺，各局委员侵蚀盈余，在所不免。刚毅抵江宁后即传见盐巡道胡家桢，令其将每年出入各款逐细造册，呈候查核，并电调鄂、皖、湘、赣等处督销委员来宁，查核历年销数赢绌；② 限令将逐年所得盈余和盘托出，听候酌提。又委候补道丁葆元前赴扬州，查办两淮盐运司署每年出入款项。③ 两淮运司江人镜被迫从原两淮盐政公费内，认提节省公费银 1.2 万两，发交江宁藩司汇储候拨。④ 在江氏的带动下，督销盐厘、掣验各局卡及通、泰、海三分司，板浦、伍佑、草堰、新兴、安丰五场，陆续遵提盈余银计 10.8 万两。共计两淮盐课盐厘项下每年酌提盈余银 12 万余两。

江海、镇江两关关税均为江南饷源所系。刚毅抵宁后，即饬署理苏淞太道江海关监督曾丙熙赴江宁，面询要务。曾丙熙最终认提盈余银 10 万两，常镇道、镇江关监督随即遵提银 1 万两。⑤ 计关税项下每年酌提盈余银 11 万两。

宁属安排妥当，刚毅又来到苏属。在苏州，刚毅主要办了三件事：清理苏属田赋，开办田房税契，整饬招商、电报等局。光绪以降，战乱虽已结束，但苏属四府一州荒田未尽垦辟，漕征仍未起色。光绪二十四年，各属仅报征起存米豆 118.4 万余石，地漕银 184 万余两。比照定额之数，短收十分之二，其弊以苏州为最，征收不过六成。弊之所由有三，即州县之匿报，绅户之包抗，书差之侵蚀。⑥ 刚毅遂派苏藩司聂缉椝、候补道朱之榛督同苏州府知府彦秀拟议章程，设立清厘赋税局，详细核办清查事宜。⑦ 朱之榛等随即拟出清赋章程五条，

① 光绪二十五年七月十一日京报全录［N］. 申报，1899-8-27（12）. 关于穆克登布认增厘额 20 万两，野史有记，可供参考："未几，刚毅来江南，搜括财赋，欲增厘税，欧（指厘局总办欧阳霖）为民请命，拂刚意。穆遂密言岁可增缗钱三十万，欧阳霖欲见好于民，而不顾国计，非忠也。刚于是罢欧而任穆……及刚去，复以民困苦状白忠诚（指江督刘坤一），以为刚逼之使然，其实万无可增之理。"梁溪坐观老人. 清代野记：卷下［M］. 太原：山西古籍出版社，1996：144.

② 星使行辕纪事［N］. 申报，1899-7-5（02）.

③ 饬查盐政［N］. 申报，1899-7-12（02）.

④ 光绪二十五年七月二十一日京报全录［N］. 申报，1899-9-2（16）.

⑤ 光绪二十五年七月十一日京报全录［N］. 申报，1899-8-27（12）.

⑥ 光绪二十五年七月癸丑刚毅、刘坤一等奏［G］//朱寿朋. 光绪朝东华录：第 4 册. 北京：中华书局，1958：4408；徐兆玮. 徐兆玮日记：第 1 册［M］. 光绪二十五年六月二十二日. 李向东，等标点. 合肥：黄山书社，2013：89.

⑦ 刚毅在任江苏巡抚时，曾巡阅扬州一带。曰：忆及扬州、嘉定、江阴与摄政王苦战事，愤然曰：我朝减赋三次，何厚于此种悍仆！决然上疏，请清江南田赋。格于翁师傅，议不行。后搜括江南时加之，成宿志。满洲伟人刚毅小传［J］. 汉声，1903（06）：102-103.

分别针对官、绅、吏，力图消除三弊。据刚毅六月二十三日（1899 年 7 月 30 日）的奏称：在苏州清赋约得银米各 20 万，合银约 60 万两。①

税契一项，为州县征收杂款之一大宗，但江苏各属收数寥寥，民间置买田产悉凭白契交易。刚毅认为，"此中暗亏饷项计当不少"。到苏后，与苏抚德寿会商，决定整顿田房税契。先办房捐，将民间房屋按年抽捐一月（即十二捐一），其中房东收十一月半，房客出十二月半；又民间房产概令更税红契，一两税契银 3 分，准折收钱 60 文。限半年内一律纳税，如期满不税者，查出概行充公；又各府厅州县民间应征钱粮，历年欠缴甚多，现催令悉数完缴。②

彻查招商、电报二局也是刚毅南下的主要任务之一。钦使南下时，清廷特别指示刚毅，彻查盛宣怀所督办的招商等局。除股商官利外，所有盈余之款，均著酌定成数，提充公用。尽管盛宣怀声称两局从前所获的盈余已陆续扩充为资本，并无现银可以提用，但仍不得不按照刚毅的要求，除每年报效南、北洋两公学常年经费 10 万两外，每年再报效北洋兵轮费实银 10 万两，其中招商局出 6 万，电报局出 4 万。③

刚毅在苏州将一切办妥后，于七月初三启程赴沪。驻沪月余，再次接到廷寄，派他前往广东查办事宜，遂于八月一日启程赴广东。④ 刚毅赴粤，并不在原定计划之内，之所以中途受命，原因可能有二：其一是刚毅在江南的筹款没有达到清廷的预期，其二是广东地方官员的腐败已引起中枢的注意，特别是候补道王存善屡被参劾，正好借此机会派刚毅驰往详查。上谕称：

> 广东地大物博，迭经有人陈奏各项积弊，较江南为尤甚。诚能认真整
> 顿，必可剔除中饱，筹出巨款。刚毅曾任广东巡抚，熟悉地方情形，着即
> 督同随带司员，克日启程，前往该省。会同督抚，将一切出入款项，悉心
> 厘剔。⑤

---

① 光绪二十五年六月己亥刚毅等奏 ［G］//朱寿朋. 光绪朝东华录：第 4 册. 北京：中华书局，1958：4402.

② 筹增国帑 ［N］. 申报，1899-7-29（02）.

③ 盛宣怀. 遵查轮电两局款目酌定报效银数并陈办理艰难情形折（光绪二十五年七月）［M］//愚斋存稿：卷 3. 近代中国史料丛刊续编：第 122 种. 台北：文海出版社，1975：100-101.

④ 何汉威文认为：刚毅完成在江苏的任务后曾回京复命，再赴广州，应误. 何汉威. 从清末刚毅、铁良南巡看中央和地方的财政关系 ［J］. "中央研究院"历史语言研究所集刊，1997，68（01）：76.

⑤ 光绪朝实录：卷 448 ［Z］. 光绪二十五年七月己巳.

刚毅在广东的主要任务是"汰靡费，杜中饱"，通过清查王案，来对广东厘金积弊作一彻底的清理。

广东大、小厘捐各厂 20 余处，但每年进款，连茶、木等厘加在一起，仅 200 万两左右。台炮经费亦为广东厘金之一种，自光绪十六年前两广总督李瀚章奏明开办，最多时仅收 50 余万两。为应付清查，粤督谭钟麟在刚毅未来前，就已做过一番自查，将各厂比较之额增加，统计前后各项共可得 300 万两。但这显然低于刚毅的预期。刚毅酝酿的是一个新的计划，欲将各厂厘卡、委员裁撤，所有行厘、坐厘、台炮经费、补抽厘局四项，统归本地行商自抽自缴，约计每年可得银 370 万两，而员司丁役薪工以及各厂办公费用悉数归公，又每年可增 30 余万两。① 但招商承办的前提须有商人愿意接手。各行商不敢承办。在刚毅催逼下，最后公举土丝行岑敬舆、杉木行麦英俊、银行伍培章、茶行黄健光等四人为首承办，由七十二行连环保结，每年认缴饷银 400 万两，遇闰照加。②

潮州地方，虽未设厘厂，但进出货物经过潮州府者有税，经过揭阳县者有税，其至省城办货经过石龙、白沙等处者有厘。前两广总督瑞麟考虑到货物均已抽捐，曾许诺该地永远免厘。职此之故，刚毅先接见其任惠潮嘉道时的旧部，号召大家急公好义。潮州绅商经过公议，为保住官府永免厘税的许诺，愿自光绪二十六年起，每年筹缴洋银 5 万两作为永远报效，解藩库存储，听候部拨。③

刚毅还鼓励广东地方官员和殷富绅士急公奉上，量力报效。议定三府九县文武各员岁各报效 2 万两，运使报效 3 万两，广粮厅 6000 两，其余岁入有 3000 两者各报效 2000 两。④

刚毅南下为清廷筹得多少款项，有不同的说法。《清议报》称：刚毅在江南得 200 余万；在广东"初云二百余万，今闻又将倍之，且岁供焉"⑤。"倍之"即 400 万，如此说来，刚毅此次南下筹得银 600 万两；《申报》则称：刚毅在江南查办，每年增进项二三百万两，在粤东又筹得 500 万⑥；而《亚东时报》载唐才常答客问称，刚毅在江南所得仅有 75 万两之谱。⑦ 这比《清议报》200 余万两少了一半还多。媒体惯于捕风捉影，报道中自有臆测不实之处。表 38 系根据刚毅在不同场合的奏疏数据而得。

① 论刚中堂在粤东筹款事［N］．申报，1899-10-1（01）．
② 认缴厘金［N］．申报，1900-1-5（02）．
③ 光绪二十五年十月二十八日京报全录［N］．申报，1899-12-11（14）．
④ 论刚中堂在粤东筹款事［N］．申报，1899-10-1（01）．
⑤ 论刚毅筹款（光绪二十五年十一月十一日）［N］．清议报，1899-12-13（32）：2-3.
⑥ 论刚中堂在粤东筹款事［N］．申报，1899-10-1（01）．
⑦ 答客问支那近事（光绪二十五年七月初十日）［N］．亚东时报，1899-8-15（13）：3-5.

表 38　刚毅南下江苏、广东索款所得明细表

省份	出款单位	款额（万两）	款源
江苏省	宁藩司	20	加增厘捐
	江海关道	10	认提关税盈余银
	常镇道	1	酌提关税盈余银
	两淮盐运司	1.2	认提节省公费银
	督销盐厘等局	10.8	遵提盈余银
	皖南茶厘	0.3	盈余银
	裁撤高等学堂、练将学堂、上海商务局	8.4	节省银
	金陵城内外保甲局归并	2	节省银
	金陵、上海两机器局	1.5	核减薪工银
	金陵善后等局	4.8	节省银
	苏州善后局	1.2	节省银
	苏州清赋	60	增加银米
	合计	121.2	
广东省	厘金	21.94	加增比较银
	台炮经费	23	酌提加增银
	土丝土茶费	22.7	外府商捐银
	土膏商牙饷	12	认缴银
	各局厂用项	5.372	节省银
	善后局	30.03	节省各项用款
	善后局①	10	酌提铸银盈余银
	运库	12.02	节省外销修仓等款
	盐务各差各缺	8.43	酌提盈余银
	督抚藩司各衙门	5.36	酌提节省公费银
	各府县十二优缺	10	报效银
	合计	160.852	
总计		282.052	

资料来源　光绪二十五年六月己亥刚毅等奏［G］//朱寿朋．光绪朝东华录：第 4 册．北京：中华书局，1958：4402；刚毅．会奏粤省分利事宜疏［G］//国家图书馆出版社影印室．清末民国财政史料辑刊：第 24 册．北京：国家图书馆出版社，2007：349.

① 何汉威文善后局两项和为 40.3 万两，为计算之误。何汉威．从清末刚毅、铁良南巡看中央和地方的财政关系［J］．"中央研究院"历史语言研究所集刊，1997，68（01）：78.

表 38 似有遗漏。刚毅曾在苏州整顿田房契税约得 40 万两，在广东，潮汕商人报效银每年 5 万两，奏折中没有提到，可能是该两款留给当地州县或本省了。另，据当事人朱之榛称，光绪二十五年奉刚毅令清理苏州赋税，岁增漕粮为 15 万石、丁银 21 万两。① 按米 1 石时价银 2 两计，15 万石即 30 万两，连银共 51 万两，而非刚毅所称 60 万两。② 刚毅称在广东共筹 160 万两，且岁供，即今后每年都需如数筹解。但两年后，两广总督陶模即指责刚毅"所凑之款本属虚悬"，只肯每年认解 92 万余两。这样，统计刚毅江苏、广东之行，实际筹款约为 200 万之数。③ 刚毅及清廷原定的筹款目标肯定没有达到。④

刚毅南下"督办"各省财政的方针是"裁汰陋规，剔除中饱，事事涓滴归公"，实际目标是瞄准了各省的外销。刚毅启程的前夕，光绪二十五年五月二日清廷曾发上谕：

> 现在时事日艰，练兵为当务之急。惟练兵必先筹饷，近阅各省奏报，大半以入不敷出，无力筹饷为辞。不知国家维正之供，原有一定数目，此盈彼绌，理有固然。各省近年以来，添设局所，至为繁多。又有所谓外销之款，虽部臣亦不能过问。就使实用实销，绝无浮冒，其中岂无不急之费，可裁之款？诚能移缓就急，专意练兵制械二事，何患饷项不充，兵威不振？各督抚奉到此旨，着各就地方情形，悉心体察。某项可径行裁撤，某项可暂行停缓，务须腾出饷项若干，以为练兵制械之用。⑤

---

① 朱之榛. 皇清诰授光禄大夫头品顶戴署理江苏布政使特授江南淮扬海河务兵备道一品荫生显考竹声石府君行状 [M] //常慊慊斋文集. 近代中国史料丛刊：第 399 种. 台北：文海出版社，1973：25.

② 范金民认为刚毅所奏江苏清赋银米 60 万两是事前估计数，而非届时实征数。51 万两为后来实征结果，较为可信。范金民. 清末刚毅江苏清赋之考察 [J]. 明清论丛：第 15 辑，2015（01）.

③ 周育民. 刚毅南方搜括小考 [J]. 上海师范大学学报，1984（04）.

④ 刚毅临行前，可能向西后夸下海口。光绪二十五年五月初八《知新报》消息：刚毅奏于西后，谓可在江宁筹款 200 万以裕国库，若或便其于南京秉政，则每年可以筹措银 35 万两。清华大学历史系. 戊戌变法文献资料系日 [G]. 上海：上海书店出版社，1998：1361-1362. 七月初十唐才常《亚东时报》第 13 号上发表《答客问支那近事》：方刚毅之南下也，说者谓朝廷饷胥奇绌，特遣大臣搜军集款，震惊海内，远播全球。是役也，必当筹饷千万两，以慰慈廑，至少亦须五、六百万两，始为不虚此行。

⑤ 光绪朝实录：卷 444 [Z]. 光绪二十五年五月戊申.

这道上谕，是针对各省督抚而发，意在动员各地方大吏放弃畛域之念，支持中央筹饷练兵大计，也是在警示地方，务当配合刚毅的清查工作。而清查广东，也与岑春煊的弹劾有关。该年八月初三谕：前据甘肃布政使岑春煊奏称广东历年挪用库款，积至 830 余万，其中未经报部者的外销款项达 580 余万。① 因此，光绪二十五年刚毅在《会筹粤省分利事宜疏》里总结道：统计在广东获得库平银 160.85 万两，均系出自外销及新旧加增节省盈余等项。② 意在强调其所筹之款，均系额外之款，与正项无碍。

（二）铁良南巡

光绪三十年（1904 年）六月上谕：

> 前据张之洞等奏，江南制造局移建新厂一折。制造局厂关系紧要，究竟应否移建，地方是否合宜，枪炮诸制若何尽利，著派铁良前往各该处详细考求，通盘筹划，据实复奏。并著顺道将该省进出款项，及各司库局所利弊，逐一查明，并行具奏。……该侍郎务须破除情面，实力办理，以副委任。③

铁良，字宝臣，满洲镶黄旗人，曾任户部、兵部侍郎、襄办练兵大臣。铁良以践履笃实，忠于所事为时人所誉。

继刚毅南巡五年后，清廷为何再次钦派重臣南下各省？谕旨中言明，此次钦派铁良南下，系为查勘江南制造局迁厂选址问题而来。江南制造局迁址之议，首倡于大学士荣禄。甲午败后，荣禄感到海权全失，海防无所恃，军工局厂多设在易受攻击的滨海之区，如有疏虞，对军事极有关系。认为应未雨绸缪，将它们迁移到内地较为安全的地方。④ 但迁厂劳费甚多，因筹款无着，此议暂缓。庚子以后，清政府益感江南制造局内迁更有必要。时任两江总督张之洞向清廷建议，可选安徽宣城县属湾沚一带为迁设新厂之址。张之洞调任湖广总督后，继任两江总督魏光焘又建议将新厂地址改在江西萍乡为宜。在这种情况下，清廷派重臣南下，就局厂迁移地址问题做一现场勘察，既顺乎政情，也合乎事理。

① 光绪朝实录：卷 449 ［Z］. 光绪二十五年八月戊寅.

② 刚毅. 会奏粤省分利事宜疏 ［G］//国家图书馆出版社影印室. 清末民国财政史料辑刊：第 24 册. 北京：国家图书馆出版社，2007：349.

③ 光绪朝实录：卷 532 ［Z］. 光绪三十年六月壬子.

④ 魏允恭. 江南制造局记：卷 2 ［M］//沈云龙. 近代中国史料丛刊：第 404 种. 台北：文海出版社，1961：221.

但谕旨末尾还有一句话，"顺道将该省进出款项，及各司库局所利弊，逐一查明"，这句话虽轻描淡写，却引起了南方各省的警觉。他们怀疑，铁良此次南下的真实目的并不在于勘址，而实在于筹饷。筹饷为何？为了练兵。各省颇为紧张，开始提前做备查的功课。

南下消息传到南京后，江督魏光焘立即札行宁苏皖赣四藩司，各将正杂各款查明款目，赶紧造具四柱清册，如有腾挪亏空，速行设法弥补。并饬上海、金陵两制造局，江南银圆局及其他各局、所，各将现办实在情形详细具报，从前所有积弊务即迅速革除，浮滥开支亦即迅速裁汰。① 张之洞在铁良离京不久，即转电署理户部尚书赵尔巽，探听铁良南来筹款的虚实。②

光绪三十年七月十九日（1904 年 8 月 29 日）铁良抵达上海。在上海，铁良主要做了三件事：考察制造局厂，清查制造局账目；会见江南提督、苏淞太兵备道、厘捐局总办、电报局总办、招商局总办各职，清查招商、电报二局账目；清查沪关正杂、外销并各省常年解沪、增税收支各款账目。《警钟日报》曾称：铁良在上海，"不过十日，而制造局中提款 80 万，海关道库提款 78 万，合计得158 万"。③ 制造局中提款 80 万，实为规银 804988 两，为江南制造局历年积存余款。其中来自正款规银 558165 两，来自杂项规银 246823 两。清出后，铁良饬令制造局总办魏允恭，将该款"如数存储，暂缓动用"④。海关道库提款 78 万，似是未解武卫军协饷 88 万两之误。

铁良还查出，江海关外销各款向来报部者，惟药厘、火耗、罚款三项，此外如筹防捐、码头捐以及洋商呈交地价等项，则均不报部。今据查明各款，每年约收银 43 万余两，而汇费节省、常税节省以及平余生息等款，尚不在内。镇江关土货报单税罚一项，岁入银 10 万两有奇，为该关外销一大宗，向不报部。除京员津贴改作加俸一款出于此款系属正用外，余皆外销杂款。扬由关税一项，

---

① 铁侍郎南下之关系 [J]. 东方杂志，1904（08），182–183.
② 张之洞. 致京化石桥吏部张玉书（光绪三十年七月十六日）[M] //苑书义，等编. 张之洞全集：第 11 册. 石家庄：河北人民出版社，1998：9187.
③ 十日得百五十八万 [N]. 警钟日报，1904-9-19.
④ 总办魏允恭禀复查明制造各款 [G] //中国史学会. 洋务运动：第 4 册. 上海：上海人民出版社，1961：162. 制造局每年 20 余万两的常年经费，对外称仅敷开支薪水、工食及置买各项物品之用，但事实上有所结余。至光绪三十年六月止，存放于汇丰银行半年长期存款规银 52 万两，各庄号半年长期正杂各款 42 万两，每月的息银以五厘计算，也有五千余两，一年即达 6 万两。铁良发现后，要求总办魏允恭，将原本各款若干，每月按几厘起息，所报息银系属某款月息，按款分列细数。此外，册所未载者尚有月息各若干，应令一并按款开送。又札 [G] //中国史学会. 洋务运动：第 4 册. 上海：上海人民出版社，1961：159–160.

除中闸等四口正税外，尚有分巡 23 处，所收向未报部，系充外销经费。吴淞各口平粜义捐局未据该省奏咨立案；清查上海滩地局收支数目未经造册报部。①

八月四日铁良抵苏州。江苏抚臣已札饬各司道及经管局所各员，将江苏进出各款开具清单，呈送前来。铁良主要关注苏藩库、粮道库、牙厘局、淞沪厘捐局、善后局、沙洲公所及近年所设之苏州关与膏捐、房捐、宝苏、铜圆、裕苏、商务等局的账目，派人逐款钩稽，详细考核。铁良在苏州藩库中清出沙洲常年出息银 17 万，这是沙洲填筑而课自所垦出熟田的额外进项。②

苏州诸事略有端倪后，铁良于二十六日返申，再乘轮溯江而上，经仪征，前往江宁，顺道稽查两淮盐务。铁良发现，两淮岁入之报部有案者，共 500 余万两。此外若新课、新厘、偿款加价，皆已收而尚未报。又如局费、辑费外销各款，向未奏咨立案，皆收而不报。因此要求将两淮正杂各款向所未经报部者，详列科则，悉数开报。③ 计二十九年共报收银 1200 余万两，这与两淮自报仅 500 万两，已多出 700 万两。

江宁局、所共有三十余处。铁良抵宁后，江宁官场正发生一番变动，江督魏光焘与闽督李兴锐刚刚完成了对调，江宁藩司也同时换人。④ 九月二十二日李兴锐又于任上病逝，江督由巡抚端方署理。由于逗留时间较长，铁良在江宁的清查工作较为细致。铁良发现，金陵防营支应局系经理各营月饷军装杂项及一切活支之款，惟各项动用漫无限制，其中浮支滥应之处，正复不少。筹防局经理沿江四路炮台并兵轮差运各船经费等事，惟各台修筑多未得法，所管各船已有不堪行驶者。而该局分设之轮船，支应所于购买煤炭杂料浮冒尤多。⑤

铁良在宁属藩库二十九年份地丁奏销拨册中还发现，报部正项各款有数目相符者，有多寡悬殊者，有尚未造报者，也有向不报部的款项。铜圆余利一款，向不报部。外销附存各款，向未报部，无从核计。其中有留宁办理新政原定 5

---

① 户部核议江宁司库局所进出款项清单 [J]．东方杂志，1905，2（08）：162-174；钦差大臣兵部左侍郎铁奏查明江宁司库局所进出款项情形折 [J]．东方杂志，1905，2（08）：147-149．

② 各省财政汇志 [J]．东方杂志，1904（10）：277．

③ 户部议覆整顿两淮盐务事宜折 [J]．东方杂志，1905，2（10）：225-232．

④ 江督、闽督为何对调？时人分析，与江鄂会议江南制造局有关。制造局虽设在南洋，但北洋大臣对其控制权尤大。李鸿章失势后，这种控制权下降。江督、鄂督联手，要将江南制造局从北洋手中控制在南洋手中。引起朝廷的注意，南洋大臣对制造局，须与北洋大臣共之，而不能与两湖总督共之。论江督易人之故 [J]．东方杂志，1904（09）：218-219．

⑤ 钦差大臣兵部左侍郎铁奏查明江宁司库局所进出款项情形折 [J]．东方杂志，1905，2（08）：147-150．

万两，现随意开支，已数倍于所收之数；江安粮道库账目不符之处尚多。江南盐巡道外销等款，向未造报。金陵防营支应总局奏销造报不实。二十八年册列实存库平银 5.5 万余两，而单开二十九年旧管存湘平银 44.5 万余两，库平银 22.5 万余两，数目差异很大。还存在大量外销杂支附存各款：实存项下昭信股票 8 万余两及附存另储报部银 6 万余两，系应报部候拨之款；江南筹防局开报不敷，与支应局大致相同。另存各款项下除江海关存防费一款留办防务外，其银圆局按年提还银 5 万两及存购快船余款并息银 36 万两，应令专款存储，候部拨用；金陵善后局各款向未报部；金陵厘捐局外销各款未经报部。缩储一项，以厘金正款辄行提存二十九年份至 18 万两之多，归外销项下任意开支，应将实存 11.5 万余两存储候拨；木厘局未报部；江宁房膏捐局收支细数未据开报；徐州膏捐局向未开报；裕宁官银局进出款目未据报部江南银铜圆局获利最大，弊窦最深，每年余利约 170 余万两，拟每年遵提 80 万两解济练兵饷项；皖南茶厘局收支数目未据报部。① 兹将户部议覆的铁良在江宁司库局所搜罗出的款项列为表 39 所示。

表 39 户部议覆江宁司库局所进出款项捐提备拨情况一览表

单位	款源	金额（万两）	提取情况
江海关	历年积存武卫军饷	88	一次性，提解练兵处
	常年应解银	26	每年，提解练兵处
	外销各款	16	每年，专款存储听候部拨
宁属支应局	报部候拨存储昭信股票银	8	一次性，即行提解部库
	附存报部银	6	一次性，即行提解部库
金陵筹防局	存储购买快船款并息银	36	一次性，即行提解部库
	按年提还银、铜圆局借本银	5	每年，专款存储听候部拨
金陵厘捐局	历年积存缩储银	11	一次性，即行提解部库
金陵铜圆局	部分余存银	20	每年，专款存储听候部拨
	合计	216	

资料来源 户部议覆兵部侍郎铁奏查江宁司库局所进出款项指提备拨片 [J]．东方杂志，1905，2（08）：161-162.

根据户部的议覆资料，我们可以得知，铁良在江苏搜括并被户部指拨的款

① 户部核议江宁司库局所进出款项清单 [J]．东方杂志，1905，2（08）：162-174.

项，共计216万两。但上面的数据并不是铁良在江苏的全部成果，如铁良在江南制造局、苏藩库、两淮盐务清出的款项均未罗列，不知何因。

铁良在江苏搜括得太狠，引起了巡抚端方的不满，双方发生争执。端方认为铁良如此搜刮，如果苏省发生意外，费用将安出？① 由于端方等人的抗议，光绪三十年十月清廷给铁良发来谕旨："该侍郎行抵江南……仍将经过地方营务留心查看，至各省司库局所一切款目，毋庸调查。着即责成该省督抚认真整顿。"② 随后，铁良在安徽、江西、湖北、湖南、河南五省考察的重心发生变化，由清查财政转向制造局厂址、军队操演、军事学堂、炮台等军务方面。但铁良在考察军事的同时，仍没有完全放弃他出京时的使命。在湖北，铁良还是参与了八省土膏统捐的筹议一事。

两湖为川省土药行销和外运必经之地。川土进入两湖必经宜昌。为筹措湖南枪炮厂经费，光绪二十九年年底，两湖决定，由两省派员合办膏捐，在宜昌设立土捐总局，凡鄂土原运湖南行销或他省土药由湖北过境运往湖南行销，一律照湖北章程征收。所征土膏税款，除分别拨足鄂、湘两省每年应征应解之数外，其余款全部储为枪炮厂常年经费。③ 光绪三十年，在湖广总督张之洞等人的筹商下，又加入赣、皖两省，变为四省合办土膏统捐。创设以来，比各省分办之时溢收甚巨。

钦差大臣铁良南下后，每行抵一处即接见当地僚属，博访周咨，悉心探讨，听闻湖北宜昌土膏总局抽收统捐办理颇有成效，就电调总局办理补用道孙廷林来宁，面加询问。认为四省合办既有成效可观，两广、苏、闽也是云贵川土行销所及之地，若任由各省分办，沿途偷漏恐难以稽防。如八省合办统一收捐，可有效防止此弊。当即与孙氏商度八省合办之法。拟于宜昌土药出口总汇之区仍设总局，在广西的梧州、湖南的洪江，各设分局。其收捐章程，悉照宜局现行办法。凡抽统捐后运售各行省者，如非落地销售，概不重征。此项收款，照各省二十九年的收数（后改三十年），作为各省定额，由宜局合收分解。溢取之数，另款存储，听候拨用。④ 铁良将这一建议报告清廷，得到财政处、户部的支持。为消解发起省份的抵触情绪，在税款的分配上，对部分省份作了一些倾向

---

① 纪铁侍郎在苏筹款事［N］. 大公报，1904-10-18（04）.

② 光绪朝实录：卷536［Z］. 光绪三十年冬十月丙寅.

③ 端方. 统办膏捐充枪弹厂经费折（光绪二十九年十二月）［M］//端忠敏公奏稿. 近代中国史料丛刊：第94种. 台北：文海出版社，1973：366-367.

④ 钦差大臣铁侍郎良奏请试办八省土膏统捐并派员经理情形折［N］. 申报，1905-1-26（01）.

性的调整：统捐创始于湖北，该省摊认赔款及兵工厂经费多由此取给，嗣后归总局核明每年应需数目，仍在原收项下照拨；① 广西巡抚李经羲认为遽改合办，广西已受暗亏，现办军务，待饷孔亟。② 以上两省除照定额拨给外，溢收之款由户部随时查核，分别酌拨若干成，俾应两省急需。但他省不得援以为例。

在铁良等人的督促运作之下，八省合办土膏统捐得以实现。统捐总局由户部派员管理，统一抽收。统捐收入的分配是，各省按定额拨给（湖北、广西略异），溢收之数归中央。分配给八省的税款定额是以光绪三十年的收入为基数。该年有关省份或者甫经创办，或者概未创办，尽管户部要求各省将该年未经报部者亦查明实数照拨，但返还各省的基数还是普遍偏低。③ 于是，各省所恃为财源的土膏捐税大半即为中央攫取，专做练兵经费。八省土膏统捐的开办，为清廷带来巨额税收，试办期间，仅上交清廷部分即为数高达 1182 万两以上。④ 宣统二年编制的宣统三年预算表中列土税溢收一项为 3841260 两。⑤ 这已是清末十年禁烟计划实行的第五个年头了。

与刚毅一样，铁良南下所清出的款项，固由于是年收数较旺于往年，亦实由外销各款为数过多。⑥《东方杂志》对此事有过评论：侍郎此次奉命南下，上意所在，一清查藩库，二清查各局厂，三查勘制造局基址。合而观之，要皆不出乎理财之计。第一第二，搜括盈余也，第三节省经费也。凡此者皆为理财计也。⑦ 无论是搜括盈余，还是节省经费，显然都不可能抽用解部正款，而是各省外销。因此，何汉威认为：刚毅、铁良两钦使巡查南方，意图十分明显，厥为纾缓困局，罗掘南方富裕省份的财源，基本途径是彻查外销款项，将其涓滴归

---

① 财政处、户部会奏遵旨筹议八省土膏统捐请派大员管理折 [J]. 东方杂志，1905，2 (07)：104-106.

② 桂抚奏请自办膏捐》、桂抚李奏陈广西土捐不便归宜昌统收电稿 [N]. 申报，1905-5-13 (25).

③ 如安徽本产土药税向未报部，每年额解度支、民政两部经费及本省师范学堂经费、支应局充饷共银 13 万两。改归部局合办，每年仅约还银 5 万余两，以致各款不能如数应付。安徽全省财政说明书·岁入部·盐课税厘 [G]//中央财经大学图书馆. 清末民国财政史料辑刊补编：第 2 册. 北京：国家图书馆出版社，2008：38.

④ 刘增合. 纾困与破局：清末财政监理制度研究 [J]. 历史研究，2016 (04).

⑤ 岁入分类正杂各税类第五 [G]//内蒙古大学图书馆. 山西清理财政局编辑现行财政十八种：第 4 册. 呼和浩特：内蒙古大学出版社，2010：330.

⑥ 户部议覆整顿两淮盐务事宜折 [J]. 东方杂志，1905，2 (10)：225-226.

⑦ 铁侍郎南下之关系 [J]. 东方杂志，1904 (08)：181-183.

公，裁减冗员和不必要的征收机构，以节省糜费。① 此为案例二。

三、清末新政时期的财政改制

清末，内外交迫之局促成清廷谋求改革。清廷试图学习西方，准备在九年内实现立宪政体，"宪法之精意，在使国家与人民权利义务上下分明，而国民维系之端，惟财政为密切。故宪政筹备之事，亦惟财政为权舆"。清廷痛感财政困窘异常的现实，认识到：中国财政旧制，起运、存留、报销、核覆，立法未尝不详。而时异势殊，浸成隔阂，事例不能相应，出纳不能相权，职任多歧，簿书失实，以至挪移隐饰，各种外销之款不可究知。"自非扫除成格，特设专司，更定新章，共昭大信不能包举全体贯彻初终，财政转机实系于此。"财政改制的办法是：办事方法以列款调查为入手，以分年综核为程功，以截清旧案为删除辂辖之端，以酌定公费为杜绝瞻顾之路，以划分国家、地方经费为清理之要领，以编定预算决算清册为清理之归宿。② 清末财政改制主要任务之一即是清厘、规范各省外销款项，试图将外销收支纳入法定的国家财政体系。改制活动取得了一定的绩效，也留下了宝贵的经验教训。兹将清廷所列九年预备立宪清单应办财政事宜列表如表 40 所示，只是后来立宪速度加快，各项工作均趱前进行。

表 40　九年预备立宪清单涉及财政事宜一览表

年次	应办财政事宜	负责承办单位
光绪三十四年，第一年	颁布清理财政章程	度支部办
光绪三十五年，第二年	调查各省岁出入总数	度支部、各省督抚同办
光绪三十六年，第三年	复查各省岁出入总数 厘订地方税章程 试办各省预算决算	度支部、各省督抚同办 度支部、各省督抚、宪政编查馆办 度支部、各省督抚同办

---

① 何汉威. 从清末刚毅、铁良南巡看中央和地方的财政关系 [J]. "中央研究院"历史语言研究所集刊，1997，68（01）：67.

② 宪政编查馆. 核议清理财政章程酌加增订折并单（光绪三十四年十二月）[G] // 上海商务印书馆编译所. 大清新法令（1901-1911）：第 1 卷. 北京：商务印书馆，2011：141.

续表

年次	应办财政事宜	负责承办单位
光绪三十七年，第四年	会查全国岁出入确数 颁布地方税章程 厘订国家税章程	度支部办 宪政编查馆、度支部、各省督抚同办 度支部、税务处、各省督抚、宪政编查馆同办
光绪三十八年，第五年	颁布国家税章程	宪政编查馆、度支部、税务处同办
光绪三十九年，第六年	试办全国预算	度支部办
光绪四十年，第七年	试办全国决算	度支部办
光绪四十一年，第八年	确定皇室经费 设立审计院，实行会计法	内务府、宪政编查馆同办 会议政务处、宪政编查馆同办
光绪四十二年，第九年	确定预算、决算 制定明年预算案	度支部办 度支部办

资料来源　宪政编查馆、资政院奏［G］//国家图书馆出版社影印室．清末民国财政史料辑刊：第 1 册．北京：国家图书馆出版社，2007：39-46．

（一）财政清理

立宪的宗旨是"大权统于朝廷，庶政公之舆论"①。大权，当然包括财政权在内。清理财政的目的就是要实现这个权力回归中央。清理财政章程清单第一章第一条：财政清理的任务是"截清旧案，编订新章，调查岁出岁入确数，为全国预算、决算之预备"②。前一至四年完成各省财政清理这一任务。

光绪三十四年（1908 年）九月二十九日，上谕要求度支部在六个月时间内将清理财政一事拟出具体办法。两个月后，度支部即上了清理财政宜先明定办法一折。认为财政要义，在于统一、分明。所谓统一，即清理各省销案，核定外销款项，稽核各部经费，将财权统一到度支部手里。所谓分明，即人民能了然于赋税出入无所疑蔽，输将虽勤无所怨苦。但财政分明必须依靠统计。"财政待

----

① 度支部清理财政处档案·谕旨［G］//国家图书馆出版社影印室．清末民国财政史料辑刊：第 1 册．北京：国家图书馆出版社，2007：15．
② 度支部清理财政处档案·清理财政章程［G］//国家图书馆出版社影印室．清末民国财政史料辑刊：第 1 册．北京：国家图书馆出版社，2007：93．

统计而益分明，统计又必待统一而后能编纂；不能统一，即无从统计。"① 会议政务处也认为度支部的"统一、分明"二义，确为握要探源之论。统一之本，首在乎通；分明之源，莫先乎信。

为实现财政统一、分明的目标，度支部拟定章程33条，就财政清理的具体实施作了总体的谋划。1. 由谁负责清理：特设专局，派员监理，这是组织保障；2. 怎样清理：划分年限，截清旧案、新案，调查出入款项，这是实施方案；3. 怎样确保清理质量：酌定外官公费，悉资办公，这是"涓滴归公"的保证。② 宪政编查馆基本同意度支部的章程，并增两条，凑成35条，并就度支部派员赴各省监理一事特别作了说明：监理人员只在稽察督催，而非主持综揽。③ 意在明确监理官与各省司道的权限关系，消解疆臣的疑虑。

各省的财政清理活动基本上是围绕以上三个方面来展开的。首先是组织保障。光绪三十二年户部改为度支部后，颁布《度支部清理财政章程》，明确规定了清理全国财政的组织机构及其职责：度支部设立清理财政处，各省设立清理财政局，专办清理财政事宜。清理财政处负责制定各省出入各款调查项目，发交各省清理财政局分别调查；综合各省光绪三十四年份出入款项详细报告册，并宣统元年以后各季报告册；摘录各项说明书，分门别类，编成总册；核定各项清理财政章程。④ 各省清理财政局，设总办一员，以藩司或度支司充之；会办若干人，以运司、关、盐、粮等道及现办财政局所之候补道员充之；设监理官二员，由度支部派员充之。其职任为造送该省光绪三十四年份出入款项详细报告册及宣统元年以后各季报告册；造送该省各年预算、决算报告册；调查该省财政沿革利弊，编成详细说明书送部查核；拟订该省各项收支章程及各项票式簿式。⑤ 此后，各省清理财政局次第成立，度支部委派的正副监理官也先后赴各省上任。

其次，划分新、旧案之界限，开始清查各省账目。各省出入款项，截至光

---

① 度支部清理财政处档案·度支部奏 [G] //国家图书馆出版社影印室. 清末民国财政史料辑刊：第1册. 北京：国家图书馆出版社，2007：49, 51.

② 度支部清理财政处档案·度支部奏 [G] //国家图书馆出版社影印室. 清末民国财政史料辑刊：第1册. 北京：国家图书馆出版社，2007：81.

③ 度支部清理财政处档案·宪政编查馆奏 [G] //国家图书馆出版社影印室. 清末民国财政史料辑刊：第1册. 北京：国家图书馆出版社，2007：88.

④ 宣统政纪：卷5 [Z]. 光绪三十四年十二月辛未.

⑤ 宣统政纪：卷5 [Z]. 光绪三十四年十二月辛未；度支部清理财政处档案·清理财政章程 [G] //国家图书馆出版社影印室. 清末民国财政史料辑刊：第1册. 北京：国家图书馆出版社，2007：94-95.

绪三十三年年底，概作为旧案；自光绪三十四年起至宣统二年年底，作为现行案；自宣统三年起，作为新案。①

为什么要截清旧案、新案？旧案不截清，则款目易于混淆，不销结，则帑项无从稽考。各省报部核销之案，往往任意拖延，有推迟至数年者，有推迟至十余年者，压搁越久，造报越难。从前各省已办报销之案，有的被户部退回但再没见回复，有的被户部驳减但并没有遵照删减，年复一年，案复一案，上届未声覆，则下届仍须行查；前案已驳删，则后案无凭遵准。② 现在将旧案、新案分别对待，旧案截至三十三年年底，历年未经报部者，分年开列详细清单，限于宣统元年十二月之前送部核销。只求款项之核实，毋庸造册以循名。③ 实际上就等于将旧案作简化处理。光绪三十四年至宣统二年年底为现行案。对于现行案，清理财政局需要填报光绪三十四年份的年度调查报告以及宣统元年、二年份季度报告。各司道需严格执行奏销制度，将全年出入款项，分别造册报销。宣统三年以后则作为新案，一律遵照新式预算、决算册式办理，财政管理从此步入新的轨道。显然，财政清理工作的重心落实在现行案，而现行案的重中之重又在于光绪三十四年的调查报告。三十四年的调查报告完成得好，宣统元年、二年的季报即可接续顺利进行。

为便于各省调查，度支部编制了调查报告册式，上列调查项目，入款如田赋、漕粮、盐课、关税、厘捐、茶课、杂税、受协等项，出款如廉俸、军饷、制造、工程、教育、巡警、京饷各款，洋款、杂支等项，要求各省根据度支部开列的册式和条款，将光绪三十四年份各项收支存储银粮确数，按款调查，编造详细报告册并赢亏比较表。④ 各省外销向不报部之款，均需详细调查，列入册内，并在各项下注明"此款向归外销"字样，以清眉目。⑤ 限定各省必须将调查情况表于宣统元年年底之前咨送到度支部。

如何确保各省据实造报，将外销款项和盘托出，使此次清查"务在得一真

① 宣统政纪：卷 5 [Z]．光绪三十四年十二月辛未．
② 度支部清理财政处档案·度支部奏 [G] //国家图书馆出版社影印室．清末民国财政史料辑刊：第 1 册．北京：国家图书馆出版社，2007：105-106.
③ 陆定．清理财政章程解释 [G] //国家图书馆出版社影印室．清末民国财政史料辑刊：第 20 册．北京：国家图书馆出版社，2007：437.
④ 宣统政纪：卷 5 [Z]．光绪三十四年十二月辛未．
⑤ 陆定．清理财政章程解释 [G] //国家图书馆出版社影印室．清末民国财政史料辑刊：第 20 册．北京：国家图书馆出版社，2007：440.

账"？清廷事前作了"既往之弊不加追咎，查出之款仍可存留"的承诺。① 在公费没有确定之前，违例收受的，都作为正项收款一律详细开报，准地方自收自用，或留作津贴各署公费。这样，各省既无所用其回护，又何所用其讳匿？② 度支部拟以酌定外官公费来换取各省外销的和盘托出，盖不如是，无以奋其办公之心。

上有中央的限令，下有各省财政监理官的督促，各省财政清理工作按部就班进行。山东省于宣统元年（1909 年）闰二月二十日在省城设立清理财政局，经过大半年的努力，终于在九月底按时编成光绪三十四年份该省财政收支总册。按照部颁条款，参以本省情形，将收款分为十一类，即田赋、漕粮、盐课税厘、厘金、关税、土药税、杂税、杂捐、捐输、官业、杂款，支款分为十二类，即解款、协款、行政经费、交涉费、民政费、财政费、教育费、司法费、军政费、实业费、典礼费、工程费。并且还编好了宣统元年春夏两季的季报，计春季藩运关道各局所六柱报告 54 册，夏季 55 册，春季各营镇局所出入报告 9 册，夏季 9 册，一并装订。③ 湖南省清理财政局自宣统元年开办后，督饬局员将一切款项彻底清厘，穷原竟委，作为编之预备。并通知省外各署库局所，将所管事项编订说明书送局。④ 鄂省遵设清理财政局，派委各司道会同监理财政官督率科员分别调查，先将内结、外销各款据实呈报，光绪三十四年份出入报告各册以及盈亏比较表，由局造齐编竣。宣统元年出入各款的季报也要求省内外各署局，接续造册送局。⑤ 广东省亦于宣统元年八月间完成光绪三十四份的各类调查报告，计各种清册及说明书共 40 余件。⑥

到宣统元年十月间，各省清理财政局将该省光绪三十四年份各项收支呈送到户部。户部详加考核，又经往返驳查更正，再于该年十二月二十三日上呈一份清单给皇帝，将各省收支总数一一罗列。虽然有的数据多有重复，特别是协

---

① 度支部清理财政处档案·度支部奏 [G] //国家图书馆出版社影印室. 清末民国财政史料辑刊：第 20 册. 北京：国家图书馆出版社，2007：83.

② 《申报》云："度支部与政务处议定将各省督抚公费一律增加……闻此事系因清理外销各款起见，不如此，恐各督抚必不肯和盘托出云." 京师近事 [N]. 申报，1909-4-2（05）.

③ 署山东巡抚孙宝琦奏清理财政依限编成春夏季出入款目确数折 [N]. 政治官报 26，宣统元年十月初六日第 745 号，台北：文海出版社，1965：215-217.

④ 详请抚院咨送湖南全省财政款目说明书文 [G] //国家图书馆出版社影印室. 清末民国财政史料辑刊：第 13 册. 北京：国家图书馆出版社，2007：5.

⑤ 湖广总督瑞澂奏元年财政报告册编造完竣折 [N]. 政治官报 37，宣统二年九月二十三日第 1075 号，台北：文海出版社，1965：400.

⑥ 粤督派员整理外销财政 [N]. 申报，1909-9-25（10）.

饷，此省作收，彼省作支，各省相加即有重复计算。不过，全国财政出入大纲略可概见。① 光绪三十四年岁入总数可参第四章表24。

清理财政看似进行得颇为顺利，实则曲折多变。清廷清理财政的目标直指各省外销，要求和盘托出，不追已往，但地方官吏往往疑此举为一时诱劝之谈。② 首先对旧案即光绪三十三年底之前的历年未经报部的外销款分年逐案造销一节，各省表示难以遵办。宣统元年五月初，鄂督陈夔龙奏请要求变通，主张将光绪三十三年以前的外销款项免其分年开报，以免繁琐，理由是"此项外销款目，溯自缘起，有已历四、五十年之久者，如需逐一造销，实属无从着手"③；随后，吉林、黑龙江、山西、云南、浙江等省纷纷响应。他们承诺，可将本省外销各款列入光绪三十四年现行财政报告册内，归并正款，但三十四年以前的应请免再查造。④ 只有新疆省将光绪三十三年未经报部各款，遵照章程造册补报。⑤ 度支部在此节不得不做出让步，同意各省的变通要求。因此，对于度支部而言，各省光绪三十四年之前的外销情况仍是一笔不明不白的糊涂账，无法通过清理财政洞悉其具体实情。

针对现行案是否要和盘托出，各省亦有疑惧。清理财政开始后，各省督抚纷纷电商，谋求一致对付办法；两广总督张人骏担心外销款和盘托出后，将来

---

① 度支部奏调查各省岁出入款项总数折 [G] //内蒙古大学图书馆. 山西清理财政局编辑现行财政十八种：第 1 册. 呼和浩特：内蒙古大学出版社，2010：102.

② 熊希龄. 为酌议清理财政办法与栾守纲呈度支部文（1909 年 10 月 29 日）[M] //周秋光，编. 熊希龄集：第 1 册. 长沙：湖南人民出版社，2008：561.

③ 湖广总督陈夔龙奏查明鄂省未经报部各款折 [G] //内蒙古大学图书馆. 山西清理财政局编辑现行财政十八种：第 2 册. 呼和浩特：内蒙古大学出版社，2010：29-30；陈夔龙. 查明司道库局未经报部各款折（宣统元年四月二十日）[M] //俞陛云. 庸庵尚书奏议. 近代中国史料丛刊：第 507 种. 台北：文海出版社，1973：1186.

④ 陈昭常. 奏为吉林内结外销未经报部各款请援案办理立案事（宣统元年八月十二日）[A]. 中国第一历史档案馆藏. 宫中档案全宗，档号：04-01-35-1091-024；黑龙江巡抚周树模奏内结外销未经报部各款请援案变通办理折（宣统元年十月十三日）[G] //内蒙古大学图书馆. 山西清理财政局编辑现行财政十八种：第 2 册. 呼和浩特：内蒙古大学出版社，2010：31-32；丁宝铨. 奏为光绪三十三年前司道库外销各款请免造报事（宣统元年十二月二十三日）[A]. 宫中档案全宗，档号：04-01-35-1093-028；司详为详请奏咨事 [G] //内蒙古大学图书馆. 山西清理财政局编辑现行财政十八种：第 1 册. 呼和浩特：内蒙古大学出版社，2010：237-238；沈秉堃. 奏为滇省外销一切杂支各款请敕部立案事（宣统元年九月二十三日）[A]. 宫中档案全宗，档号：04-01-01-1095-082；增韫. 奏为厘饷局光绪三十三年以前不报部之款请免造册事（宣统二年五月初二日）[A]. 宫中档案全宗，档号：04-01-35-1096-001.

⑤ 新疆巡抚联魁奏筹办统一财政裁并局所于藩司署内分科治事折 [N]. 政治官报 33，宣统二年五月二十九日第 963 号，台北：文海出版社，1965：477-479.

恐有棘手，要求"联合数省，据实入告"①。袁世凯也以和盘托出或将导致各省束手，影响新政诸端相威胁，"以中国现在情形论之，其事可言不可行"。②

中央派设各省监理财政官也被视为剥夺各省藩司财权的行为。③ 当度支部任命的财政监理官分赴各省上任后，与地方官屡起争端，地方官向中央诉称监理官如何骄横，监理官控告地方官如何阻挠。在甘肃，藩司兼清理财政局总办毛庆藩不以清理财政为然，诋毁户部多事。财政局仅派局员五人，亦不分科治事，监理官督同局员纂拟各项规则表册文件，例送总办画行，该藩司搁置数旬，才将其发出。藩司款项，既不定期盘查，也不遵章造报，外销之款更是讳莫如深，迄无一字到局。④ 毛庆藩最后被撤职。

由于地方官的抵制，清理财政的实效被打了一个折扣。清理财政以实报为宗旨，光绪三十四年财政收支规模的确较往年大增，这也被视为直省将外销收支奏报中央的结果。但清廷要求匿报之外销和盘托出的目的很难达到，酌留公费的口惠一直没有兑现，地方官有所顾忌，而不愿据实开报。⑤ 在外人看来，财政清理成效难言良好，其流于形式而实效不举。⑥ 按照地方官的话说，外销不能和盘托出，此办事需款不得不然之办法。外省之所以难于应命，"不在取便于匿报，而在部臣之不宣明清查财政之宗旨，尤在不能督责各省分别国税与地方税之款目……国税与地方税之款目分，则凡外销之款大半可列于地方税，既属地方税，疆臣自有不必邀求京部准驳之权，即填报此项收支各数，无大难事也。"⑦ 各省寄希望于国、地两税划分中，能将各省外销收入划入地方税目之中。

（二）国地分税

清代财政收支，系按款定名，就款支用，向无国家税、地方税之分。承平之时，岁入与国用皆有常额，京、协各饷俱有定期，中央只要求地方年清年款，

①　各省对于清理财政之电文［J］．东方杂志，1909，6（03）：2-6．

②　北洋函牍拾零［N］．时报，1906-9-30．

③　"载泽既管度支，建两大策：一设各省监理财政官，尽夺藩司之权；一设盐政处于京师，尽夺盐政盐运使之权，即所谓中央集权是也。"语出胡思敬．国闻备乘［M］．北京：中华书局，2007：151．

④　宣统元年十一月大事记［J］．东方杂志，1909，6（13）：441．

⑤　广东财政说明书：卷2 田赋上［G］//国家图书馆出版社影印室．清末民国财政史料辑刊：第8册．北京：国家图书馆出版社，2007：127．

⑥　清理财政问题［G］//李少军．武昌起义前后在华日本人见闻集．武汉：武汉大学出版社，2011：231．

⑦　议员徐秀钧副议员兼调查局科长严伟呈拟清查财政入手办法案（光绪三十四年十一月）［G］//李毓澍．东三省政略：第2册．台北：文海出版社，1965：7047．

解饷无误,他不过问。① 当时就有人指出,东、西方各国财政有国家税与地方税之分,我国财政却无此规定,中央行政经费固应由官府分配支给,地方行政经费每当不足同样也从官款项下挹注。因此,国、地财政几乎没有界限。② 光绪三十四年五月,御史赵炳麟提出以国税专备中央政府之用,以地税划为地方财政的意见,③ 希望借国、地分税来统一全国财政。

厘清国家、地方财政界限是清末清理财政的重要任务。国、地两税既分,预算方有依据。④ 因此,颁布国税、地方税款目被视为清理财政的入手办法,"俟国税、地方税款目分明,即京内、外管理财政之权限随之而定,庶几于清查财政或无搪复牵制之一日"⑤。清廷原拟立宪进程表定为宣统二年应厘定地方税章程,三年颁布地方税章程并拟定国家税章程。宣统二年七月,御史王履康奏请变通原定国家税、地方税年限,主张先定国家税,再将地方税章程赓续厘订。⑥ 度支部作一折中,改为国家税与地方税于宣统二年同年厘定。

此前,度支部颁布的清理财政章程即要求各省清理财政局,应将本省财政利如何兴弊如何除、何项为正款何项向为杂款、何项向系报部何项向未报部、将来划分税项时何项应属国家税何项应属地方税,分别性质,酌拟办法,编订详细说明书,送部候核。⑦ 但是,根据什么标准来进行税项的划分呢? 度支部语焉不详。

一级行政即有一级财政,赋税等级应与行政等级成比例。国家税,系凭借国家权力征收的赋税,供国家行政之用;地方税,系凭借地方权力征收的赋税,供地方行政之用。这一点,各方理解基本一致。歧义主要集中在对地方税之"地方"的不同理解上。何为"地方"?中国古代典籍中,地为疆土

① 江苏省财政志编辑办公室.江苏财政史料丛书:第1辑第4分册 [G].北京:方志出版社,1999:554.

② 山西财政局议决并核复宣统三年预算案 [G] //内蒙古大学图书馆.山西清理财政局编辑现行财政十八种:第4册.呼和浩特:内蒙古大学出版社,2010:33.

③ 赵炳麟.请统一财权疏(光绪三十四年五月十七日)[M] //黄南津.赵柏岩集:上.南宁:广西人民出版社,2001:465.

④ 熊希龄.就奉天财政预算上度支部堂宪禀(1910年)[M] //周秋光,编.熊希龄集:第2册.长沙:湖南人民出版社,2008:260.

⑤ 议员徐秀钧副议员兼调查局科长严伟呈拟清查财政入手办法案(光绪三十四年十一月)[G] //李毓澍.东三省政略:第2册.台北:文海出版社,1965:7048.

⑥ 宣统政纪:卷38 [Z].宣统二年七月戊.

⑦ 宣统政纪:卷5 [Z].光绪三十四年十二月辛未.

之谓,方有方伯之称,"地方"多指称县以下基层官、民之间的一个体制性存在,① 与其上的"国家"相对应。清末推行地方自治,先城镇乡,后府州县,又出现了所谓的"官治""自治"的概念,时人很自然地将"国家——地方"与"官治——自治"相对应起来,认为国家财政即是官治财政,地方财政即是自治财政。

清末行政统系改革拟分为直接官治、间接官治、地方官治、地方自治四级。中央一级纯属直接官治,省一级兼有间接官治、地方官治,府厅州县一级兼有地方官治、地方自治,城镇乡一级纯属地方自治。基于此,时人多将地方与自治政体联系起来,狭隘地将地方理解为自治区域,城镇乡税为地方税,其他都为国家税。如广西省的理解:国家行政经费包括各府厅州县衙门办公经费,地方行政经费其实仅指谘议局、自治筹备处、教育、实业等省级新政部门和府厅州县关于新政机构的支出。② 张之洞也认为,地方税应符合两个条件:一为本州县所用,一为绅董所抽。③ 这就将地方经费等同于自治经费。

有的省将府厅州县也纳入地方。税法统系应以国家、地方为两大纲,而地方税种再分官治、自治二级。官治为上级,浑其称曰地方收入;自治为下级,别其名曰地方自治收入。④ 府厅州县税者,供府厅州县行政之用,以地方之权力而征收之租税也。如府厅州县官,盖以国家行政之官吏兼地方行政之监督也。原系国家任用之官吏,故地方官之廉俸,应为国家行政之经费,以国家税支出之;地方自治员,原系地方选举之公吏,故自治员之俸给,应为地方自治行政之经费,以府厅州县税支出之。⑤

分歧最大的是省是否为地方行政机构。持省属于国家机构的观点认为,就本朝官制论,藩司之理财,臬司之提刑,皆为国家特派之员任监督下级官厅之事。督抚仗节出使,实为中央政府化身,内则与各部平行,外则专制一方,固然与各国地方官不同,但升降予夺之权,仍操自上,一省之政令,皆国家之政

① 罗志田. 地方的近世史——"郡县空虚"时代的礼下庶人与乡里社会 [J]. 近代史研究, 2015 (05).
② 广西财政沿革利弊说明书:卷 12 各论下 [G] //国家图书馆出版社影印室. 清末民国财政史料辑刊:第 7 册. 北京:国家图书馆出版社, 2007:604, 614.
③ 张之洞. 致江宁刘制台、上海盛大臣(光绪二十七年十一月初三日)[M] // 苑书义, 等编. 张之洞全集:第 10 册. 石家庄:河北人民出版社, 1998:8670.
④ 江苏苏属财政说明书·税项界说 [G] //国家图书馆出版社影印室. 清末民国财政史料辑刊:第 16 册. 北京:国家图书馆出版社, 2007:26.
⑤ 奉天全省财政说明书·划分两税 [G] //中央财经大学图书馆. 清末民国财政史料辑刊补编:第 7 册. 北京:国家图书馆出版社, 2008:323.

令；一省之财政，皆国家之财政，这又与各联邦国之侯王有别。因此，与其谓省为地方之最上级，毋宁谓府厅州县为地方之最上级更确切。"盖省之资格，隐含于国家资格之内而无以自明。"① 持省为地方行政机构的观点认为，咸同以来，各路用兵，就地筹饷，各省开始有独立的财政，预备立宪，各省之事更是责成督抚自办，各省开始有独立的政绩。省作为地方一级行政的地位日益彰显，省应为地方行政最高之机关。省行政之用，应以地方权力而征收的省税以供应。而省之行政有地方官治行政与地方自治行政之分，如警察，除国家警务之外，其属之地方者，皆由地方官办理，实属地方官治。既属地方官治，则凡为警务而征收之亩捐，皆列于省税之内。有的将省理解为国家与地方的混合体。国家财政应以司库为主体，地方财政应以各局为主体。② 查各省财政，国税、省税混合府厅州县税、城镇乡税之事少，国税混合省税之事多。③

清末国、地分税之争，以后知之见视之，当时所谓的国、地分税其实用央、地分税更为明确直观，且不受官治、自治观念的束缚，时人将直省、地方之别强欲区分，是一种徒自扰的行为。④ 这里其实涉及的是地方行政层级问题。西方各国有一级或二级达于中央政府者，而当时的中国则有三级。因此赋税也应分三等级与之相应，曰省税，曰府厅州县税，曰城镇乡税，皆地方。⑤

表 41　清末行政各层级官治、自治关系示意表

		官治			自治
		直接官治	间接官治	地方官治	
行政层级	中央	√			
	省		√	√	
	府厅州县			√	√
	城镇乡				√

① 江苏宁属财政说明书·两淮盐运司 [G] //国家图书馆出版社影印室. 清末民国财政史料辑刊：第 5 册. 北京：国家图书馆出版社，2007；172-173.
② 山西全省财政说明书·例言 [G] //中央财经大学图书馆. 清末民国财政史料辑刊补编：第 10 册. 北京：国家图书馆出版社，2008；694.
③ 江苏宁属财政说明书·两淮盐运司 [G] //国家图书馆出版社影印室. 清末民国财政史料辑刊：第 5 册. 北京：国家图书馆出版社，2007；173-175.
④ 陆定. 清理财政章程解释 [G] //国家图书馆出版社影印室. 清末民国财政史料辑刊：第 20 册. 北京：国家图书馆出版社，2007；448.
⑤ 江苏宁属财政说明书·两淮盐运司 [G] //国家图书馆出版社影印室. 清末民国财政史料辑刊：第 5 册. 北京：国家图书馆出版社，2007；173-175.

	官治			自治
	直接官治	间接官治	地方官治	
税入性质	国家税			地方税
经费性质	国家经费		地方经费	自治经费

资料来源 江苏苏属财政说明书·税项界说 [G] //国家图书馆出版社影印室. 清末民国财政史料辑刊：第 16 册. 北京：国家图书馆出版社，2007：26.

各省对何为中央、何为地方理解不尽一致，在划分国家税、地方税时，就存在不同的标准，归纳起来，可分两种：一种是从收入的角度来划分，一种是从支出的角度来划分。以收入为划分税项性质之标准，又分三种：1. 间接税为国税，直接税为地方税；2. 正税为国家税，附加税为地方税；3. 由征税主体论，以国家资格征收者为国税，以地方资格征收者为地方税。以支出为划分税项性质之标准，又分两种：1. 供国家行政支出者为国税，供地方行政支出者为地方税；2. 国税负担对内对外之经费，地方税负担对内经费。

从收入上划分国、地税的有：吉林、河南、广西等省。吉省分税标准有二：从税项上分，如租课、关税、土税、盐税、契纸票税为国家税，牲畜、营业等税为地方税；从税率上分，本额为国家税，附加为地方税。[①] 其中：国家税 21 项，为大租、关税、盐课、洋土药税、山海税、烟酒税、木税、参药税、金税煤税、田房契税、当税、烧锅课、牙店课、牙秤课、木行课等。地方税又分三等，省税、府厅州县税、城镇乡税。省税 12 项，有小租、盐厘、洋土药捐、斗税、烧锅杂税牲畜捐、置本七四厘捐售货九厘捐、硝滷捐、缸捐车捐等；府厅州县税，有响捐、吉林府土货售价二厘捐、船捐车捐、营业附加税、粮石公捐、屠捐、铺捐、戏捐妓捐等；城镇乡税，为渡捐。[②] 后又有补充，省税又加交涉税、杂捐费、契纸杂费、牙票捐、票课杂费。府厅州县税加地租附加、营业杂捐、营业附加、消费杂捐、杂捐、杂费。计 11 项 44 目。[③] 地方税入都为外销款。

河南省依据《奏定地方自治章程》第 92 条定地方税为特捐、附捐二种，除

---

① 划分吉林全省税项总说明书 [G] //国家图书馆出版社影印室. 清末民国财政史料辑刊：第 4 册. 北京：国家图书馆出版社，2007：529.

② 划分吉林全省税项总说明书 [G] //国家图书馆出版社影印室. 清末民国财政史料辑刊：第 4 册. 北京：国家图书馆出版社，2007：531.

③ 吉林行省调查税费补编目录 [G] //国家图书馆出版社影印室. 清末民国财政史料辑刊：第 4 册. 北京：国家图书馆出版社，2007：605-606.

此以外之一切税项，即皆划为国家税。① 豫省界定地方税即是自治税。

表42 河南省国家税、地方税分税细目表

类别	税项	税种
国家税	田赋	地丁、漕粮
	租课	官地租、荒地租
	盐课	
	契税	卖契税、当契税、契尾价
	营业税	当税、牙税
	厘税	各项厘税
	杂税	烟税、酒税
	杂捐	奉文抽收各捐、斗捐、碱捐、牲口捐、铁捐、猪捐、布捐、花捐、桐油捐、花布捐
地方税	附捐	随粮征收学费、随粮征收车马费、随粮征收警费、亩捐、漕串捐、丁串捐、粮差捐、粮票捐、买契附加税、当契附加税、契尾捐、契捐、牙帖捐、附收斗捐、酒斤加价、碱斤加价
	特捐	学租、戏捐、铺捐、会捐、门捐、粮捐、行用捐、车骡捐、车票捐、煤车捐、庙捐、册书捐、粮坊折差、渡口捐、盐店捐、屠捐、丝锅捐、房捐、米车捐、民捐、商捐、产行捐、煤窑捐、花生捐、车捐、羊捐、柳条捐、油捐、膏捐、石捐、瓜子捐、柿饼捐、煤油捐、火柴捐、棉花捐、猪捐、芝麻捐、变蛋捐、差徭、规费

资料来源 河南全省财政说明书·岁入部·厘捐 [G] //中央财经大学图书馆. 清末民国财政史料辑刊补编：第5册. 北京：国家图书馆出版社，2008：208-209.

广西省坚持征税主体的分税原则，以国家资格征收者为国税，以省资格征收者为省税。主体资格之外，再参酌该税项的性质。国税分三类：一田赋，3目；二税捐，8目；三其他收入，8目。② 省税分二类，一税捐，15目；二其他收入，18目。② 省税以下，没有再分府厅州县税和城镇乡税。

从支出角度来划分国、地税的有：陕西、黑龙江、奉天等省。陕省认为，

---

① 河南全省财政说明书·岁入部·厘捐 [G] //中央财经大学图书馆. 清末民国财政史料辑刊补编：第5册. 北京：国家图书馆出版社，2008：208.
② 广西财政沿革利弊说明书·总论 [G] //国家图书馆出版社影印室. 清末民国财政史料辑刊：第5册. 北京：国家图书馆出版社，2007：180.

国家税、地方税者，究其用以别之则易，就其入而系之则难。就陕省言之，因筹饷而后有百货厘金，因赔款而后有新加差徭，因筹练兵经费而后有盐斤加价，因办理地方教育、巡警、自治诸务，而后有就地抽捐各款。兵饷也，赔款也，练兵经费也，皆国家之用也，则缘是而税者，不谓之国家税不可；教育者，巡警也，自治也，其用皆地方行政费也，则缘是而税者，不谓之地方税不可。①

黑龙江省的分税标准是，以用途属于中央事业者，为国家税；以用途属于地方事业者，为地方税。地方税约分三级，其由司库经管者，曰省税；由各属就地方自筹者，曰府厅州县税；由自治团体抽收者，曰城镇乡税。②

奉天省将税收分为中央、省、府厅州县三级。奉省认为，欲定国家、地方两税之区别，必须视国家行政及地方行政以为衡。譬之学务，有邮传部、农工商部设立的实业学堂，有各省督抚设立的实业学堂，亦有府、州、县设立的实业学堂。同一学务经费，由国家税支出者，谓国家行政经费；由地方税支出者，谓地方行政经费。经费既分，税亦因之而异。关于全国之政务，由全国人民所公共负担者，为国家税；关于地方区域之政务，由各省人民所分别负担者，为地方税。③依奉省的划分标准，国家税有田赋、关税、盐课、矿税、契税、统税、酒税、烟税、木税、帖税、蚕丝税、硝磺税、编审斗称税、枪印税、渔业税、中江税、剪税等。地方税有车捐、船捐等。牲畜税有一定税则者为国家税，无一定税则者为地方税。府厅州县税，为苇税、人力车捐、商捐、烧商捐、斗捐、屠宰税、戏捐、乐户捐、苇捐、房捐、纲捐、煤炸捐等。亩捐，随粮征收者为督抚州县衙署办公所用，为国家税；以附加税征收归地方警学之用，为地方税。④

国、地分税的初衷是，国家税由户部指拨，地方税系留为各省应用。租税界限分明，部臣有统核之权，疆臣无掊据之虑，出纳造报确实，如此各省财政才可望统一。⑤但由于分税标准的模糊，最便捷的办法无过于将内销等同于国家税，将外销等同于地方税。浙江巡抚张曾敭云：欧美诸国，莫不以国税办国事，

① 陕西全省财政说明书·后叙 [G] //中央财经大学图书馆. 清末民国财政史料辑刊补编：第8册. 北京：国家图书馆出版社，2008：689.
② 黑龙江巡抚周树谟奏江省财政说明书依限编成折 [G] //内蒙古大学图书馆. 山西清理财政局编辑现行财政十八种：第1册. 呼和浩特：内蒙古大学出版社，2010：134.
③ 熊希龄. 就奉天财政预算上度支部堂宪禀 （1910年）[M] //周秋光，编. 熊希龄集：第2册. 长沙：湖南人民出版社，2008：260.
④ 奉天全省财政说明书·划分两税 [G] //中央财经大学图书馆. 清末民国财政史料辑刊补编：第7册. 北京：国家图书馆出版社，2008：335.
⑤ 赵炳麟. 请统一财权疏（光绪三十四年五月十七日）[M] //黄南津. 赵柏岩集：上. 南宁：广西人民出版社，2001：465.

以地方税办地方事。我国律法虽无明文，然自来解部之款，与各省外销之款，固自有别。① 黑龙江巡抚程德全亦将内、外销比附为国、地税：泰西公款有国家、地方之分，中国有内结、外销之异，但一则公家确知其定数，一则司农莫究其实存。拟请严饬各省速将我国向有内结、外销各款，即照国家税、地方税划分清晰，其关乎国家者，自不容由外间稍挪分毫；其关乎地方者，尤不得由内间故为牵制。② 国、地税划分清楚了，内、外销界限也就都清楚了。

当然，也有省份对这种简单的比附不以为然，如黑龙江的邻省吉林省就认为：国家税与地方税划分之界线，大要供国家行政者曰国家税，供地方行政者曰地方税，固不以向例报部与不报部为衡。③ 鉴于认识上面的混乱，有的省份在财政说明书中干脆不做国、地税的划分，而是声称要等到预算核定后才予办理。④ 职此之故，度支部出面解释：各省征收统税，向分内销、外销。内销者，报部拨充军饷；外销者，为通省一切用款之大宗，从未报部。故有谓内销者为国家税，外销者为地方税。不知内销之款，苟有属于地方行政者，亦得曰地方税；外销之款，苟有属于国家行政者，亦得曰国家税。故以内销、外销定国家税与地方税，未尽合也。⑤ 内销并不一定都是国家税，外销也不一定都是地方税。但不管怎样，清廷试图通过国、地税划分，以地方税取代各省外销的目的是明确的。

（三）预算编制

我国古代财政就已具有预算早期形态。⑥ 到了清代，虽无预算表之作，然每当冬季，户部例有次年拨款清单知会各省，某省某款应作何用，某省某款应由某省协济，逐款罗列，是为冬估。但冬估仅以省为单位，且主要是对本省来年驻军经费的预估，并不作全国财政整体情况的估算。

光绪二十四年翰林院庶吉士丁惟鲁上书，称西方各国都编有预算，户部也

① 张曾敔档：10［G］// 虞和平．近代史所藏清代名人稿本抄本：第1辑98. 国家清史编纂委员会文献丛刊．郑州：大象出版社，2011：571-573.

② 程德全．奏为遵旨胪陈立宪之道管见事（光绪三十三年七月二十九日）［A］．中国第一历史档案馆藏．宫中档案全宗，档号：04-01-02-0110-021.

③ 拟分吉林全省税项总说明书［G］//国家图书馆出版社影印室．清末民国财政史料辑刊：第4册．北京：国家图书馆出版社，2007：529.

④ 山东清理财政局编订全书财政说明书·凡例［G］//国家图书馆出版社影印室．清末民国财政史料辑刊：第14册．北京：国家图书馆出版社，2007：2-3.

⑤ 陆定．清理财政章程解释［G］//国家图书馆出版社影印室．清末民国财政史料辑刊：第20册．北京：国家图书馆出版社，2007：442.

⑥ 孙翊刚．中国财政问题源流考［M］．北京：中国社会科学出版社，2001：285；陈锋《晚清财政预算的酝酿与实施》（《江汉论坛》2009年第1期）一文认为，严格意义上的财政预算则始自晚清。笔者赞成后一观点。

应该将每年出款入款，分门别类列为一表，逐年颁布，使天下皆晓然于国家出入之大计。① 次年大理寺少卿盛宣怀亦条陈，户部为度支总汇，一年出入款项宜通筹预计，常年收支各数应开单呈览。② 以上意见都未引起清廷重视。光绪三十二年，御史赵炳麟请编预算。赵氏痛感当时财政蒙蔽侵耗、纷无纪律的事实，建议度支部选精通计学者，制定中国预算、决算表，分遣大员到各省调查各项租税及一切行政经费，上自皇室，下至地方，钩稽综核，巨细无遗。预算、决算既定，提纲挈领，一目了然，然后将皇室费、中央行政费、地方行政费通盘筹算，界限分明，上使官吏免蒙蔽侵耗之弊端，下使绅民知承诺租税之义务，他日资政、审计两院方有完全确立之地位。③ 这一次赵氏的奏请，与清廷立宪要求产生了契合，因此编制预算被视为清理财政的归宿和达至立宪政体的必由之路。

度支部的部署是调查出入款项以后，各省即应试办预算、决算。宣统元年十月间，度支部要求各省及早筹备，于次年正月起即试办宣统三年的预算。其后，度支部酌定的预算试办册式、例言二十二条及比较表次第发给在京各衙门及各省清理财政局。例言将预算年度定为每年正月一日至同年十二月末日；预算报告分为岁入、岁出两部分，岁入、岁出之下各分经常、临时二门。各省大小衙门局所暨府厅州县试办预算分表，由各省清理财政局订定颁发，各属调查表填写好后，汇送到省局，再由省局遵照部颁表式，汇编成总册送部，以归划一。各属分表务于二年二月二十日以前汇报到省局，各省汇总成的一省岁入预算报告，务于四月十五日以前送到度支部，岁出报告务于六月底送部。度支部要求以前三年的收支为标准，作为宣统三年的预算数目，④ 但实际上各省是以宣统元年的数据为基础，再加上宣统三年应办之事所估需款数。⑤

从开办到出表，留给各省编制预算的时间只有短短的四个月，而各省还需等

① 光绪朝实录：卷 426［Z］. 光绪二十四年八月壬午.
② 光绪朝实录：卷 454［Z］. 光绪二十五年十一月乙卯.
③ 赵炳麟. 请制定预算决算表整理财政疏（光绪三十二年十一月十八日）［M］//黄南津. 赵柏岩集：上. 南宁：广西人民出版社，2001：427-428. 同年，左绍佐也片陈：敕下度支部核实入岁出之数，先为预算决算表，俾天下臣民昭然共见，所有一切度支出入先为条举件列，别其何者当用，何者不当用. 左绍佐片（光绪三十二年）［A］. 中国第一历史档案馆藏. 军机处全宗，档号：03-6667-141.
④ 李少军. 武昌起义前后在华日本人见闻集［G］. 武汉：武汉大学出版社，2011：495.
⑤ 山西省的做法是：所有宣统三年以前已办之事，已有之款，分别岁出入登载于册表，末列一总数. 宣统三年应办之事，可筹之款，分别岁出岁入，切实筹计，亦于表末列一增数，两数统计共有若干，合为一总数. 宣统三年应办之款，如何筹措，如何撙节，准于比较表内说明. 抚院丁札［G］//内蒙古大学图书馆. 山西清理财政局编辑现行财政十八种：第3册. 呼和浩特：内蒙古大学出版社，2010：343.

各属上报表册才能汇总成表，期迫事繁，只能一级赶一级。陕西省的做法是：省财政局遵章拟订各处预算表，由抚院酌核后，发交各衙门局所一律依式填造，统限宣统二年二月内到局，经审核后，再汇总咨报度支部。各府州县如能先期到局，填造又极精审，由局届时给予优奖；逾限者照处分表，实行惩儆。① 报部表略分为七，岁入经常门为一表，岁入临时门为一表，岁出国家行政经费经常门为一表，临时门为一表，地方行政经费经常门、临时门各为一表，此外，另列一总表。②

江苏宁属的情况是，经督饬科员，按照条例，参以本省情况，酌定预算表式，并拟凡例 12 条，要求各属按款填写。预算表式分款项三类，系依部颁调查条款及参酌宁属本地情况拟定。如有表中未列款目，务须依式增加，再在备考栏中登记原委，三类款项中如有定额，查案照填，否则即以宣统元年实在出入数目作为宣统三年的标准，如有必须增减而与宣统元年不能一致的地方，即应预计数目，分别照填，在备考格内详细注明，以凭稽核。③

各属预算表如不能遵限报局，就会影响全省的工作进度。河南各属分册五月初才陆续送齐到省局，布政使朱寿镛督饬审核科员收其舛错，补其缺略，随核随编，朝夕赶办，于月底总算将该省预算编制完竣。④

度支部对于各省局也是文电交驰，极力督促，嗣于五月以后，各省将试办宣统三年预算册表陆续咨送到部。度支部督率清理财政处各员逐加复核，发现各省造报的预算表，岁出则有意加多，岁入则特意少报。⑤ 如河南省编成宣统三年预算表册，统计岁入 974 余万两，岁出 1026 余万两，赤字 52 万余两，尚有卖契款抵补药税应行解部之款不在其中。⑥ 黑龙江省全省岁入银 540 余万两，岁出581 余万两，不敷银 40 余万两。⑦ 奉天度支司估计，预算出款比入款多出百万

① 宣统三年度岁出入预算表例言［G］//国家图书馆出版社影印室. 清末民国财政史料辑刊：第 3 册. 北京：国家图书馆出版社，2007：1.
② 宣统三年度岁出入预算表例言［G］//国家图书馆出版社影印室. 清末民国财政史料辑刊：第 3 册. 北京：国家图书馆出版社，2007：3.
③ 宁属拟定宣统三年预算之筹备［G］//内蒙古大学图书馆. 山西清理财政局编辑现行财政十八种：第 3 册. 呼和浩特：内蒙古大学出版社，2010：330-334.
④ 豫抚宝奏预算宣统三年财政办理情形折［G］//内蒙古大学图书馆. 山西清理财政局编辑现行财政十八种：第 3 册. 呼和浩特：内蒙古大学出版社，2010：351.
⑤ 度支部清理财政处档案［G］//国家图书馆出版社影印室. 清末民国财政史料辑刊：第 1 册. 北京：国家图书馆出版社，2007：1-2.
⑥ 豫抚宝奏预算宣统三年财政办理情形折［G］//内蒙古大学图书馆. 山西清理财政局编辑现行财政十八种：第 3 册. 呼和浩特：内蒙古大学出版社，2010：351.
⑦ 宣统政纪：卷 38［Z］. 宣统二年七月丙午.

之数。① 晋省综计出入各款，不敷也在 100 余万两。② 陕西省出入相抵不敷银 100 万两。③ 几乎各省都是以入不敷出、赤字累累交卷。

度支部对各省上报的预算数据酌加增减，汇总编成宣统三年总预算案。各省上报岁入数为 29554 万余两，岁出数为 30456 万余两，赤字数为 900 余万两。度支部在此基础上进行增减，核定各省岁入为 29696 万余两，岁出为 29854 万余两，不敷数仍为 200 余万两。如表 43 所示。

表 43　各省上报及度支部核定宣统三年预算表　　　　单位：两

		各省上报		度支部核定	
		经常	临时	经常	临时
岁入	田赋	45757477	1936636	46164709	1936636
	盐茶课税	46144383		46312355	
	洋关税	35166683		35139917	
	常税关税	6945845	8524	6990845	8524
	厘捐	42712662		43187907	
	正杂各税	25592923		26163842	
	官业收入	46681899		46600899	
	杂收入	18255064	17099454	19194101	16050648
	捐输		5680296		5652333
	公债		3560000		3560000
	合计	267256936	28284910	269754575	27208141
岁出	行政	25635430	1285843	26069666	1258184
	交涉	3452131	625129	3375130	626177
	民政	4611119	1379603	4416338	1324531
	财政	18526684	3744621	17903545	2877904
	洋关经费	5834725	9563	5748237	9163

① 熊希龄. 陈财政支出节流办法并请裁定上锡程两帅函（1910 年）[M] //周秋光，编. 熊希龄集：第 2 册. 长沙：湖南人民出版社，2008：273.
② 山西巡抚丁宝铨奏胪陈晋省第四届筹备宪政情形折 [N]. 政治官报 37：宣统二年九月十五日第 1067 号，1965：251.
③ 宣统政纪：卷 41 [Z]. 宣统二年八月庚子.

		各省上报		度支部核定	
		经常	临时	经常	临时
岁出	常关经费	1484574	40576	1460337	40576
	典礼	747705	54037	745759	54037
	教育	2590754	1041892	2553416	1041892
	司法	6832946	218746	6616579	218746
	军政	84373659	17397304	83498111	14000546
	实业	1651739	294253	1603835	294253
	交通	47232049	7804908	47231841	7804908
	工程	2569969	2064795	2493204	2022064
	官业支出	5779988		5600435	
	各省应解赔款、洋款	38751811		39120922	
	洋关应解赔款、洋款	11163547		11263547	
	常关应解赔款、洋款	1256492		1256492	
	边防经费	1239908		1239908	
	归还公债		4866136		4772613
	合计	263735230	40827406	262197302	36345594

资料来源　度支部颁核定宣统三年预算案［G］//内蒙古大学图书馆．山西清理财政局编辑现行财政十八种：第 4 册．呼和浩特：内蒙古大学出版社，2010：316-430．两以下不计。

度支部拟定的预算总表奏交会议政务处会同集议，又经该处王大臣奏交资政院审议。宣统二年十二月，经斟酌损益，公同议决，资政院核覆，对度支部预算表的结构和内容均做了一番修正。度支部奏交原案，以省为经，以事为纬，岁出、入数均未包括在京各衙门的收支预算数。资政院修正案，以事分科，以省设目，于岁入有增加，于岁出有减削，且将在京各衙门的预算岁出包括在内，结果参看表 44。表 44 中度支部原案与表 43 度支部核定数据相差很大，即包括了在京各衙门岁出在内，但岁入未统计进去，因为在京各衙门岁入有一大部分是来自各省的，如统计进去即会产生重复计算（是年在京各衙门的预算数分别为岁入 77338570 两，岁出 99207852 两①）。

表 44　宣统三年预算度支部核定原额与资政院修正额一览表　单位：两

岁入			岁出		
款目	度支部原案	资政院修正案	款目	度支部原案	资政院修正案
田赋	48101346	49669858	外务部所管	3544732	3127031
盐课茶税	46312355	47621920	民政部所管	5020229	4352038
关税	42139287	42139287	度支部所管	123247543	111249232
正杂各税	26163842	26163842	学部所管	3375484	2747476
厘捐	43187097	44176541	陆军部所管	126844326	77915879
官业收入	46600899	47228036	海军部所管	10503201	9997946
捐输各款	5652333	5652333	法部所管	7716015	6639827
杂收入	35244750	35698477	农工商部所管	6555273	5453831
公债	3560000	3560000	邮传部所管	55141906	37569196
			理藩部所管	1705102	1688558
			国家行政经费小计	343653811	260740996
			民政费	16719897	16719897
			教育费	12554230	12554230
			实业费	4084672	4084672
			官业支出	2095926	2095926
			交通费	1676514	1676514
			工程费	572125	572125
			地方行政经费小计	37703364	37703364
合计	296961909	301910294	合计	381357175	298444360

资料来源　贾士毅. 民国财政史：上［M］. 郑州：河南人民出版社，2016：25-32. 《山西清理财政局编辑现行财政十八种》与贾书数据有些微不一致，因《十八种》有明显抄录错误，此处采用贾书的资料。两以下不计。各表数据衔接不尽一致，可能与两以下数据不计有关。

---

① 在京各衙门宣统三年预算岁入总表［G］//内蒙古大学图书馆. 山西清理财政局编辑现行财政十八种：第 4 册. 呼和浩特：内蒙古大学出版社，2010：459.

上谕认为，资政院核定的宣统三年预算总案尚属核实。如确系浮滥之款，即应极力削减。若各省实有窒碍难行之处，可将实用不敷各款缮呈详细表册，叙明确当理由，迳行具奏候旨办理。① 可见，上谕对预算大幅增减将引发各省可能的反应已有预料。

果然，各省对所报预算的再三增减颇为不满，纷纷要求追加预算支出。豫抚宝棻在致政务处函中反应激烈，称：各省预算闻资政院任意删减，窒碍之处颇多。豫省各项经费，自经度支部驳删，已不复留余，资政院议员于政界均未亲历，并不协商，凭空立案，仅凭理想以为驳删，则天下无不可减之款项。行政官实难担此重任，与其将来贻误，不如事先陈明，希望政务处秉公裁核，俾得就款办事，顾全大局。② 安徽巡抚朱家宝称：皖省瘠区，规模狭隘，用款向少浮滥，与各省情形微有不同，行政经费均已核减再三，汰冗整纷已不遗余力，不留余地。③ 资政院核减预算 89 万余两，皖省只认减 44.5 万余两。锡良等电奏，各省各官公费碍难核减，官俸章程未定以前，请按照部定预算之数实行，④ 不服从资政院核减之数。直隶总督陈夔龙亦称，未便轻言裁减。直省应办事宜日益繁重，骤减巨额，殊于事实有碍。资政院议减直隶行政经费 871080 余两，只能认减 421684 余两，其他万难再事删除。⑤ 湖北省也认为资政院所加所减不能接受，对增减情形"有不能已于言者"⑥。鄂省岁入出不敷近百万两，地方官既不能强人所难，勉就范围；又不敢以虚为盈，只能分款详具理由具覆。⑦ 浙江

---

① 宣统政纪：卷 47 ［Z］. 宣统二年十二月戊戌.

② 豫抚宝致政务处函［G］//内蒙古大学图书馆. 山西清理财政局编辑现行财政十八种：第 3 册. 呼和浩特：内蒙古大学出版社，2010：455-456.

③ 安徽巡抚朱家宝奏宣统三年款目分别照减等折（宣统三年四月二十五日）［G］//内蒙古大学图书馆. 山西清理财政局编辑现行财政十八种：第 3 册. 呼和浩特：内蒙古大学出版社，2010：84-86.

④ 度支部奏请饬各省督抚切实遵照前奏维持预算办法折（宣统三年二月十四日）［G］//内蒙古大学图书馆. 山西清理财政局编辑现行财政十八种：第 3 册. 呼和浩特：内蒙古大学出版社，2010：3-4.

⑤ 直隶总督陈夔龙奏宣统三年预算实用不敷叙述理由请饬部立案折（宣统三年二月二十七日）［G］//内蒙古大学图书馆. 山西清理财政局编辑现行财政十八种：第 3 册. 呼和浩特：内蒙古大学出版社，2010：30-31.

⑥ 鄂省财政艰窘之状况［G］//内蒙古大学图书馆. 山西清理财政局编辑现行财政十八种：第 3 册. 呼和浩特：内蒙古大学出版社，2010：62.

⑦ 鄂省实行预算之困难［G］//内蒙古大学图书馆. 山西清理财政局编辑现行财政十八种：第 3 册. 呼和浩特：内蒙古大学出版社，2010：68-70.

巡抚增韫也表示,院减 241105 两,浙省只认减 83141 两,① 其他无可核减。在赣省,预算案裁减甚至引发了全省上下的恐慌。②

对于预算增减在各省引发的轩然大波,度支部出面弹压,力图维持预算:

> 各省督抚认增认减,禀咨有案,是皆各省认为能行,并非臣部强定。今则各省于前项认定之案,又多借词翻异。又将何以应付。总之,各省近年结习,以挥霍为固然,视公帑若私物,稍为限制,则百计相尝,必令破坏。嗣后各省有因要需追加预算者,皆由该省先筹的款,再行举办,否则,臣部概从驳斥,以重度支。③

度支部维持预算办法,事实上已为各省追加预算留下了一道口子。预算章程也规定,各省编制地方预算案,如岁出之数逾于岁入之数,另筹本省地方岁入,经度支部许可后,得连同地方预算案提交谘议局议决。④ 这事实上就是将球踢给了各省谘议局。谘议局是各省预算实行的审议机关,因此预算增减所引发的一系列纠葛最后都归结到督抚与本省谘议局的讨价还价上。当然各省情况各异,有的省份谘议局较为迁就,督抚追加预算的要求就好通过。如直隶,直督以本年预算案所减太多,于一切行政诸多窒碍,不能照办,嗣将各项用途述明理由,交谘议局复核,经过连日会议通过,一切均照直督原议。⑤ 有的省份谘议局比较强势,导致督院与谘议局矛盾冲突,如江苏宁属。谘议局指责两江督院于宁属预算一再留难,意在挑战中央;⑥ 两江总督指责江苏谘议局任意增减预算,强迫施行,并以辞职相要挟。⑦ 双方的口水官司一直打到皇帝跟前,导致宁

---

① 浙江巡抚增韫奏宣统三年预算案删减各款窒碍难行并叙述理由折(宣统三年五月十日)[G] //内蒙古大学图书馆. 山西清理财政局编辑现行财政十八种: 第 3 册. 呼和浩特: 内蒙古大学出版社,2010: 160.

② 赣省预算案裁减之恐慌 [G] //内蒙古大学图书馆. 山西清理财政局编辑现行财政十八种: 第 4 册. 呼和浩特: 内蒙古大学出版社,2010: 179.

③ 度支部奏维持预算实行办法折 [G] //内蒙古大学图书馆. 山西清理财政局编辑现行财政十八种: 第 3 册. 呼和浩特: 内蒙古大学出版社,2010: 454.

④ 试办全国预算暂行章程 [G] //内蒙古大学图书馆. 山西清理财政局编辑现行财政十八种: 第 3 册. 呼和浩特: 内蒙古大学出版社,2010: 305-310.

⑤ 直隶预算案之迁就 [G] //内蒙古大学图书馆. 山西清理财政局编辑现行财政十八种: 第 4 册. 呼和浩特: 内蒙古大学出版社,2010: 109.

⑥ 张謇. 呈内阁资政院宪政编查馆度支部督抚院文(宣统三年五月)[M] //李明勋,等编. 张謇全集: 第 1 册. 上海: 上海辞书出版社,2012: 220.

⑦ 宣统政纪: 卷 53 [Z]. 宣统三年四月丙.

属财政预算案不能成立。① 总之，清末预算编制是在一片喧嚣纷扰中进行的。

宣统三年（1911 年）的预算被时人称为四不像预算。② 预算中地方经费只有支出，没有收入，且地方经费支出安排得很少，只比中央经费的十分之一略多。地方自治经费也没有纳入预算，因此只是一部"官治"经费的预算。且未及决算，清廷就被颠覆了，我们也不能看到它执行得怎样。度支部还编有宣统四年的预算，这次预算编制对上年预算进行了改进，分成中央与各省两部分（见附件中的附表三、附表四），同样，这次预算也没有决算。

各省试办预算以后，凡昔日杂捐陋规之类及新定之教育、民事法、实业、军政、外债诸费，悉列入预算表中，按理说从此再无一文不报部之款，即无一款不正销。因此，预算成立，奏销制度即告消亡，自不能仍有外销之名。但外销之名虽无，各省之前所有外销款项是否都已纳入预算，则难以一概而论。不过，外销之款纵未能悉列无遗，然经此厘剔，隐匿渐少，当是实情。从统计数据来看，中国岁入之数向称 1 亿两，经度支部奏派各省财政监理官认真清理，而登诸预算表者，岁入遂逾两倍，非尽近年多取于民，亦由从前并无确实之调查详晰之报告，隐漏分歧，难于统核，直到此次分别清理，或本隐以之显，或化私为之公，内外洞然，至臻核实。③ 此为案例三。

四、清季外销财政治理的三种模式

应该说，晚清时期，围绕外销所展开的中央与地方间的财政关系处于随时调整之中，中央想尽办法迫使地方政府将外销款项"和盘托出"，而地方政府总是以"藏头露尾"相应对。中央整饬之令屡下，而各省推诿敷衍如故，讨价还价之风盛行，以上仅选取了其中较为典型的三个案例。这三个案例其实也代表

---

① 宁属预算之不能成立［G］//内蒙古大学图书馆.山西清理财政局编辑现行财政十八种：第 4 册.呼和浩特：内蒙古大学出版社，2010：108.

② 亘古未闻之预算案［G］//内蒙古大学图书馆.山西清理财政局编辑现行财政十八种：第 4 册.呼和浩特：内蒙古大学出版社，2010：254-255.

③ 会议政务处奏会议度支部试办宣统三年预算请饬交资政院照章办理折［G］//内蒙古大学图书馆.山西清理财政局编辑现行财政十八种：第 3 册.呼和浩特：内蒙古大学出版社，2010：382-384.

着晚清时期财政治理①的三种类型，其中治理理念、目标、方式以及绩效，因时、因地，情况各有不同，这里宜加以归纳和总结。

（一）常规式治理

案例一选取的事例发生于光绪朝前期。其时，大规模军事活动方歇，国家初入承平，但危机仍然四伏，用当时人的话说，危机主要来自四个方面，即边方不靖、疆臣因循、国用空虚、海防粉饰。② 其中财政所面临的主要问题是，奏销制度废弛而流于形式，司农之官不思进取，惟以例案束缚外省，而外省为求不被驳查，但求合例造报，真账隐匿，反以假账示人，中央全然不知各省财政虚实。光绪八年，阎敬铭出任户部尚书后，开始厉行整饬，重整奏销规制，内除户部招摇需索之由，外绝各省含混冒销之弊，相继推出事前立案、增改黄册科目等举措，力图重新发挥奏销稽核全国财政收支的功能。

例者，法之颁行遵守者也。例有未备，辅之以案；例不能改，而案多歧出。例过时没有及时修订，可以案援例，案也就逐渐成了新例。事前立案旨在解决奏销无例可循的问题，使各省新增收支"俾有范围"③。这些新增收支多为军兴以来新出现的洋务项目，正如户部所言：

> 臣部办理各省奏销，应准、应驳原有例章可循。自中外交涉以来，各省制造军火器械暨各项兵房、炮台工程，动以物料购自外洋无例可循为辞，臣部亦以其奏明立案在先、照章准销。……凡各省局报销案件，应于创办之始，即筹定每年需款若干，奏明立案。部中核销，即以初立之案为凭。

---

① "治理"（governance）一词，本来自社会学领域，意指各种社会力量通过互动、调适而达致一种多方均能接受的均衡，社会秩序得以优化的过程。其后，这一概念广泛应用于企业管理、行政管理等诸多领域。本文所谓"财政治理"，与一般所说的财政管理，区别有二：其一，前者是以调和为基础的各财政主体间的互动，权力运行的向度是多元的，后者是以管控为基调的自上而下的强制贯彻，权力运行是单向度的；其二，前者基于法律，后者不一定基于法律，常带有管理者的主观任意因素。当然，此处所列三个案例，特别是前两个案例，财政管理的色彩还是远浓于财政治理的色彩。

② 翁同龢．翁同龢日记：第4卷［M］．光绪十年三月初八日．翁万戈，编．翁以钧，校订，上海：中西书局，2012：1858.

③ 光绪十年户部折云：近来各省用款头绪纷繁，部中不易稽查，实由于咸丰同治年来，东南用兵，变通成例，一切用款，不复照依旧例听候部拨，以致部案不全，各省盈虚难见。臣部拟申明定例，颁给册式，令各省将其一切出入和盘托出申部。妥定支解，大致俾有范围，遇有需款，皆应预先报部，方准动用，以肃纪纲。户部．议覆银库郎中丰伸泰敬陈管见折（光绪十年十月二十五日）［G］//户部奏稿：第6册．北京：全国图书馆文献缩微复制中心，2004：2949-2951.

其每年立案银数，随时增减原无一定，但不得于初立之案相悬殊。①

这就等于是以各省自立之案，来核各省所报之款。若所销之数与立案不符者，议驳；相符者，无不照准。户部认可了各省自立之案，也就认可了各省此前各款无论报部、不报部均为正款，其实这是"既往不咎"的变相承诺。但一旦立案，以后报销即以此案为凭，立案款项也就被纳入奏销范围。"至立案与报销办法不同，报销须将用款逐项详细开列，立案则只须简明总数。"② 但立案是为了规范报销，而不是简化报销，户部的意旨很明确。

"案"即类似我们现在的"项目"，立案即制作项目预算。事先立案试图从经费支出方面对各省新增支出项目作一限制，使其报销时有例可依（尽管这个"例"是由各省自行制定的）。增改黄册科目，则是试图从经费收支两方面将经制外的新增项目纳入财政统计，以"尽度支之全"。光绪十年，清政府对黄册奏销科目作了较大调整，常例收支科目仍然予以保留，用以继承原有的经制财政项目管理；军兴以来新出现的收支则分别纳入"新增"项目下各新设科目来管理；"本年收款"涵括本期发生的一些非税收入和结转账目；"补支预支"用以反映期间内应支和预支账目变动情况；"批解支款"用以反映各省与在京各部院之间的财政联系。将新增收支吸纳进财政核算体系，使奏销科目更为全面、完整，更为真实地反映一年内财政收支状况，如此，全国赋税之籍，始总于京师，从而加强了财政核算、考核的功能。

事前立案和调整奏销科目，体现了户部对各省的一种妥协。户部开始考虑到各省财政情况的差异性，尝试以本省之例来衡本省之案，而不再一味坚持唯部例是从，这委实给僵化的奏销制度增加了些许弹性；户部承认各省包括外销在内的既有新增收支款目存在的正当性，并将其视同正项收支，纳入奏销制度之中，使奏销黄册的内容更具开放性，顺应财政实践的变化。应该说，这种将新增款项纳入正项管理轨道的财政治理范式，在清代历史上屡有尝试，如乾隆朝的耗羡归公。雍正时期，即有耗羡归公之举，但只是将州县私收改为收归藩司，由省来统筹使用，用以支发官员养廉、补助地方公用以及弥补亏空。到乾隆朝时，更是将归公之耗羡纳入奏销体制，各省动支耗羡银两，须经户部核准。

---

① 工部. 各省报销逐年加增拟请明定章程折（光绪二十二年十月初四日）[G] //中国近代兵器工业档案史料：第 1 册. 北京：兵器工业出版社，1993：318.

② 李鸿章. 海防经费报销折（光绪十二年十一月初四日）[M] //顾廷龙，戴逸. 李鸿章全集：第 11 册. 合肥：安徽教育出版社，2008：553.

耗羡与正项钱粮已没有差别。① 而光绪朝前期这一次，主要针对的则是各省外销款项。这种财政治理范式，只是对传统的奏销制度做出一些技术上的修补，增加其包容性和适应性。但财政治理中的财政主体间的制衡、财政监督却无从谈起。因此，只能算是一种技术性治理，而不具有制度创新。

技术性治理主要着眼于对既有规章制度的补充、完善，使其继续发挥作用，释放活力。新的报销章程寄托了清廷规复奏销旧制的良好愿景，而奏销制度并未因此次技术性的修补而走出窘境。因为奏销制度的内在矛盾并未彻底解决，奏与销之间的信息不对称问题仍然存在。即如事前立案，立意固无不美，② 但立案浮增情况则无法杜绝。如甘肃抽收厘金，多年并未报部，光绪八年始开单奏明立案。该年收银 38.6 万两，钱 1 万余串，开除银 34.2 余万两，钱 0.87 余万串。收支勉强相敷，只有些微盈余，自然无太多余银上解。户部明知其笼统开报，但无从查核。③ 而且，各省自立销案，往往使户部的核销失去准的。正如时人揭示：

> 当定章之始，各省立案尚能核实，无如近年以来，此等销案以成故套，其逐年自立之案，与自销之案安有不符之理？于是每年立案银数任意加增，部中即据为核销准的，是名为报部核销，不啻自用自销也。④

自用自销，又何必要立案？何必要多此奏销一举？所以立案对报销内容审核的约束作用是有限的。清廷试图通过报部立案，以此来杜绝各省的侵欺，这一目的很难达到。

户部放权让各省自行立案，希望以各省自立之案来核销该省报销之款，同样不能解决已立之案与新出之案的矛盾。甲午战争期间，北洋将士出征，筹添

---

① 耗羡归公的制度化过程，可参董建中. 耗羡归公的制度化进程［J］. 清史研究，2000（04）；陈锋. 论耗羡归公［J］. 清华大学学报，2009（03）.

② 光绪八年张之洞给李鸿藻的信："户部报销新辛甚好，妙在补奏案照省辛两层，（两层仍是一义）名为造册与开单无异也，但此后融销则不能也耳。此老可谓笔妙。"李宗侗，刘凤翰. 李鸿藻年谱［M］. 北京：中华书局，2014：296. 在写给户部尚书阎敬铭的信中云："报销章程已读悉，精密而又通达，从此蠹吏自然敛手，固知非我公不能为也。"多有溢美之词. 张之洞. 上阎丹初先生（光绪八年十一月）［M］// 苑书义，等编. 张之洞全集：第 12 册. 石家庄：河北人民出版社，1998：10156.

③ 户部. 查明甘省收支厘金款目开单立案片［G］//户部奏稿：第 3 册. 北京：全国图书馆文献缩微复制中心，2004：1179–1180.

④ 工部. 各省报销逐年加增拟请明定章程折（光绪二十二年十月初四日）［G］//中国近代兵器工业档案史料：第 1 册. 北京：兵器工业出版社，1993：318.

勇营、增购船械，李鸿章事前即历数此次军需不能拘泥平常军需章程的各种情形，甚至声称既难以成例相绳，尤难于事先立案，惟在随时随事督饬经办各员核实撙节，斟酌变通，期于款不虚糜，功归实际。① 这里不仅是例与案的冲突，还有旧案与新案之间的歧异。对于李鸿章的要求，户部束手无策，只能听之任之：

> 查北洋历次报部销案，多与例章未符，一经奏请，均系照案核销，臣部并未拘以常格。今该督陈奏防剿倭寇费用之巨，办理之难，将来报销到部时，臣等自应体察情形，奏明核办。惟支销既巨，弊窦易滋，相应请旨饬下北洋大臣李鸿章，严饬经办各员，核实撙节，总期功归实际，款不虚糜，是为至要。②

事前立案的财政规则已被视同敝屣，款不虚糜的愿景仍靠办事人员赤诚无私的道德约束。甚至有人主张，综核之法，只可视督抚为何如人而可否之。督抚有如曾文正、胡文忠诸公者，所请虽一概照行可也。督抚有如英西林、文质夫诸公者，所请虽一概痛驳可也。③ 这不啻又回到"任人不任法"的人治状态。

清朝号称以例治天下，在财政制度上也奉行以例治财。事前立案、调整黄册科目，尽管对现行奏销制度进行了一番修补，但仍不脱以例治财的窠臼。在财政活动变动不居的年代，例与案、旧案与新案之间一直处在持续性的矛盾之中，僵化的奏销制度已难以适应财政实践的发展。极力推动此事的户部尚书阎敬铭最终被人讥为"自诩理财好手，不过搜索外省以归部库，所得无多"④。光绪十年户部着手编制的会计黄册，试图将全国财政状况通过一张总表完整地反映出来。各省收支数目，虽视前为核实，然外销各款，仍未列入。⑤ 户部手里所

---

① 李鸿章. 筹办采运难拘成例片（光绪二十年九月二十三日）[M] //顾廷龙，戴逸. 李鸿章全集：第15册. 合肥：安徽教育出版社，2008：466.

② 户部. 遵议李鸿章奏东征倭寇筹费为难各情请饬核实办理折（光绪二十年十月初三日）[G] //故宫博物院. 清光绪朝中日交涉史料：第12册第23卷. 1932：10.

③ 薛福成. 上阎尚书书（1883年）[M] //庸盦文编：第1册. 近代中国史料丛刊：第943种. 台北：文海出版社，1973：257. 英西林即英翰，文质夫可能指的是文煜，二人皆以贪蠹闻于时.

④ 盛宣怀致翁同龢函（光绪二十一年四月十四日）[G] //陈旭麓. 甲午中日战争. 上海：上海人民出版社，1982：450.

⑤ 吴廷燮. 清财政考略 [G] //国家图书馆出版社影印室. 清末民国财政史料辑刊：第20册. 北京：国家图书馆出版社，2007：381.

掌握的，仍然是"一片糊涂账目"。① 光绪朝前期，户部在奏销制度框架下所做的一系列技术上的改进，对国家财政制度的完善难起成效。这说明，仅仅靠奏销制度的规复或修补，已不足以彻底改变部库吃紧、财政秩序混乱不堪的局面。

（二）运动式治理

甲午以后，晚清财政较光绪朝前期进一步恶化，外要偿款，内要兴政，部库空虚，部臣仰屋，束手于无米之炊，各省亦极称与部库同一竭蹶，但暗地里却有外销之款赖以挹注。因此，中央政府总是千方百计逼迫各省和盘托出外销款项的控制权。光绪二十五年，翰林院侍读学士济澂奏称：各省盐务海关厘局官员瞻徇情面，辄于外销款内，设法挪移。种种名目，几倍于正用之款。各省外销款项滥支太多，请饬核实充公。② 光绪三十年，日俄战争爆发，边防空虚。懿旨不分畛域，各就本省财力实心筹措，外销之款核实腾挪，中饱之数从严厘剔，每年匀出的款若干，以为练兵之用。朝廷先后于光绪二十五年、三十年两次分别派遣重臣刚毅、铁良南下各省，上门索款。

刚、铁二氏南下时间虽有前后，但索款之法却如出一辙，所到之处，即查看账目，约员闭门会谈，借机进行敲打，迫使对方就范。如刚毅在动身前，即行文江苏巡抚德寿，令各府州县将所出外款并水陆各营大小局卡一切费用，起造清册具报俟核。抵省后，饬在省各局所呈造报销清册，并要求苏淞太常镇等各道所属州县，将每年出入正杂各款及积谷数目造册呈报。③ 铁良到沪后，即札行苏淞太道袁海观，令将收支各款分别造册，连批回领纸等类呈候查核。袁氏不得不将各种材料检齐计500余件，开明收支数目，申送行辕，供侍郎随员详细考核；④ 又派随员各局查看历年账目，均抄清单以备细阅。⑤

闭门约谈也是一震慑人心之法。我们看铁良在沪期间的工作日程，二十二日午后，工部尚书商约大臣吕海寰、电政大臣吴仲怿先行赴行辕拜会。铁良延入茗谈良久，其他人员均被挡驾。⑥ 二十六日传见江南机器制造局总稽查委员、提调，各厂委员司事40余人，详询局中一切情形，继令各司事入内一一垂询，又

① 吴保初曾在致汪康年札中云："今户部号为司农，农自为农，而所司者非农也。勾稽簿领，量较锱铢，画诺盈廷，积牍山立，直一片糊涂账目而已。"上海图书馆. 汪康年师友书札［M］. 上海：上海书店出版社，2017：304.
② 光绪朝实录：卷442［Z］. 光绪二十五年四月己卯.
③ 星使行辕纪事［N］. 申报，1899-7-5（02）.
④ 查检收支［N］. 申报，1904-10-14（03）.
⑤ 钦使行辕纪事［N］. 申报，1904-9-10（03）.
⑥ 钦使行辕纪事［N］. 申报，1904-9-2（03）.

传见广方言馆及工艺学堂委员司事。二十七日传见制造局子药厂委员司事5员，翻译1员，龙华火药局坐办委员1员，军火处委员4员，司事3员，库房委员司事5员，支应局委员司事4员，文案10员，报销局委员司事10员，垂询情形良久始出。支应局委员司事4员，文案10员，报销局委员司事10员，详询一切事宜。① 传见人数之多，日程安排之密，由此可见一斑。

敲打完毕，步入索款正题。或按职认摊。刚毅一到江宁，即电调皖、鄂、湘、赣等岸督销局，各盐厘局、挈验局等各员，自认报效数目。② 盐厘各局分别等次，上等2000两，次等1500两，再次1000两；两江文武大小官员，也分别缺之优劣，派认报效银两。③ 或以裁为提。以汰靡费、杜中饱之名，提用外销。刚毅所到之处，接见大小局员，限令将所得陋规盈余逐一据实开报，以凭酌提，并许以不追既往之咎，但禁将来之蠹。其局所有可以裁并者，酌议裁并；其经费有可以核减者，酌议核减。省一分之浮费，即多得一分正项。或干脆见款就提。刚毅发现盛宣怀轮船招商局和电报局有盈余之款，勒令酌定成数提充公用。④ 铁良发现上海制造局有80万两的存款，不问其为中饱与否，亦不必问其为陋规与否，即行提取。⑤

刚、铁二氏携钦差之威，极尽威逼之能事，所到之处，辄大肆掠夺。其筹款之道具有如下特征：

其一，随意性。"不求其端，不讯其末，遽将其现存之款责令另行存储，不得动用，听候提取。"⑥ 而不考虑各省是否有的款，或有无承受能力，与直接豪夺无异。

其二，强迫性。强令各省认摊，能否全部兑现并无保证。刚毅在广东，强迫广州七十二行商人包办厘金，每年认缴洋银400万两。由于各行商心志不齐，上缴之数较原承缴饷额不敷甚巨，包厘未能如数交款。⑦ 刚毅走后，厘金仍复归官办。

其三，竭泽而渔。刚毅在广东，将外销之款悉数全提，导致本地原出于此

① 钦使行辕纪事［N］.申报，1904-9-6（03）.
② 宦辙分驰［N］.申报，1899-7-25，（02）.
③ 节费报效［N］.申报，1899-8-2（02）.
④ 盛宣怀.遵查轮电两局款目酌定报效银数并陈办理艰难情形折（光绪二十五年七月）［M］//愚斋存稿：卷3.近代中国史料丛刊续编：第102种.台北：文海出版社，1975：100.
⑤ 论铁侍郎提取制造局存款八十万两事［J］.东方杂志，1904（09）：224.
⑥ 论铁侍郎提取制造局存款八十万两事［J］.东方杂志，1904（09）：224.
⑦ 认缴厘金［N］.申报，1900-1-5.厘厂文言［N］.申报，1900-8-26（09）.

外销款的各项要务无法推进。粤省历年各营打仗捕盗阵亡员弁兵勇外委千把以上各官，均给恤金，在外销款目中筹给。此款和盘托出后，恤金银两即虚悬无着。① 裁提该省出棚盘费，导致学政无力办公。② 其他如修建炮台炮篷各项工程等款，凡原在外销项下开销者，均受到影响。③

清廷在庚子前后的短短五年内，先后两次选派钦使巡查南方各省财政，尽管获得了一些暂时的额外收入，稍稍纾解了极为窘迫的财政困局，为经武练兵提供了一笔不菲的经费来源，但这种仅靠个别能臣凭借中央威权进行威逼、敲诈的手法显然不能形成有力的长效机制，也难以解决全局性的财政问题。就财政而言，它直接导致了两个消极的后果：

第一，致使地方经费紧张，一些维新事业无法正常进行。刚毅将金陵高等学堂、练将学堂，广东的广雅书局一律裁撤，以节减经费，被认为是无识之举，"阻碍两江地方之进运不少"④。广东外销之款悉数全提后，只得开办小闸姓、缉捕经费或向富商息订借银来弥补用款的亏空。⑤ 轮船招商局经刚毅、铁良两次搜刮，大量利润被瓜分，严重影响其正常资本运营，制约了它的进一步发展。铁良强提电报、招商两局盈余，也一度使南洋公学常年经费无筹，难于支持。⑥有报评云：铁良所括的钱，并不是本来空闲款项，大半都是地方上待用的要款，也有做兵饷的，也有做善举的，也有给学生的，也有办学务的，如今被他这一括，以后什么事都不必做了。⑦

第二，激化了中央、地方矛盾，加重商民负担。刚毅、铁良南来，虽属两

① 光绪三十四年正月两广总督兼管广东巡抚事张人骏片［G］//中国第一历史档案馆．光绪朝朱批奏折：第64辑．北京：中华书局，1995：469.
② 李鸿章．请照旧筹给文武办公津贴折（光绪二十六年三月初六日）［M］//顾廷龙，戴逸．李鸿章全集：第16册．合肥：安徽教育出版社，2008：161-162.
③ 陶模．造报修建炮台各项费用片（光绪二十七年四月二十八日）［M］//陶葆廉．陶勤肃公（模）奏议：卷12．近代中国史料丛刊：第441种．台北：文海出版社，1973：18；光绪三十二年八月广东巡抚片［G］//中国第一历史档案馆．光绪朝朱批奏折：第64辑．北京：中华书局，1995：791-792；光绪三十三年九月广东巡抚片［G］//中国第一历史档案馆．光绪朝朱批奏折：第64辑．北京：中华书局，1995：793.
④ 查办南京事件（光绪二十五年八月一日）［G］//清华大学历史系．戊戌变法文献资料系日．上海：上海书店出版社，1998：1403.
⑤ 李鸿章．交卸起程并陈保疆筹饷布置情形折（光绪二十六年六月二十日）［M］//顾廷龙，戴逸．李鸿章全集：第16册．合肥：安徽教育出版社，2008：199；陶模．闽厂快舰粤省无力领用片（光绪二十七年二月二十八日）［M］//陶葆廉．陶勤肃公（模）奏议：卷11．近代中国史料丛刊：第441种．台北：文海出版社，1973：12.
⑥ 上海华童公众学堂落成记［N］．申报，1904-11-14（01）.
⑦ 铁良南下［N］．中国白话报，1904，（21-24）：193-194.

事，但所行方针无殊，即"取东南之财，以练北方之兵"。南、北矛盾经媒体有意渲染而凸显。甚至有报纸揣测清廷此举意在不使东南各行省有余款之存留，有余兵之可用，是明欲使有事之时，可以无所不为也。且欲使东南各省，无可凭借，以掣其肘也。①铁良在南省的搜刮，触及了地方财政禁区，激起了南方各省的怨愤，以至清廷觉得有必要安抚各省，不得不调整铁良的考察工作重心。②从各省搜括去的，表面上是来自各省的中饱和浮费，最终均落到百姓头上承担。《东方杂志》评论此事云：各省无款可支，必仍将取之于民。是各省穷而无告之于民，既出一巨款于前，以供公中之用；复出一巨款于后，以弥补提存之所取也。如此竭泽而渔，敲骨吸髓，不乱何待。③

刚毅、铁良两钦使巡查南方，意图十分明显，为纾缓中央财政困局，罗掘南方富裕省份的财源，④基本理念是"化私为公"、化公为官，或如刚毅所云，举国家原有自然之利，仍以还之司农。这种财政治理之道，极尽搜括朘削为能事，与上门追索豪夺别无二致，⑤这是传统的财政治理路径已入末路后的必然逻辑。因此，他们的治理整顿仅仅停留在为中央财政增收数百万两的"书面"数字上，并未深入到财政治理体系更为根本的层面，如制度优化、简政倡廉、提高行政效率等，这显然无法解决全局性弊端。

（三）规范式治理

清末，陷于革命烽火中的清王朝为消弭革命，谋求宪政改革以苟延残喘，准备实行立宪政体。国家治理拟从专制迈向宪政，财政治理方式也须相应改变。清廷遂引入西方预算制度，试行国地分税，将财政分配纳入法制规范的轨道。

财政预算本系由政府编制、经立法机关审批、反映政府财政年度内收支状况的计划，从中可体现政府财政活动的范围、政府在特定时期所要实现的政策目标和政策手段。清末编制预算案所体现的财政分权、财政监督、财政公开、财政完整性等方面，与现代财政治理之道有诸多契合之处。

所谓分权，就是在中央与地方之间以事权范围的划分为依据，明确而规范地划分财税权。即通过国地分税，来实现财政分权。在中央集权财政体制下，

---

① 论铁良南下之宗旨 [J]. 东方杂志, 1904（09）：210-212.
② 冯兆基. 军事近代化与中国革命 [M]. 郭太风, 译. 上海：上海人民出版社, 1994：67.
③ 论铁侍郎提取制造局存款八十万两事 [J]. 东方杂志, 1904（09）：225.
④ 何汉威. 从清末刚毅、铁良南巡看中央和地方的财政关系 [J]. "中央研究院"历史语言研究所集刊, 1997, 68（01）：67.
⑤ 如左绍佐所言：其理财之法，别无长技，仍取资于搜刮。左绍佐片（光绪三十二年）[A]. 中国第一历史档案馆藏. 军机处全宗, 档号：03-6667-141.

地方所收之税，中央总是令其尽可能多地上缴，而各省每求从少批解。① 央、地双方产生诸多纠葛，这是由于京中与外省没有分用税项之故。宣统二年，清廷令各省清理财政，同时厘订国家税、地方税章程，并就何项应属国家税、何项应属地方税，分别性质，酌拟办法，编制详细说明书。

如何调和中央与地方两者之间的财政利益，采用何种理论和方法以解决之，实为划分两税之重要问题。秉承收入、支出事必相权的财政原则，行政系统多一级，税法亦多一级，与行政相统合。② 以国税用之于国家行政经费，以省税用于地方行政经费，以府、州、县税用之于地方自治经费。这种财权划分和分级治理的财政原则在清末财政改制中得到一定的体现。

清季财政，既不统一，亦不分明，各省出入之实数，度支部无从稽核，各州县出入之实数，各省同样无从稽考，造成上下隔阂。出入各款，编民不可以见度支部之册籍，固不能知；朝廷可以见度支部之册籍，亦不能知；即部臣手治其册籍，而一加究诘，亦属纠缠不清。③ 而预算编制的目的，即在于政府"征敛有制，其出纳有程，其支销各有实数，于预计之数无所增，于实用之数不能滥，取之于民，布之于民，既公且明，上下孚信"④。

预算为层层编制，原则是各州县编制本级政府预算，由本级谘议局审议核准；省级政府编制省级预算，由本省谘议局审议核准；中央政府编制中央政府预算，由资政院审议核准。经过广泛讨论审议通过后的预算，具有法律效应，再也不能轻易更改翻异。谘议局及民众对预算执行情况有监督权。其支出之报告，则或按月按季按年开单贴榜造册，尽人可以为团体财政上之监督。⑤ 财政公开透明，度支部掌握了全国财政真实规模，自可做到量出为入，使收数适合用项。明取之而实销之，列示通衢，尽人皆见，民亦乐于输将；取小民已出之财供国家应办之事，取州县无名之费定地方需用之经，官吏亦乐于奉公。可做到上下信孚，内外洞然。

各省之财，即全国之财。编制全国预算，各省无论何款，皆须和盘托出，

---

① 李提摩太. 中国度支论［G］//国家图书馆出版社影印室. 清末民国财政史料辑刊：第24册. 北京：国家图书馆出版社，2007：395-396.

② 江苏苏属财政说明书·呈文［G］//国家图书馆出版社影印室. 清末民国财政史料辑刊：第16册. 北京：国家图书馆出版社，2007：4-6.

③ 阙名. 论财政混淆［G］//国家图书馆出版社影印室. 清末民国财政史料辑刊：第24册. 北京：国家图书馆出版社，2007：379.

④ 黄遵宪. 日本国志：上［M］. 天津：天津人民出版社，2005：464.

⑤ 山西全省财政说明书·沿革利弊总论［G］//中央财经大学图书馆. 清末民国财政史料辑刊补编：第9册. 北京：国家图书馆出版社，2008：63-64.

外销为各省之财，即为国家之财。将外销纳入预算管理，应是预算完整的应有之义。为收预算整齐划一之效，所有应销款项，自当以实用实销为旨归，此后不宜再有内销、外销之歧异。凡向来所有正款、杂款，内销、外销等名目，应即删除，名实不相应者，悉予更正。所有用款，悉列预算表中，由地方经费开支。① 将各省外销项目编入预算，并非取消地方财政，而是将各省之前各自为政、互不统属的地方"小财政"，一并上报度支部备案，编入全国总预算。预算确定，税项划分，国课果有盈余，度支部自可随时指拨，而不能再以就地筹款强迫疆臣，"非徒为尊重预算起见，亦所以清中外之权限也"② 通过制定国家税收和地方税收来确定国家和地方的财政权限、财源范围，以避免国家财政和地方财政的矛盾或冲突，使国家财政不侵犯地方财政之利益；地方财政不违反国家财政的原则。③

宣统三年清廷试办预算，通过清理财政，国地分税，使得向未公开的财源，都被列入预算册内，以表现国家全部岁计之真相。从形式上观察，似已觅得统一公开之途径。度支部于全国财政虽然不能全盘掌控，但已能掌握各省实际财政收支的大概。④ 然而中央与地方财源，仍未能划清界限，显然改革尚非彻底。⑤ 国地分税，并没有给予地方政府真正意义上的税权。大一统的传统治理模式虽得以突破，但还远远谈不上"税收法定主义"。

清理财政以实报为宗旨，但由于各级地方政府的办公经费未能核定，各署局多未达斯义，仍有沿外销旧习，匿不以报，或报而不实不尽者。⑥ 各局清算及预算各册，大率收支适合，甚至一些收入优渥的局所，竟有以经费不敷列册者，

---

① 摘录直隶正监理官刘世珩条陈 [G] //国家图书馆出版社影印室. 清末民国财政史料辑刊：第 1 册. 北京：国家图书馆出版社，2007：224.
② 广西财政沿革利弊说明书：卷 13 结论 [G] //国家图书馆出版社影印室. 清末民国财政史料辑刊：第 7 册. 北京：国家图书馆出版社，2007：667.
③ 李三谋. 明清财经史新探 [M] 太原：山西经济出版社，1990：352.
④ 度支部尚书载泽等奏维持预算实行办法折（宣统三年正月十四日）[G] //故宫博物院明清档案部. 清末筹备立宪档案史料：下. 北京：中华书局，1979：1053.
⑤ 杨汝梅. 国民政府财政概况论 [M]. 上海：中华书局，1938：3.
⑥ 江南宁属财政局改良收支办法 [G] //内蒙古大学图书馆. 山西清理财政局编辑现行财政十八种：第 1 册. 呼和浩特：内蒙古大学出版社，2010：112-113. 龙建章亦云：本年所交预算各案，所列表册，业已煞费经营，而核其内容，大半臆造，本非真相。龙建章. 奏为拟请设立各省财政专官并提前先办审计院事（宣统三年）[A]. 中国第一历史档案馆藏. 军机处全宗，档号：03-7449-143.

其自报有余者，甚不多见。① 预算收小于支，绩效不佳，以致户部尚书载泽担心
忧虑财政整顿之策无果而终，而向执政王上递辞呈。② 皇室经费、自治经费均未
纳入册内。③ 这就意味着自治经费没有给予财政资金的安排。分税未完成，导致
预算中地方财政只有支出项，而没有收入项。清末财政追求的统一财权、财政
完整的目标未能完全实现。

程序上，各省预算是由省谘议局议决，然后上交度支部审议，再经资政院
裁决，"苟局员惟部命是遵，则议犹未议也"。谘议局的议决预算权并不明晰。
按度支部的理解，地方行政应分两部分，即属于地方团体固有之政务，一以地
方行政官行之国家之政务。谘议局只可对前者有议决权，而后者则非地方团体
机关所得容喙。④ 宣统三年预算又将自治经费排除在外，地方经费只有岁出而没
有岁入（岁出系来自国库补助金），因此，地方谘议局讨论的对象仅限于地方财
政支出这一项，缩地方而小之，又屏行省自治于不言，使谘议局上不能监督地
方之财权，下不能作成地方之团体，限于孤悬无寄的境地。⑤ 谘议局监督财政之
权便打了一个折扣。

清廷试办预算的愿景与实效相差甚远，但毕竟实现了财政从奏销体制向预
算体制的过渡。财政治理开始向近代化、制度化的方向迈进。清廷尝试在宪政
框架下，实行国地分税和分级财政预算制度，应该说，这代表着财政治理的未
来方向。

---

① 熊希龄. 为酌改奉省各税务局办法及规定廉公各经费咨财政局文（1909 年）[M] //周
　　秋光，编. 熊希龄集：第 1 册. 长沙：湖南人民出版社，2008：673.

② 本期发生之主要经济时事 [G] //李少军，编译. 武昌起义前后在华日本人见闻集. 武
　　汉：武汉大学出版社，2011：405.

③ 宣统政纪：卷 60 [Z]. 宣统三年八月乙巳；熊希龄. 就奉天财政预算上度支部堂宪禀
　　（1910 年）[M] //周秋光，编. 熊希龄集：第 2 册. 长沙：湖南人民出版社，2008：
　　263.

④ 读度支部奏定试办预算大概情形及册式书后 [G] //内蒙古大学图书馆. 山西清理财政
　　局编辑现行财政十八种：第 4 册. 呼和浩特：内蒙古大学出版社，2010：187，183-
　　184.

⑤ 上资政院陈请书摘 [G] //内蒙古大学图书馆. 山西清理财政局编辑现行财政十八种：
　　第 4 册. 呼和浩特：内蒙古大学出版社，2010：193.

第六章

外销财政历史演化的内在逻辑

晚清时期骤然膨胀的外销财政，并没有随着清室倾颓和政权的更迭而自然消失，它们仍以不同的表现形态出现于不同时代的财政实践中（如民国的预算外收支）。那么，这种外销财政（或类似形态）何以产生？为何与中国近现代历史相始终？本节拟分两部分来探讨这一问题。首先，拟在前人研究成果的基础上，从奏销制度的内在矛盾、清代财政体制的"不完全性"、清代政治统治架构中的"双层统治格局"三个层面，探寻外销财政形成的制度之因、体制之因和政制之因，并从财政学理上对外销财政生成机理作一解释。其次，将这种学理上的认识推及秦汉以降及至明清、民国以后，通过较长时段财政实践加以验证，试图从大历史的视角探讨外销财政历史演变的内在逻辑。

一、外销财政成因探讨

晚清时期外销财政的生成，其直接动因源于奏销制度的内在矛盾。清代定制，财政资金的起运、存留，均要履行报销、核覆的程序。稽征均有常经，开支必循成例。倘与例不合，即不能报部；虽报部亦必不准销。制度不可谓不严，立法亦未尝不详。但奏销制度的内在矛盾始终未能克服，时异势殊，上下渐生隔阂，浸至外销滋生及至膨胀。

奏销制度的弊薮之一是报销则例的烦琐。户部颁布则例作为各省财政收支报销的标准，本是为了防弊，但随着时间的推移，例由简变繁，乃至既繁且琐。[1] 如军需报销，筑一台有例，购一械有例，增一马置一帐莫不有例。临事不能拘泥，事后又不许通融，迫使督抚统帅于报销时弥缝迁就，以求免于驳诘。[2] 再者，例案太繁，各衙门堂司各官不能尽记，或准或驳，皆以核销人员意志为

---

① "例以防弊，继且缘例以滋弊，其故在繁。非繁之害，盖因其繁而两可者，歧出者，相妨相背者，于是杂错其中。"中国第一历史档案馆. 清廷签议《校邠庐抗议》档案汇编：第23册［G］. 北京：线装书局，2008：10324.

② 汪大钧：论变法当务为其难［N］. 时务报，1898-7-9：2-3.

转移，从而为吏胥夤缘为奸提供了机会。① 胥吏假法以济其舞文，疆臣舞文以求其合法，乃至清末陶模曾有"天下合例之案卷日多，天下守法之廉吏日少"之叹。② 奏销制度的弊薮之二是则例不能因时变通。同光年间，户部还在使用乾隆时期颁布的军需报销则例，"取二百余年以前之情形，以绳二百余年以后之办法"，以至出现了大量"按之例章虽难造报，而揆之事理实应开销"的款项。事例不能相应，出纳不能相权，必然出现亏空，地方官员只能利用各种途径进行腾挪弥补。以至报销无不浮之案，出入款项无不隐匿之数。簿书失实，各种挪移隐饰，不可究知。

以上讨论的是外销财政产生的制度因由，彭雨新、何烈等人的研究成果③对此已有深度揭示，本书第二章部分章节对此也有讨论。但奏销制度的内在矛盾只是外销生成的直接引线，反过来，外销膨胀又导致奏销制度的进一步窳坏，两者事实上互为因果。因此我们还须进一步从晚清财政管理体制上来探究外销财政生成的根源。

清政府恪守"出入有经，用度有制"的财政原则，无论社会经济情况发生怎样的变化，正项财政收支均不得突破经制所规定的范围和额度。这种财政管理体制，在确保经制收支都由中央严密控制的同时，却并未为中央和地方各项事务的经常性用度提供充足的财力保证。事实上，中央和地方许多行政事务的经常性开支都被排除在经制所规定的支出范围之外。④ 这些未列入的财政支出，只能谋求经制外的其他途径来解决。因此，何平认为清代财政具有"不完全性"。岩井茂树则从"原额主义"这一概念入手来解释清代正额外财政的产生和发展。岩井所谓的"原额主义"是指清政府恪守祖法不变，不随经济增长而改变税额，导致僵化的正额收入与随着社会发展和国家机构活动的扩大而增加的

---

① 例案太繁，部臣不知例案授其权于司员，司员不知例案授其权于书吏，各省亦然，惟其熟悉例案故能牵扯例案、颠倒例案，遂使全国财政之权操纵于千百书吏之手。论办理预算亟应删除例案［N］．大公报，1911-4-12（04）．

② 陶模．覆陈自强大计疏［G］//国家图书馆出版社影印室．清末民国财政史料辑刊：第24册．北京：国家图书馆出版社，2007：320．

③ 彭雨新．清末中央与各省财政关系［J］．社会科学杂志，1947，9（01）：9-10；何烈．清咸、同时期的财政［M］．台北："国立"编译馆中华丛书编委会，1981：384-386．

④ 何平．论不完全财政体制对清代社会的破坏机制［J］．学术研究，2004（06）；何平．清代不完全财政制度下的赋税负担与税收失控［J］．税务研究，2000（02）．何平主要着眼于财政支出上的不完全性，其实在财政收入方面，清代财政也同样具有不完全性。参看陈勇．晚清海关洋税的分成制度探析［J］．近代史研究，2012（02）．

财政需求之间产生矛盾，结果必然出现为弥补这种矛盾而派生出的正额外财政。① 不难看出，岩井的"原额主义"其实就是"不完全财政"的不同表述。

但问题是，清朝为什么要实行这种"不完全财政"？这种财政的不完全性所导致的后果为何清后期表现得比清前期严重得多呢？张研试图从清代政治统治架构的"双重统治格局"来做出解释。张研认为，清代政治统治格局中存在官僚机构的"官治"与基层社会的"自治"（又称"乡治"）两个层次。双层统治格局下，也相应存在国家财政和基层社会财政两种财政体系。国家财政满足官僚政权生存和发展的需求，基层社会财政则是服务于社会治安、社会公益、社会文教等地方事业的发展。前者源于赋税，财政权高度集中于中央，统收统支；后者源于基层社会组织，代表士绅阶层自筹，取之于民用之于民。由此在国家财政之外，形成了一套非经制财政体系，各级官员的俸禄、地方公费、地方发生的战费等不足部分，均于此得到了补充。②

张研的"双重统治格局"对自治财政的生成机制确有一定的解释力。但前文已有揭示，自治财政只是清季外销财政的一部分，或如李三谋所言，是清代外销财政的第二层次。其实，即便在张研所说的"国家财政"中，也还存在外销财政的另一种形态。这种外销财政只是脱离了奏销常规，是以截取或分取国税为存在条件，发挥与国家正项财政一样的功能，是国家财政内部争夺财权或重新划分财权的矛盾运动的结果。李三谋命之为外销财政的第一层次。③因此，张研的"双重统治格局"只对第一个问题做了部分的解释，对于第二个问题并没有做出合理的解答。

既有研究循着奏销制度——财政管理体制——政治体制架构的分析路径递进，无疑有助于对研究对象本质多层面、多视点的深度揭示。当然，外销作为一种财政现象之所以出现，不仅需要结合具体的历史场景和社会情境来进行分析，还需上升到学理的层面，从财政分权的视角对其进行理论上的概括和阐释。

所谓财政分权，是指在分级财政体制下，中央政府给予地方政府一定的财政权力和资源，并允许其在一定范围内进行自主支配和使用。事权（支出责任或事责）应与财权（财力或可支配财力）相匹配，应是现代财政分权理论的应

---

① 岩井茂树. 中国近代财政史研究［M］. 付勇，译. 北京：社会科学文献出版社，2011：262.

② 张研. 从"耗羡归公"看清朝财政体系及当代"税费改革"［J］. 学术界，2007（03）.

③ 李三谋. 明清财经史新探［M］. 太原：山西经济出版社，1990：334-349.

有之义。① 传统国家财政运作，也应符合这一原理。

就财政权责的配置来看，晚清时期出现中央将事权下放各直省而财权并没有明确下放的财政权责错配的现象。晚清时期中央事权下放密集出现在三次历史紧要关头。第一次是咸同军兴时期，兵燹绵延数省，"剿贼之事，重于地方"②，清廷应接不暇，谕令无论被兵省份还是筹防省份，均可筹办团练，组建勇营。各省逐渐拥有了自己的军事力量来应对本属地的防剿事务。为避免与西方列强直接交涉，抚夷于外省，中央还下放外交权，"各省封疆大吏，守土是其专责，遇有关涉外夷之事，尤当立时前往斟办，务臻妥协，方为无忝厥职"③。第二次是洋务运动时期，同治三年九月，江苏巡抚李鸿章致总理衙门筹自强之策，认为广购西式机器兴办工厂为第一要义。总理衙门复函："其一切章程及如何筹划经费之处，统由阁下通盘核计入告。"④ 这无形中就把创办新式企业的一揽子事情，包括筹措经费、生产管理、人事任用之权都交给了地方。在兴办洋务、裁兵筹防、练兵制械、开矿设厂、设立新式学堂、开局铸币等方面，地方政府获得了更多的经济职能。第三次是在清末新政时期，随着预备立宪、地方自治的推行，清廷只是笼统地要求各省"一律通筹，切实举行"，其实也是任由各省量力自办，各省又任由所属各州县量力自办，于是兴学、警务、实业、司法以及各项地方公益，诸政并举，一时皆为地方要政。

事权下放各省，督抚既负行政之责，一切支配应付不容不担任经营。⑤ 但中央在下放事权的同时，并没有相应下放财权，既有的经制税源仍在中央掌控之中，一如既往通过自下而上的逆转移支付（如京饷、部款）解往中央，或按照

---

① 这里的事权，是指各级政府处理各项行政事务的权力和职权；财权是指一级政府为了满足资金支出需要而拥有筹集财政收入的权力，包含征收权和支配权。事权必须以财政为基础，有财政的保证才可能行使好权力，保证政府能够提供相应的管理、服务职能。财权必须以事权为核心进行分配，才能保证政府的财政有效合理地使用。财政分权是财政权力在不同层级政府间的一种配置。换言之，财政分权是财政预算权、财政收入权和财政支出权在上下级政府之间的一种分配。

② 咸丰朝实录：卷144［Z］.咸丰四年九月辛未.

③ 嘉庆朝实录：卷210［Z］.嘉庆十四年四月戊午.晚清时期，清廷更是奉行"外交在外"政策，赋予地方督抚监管口岸通商、处理通商案件、处理教案、订约换约、租借交涉、华工交涉、筹议设领事、边界会勘、司法交涉及矿务、铁路等更多对外交涉权限。张晓玮.晚清广东地方督抚对外交涉权限演变探析［J］.云南师范大学学报，2015（03）.

④ 总署致江苏巡抚、上海通商大臣李鸿章函：筹议设立船厂暨中外商民雇买洋船（同治三年九月十八日）［G］//《中国舰艇工业历史资料丛书》编辑部.中国近代舰艇工业史料集.上海：上海人民出版社，1994：106.

⑤ 宣统政纪：卷34［Z］.宣统二年四月庚辰.

中央指令协济他省（横向转移支付）。清廷只是谕令各省可就近筹饷或就地筹款，以弥补事权下放所引发的各省财力不足，但究竟从何筹款，筹何款，并没有明说，事实上，中央给予地方的只是经制外发挥自主性的权力，而不是财政"确权"。地方政府无法通过法定的财权取得行使其职能所必需的财力，在考绩、黜陟制度的压力下，各省纷纷发挥能动性，在正规的收入渠道之外另辟蹊径，拓展财源创收。

就地筹饷（款）类似于周黎安所说的"行政发包"。周黎安认为，在大一统国家，行政权力的配置是通过委托——代理的方式在上、下级政府间层层分配的。委托——代理的方式有三种：第一种是科层制，以足额预算拨款、固定的薪酬和福利、低自由裁量权为特征，权力高度集中；第二种是外包制①，薪酬福利纯市场化，权力高度分散；第三种就是行政发包制，权力集散程度介于前两者中间。行政发包制具有以下三个基本特点：第一，上级政府（发包方）拥有正式权威（如人事控制权、监察权、指导权和审批权）和剩余控制权（如不受约束的否决权和干预权），具体的执行权和决策权交给了下级政府（承包方）。发包人和承包人不是平等的契约关系，这反映了"行政"的一面。第二，承包方与发包方利益分成。处于承包地位的下级政府需要向上级政府上交一个定额或固定比例的收入；承包方拥有剩余索取权，即"交够上级的，剩下都是自己的"。如果这一定额完成不了，下级承包人则需要自筹解决和自负盈亏。这反映了"发包"的一面。第三，上级考核"只看结果，不管过程和程序"。②

尽管周黎安行政发包制涉及的是行政治理领域，但其理论洞识同样可以在晚清时期财政分权实践中得到验证。"就地筹饷（款）"其实就是清廷向地方政府的一次行政发包，是对财政权责的错配而做出的一个反应。尽管中央给予地方的是一种非正式的较为模糊的财权，但丝毫也不影响地方政府将其功能发挥到极致。

就地筹饷扩大了省级政府的自由裁量权。在清初行政体制的原有格局中，所谓"行省"，只是中央的派出机构。督抚虽有统辖地方之权，但系承中央之令，其本身没有庞大的行政机构，藩、臬两司虽受其节制，但并非其属员，而是分别向中央负责。清代后期，随着事权下放，省级行政职能的扩展，因事设

---

① 这种方式在我国历史上较少出现，晚清民国时期外籍税务司控制下的中国近代海关似乎可算这种类型。

② 周黎安．行政发包制［J］．社会，2014（06）．

岗成为常态，在政府活动扩张本能[1]的驱动下，各种局、所纷纷设立，如军兴时期出现的转运局、军需局、采办处、盐运局、督销局等，洋务时期出现的善后局、洋务局、支应局、筹防局、船政局、机器局等，乃至新政时期的劝业所、自治局、商务局、矿务局、农务局等。[2] 办一事即要设一局，设一局即要筹一费，公费随之增加。费无所出，又要另设局所，以筹经费，于是筹饷局、厘金局、捐输局等税收机构，官钱局、铜圆局、银元局等金融机构纷纷建立，各省自成一财政系统。到了新政时期以后，这种行政发包又进一步向县级政府乃至城镇乡推广渗透，多层次地方财税体系开始形成。

就地筹饷，使地方政府获得了承包收益的剩余索取权。在财力分配过程中，财政包干要求下级政府在满足了上缴财政义务之后，才能筹措经费以满足自身财政和预算的需要。[3] 尽管这里体现了中央优先、地方兜底的原则，但承包方的支出能力高度依赖其筹集财政收入或收费的能力，承包方的人员薪酬和福利与其创收所得高度挂钩，这种收入分成的强激励，成为地方政府拓展财源、积极扩大财政规模的驱动力。

而承包制又使中央对各省的考核纯以结果为导向，"中央只求其认款，而不问其款从何来，故税捐项目之歧异，额率之参差，至于不可纪极"[4]。导致奏销制度流于形式，其财政监督功能逐渐萎缩。最终，正式财权的缺失通过非正式渠道得以补偿，财政权责的错配在地方政府的"努力"下慢慢归于适配。外销财政正是这种发包制下自由裁量权、剩余索取权积淀在地方政府手中以及"只看结果，不管过程和程序"考核逻辑的必然产物。

财政史学界有过清代财政是集权还是分权的争议。从行政发包这一理论视

---

① 公共财政理论赋予政府人格化。政府作为理性经济人，追求的不一定是社会福利的最大化，而是通过追求公共财政支出规模的最大化。因为财政支出规模越大，机构的规模和人数就越来越多，政府掌握和控制的资源就越多，其权力感就越强。这就是财政学上所谓的政府活动扩张论，即瓦格纳法则。

② 一如李鸿章所云："北洋为洋务总汇之区，交涉极繁，兼之筹办海防，事体重大，凡水陆各军粮饷、军火等项，采办制造、转运收放各事，以及教练兵弁并一切紧要营务洋务工务，头绪繁难，臣断不能以一身兼理众务，必须分设局所、学堂，遴员经理，各专责成，力图精进。"李鸿章.议覆开源节流折附条议清单（光绪十一年六月十四日）[M]//顾廷龙，戴逸.李鸿章全集：第11册.合肥：安徽教育出版社，2008：131-136.光绪十年，户部列举的各省所设局所，有关军需的有23种，洋务7种，地方21种，盐务3种，厘卡更是分卡林立。户部.开源节流事宜二十四条[G]//葛士濬.皇朝经世文续编：卷26.近代中国史料丛刊：第741种.台北：文海出版社，1966：693.

③ 周黎安.行政发包制[J].社会，2014（06）.

④ 王孝泉.福建财政史纲[M].福州：远东印书馆，1936：25.

角来看，清代财政也存在所谓的"集权——分权悖论"，即既有集权的一面（行政性），也有分权的一面（发包性）。行政性维系着奏销制度的运行和内销款项的源源上解，发包性激发了地方政府的自由裁量权，从而滋生了外销以保证中央的索取和本属地的有效治理。

二、外销财政演化的历史逻辑

晚清时期外销财政的膨胀乃至其在近现代中国历史上的演化衍变，我们都可以在财政学理上寻找到合理的解释。财政权责的错配，迫使地方政府拓展非正式渠道（如就地筹款，行政发包制给予地方的剩余索取权等）用以弥补正式财权的缺失，最终导致非正式财政规模的扩张。每一次财政权责的错配——适配循环必将导致一轮财权的收放盈缩以及中央与地方财政关系的调整。在中国数千年历史中，这种现象当然不是晚清时期所独有的。

中国自秦汉以来就是一个大一统控制下的单一制国家，境内幅员辽阔，人口众多，文化多元，区域发展不平衡，国家治理需要多级次的政府层层授权，上下相维，正如周雪光的研究结果所呈现的，中华帝国的国家治理面临着"一统体制与有效治理"的终极难题。一统体制要求权力、资源向中央聚敛，而有效治理则要求地方需拥有一定的灵活性和自由裁量权。中央与地方关系建立在一个微妙脆弱的平衡点之上。这往往表现为，在正式制度上中央集权的一统体制稳定不变；但在实际过程中，中央与地方关系更多地通过非正式制度运行的范围和程度而不断调整、演变。[①] 在财政领域，单一制的国家结构决定了纵向政府间财政关系上令下行的行政性特征，由于缺乏明确的制度性安排，政府间财权与事权的配置往往形成一种不确定的非制度化的讨价还价关系。中央政府会尽可能地将事责推给地方政府，而将财权掌握在自己手中，地方政府只能通过非正式手段来筹集资金，完成中央交给的任务，同时也为自己创造更大的利益空间。这就注定着财政必是不完全的，这种不完全财政一旦对中央集权产生威胁，其规模超出中央政府可以容忍的底线，即会招致反弹，中央政府就会动用行政威权（即剩余控制权），普遍的做法是，收回地方政府手中的非正式财权并将其纳入正项财政管理序列。这就使得中央与地方权责关系处在"上收——下放——再上收——再下放"的不断调整中。

秦统一六国后，废封建而置郡县，财权财力高度集中于中央。汉初则郡、

---

① 周雪光. 从"黄宗羲定律"到帝国的逻辑：中国国家治理逻辑的历史线索［J］. 开放时代，2014（04）.

国并存。郡县制下，财权由中央统管，地方政府仅作为中央的派出机构，只有征税的职责，而无自由支配收支的权力，所收税款除在中央规定的标准与范围内支出外，其余均上缴中央，由中央统一支配。中央王朝通过上计制度将全国的财政收支、人口、土地等情况通盘掌握，同时通过监察制度督使地方官员执行中央的指令，保证财政收入的足额入库。[①] 而封国的行政权和财政权则较为独立，所谓"诸侯皆赋"，封国可自行决定赋税的征收政策，封地征收的租税收入视为封王的收入，不纳入中央国库。诸侯王除向汉王朝进奉一定数额的"贡献"外，对中央财政再无责任，诸侯国分取了中央的部分财权。为削弱这种地方割据，加强中央集权，汉文帝"众建诸侯而少其力"，汉景帝推行"削藩策"并平定七国之乱，汉武帝实行"推恩令"。最终诸侯的征税权被收回，由中央派遣的郡守县令征收，诸侯王"唯得衣食租税，不与政事"。财权复高度集中于中央，此财权集散之一大转变。

唐初的财政体制是建立在租庸调制基础之上的中央统收统支制。[②] "总制邦用，度支是司；出纳货财，太府攸职"，地方政府只有征收赋役之责，而无支配财政收支之权。地方的财政支出，一般按年初中央政府核定的数目留存，余数尽皆上缴或就地入归国库。每年年终，地方财政官员均要将所属财政收支执行情况上报中央，名曰"上计"。朝廷专设一比部，按户部规定的标准，对地方财政收支一一进行钩稽比对，全国财政收支大权悉归于中央。安史之乱爆发后，唐玄宗在逃亡途中，下令各地"应须士马、甲仗、粮赐等，并于当路自供"，将招募军队、征辟属吏的权力授予各地节度使。随着事权的下移，征收与支用赋税等财权也相应下移给了地方。地方势力坐大，渐成藩镇割据之势。肃、代之间，朝廷对北方方镇手中的财权已失去控制，强藩大量截留赋税，"率税少多，皆在牧守裁制"，朝廷却无可奈何。中央财政入不敷出，而方镇则自擅有余，为了应付财政困难，大历十四年（779 年）德宗即位，杨炎奏请实行两税法，力图重建中央与地方分割财权与赋役收益制度。

两税法"分天下之赋以为三，一曰上供，二曰送使，三曰留州"。中央采用"以支定收"的方法，先确定全国财政支出定额，再将其分摊到各州，各州按照定额完成各属地两税的征收后，再分别上供、送使、留州，三分其额。中央居于支配地位，通过上供定额获得稳定的税入来源，又把留州、留使支出限制在

---

① 周波. 政府间财力与事权匹配问题研究 [M]. 大连：东北财经大学出版社，2009：136.

② 朱红琼. 中央与地方财政关系及其变迁史 [M]. 北京：经济科学出版社，2008：51-52.

一定的额度之内，利用定额管理和财务监督对地方收支进行调控，企图遏止安史之乱以来地方财权扩大的倾向。地方政府获得更多的财政收支管理权限，完成支出包干制后的结余可以自行管理，"留后、留州，任于额内方园给用"，即收支挂钩，超支不补，结余留用。① 唐后期，中央与地方的财政分配关系随着双方的政治权力变化有所调整。一方面，由于两税三分法属于定额包干，中央政府享受不到两税收入增长的益处。为限制和削弱方镇的财权，唐王朝通过改变上供、送使的程序和数量加强对两税的管理，增加上供额。中央还通过"抽贯"和"量抽"方式提取除陌钱，分割地方财源。另一方面，地方也通过隐瞒户口、额外加征以及侵夺中央直接受益税等方式，扩大额外财政收支规模。及至僖宗以降，各路方镇"皆自擅兵赋，迭相吞噬，朝廷不能制"。唐中央政权岌岌可危，两税定额管理体制难以维持，实际上已崩溃了。

宋初实行"利归公上"的强干弱枝政策，各州财赋除留必需的经费外一律上缴，由中央财政机构三司统一管理，设转运使负责监督各州的财政情况和财政收入的运输工作，"外州无留财，天下支用悉出于三司"，地方"一毫之用必会于三司"，全国财权置于中央控制之下。但由于中央财政开支增长，冗兵、冗官、冗费"三冗"之弊愈演愈烈，无从制约，上供额不断上调，中央对地方的财政征调持续增长。这种"由外以充内，自下而奉上"的政策造成地方财政的窘境，各地岁计由于财源匮乏，很少予以调整，中央政府留充各军州岁计经费日趋固定化。到仁宗时，朝廷不得已命令各地转运司，如遇岁计不足，"须管自擘画支赡"，中央一步步推卸其调节补助地方经费的责任。财政权责分离，由此造成地方杂税丛生。结果是中央对地方财务管理的各种制度得不到贯彻落实；中央政府除征调财赋之外，对诸路州军岁收岁支之实数已难以知晓。② 王安石变法为增加中央财政收入，在转运司之外，又建立了一个新的财政管理系统，即朝廷封桩制。对实行新法征收的常平、免役等新增赋役进行征收，不归三司，而是归宰相掌管，以待非常之需。此后，又有经制钱、总制钱的加征，无额上供变成有额上供，征榷之利由中央、地方共享变为中央独享，财权进一步收束中央，导致地方"有司财用日惟不足，必至多方以取于民，非法之征其原于此。""于是取之斛面，取之折变，取之科敷，取之抑配，取之赃罚，无所不至。"③ 此财权又一转移。

---

① 陈明光.唐代财政史新编［M］.北京：中国财政经济出版社，1991：245-246.
② 包伟民.宋代地方财政史研究［M］.上海：上海古籍出版社，2001：36，107.
③ 黄纯艳.宋代财政史［M］，昆明：云南大学出版社，2013：352.

明初财政分正项、杂项两部分。正项收支由中央户部统掌，实行集权管理。地方完成两税征收后，一部分起运至京或指定地点，用于支付军饷、俸薪等国家经费的开支。另一部分存留地方，由布政司按照中央指定的项目、对象和意图加以使用，主要用于地方官吏俸粮、廪膳、赈灾、藩禄、军费等，支销各款年终汇报户部接受审核。

明代正项钱粮基本上没有为地方各衙门办公、官衙修缮、行政活动开支预留经费，地方衙门如遇修理等项，只能自行"设法措置"，不得动用库款。所谓设法措置就是给予地方部分的筹款权。筹措的来源主要出自向民户收取的里甲、均徭、杂泛等杂项。杂项收支归地方自行经征经管，国家财政收支中不开列这些杂项，也不归中央进行全国性的统一管理，而是下放了这部财权，实行包干性财政。这就形成了明初国家财政的二重性，它既有专制主义的中央集权性，又具有地方的区域性。①

明中叶以后，"赋入则日损，支费则日加。""宗室之蕃，官吏之冗，内官之众，军士之增"，悉取之于两税②，正项不支，中央财政困难。到万历时，因用度不足，中央开始侵夺地方经费，向地方库余伸手。库余上交后，地方临时杂用不敷，派征民间更无限制，官民冲突加剧，遂有万历九年（1581年）一条鞭法的财政改革。一条鞭法将里甲、均徭、杂泛等役银的输纳汇为一条，定为一个相对稳定的数额，不许多征，实行专款专用，专用专销，剩余上交的办法。③原为地方自为经理的徭役、杂项折成银两征收后，纳入田赋存留、起运制度，部分被起运中央，成为中央财政所有。条鞭既属正供，地方一遇度外事故，不得不额外羡取，于是加派纷起，条鞭之外又出现了新的杂项，间阎受扰又甚于从前。

明末，国家法度日渐废弛，条编之制遭到破坏。户部、工部向民间所派京库岁需之物料不断加增，矿税、落地税等名目纷纷出现，后来又有三饷加派，其害更甚于加赋。明朝财政的中央集权只是财政职权的集中，而不是财政责任的集中。④中央与地方财权不清，为明亡之一大原因。

清军入关以后，逐渐建立了一套中央集权的财政制度。清户部"制天下之经费"，各省一切收入均视为国家收入，一切支出均视为国家支出。中央通过起

---

① 李三谋. 明清财经史新探［M］. 太原：山西经济出版社，1990：277.
② 张廷玉. 明史：第2册［M］. 岳麓书社，1996：1115.
③ 李三谋. 明清财经史新探［M］. 太原：山西经济出版社，1990：284.
④ 黄仁宇. 十六世纪明代中国之财政与税收［M］. 阿风，等译. 北京：生活·读书·新知三联书店，2005：418.

运、存留制度从资金面上来支配各省收支,各省州县所征各项赋税除依例应由本府州县坐支一小部分外,其余都尽数解交布政使司库,布政使司汇总全省钱粮,除去本省留支,剩余部分听候户部调拨,或运解邻省,或上解中央。再通过奏销制度从账面上对各省钱粮收、支、调、存的全过程限额控制。各省每年收入何项,开支何款,收入多少,开支多少,都必须合例如额,地方不能自主决定。否则即要"着落赔补"。其入款,将明代以来的正款与杂项合并为一,取消地方自行筹措的权力,并勒以定额,统一管理;其出款,禁止地方于例外支销,动有额支,解有额拨,存有额储。无额则有案。

较明代而言,清初虽扩大了正项支用经费的范围,但地方办公费、行政活动费等仍未列入国家正项,而又不准地方自筹杂款以应对。在清初,地方除被迫于体制外(如捐俸、报捐等)寻求弥补之法去办理地方必须之事外,更多的是于正赋之外附加征收火耗、平余以及一些手续费、杂费(统称耗羡)的办法去支应各项杂费。①

雍乾之前,火耗作为附加税从未得到朝廷的正式认可,也没有纳入正税和奏销之列,而是一直以非正式的方式存在,由地方政府自行做主决定,主要用于文武官员养廉及地方公费,偶有少数用于赏恤、采办等。朝廷一开始对地方私征耗羡之事视而不见,认为这是私事。正是由于朝廷的宽纵,导致康熙朝后期的税轻耗重,"州县火耗,每两有加二三钱者,有加四五钱者"②,有的地方甚至"数倍于正额"③。至雍正年间,规定今后"按年分析造册,随同奏销钱粮各册,咨送户部复销"④。乾隆时被正式纳入每年的奏销。归公后耗羡的支用,虽是地方公用,但这项公用,已不是各省做主,而是和正项一样,受到中央的直接控制。耗羡的用途:一为弥补亏空,二为官员养廉,三为地方公用。乾隆十年孙嘉淦论及:

> 督抚之办地方公事,原有后不可以为例而一时不能不然,报部不准开销而情事必不容已者,赖有此项银两通融接济,则官不赔而其累不及于民。今随同地丁钱粮报销,则与正供不复能有差别,而凡地方公事之不容已而又不准销者,必须赔垫,上司赔则取偿于属员,而馈送之路开。属员赔则

---

① 李三谋. 明清财经史新探 [M]. 太原:山西经济出版社,1990:301.

② 蒋良骐. 东华录:卷 24 [G]. 济南:齐鲁书社,2005:370.

③ 钱陈群. 条陈耗羡疏 [G] //贺长龄. 皇朝经世文编:卷 27. 近代中国史料丛刊:第731 种. 台北:文海出版社,1966:991.

④ 雍正朝实录:卷 157 [Z]. 雍正十三年六月乙亥.

取偿于百姓，而重戡征收因公科敛之端起。然则耗成正项，耗外加耗之弊，虽峻防之，其流有所不能止也。①

在中央部门的严格监管之下，地方失去了任何灵活性，又把目光转向加派。在耗羡未归公之前，正项存留不足以支付意外之用时，地方政府可动用耗羡自如应对。耗羡被纳入正项后，再发生财政亏空，地方官员则只能诉求于摊捐、生息等外销途径来满足经费的需要了。

咸同以降，清代财政中内销、外销的分野更加明显。内销皆依经制，出入都有常经。而外销则是军兴以后财政实践脱离经制的结果。军兴时期的就地筹饷，以及军事结束后的洋务兴政，地方上大量财政收支突破了经制范围而呈多元化，地方放手抽厘劝捐，以一省之财办一省之事。这些新增款项，原出临时办法，其用途不能预定，亦无一定款额限制，有的被纳入奏销成为内销正项，有的没有或没有完全被纳入奏销制度，即成外销。其初，因其系就地自筹之款，与内销正项无碍，户部无从深问。外销财政因以滋生壮大，成为地方一切兴作"所必不能无"的经费来源，亦是外省弥补各种亏空进行腾挪转换的不二财源。结果是中央能直接控制的内销正项年年亏额，而不便过问的各省外销收支若干，户部则一概茫然不知。清末几次财政整顿，均试图将外销纳入内销管理，但目的均未完全实现。

民国初期，中央政府缺乏权威，"财权不一，事务纷歧"。地方割据势力拥财自重，中央财政困难。袁世凯当政后，厉行中央集权，取消了国、地分税，一切财政权收归中央。地方政府收入少，事务多，尤其是县级政府财政收入严重不足，造成地方苛捐杂税滥征滥支。袁氏死后，政权分裂，军阀割据，财政重又分散，政府预算不全，所处"兵区"的财政收支状况无法囊括财政预算表，即便是已被纳入预算的省县官厅财政中，仍然存在一部分预算外收支或外销收支，游离于政府财政预算制度之外。

南京国民政府成立之后，分税制财政管理体制才得到落实。但南京国民政府实行分税制的目的重在中央集权。为了政权稳固，中央始终不肯下放过多的财权。此外，在实行分税的时候，只是简单地划分了"中央"与"地方"，并没有具体划清省与县之间的收支关系。在这种情况下，省政府依靠政治上的优势地位，掌握了地方财权，而县政府尽管事务繁杂，却没有明确的收入来源，

---

① 孙嘉淦. 办理耗羡疏（乾隆七年）[G] //贺长龄. 皇朝经世文编：卷27. 近代中国史料丛刊：第731种. 台北：文海出版社，1966：988.

只能依靠附加税度日。造成了县级财政困难，附加税和苛捐杂税的进一步泛滥。抗战爆发后，国民政府统筹举国财力，在加强中央财权的同时，相应削弱省财政，充实县财政，原省之收入全归中央，但在支出权限中，对于中央支出和省级支出却没有明确划分。抗战胜利后，再次实行国地分税，但中央的动机实为加强中央财政权力，削弱地方军阀实力，均权不能真正实现。①

　　以上对两千年来中国中央与地方财政关系的变迁做了一个粗线条的梳理。传统帝制国家对集权与分权关系的处理，具有实用主义倾向。集权直截了当，而分权则遮遮掩掩。② 分权总是通过非正式制度的调整来实现，如唐代的"额内方园给用"、宋代的"遮藏讳避而暗取之"、明代的"设法措置"以及晚清时期的"就近筹饷"，其结果就是地方财政的非制度化。财权下放往往起因于中央财政困难，中央以损失一定的控制力来换取地方治理的积极性。这种权力让渡的轻重需要统治者精准拿捏。情况往往是，下放权力多，在增强地方治理积极性的同时，引起离心分化，必将引起中央的反制，权力上收；权力上收达到一定程度以后，中央统辖过死，地方缺少活力，危及王朝统治的基础。因此，物极必反，不得不将部分权力重新下放。集权和分权呈现出明显的周期性特征，几千年中国传统王朝的财政治理路径基本上就是循着财权的下放——上收——再下放——再上收的运行轨道循序递进的。从大历史的视角来看，晚清时期外销财政的生成、演化及治理，只是几千年中国传统王朝财政治理路径中集权与分权周期变动漫长轮辙下的其中一段而已。

---

① 朱红琼. 中央与地方财政关系及其变迁史 ［M］. 北京：经济科学出版社，2008：178.
② 包伟民. 宋代地方财政史研究 ［M］. 上海：上海古籍出版社，2001：322-323.

结　语

回到本书开头的那个故事现场。

金陵厘局帮办提调兼收支陈惟彦刚上任没几天就遇到一桩难办的业务，他的顶头上司，两江总督端方要求批转一笔存放在裕宁官银号的外销款归到他的督署账房。陈惟彦坚持公款公用的原则，认为外销款为公款，不能提归私账。结果端方的目的没有达到，陈也由此得罪了端方。

这一案例折射出两个方面的信息：其一，清季各省外销款虽未必一定要向户部汇报，但它是财政资金，与督抚的私项有别。各省对外销资金的管理，都有一套约定俗成的管理程序，如陈惟彦坚持提款要饬办文批，① 黄彭年在湖北藩司任上的"悉据官文书"，② 周询所提到的四川"分收分支之法"，③ 贻谷所称不列交代而另立平余银账簿④等，这是外销有别于养廉银、陋规中饱等督抚可以任意处置的私款之处。⑤ 尽管清廷没有明文规定外销为合法，但至少默认其存在的合理性，光绪二十五年河南巡抚裕长拟扣减外销各款以归公用，上谕还嘱其毋庸提扣，使办公不致掣肘。⑥ 又如户部"各省例不应支而事非得已""院司类

---

① 陈惟彦. 宦游偶记：卷下 [M] //官箴书集成：第10册. 合肥：黄山书社，1997：658-659.

② 罗继祖. 枫窗三录 [M]. 大连：大连出版社，2000：122.

③ 周询. 蜀海丛谈 [M]. 成都：巴蜀书社，1986：28.

④ 西北垦务调查局. 西北垦务调查汇册、西域行程记、西域番国志（合订本）[M]. 台北：华文书局，1968：308.

⑤ 直到清末，陋规在制度层面上仍是违制。咸丰四年，有人反映，裕瑞自实授四川总督以后，将各州县向有陋规，作为捐输练丁经费，其司道规礼收存署内，为捐备枪炮火药之用。上谕认为这有假捐输之名、复陋规之实的嫌疑，下令彻查。结果裕瑞遭革职处分，巡捕官具供后自尽。谕令嗣后该省一切陋规，著永行禁革。咸丰朝实录：卷146 [Z]. 咸丰四年九月丁亥；咸丰朝实录：卷151 [Z]. 咸丰四年十一月甲申.

⑥ 光绪朝实录：卷457 [Z]. 光绪二十五年十二月辛丑.

有存案，原非自谋肥己"诸多体恤之语，足见清廷对各省外销的态度。① 其二，假如陈惟彦是一个原则性不强的人，经受不住端方的两次派人催提，那么这笔外销款项就会被端方批归督署私用。当时各署局长官均以署局为眷宅，其仆役、火食、灯油、茶水各项消耗之费，无一不取于公款，公、私混淆无所分别。② 光绪二十五年署江宁将军毓贤将署内支销与办公正项分开，谕旨称其洁己奉公，洵堪嘉尚。③ 因此署内为私。从这点来说，外销虽是财政资金，又与内销款项有异。它游离于中央控制之外，而易为地方长官所把持。其为公为私，关键还得看地方长官的廉洁程度和经管人员的原则性。徐一士为此事批评端方，称其任意提用外销之款，为公款与私账混淆开了恶例。④ 事实上，外销公款私用这种情况在晚清污浊的官场中很难说自端方开其端绪，或仅此端方一例。

这实质上反映了清季财政领域公、私界限的不分明。清代的财政（财务）空间，大致可分为三个层次，曰官项，曰公项，曰私项。相对于私项而言，官项为国家之公（如内销），公项为地方之公（如外销），两者又可统称公项。官、公、私三者之间可第次转移。私项移作公项曰归公（如耗羡归公）；公项移作官项曰提解（如京员津贴提解外销），恽毓鼎曾形象地将地方之公化为国家之公喻为"以彼杯之水注之此杯"，意即此增彼减，于国家财政总额无增。⑤ 当然，如果公项化作了私项，则是公款私用。

从这一财政结构来看，作为地方之公的外销，实际上是"介在公、私之间"，⑥ 既可向上提解为国家正项（国家之公），又易被操守不严的地方大吏移作私用，成为两边均可被侵蚀的对象。在正项不济时，中央屡次动员地方将外销和盘托出。光绪十年，湖南巡抚庞际云将本省所有缉私经费移作军需，被上谕认作急公可嘉。⑦ 而多数情况下，地方政府则总是"藏头露尾"，不愿全盘托出，尽可能地保持外销作为地方之公的性质。

---

① 光绪二十三年十二月庚辰户部奏［G］//朱寿朋. 光绪朝东华录：第 4 册. 北京：中华书局，1958：4015.

② 熊希龄. 就奉天财政预算上度支部堂宪禀（1910 年）［M］//周秋光，编. 熊希龄集：第 2 册. 长沙：湖南人民出版社，2008：259.

③ 光绪朝实录：卷 439［Z］. 光绪二十五年二月壬辰.

④ 徐一士. 近代笔记过眼录［M］. 太原：山西古籍出版社，1996：236-237.

⑤ 恽毓鼎. 由籍回京言事折（光绪二十五年十月廿九日）［M］//恽毓鼎澄斋奏稿. 杭州：浙江古籍出版社，2007：34-36.

⑥ 光绪三十二年十月辛巳陈夔龙奏［G］//朱寿朋. 光绪朝东华录：第 5 册. 北京：中华书局，1958：5597.

⑦ 光绪十年八月二十七日上谕［G］//户部奏稿：第 6 册. 北京：全国图书馆文献缩微复制中心，2004：2810.

外销作为地方之公用，在晚清财政中扮演了重要角色。从入款的形式来看，经历了从"饷"到"款"再到"捐"的演变过程；从支出性质来看，分别体现出从军事性支出到投资性支出再到经常性支出的阶段性特征；从财政资金所发挥的功能来看，外销财政先后经历了从军事财政到善后、洋务财政再到民生财政的三个渐进阶段。当然，以上三个阶段在某些时候也有可能是相互叠加的。

"饷"即军饷。太平军兴期间，咸丰皇帝要求各省就近筹饷，由各省督抚或领军大员自行组建粮台或军需局组织供应粮饷。就近筹饷的重点是在经制财政之外开辟新的财源。皇帝允准，新辟的财源可以自筹自用，各从其便。① 咸同时期各省外销收支，就是因地方自筹饷需而日渐膨胀起来的。军兴时期出现的一些经制外新增款项并没有被完全纳入奏销制度，有一部分游离于奏销制度之外，成为外销财政。因此，这一时期外销所发挥的财政功能主要体现在佐助军需、捐办团练和支应兵差等地方军政事务方面。就地所筹外销之"饷"，使清廷逐渐摆脱财政困局，成为清廷镇压太平天国运动和捻军起义的稳固饷源。

大规模军事活动停歇后，善后工作接续展开，洋务新政也日渐兴盛，财政用款的重心也从军需转移到善后。各省需款孔亟，中央的强势指拨导致地方既无法从传统的正项财政中去获得相应的支持，相反还要将大量经制外新增税款调往中央部库。为解决地方公事，弥补地方财政缺口，各省只能拓展外销款项，开辟新的财源，"就近筹饷"发展为"就地筹款"。如果说太平军兴期间就近筹饷的目的是解决战时饷需，使用范围限于军事领域的话，那么此后的就地筹款，则主要筹的是开展善后和创办洋务的"款"，使用范围多用于实业、工程等经济领域。同光之际，各省外销财政的支出，善后方面主要集中在赈济、水利以及其他各种公用事务上；洋务方面主要集中于一些涉及各省利益的地方性洋务项目，如机器制械、筹防交涉、工矿轮运、机铸钱元等。无论是善后还是洋务，这些工程项目多属发展本地经济的投资性支出。

甲午以后，军费、赔款、偿债，各种经费纷至沓来，清廷采取向各省分散财政负担的摊派办法，而省又摊之于州县。清末，清廷上至中央，下至各省乃至州县，均在大力举办新政。既要罗掘赔款，又要筹措新政经费，双重财政压力导致地方外销财政规模进一步膨胀。这一时期的外销各款多以各种"捐"的形式表现出来。庚子以后新增征收各捐，有粮捐、盐捐、官捐、加厘加税、杂

---

① 朱学勤. 钦定剿平粤（匪）方略：第 4 册［G］. 台北：成文出版社，1965：2651.

捐等类。在福建一省，仅杂捐一类，即达 70 余项。① 其他各省亦复如是。各地五花八门的"捐"，主要用于赔款、筹办新政和开展自治事务。这些支出项目名多以各种各样的"费"命名，如兴学费、警务费、地方自治费、实业费、司法费等。② 在清代财经官员眼中，常经之外的支出均为"费"，"应支而支者，虽亿万皆可谓之常经；不应支而支者，即丝毫亦直谓之费。"③ 除偿款经费、练兵经费外，其他的支出均与地方民生相关，主要属于经常性支出项目。因此，清末作为各省"新政之命脉"④ 的外销杂款，已具有地方财政特征。

清季外销财政是有层级的，主要可分各部院、省、州县三个层级。中央各部门也有自己的小金库。其经费各有来源，且多自筹自销，如清末新政时期农工商部取给于上海道库之拆息，民政部取给于胶州湾之关税，学部则取给于道胜银行之息款，不受户部大臣之稽核。⑤ 光绪三十二年（1906 年）礼部尚书戴鸿

---

① 福建抽捐之种类：有抽于粮户者为粮串捐，有抽于牙户者为蛏蛤牙捐、鱼牙捐、小猪牙捐、油牙捐，亦有即名为牙捐者，有抽于屠户者为屠捐、肉捐、猪肉捐、猪桌捐，有抽于船户者为盐船捐、货船捐、官渡捐、埠租捐，有抽于茶商者为茶捐，有抽于盐商者为盐捐、盐牙捐、盐馆捐、盐帮捐、盐厘捐，有抽于木商者为木排捐、随排捐，如动物之捐为猪捐、小猪捐、羊捐、鱼捐，植物之捐为谷捐、米捐、笋捐、香菰捐、纸油捐，各商之捐为当捐、布捐、钉麻行捐，又有商会捐、花轿捐，各货之捐为商货捐、碗捐、灰捐、靛捐、花炮捐、纸箔捐、牛皮捐、水仙花捐。又有以地捐者为煤坑捐、海埕捐，以租捐者为局租捐、租谷捐。其捐诸社仓者为社仓捐，捐诸社会者为善社捐、桥会捐、会捐，捐诸学生者为学费捐，捐诸喜庆之家为喜庆捐，捐诸慈善之家为善举捐，捐诸戏班为戏捐，捐诸买粪之人为清洁捐，捐诸售彩票之人为彩票捐，捐诸公帮、公业、公项者统称为各项捐、公业捐。亦有即名为学堂捐、巡警捐者。更有因课额之盈余或额外而加收，亦名为贾、铺、膏、酒捐。或此有而彼无，或此多而彼少，固不能一概论。福建财政沿革利弊说明书·杂捐类［G］//国家图书馆出版社影印室. 清末民国财政史料辑刊：第 12 册. 北京：国家图书馆出版社，2007：305-306.
② 此五种费为当时各省新政用款之大宗。闽浙总督松寿奏并议御史赵炳麟等奏请定行政经费折［G］//内蒙古大学图书馆. 山西清理财政局编辑现行财政十八种：第 2 册. 呼和浩特：内蒙古大学出版社，2010：207.
③ 那斯洪阿. 条陈国用事宜疏（道光十三年）［G］//盛康. 皇朝经世文编续编：卷 30. 近代中国史料丛刊：第 834 种. 台北：文海出版社，1966：3115.
④ 安徽全省财政说明书·岁入部·厘金［G］//中央财经大学图书馆. 清末民国财政史料辑刊补编：第 2 册. 北京：国家图书馆出版社，2008：79；安徽全省财政说明书·岁入部·漕粮［G］//中央财经大学图书馆. 清末民国财政史料辑刊补编：第 2 册. 北京：国家图书馆出版社，2008：23.
⑤ 熊希龄. 上载泽论财政书（1907 年 9 月）［M］//周秋光，编. 熊希龄集：第 1 册. 长沙：湖南人民出版社，2008：304-305.

慈曾上折反映：户部徒掌本部收支，而其他各部岁计出入之当否，无从过问。①
因此，清末中央各部院也各拥有自己掌控的那部分外销财政，只是规模不等罢
了。由于篇幅限制，本课题没有对这一层级的外销财政做一探讨，而主要关注
省、县两级外销财政。

居于中间层级的是省级外销财政。唐代开始实行三省六部制，其时省为中
央级行政机构。元代设行省制度，省开始作为中央行政机构外派到地方。明、
清两代设有布政使司统领一省民政，又设总督、巡抚对其节制。但至清初，省
级政府并不具财权。布政司负责将州县钱粮起运京城，但本身并不具有自由处
置其所收税款的权力。雍正年间的耗羡归公，州县耗羡归公到省，由省统筹使
用，省级财权开始由虚转实。但到乾隆年间，归公之耗羡复又被视作正项管理，
纳入奏销体制，省级政府的耗羡支配权事实上又有所削弱。咸同以降，税收结
构发生变化，田赋正项收入降低，经制外新增税收增加，起、存制度调节财政
的地位下降。京饷、解部专款的出现，导致中央与地方间财政关系发生变化。
起存主要是针对州县而言的，京饷、部款则主要是针对各省而言的。"省"的财
政地位开始凸显。军兴时期以省为单位的就近筹饷，使大量经制外的新增税项
并没有完全被纳入正项，还有一部分即以外销的形式留在了各省。因此，财政
专家认为，在传统财政体系中，"一省之财政皆国家之财政，省之资格隐含于国
家之内。咸、同以后，各地用兵，就地筹饷，各省始有单独之财政"。②

州县级外销财政大多形成于清末新政时期。清末，国家财政无力支持新政
创办经费，中央政府饬令各省自办新政。除省级范围内的新政事业外，州县新
政也随地方自治运动的兴起而展开。各府厅州县创办巡警、兴办学堂及实业，
以及善举、禁烟、自治、工艺等，基本上都是用本地之财办本地之事，所用多
由州县自筹。如陕西省道府以至州县抽收杂捐各款，用以备办新政之需，从不
报解司库。③ 吉林省田赋有小租一项，向系外销，有解司者，有拨充旗署公费
者，有留作地方官公费竟不报解者。④ 山西全省除府厅州县应归地方款项不计

① 戴鸿慈. 请改定全国官制以为立宪预备折（光绪三十二年七月六日）［G］//故宫博物
院明清档案部. 清末筹备立宪档案史料：上. 北京：中华书局，1979：373.
② 包遵彭，李定一. 中国近代史论丛·政治：第 2 辑第 5 册［M］. 台北：正中书局，
1963.
③ 陕西全省财政说明书·岁入部杂捐类［G］//中央财经大学图书馆. 清末民国财政史料
辑刊补编：第 8 册. 北京：国家图书馆出版社，2008：251.
④ 吉林行省查利弊说明书［G］//清末各省财政说明书辑刊：第 4 册. 北京：国家图书馆
出版社 2007 年版，508.

外，自行经理者不下数十款，向来作何支销，藩库均不过问。① 其他各省情况，均大同小异。

于是，就形成了这样的结果：各部经费各部自筹，各省经费各省自筹，度支部罔知其数；州县进款、出款，本省督抚亦难详稽。举国财政无异数千小国，各自为计。② 岩井茂树将晚清财政的多重性和分散性喻为"套人木偶"。外面的木偶里套着一个长得一模一样的小木偶，小木偶里同样套着一个更小的一模一样的木偶。③ 中央、省与州县，就是这样的一层套一层的木偶，上、下级政府互不清楚各自的财政底细。

外销对晚清财政统一性的破坏，主要并不在于财权之分，而实在于财权之纷。咸丰军兴以后，筹捐筹饷，军需、善后、支应、报销等类，皆另行设局，派专员管理。迨举办新政，名目益繁。虽或派藩司综理，而置衔画诺，徒拥虚名。藩司多无查销之实。各局之间，也是"各收各捐，各不相涉"。仅江苏厘金而言，征收机构就有三个，主管单位各不相同。金陵厘捐总局，为江宁布政使职掌；苏州牙厘总局和淞沪捐厘总局，则属苏州藩司管辖。三局互不通气。在广东，同一税捐而征收机关不同，"一戏捐，警费也，而学务公所、劝业公所、警务公所各有收；一酒捐、屠捐也，而善后局与府厅州县各有收。"④

同属省级政府的外销收支，分散掌握在不同的局、所手里，自为收之，自为支之，没有一个统一的管理机构。在直隶，房铺捐、戏妓车船等捐，有由工巡捐局抽收者，有由巡警局抽收者；船捐有由钞关抽收者，有由州县自行设局抽收者；其他，茶捐则由厘捐局抽收，渔捐则由渔业公司抽收。⑤ 在两江，支应局经管水陆各营月饷及一切活支，筹防局主管修舰筑台、订购枪炮、采买物料等项事宜，筹款局统筹江南税捐各进款，并经理牙捐、房捐、膏捐等项收支，三局各不统属。

外销财权纷乱，各省如此，州县亦复如此。行潦之水，难以聚为江海，财

---

① 山西全省财政说明书·沿革利弊总论［G］//中央财经大学图书馆.清末民国财政史料辑刊补编：第9册.北京：国家图书馆出版社，2008：28.

② 赵炳麟.请统一财权疏（光绪三十四年五月十七日）［M］//黄南津.赵柏岩集：上.南宁：广西人民出版社，2001：465.

③ 岩井茂树.中国近代财政史研究［M］.付勇，译.北京：社会科学文献出版社，2011：176.

④ 广东财政说明书：卷1总说［G］//国家图书馆出版社影印室.清末民国财政史料辑刊：第8册.北京：国家图书馆出版社，2007：21.

⑤ 直隶清理财政局说明书：第6编杂税杂捐［G］//国家图书馆出版社影印室.清末民国财政史料辑刊：第15册.北京：国家图书馆出版社，2007：809.

权之纷不能发挥收积零为整、统合财力的功效。结果是：

> 以全国收支之总数，叩之于部库，而部库盲然也；以一省收支之总数，叩之于藩库，而藩库盲然也。盖管理权限，各有攸司，凡非一般周知之款，局外者即无得悉其原委也。[①]

鉴于外销财政既不统一，又不分明，中央财政一有匮乏，就会自上而下，发起对地方外销财政的整饬与清算。晚清时期，历次外销整饬清算活动声势有大小，范围有广狭，效果也有等差，大概归纳起来，主要存在三种外销治理范式，即常规式治理、运动式治理、规范式治理。

常规式治理，只是想让脱轨的财政秩序重新回到以前的常态或旧制，最多是对那些不符合时宜的旧制进行修补，使其重新发挥作用。这种治理范式，在光绪朝前期多有尝试，如光绪八年实行的事先立案，光绪十年编订新的黄册科目等。但户部力图在奏销制度框架下所做的一系列技术上的改进，对国家财政制度的完善难期成效。历经多次财政整饬，地方政府终未敢将外销和盘托出。其不肯径情直达的原因，是怕中央夺去了其自专之费，由此失去自有之权。这说明，仅仅靠奏销制度的规复或修补，已不足以彻底改变外销财权分散、财政秩序混乱不堪的局面。

运动式治理，系上级政府为实现某种临时性设置的目标相机发动的，非常规化的介入下级政府的财政活动。这种财政治理范式，事前须造出很大的声势，给地方政府施加无形的政治压力，迫使地方政府按照中央的意图就范。如辛丑前后刚毅、铁良两钦使先后对南方各省的巡查。意在纾缓中央财政困局，罗掘南方富裕省份的财源，"化私为公"、化公为官。这种财政治理之道，极尽搜括朘削之能事，与上门追索豪夺别无二致，这是传统的财政治理路径已入末路后的必然逻辑。因此，这两次外销整饬治理均未深入到财政体系的制度优化、反腐倡廉、淘汰冗员、提高行政效率等更为根本的层面上，无法解决全局性问题。

规范式治理，是在宪政框架下，厘清上、下级政府的权责，进行财权的分配，并将其结果置于法律保障之下。如清末清廷清理财政和试办预算。把地方外销项目编入预算，并非取消地方财政，而是力求通过预算来确定地方财政收支和国家财政收支的各自数额和款目。再通过划分国家税、地方税来确定国家

[①] 山西全省财政说明书·沿革利弊总论［G］//中央财经大学图书馆. 清末民国财政史料辑刊补编：第9册. 北京：国家图书馆出版社，2008：27—28.

和地方的财政权限、财源范围，以避免国家财政和地方财政的矛盾或冲突，使国家财政不侵犯地方利益，地方财政不违反国家财政的原则。① 尽管清廷试办预算的愿景与实效相差甚远，但毕竟实现了财政从奏销体制向预算体制的过渡，财政治理从传统方式向近代化、制度化的方向迈进。

外销财政生成的直接动因源于奏销制度的内在矛盾。奏销制度的弊数，一是则例烦琐，二是则例不能因时变通。例案太繁，外人不能深悉，为吏胥夤缘为奸提供了机会，或准或驳，皆以核销人员意志为转移。则例不能变通，例案与财政实践脱节，必然出现亏空，地方官员只能通过法外收入腾挪弥补，以至簿书失实，报销无不浮之案，出入无不隐匿之款。

外销财政的形成还与清代"不完全财政"管理体制有关。这种财政管理体制，在确保经制收支都由中央严密控制的同时，并没有为中央和地方各项事务的经常性用度提供充足的财力保证。事实上，中央和地方许多经常性开支都被排除在经制所规定的支出范围之外。这些经制外的财政支出，只能谋求外销途径来解决。

从财政分权的视角来看，晚清中央在下放事权的同时，并没有相应下放财权，既有的经制税源仍在中央掌控之中。清廷只是谕令各省可就近筹饷或就地筹款，以弥补事权下放所引发的各省财力不足。中央给予地方的只是经制外发挥自主性的权力，并不是财政"确权"。地方政府无法通过法定的财权取得行使其职能所必需的财力，在考成、黜陟制度的压力下，纷纷发挥能动性，在正规的收入渠道之外另辟蹊径，拓展外销财源创收。

财政权责的不匹配，迫使地方政府拓展非正式渠道，用以弥补正式财权的缺失，最终导致非正式财政规模的扩张。而这种非正式财政规模，一旦超出中央所能容忍的程度，对中央集权产生威胁，中央政府就会动用行政威权，收回地方政府手中的非正式财权，并将其纳入正项财政管理序列。中央与地方政府之间的财政权责缺乏一种制度性的"顶层设计"，这就使得两者间权责关系经常处在"上收——下放"的不断调整之中。晚清时期如此，民国时期如此。

---

① 李三谋. 明清财经史新探［M］. 太原：山西经济出版社，1990：352.

附　表

附表一：光绪三十年山西省藩库内、外销款项一览表

<table>
<tr><th></th><th></th><th>收款</th><th>支款</th></tr>
<tr><td rowspan="2">内销</td><td>银</td><td>共收银 5041200 余两</td><td>共支银 5394400 余两</td></tr>
<tr><td>钱</td><td>0</td><td>0</td></tr>
<tr><td rowspan="2">外销</td><td rowspan="2">银</td><td>一应收台山续增公用生息银 495 两
一应收台山弁兵盘费生息银 1440 两
一应收晋阳书院第二三四次生息银 3648 两
一应收河东五处盐息银 2300 两
一应收河归平祁太生息银 30000 两
一应收饷磺生息银 5280 两
一应收提铜生息银 3600 两
一应收津贴绿营公费运米脚价不敷银 5280 两
一应收旧抵摊生息银 12000 两
一应收潞汾八处抵摊生息银 6000 两
一应收改充津贴银 7820 两
一应收抵补佐杂摊捐生息银 1680 两
一应收饭厂棉衣裤生息银 588 两
一应收普育二堂生息银 2700 两
一应收保婴会生息银 480 两
一应收故员川资生息银 2400 两</td><td>一应支贡差费银 500 两
一应支中军承办皮胰贡经费银 2000 两
一应支纤捐局办解纤捐纸油不敷价脚经费银 17000 两
一应支管解京协各饷并旧案洋款委员盘费银 12200 余两
一应支管解公约赔款委员盘费银 8000 余两
一应支解磺委员经费银 2720 两
一应支内阁饭食银 200 两
一应支皁司承办兵部科饭食银 2100 两
一应支科场经费不敷银 10000 两
一应支学院每年公费棚费夫马银 14530 余两
一应支加添朔平府院考棚费银 330 余两
一应支拨归营务用款银 5280 两
一应支抚辕折差费 1200 两
一应支院署文案处薪费银 9180 两
一应支幕府津贴及办公经费银 7080 两
一应支院署刑席修缮银 800 两
一应支太原城守尉养膳赏恤等银 1052 两
一应支太原满兵贴给米折银 1654 两
一应支京省提塘经费银 2500 余两
一应支藩皁监印官薪水银 480 两
一应支雁平道平汾泽朔宁五府辽沁隰三州津贴银 12000 两</td></tr>
</table>

续表

		收款	支款
外销	银	一应收票捐等生息银 14000 两 一应收津贴二成公费银 20000 两 一应收各属摊解京协并解旧案洋款委员盘费银 14250 两 一应收商盘捐银 4000 两，又制钱 22000 余串，约合银 18300 余两，系照各属已报数目 一应收元丝贴色银 6200 余两 一应收续增公用生息银 1200 两 一应收外销湘平银 3000 两 一应收甘饷长平银 840 两 一应收河东护平银 840 两	一应支清源局薪费银 17370 余两 一应支发审局薪费银 3900 余两 一应支潜文书局薪费银 500 余两 一应支矿务公司薪费银 1900 余两 一应支商务局薪费银 2300 余两 一应支工艺局薪费银 4300 余两 一应支自新所薪费银 2790 余两，活支不在内 一应支牛痘局薪费银 700 两 一应支加复院司书吏津贴银 1710 两 一应支平定寿阳孟县灵石等处清徭经费银 6170 余两 一应支省垣饭厂薪费银 2089 两 一应支普育二堂薪费银 480 余两 一应支保婴会薪费银 480 余两 一应支晋阳书院膏火银 3600 余两 一应支崇修书院经费银 2200 余两 一应支令德书院经费银 3500 余两 一应支满城义学、阳曲义学经费银 700 余两 一应支岢岚州鹤鸣书院经费银 450 余两 一应支秋审繁费银 1000 两 一应支修理三监经费银 350 两 一应支三监繁费银 2650 两 一应支台山僧役饭食银 43 两 一应支故员川资银无定数 一应支刊刻文件并电报费等项银无定数
		以上共收银 168341 两（原文为 168300 余两）	以上共支银 169988 两（原文为 170500 余两）

续表

		收款	支款
外销	钱	一应收制钱生息钱4800串 一应收续发制钱生息钱1000串 以上共收钱5800串 合银4350两	一应支院辕围垣更房城垣堆房油碳等钱477千280文 一应支臬司办减等书吏饭食钱80余串 一应支时宪书纸价不敷津贴钱160串 以上共支钱717千280文 合银538两

资料来源　张曾敭档：6［G］// 虞和平. 近代史所藏清代名人稿本抄本：第1辑94. 国家清史编纂委员会文献丛刊. 郑州：大象出版社，2011：223-237. 原文合计数略有出入。

附表二 清末山西省藩库内、外销收入款目表

单位：两

类别	内销		外销	
	款目	数目	款目	数目
田赋	地丁	2581560	营产地租	1646
	耗羡	263492	充公闲款	220
	户部料价	3938		
	黄丝	2680		
	农桑	912		
	黄蜡价脚	47		
	锡斤价脚	1528		
	时宪书纸价	1224		
	举进旗匾花红	367		
	举人盘缠	1944		
	举人坊牌	1723		
	武举旗匾并武宴	182		
	武举盘缠	115		
	土盐税	17132		
	驿站夫马工料余剩	61591		
	满兵退地	79		
	更名河淤	98		
	赡军地租	12540		
	杂支	16752		
	盐务杂款	1093		
	小计	2968997	小计	1866

类别	内销		外销	
	款目	数目	款目	数目
盐课	蒙盐并花小盐厘金	45756	盐厘充公	381
	芦盐加价	4419		
	盐斤加价	25872		
	土盐圩加税	8770		
	小计	84817	小计	381
土药税	药料税	735	土药牌照捐公费	82
	药料厘捐	3113	药料厘捐充公公费	11
	土药厘捐	9933		
	土药统税	175375		
	土药牌照捐	112578		
	药料税充公	225		
	药料厘捐充公	98		
	小计	302057	小计	93
关税			归化关额外盈余	40633
正杂各税	田房契税	42800	铜税	276
	当税	15060		
	烟酒等税	188558		
	牲畜等税	10979		
	商税木筏税	22085		
	交城县木税	103		
	石膏税	242		
	小计	279827	小计	276

类别	内销		外销	
	款目	数目	款目	数目
厘金	各货厘捐	187310	酒厘充公	42
	大同皮税	6569	厘税充赏盈余二成	49
	煤炭厘捐	70634	各货厘金公费	11551
	茶糖二成	202	新加各货厘金公费	9502
			烟酒煤厘公费	20817
			煤厘公费	7761
			土厘公费	1004
			烟酒厘充公公费	5
	小计	264715	小计	50731
杂捐	各州县斗捐	109744	口外牲畜捐	4971
	地亩摊捐	1064	纸烟卷捐	456
	药商票捐	8207	商盘捐	2142
	小计	119015	小计	7569
捐输	新海防捐输	3235	两湖赈捐	6772
	兵饷捐输	7073	山东赈捐	7562
	筹饷新捐	不敷银 994	四川赈捐	不敷银 8347
	新海防部饭	2726	续办四川捐	不敷银 722
	筹饷新捐杂项	不敷银 10	广西赈捐	1926
	学堂捐输饭照费	289	新旧案顺直赈捐	5652
	善后捐输	不敷银 40882	江苏赈捐	1342
	秦晋实官捐输	126517	直隶统捐	958
	新晋赈捐输	29414	续劝桂捐	380
	小计	169254，不敷银 41886	小计	24592，不敷银 9069
杂款	各款核减三成	9263	外销湘平	4853
	祭品三成	18	厘案湘平	3787
	驿站三成	50317	军饷减平	17240
	兵饷二成	10208	甘饷长平	300
	朋合二成	30	呈上升平	6743

续表

类别	内销		外销	
	款目	数目	款目	数目
杂款	武职养廉一成	949	厘金升平	4163
	旧案减平	16316	归公升平	3508
	新案减平	7627	发宝余平	2920
	添扣减平	9149	节省公用	1200
	祭祀减平	1	籴价盈余	6407
	内销湘平	37212	银圆变价	17
	缺官空俸	6	各案记过	40
	文职空廉	9112	司书罚款	400
	武职空廉	1191	河归协济薪水	2000
	师生空缺	3480	晋报纸价	不敷银 1437
	建旷	23854	大同报报资	138
	各营朋合	30	政治官报费	1318
	夫马钱易	2675	法政学堂课本工料	219
	旧案裁兵节省米豆价	13905	红十字会经费	3983
	新案裁兵节省米豆价	24755	京城工艺捐	160
	籴价米豆盈余	359	东南济急会	33
	满营饷米折	833	江西义赈	68
	籴售籍田余剩	69	滇省义赈	4591
	各营倒马皮脏变价	0	顺直义赈	2088
	文职罚俸	15	契尾公费并纸价	5888
	练饷各款	199075	铜圆经费	665
	满营孤贫养赡	839	提司养廉三成	283
	兵部驿站饭食	5335	备还息借华款	110
	吏部办公经费	3110	外销要需	524
	由陕带晋部款	1006	押荒经费	30720
	忠毅军饷	3	清查案内重还地丁	383
	改奉新挑练饷	293	商务股本	754

类别	内销		外销	
	款目	数目	款目	数目
杂款	晋威新省练饷	不敷银 58345	宝晋局鼓铸制钱	钱 14499 串 326 文
	练饷	不敷银 61353	底串钱	5 串 71 文
	大差筹备经费节省	257079	委员缴还余剩银圆	银圆 32 元
	储谷备用	820		
	漕粮经费	16336		
	购买粮粟备赈	576		
	农工局经费	3051		
	各营公费	1971		
	昭信股票	827		
	户部余平	253		
	小计	711948，不敷银 119698	小计	105503 两，14504 串，32 元，不敷银 1437 两
官款生息	晋阳书院第一次生息	144	续发忻州公用生息	960
	五台公用生息	1909	晋阳书院第二四五次生息	2472
	办铜帮费生息	24000	晋阳崇修两书院生息	600
	息谷变息减半余平公用生息	24000	崇修书院第一二次生息	1350
	满营公费生息	3640	令德书院生息	1014
			台山岁修生息	495
			台山弁兵生息	1440
			满营公费生息	1200
			提发办铜生息	3600
			抵补摊捐生息	12000

续表

类别	内销		外销	
	款目	数目	款目	数目
官款 生息			归汾抵摊生息	6000
			河归平祁太抵摊生息	30000
			抵补佐摊生息	1680
			善后生息	2214
			粥厂棉衣生息	604
			故员川资生息	2400
			巡缉经费生息	800
			练军经用生息	1200
			曾公祠祭品生息	72
			药商票捐生息	10000
			续发铜本生息	4000
			满营小学堂生息	1800
			出洋游学经费生息	12000
			公款生息	20000
			新政生息	34152
			天津春华泰息款	31
			沪款息本	13987
			堆房制钱生息	钱4800串
			发堆房制钱生息	钱1000串
			加增堆房制钱二厘生息	钱960串
			加增续发堆房制钱二厘生息	钱200串
	小计	53693	小计	166071，6960串

类别	内销		外销	
	款目	数目	款目	数目
摊解各款	缺荒扣俸	124	续摊平好铁	768
	钦天监刊刻书籍津贴	817	暂摊平好铁	13601
	官员报效	29383	解饷差费	11394
			交代繁费	2505
			洋款差费	2368
			师范学堂饭馔	9928
	小计	30324	小计	40564
官业收入			官钱局余利	4614
			晋泰官银号盈余	4000
	小计	0	小计	8614
	合计	4984647 两, 不敷银 161584	合计	446893 两, 21464 千 397 文, 银圆 32, 不敷银 10506 两

资料来源 山西清理财政局. 山西藩库内外销收入各款表 [G] //国家图书馆出版社影印室. 清末民国财政史料辑刊：第 2 册. 北京：国家图书馆出版社，2007：43-54，75-87. 亦见中央财经大学图书馆. 清末民国财政史料辑刊补编：第 9 册 [M]. 北京：国家图书馆出版社，2008：473-483. 尾数四舍五入。

附表三　宣统四年预算表（中央部分）

岁入		岁出	
款目	预算数（两）	款目	预算数（两）
各署田赋收入	269500	外务费	3054476
崇文门等关税	1644370	民政费	3169628
农工商部杂税等	133842	度支费	136029894
民政部正杂各捐	505344	学务费	2881140
各部官业收入	9153092	陆军费	25961714
各署杂收入	2628633	海军费	8530156
中央解款	174902441	司法费	1517104
		农商费	1276660
		邮传费	1574814
		各省协款	11327714
共计	189739101	共计	195323300

资料来源　贾士毅.民国财政史：上册［M］.郑州：河南人民出版社，2016：
42-45.

附表四 宣统四年预算表（各省部分）

单位：两

地区名称	岁入	岁出	地区名称	岁入	岁出
奉天	17265018	13502262	四川	30047575	13229496
吉林	12138652	8926834	广东	35530696	13782713
黑龙江	5798618	4607039	广西	6570776	4805098
直隶	24998539	10641272	云南	5570203	7747176
顺天	213675	98030	贵州	1681209	2542694
江苏	63315514	22141573	热河	911010	1451712
安徽	7811948	3185666	察哈尔	155926	601255
山东	17137250	6297861	乌里雅苏台	6352	81275
山西	10319219	2972151	阿尔泰	2454	223748
河南	12042370	6011721	西藏		1739383
陕西	6928624	3968357	伊犁	145585	1459579
甘肃	2740796	3128147	科布多	5040	49270
新疆	1583067	3369989	库伦	612930	823171
福建	11533419	6312803	绥远城	15073	410547
浙江	18249754	7768755	归化城	222839	36291
江西	11550133	5264842	川滇边务	111750	1104538
湖南	10480526	4708967	塔尔巴哈台	1497	138122
湖北	20242711	9231684			

注：宣统四年岁入共计 335940748，岁出共计 172366021。

资料来源　贾士毅．民国财政史：上册［M］．郑州：河南人民出版社，2016：42-45．

征引文献

未刊档案：

中国第一历史档案馆《内阁全宗》《军机处全宗》《宫中档案全宗》《宪政编查馆全宗》

已刊档案及资料汇编：

[1] 王铁崖. 中外旧约章汇编 [G]. 北京：生活·读书·新知三联书店，1957.

[2] 孙毓棠. 中国近代工业史资料 [G]. 北京：科学出版社，1957.

[3] 汪敬虞. 中国近代工业史资料 [G]. 北京：科学出版社，1957.

[4] 中国史学会. 洋务运动 [G]. 上海：上海人民出版社，1961.

[5] 徐义生. 中国近代外债史统计资料 [G]. 北京：中华书局，1962.

[6] 中国人民银行总行参事室金融史料组. 中国近代货币史资料 [G]. 北京：中华书局，1964.

[7] 英琦，世杰. 户部山西司奏稿户部陕西司奏稿 [G]. 台北：学生书局，1976.

[8] 齐思和. 第二次鸦片战争 [G]. 上海：上海人民出版社，1978.

[9] 太平天国历史博物馆. 太平天国资料汇编 [G]. 北京：中华书局，1979.

[10] 故宫博物院明清档案部. 清末筹备立宪档案史料 [G]. 北京：中华书局，1979.

[11] 陈旭麓. 甲午中日战争 [G]. 上海：上海人民出版社，1982.

[12] 太平天国历史档案馆. 吴煦档案选编 [G]. 南京：江苏人民出版社，1983.

[13] 聂宝璋. 中国近代航运史资料 [G]. 上海：上海人民出版社，1983.

[14] 鲁子健. 清代四川财政史料 [G]. 成都：四川省社会科学院出版社，1984.

[15] 蒋廷黻. 筹办夷务始末补遗 [G]. 北京：北京大学出版社，1988.

[16] 方力. 安徽财政史料选编 [G]. 合肥：安徽省财政厅编内部资料，1992.

[17] 中国第一历史档案馆. 清政府镇压太平天国档案史料 [G]. 北京：社会科学文献出版社，1994.

[18] 中国第一历史档案馆. 光绪朝朱批奏折 [G]. 北京：中华书局，1995、1996.

[19] 江苏省财政志编辑办公室. 江苏财政史料丛书 [G]. 北京：方志出版社，1999.

[20] 户部奏稿 [G]. 北京：全国图书馆文献缩微复制中心，2004.

[21] 国家图书馆出版社影印室. 清末民国财政史料辑刊 [G]. 北京：国家图书馆出版社，2007.

[22] 中央财经大学图书馆. 清末民国财政史料辑刊补编 [G]. 北京：国家图书馆出版社，2008.

[23] 李书源. 筹办夷务始末：同治朝 [G]. 北京：中华书局，2008.

[24] 内蒙古大学图书馆. 山西清理财政局编辑现行财政十八种 [G]. 呼和浩特：内蒙古大学出版社：2010.

[25] 李少军. 武昌起义前后在华日本人见闻集 [G]. 武汉：武汉大学出版社，2011.

[26] 虞和平. 近代史所藏清代名人稿本抄本 [G]. 国家清史编纂委员会文献丛刊. 郑州：大象出版社，2011.

[27] 陈锋. 晚清财政说明书 [G]. 武汉：湖北人民出版社，2015.

报纸杂志：

《大公报》《京报》《浙江财政月刊》《申报》《清议报》《东方杂志》《政治官报》《集成报》

历朝上谕、会典、实录、政书：

历朝实录

历朝《钦定大清会典》《钦定大清会典则例》《钦定大清会典事例》

[1] 刘锦藻. 清朝续文献通考 [G]. 上海：商务印书馆, 1936.

[2] 朱寿朋. 光绪朝东华录 [G]. 北京：中华书局, 1958.

[3] 朱学勤. 钦定剿平粤（匪）方略 [G]. 台北：成文出版社, 1965.

[4] 李毓澍. 东三省政略 [G] //沈云龙. 台北：文海出版社, 1965.

[5] 麦仲华. 皇朝经世文新编 [G] //沈云龙. 近代中国史料丛刊：第 771 种. 台北：文海出版社, 1966.

[6] 盛康. 皇朝经世文编续编 [G] //沈云龙. 近代中国史料丛刊：第 843 种. 台北：文海出版社, 1966.

[7] 贺长龄. 皇朝经世文编 [G] //沈云龙. 近代中国史料丛刊：第 731 种. 台北：文海出版社, 1966.

[8] 葛士濬. 皇朝经世文续编 [G] //沈云龙. 近代中国史料丛刊：第 741 种. 台北：文海出版社, 1966.

[9] 沈桐生. 光绪政要 [G] //沈云龙. 近代中国史料丛刊：第 345 种. 台北：文海出版社, 1966.

[10] 王树敏. 皇清道咸同光奏议 [G] //沈云龙. 近代中国史料丛刊：第 331 种. 台北：文海出版社, 1969.

[11] 何良栋. 皇朝经世文四编 [G] //沈云龙. 近代中国史料丛刊：第 761 种. 台北：文海出版社, 1973.

[12] 刚毅. 牧令须知 [G] //沈云龙. 近代中国史料丛刊：第 648 种. 台北：文海出版社, 1973.

[13] 中国第一历史档案馆. 雍正朝汉文朱批奏折汇编 [G]. 南京：江苏古籍出版社, 1991.

[14] 故宫博物院. 钦定工部则例三种 [G]. 海口：海南出版社, 2000.

[15] 蒋良骐. 东华录 [G]. 济南：齐鲁书社, 2005.

[16] 冯煦主, 陈师礼. 皖政辑要 [G]. 合肥：黄山书社, 2005.

[17] 上海商务印书馆编译所. 大清新法令（1901-1911）[G]. 北京：商务印书馆, 2011.

文集、奏稿：

[1] 中国科学院历史研究所第三所工具书组. 锡良遗稿奏稿 [M]. 北京：中华书局, 1959.

[2] 魏允恭. 江南制造局记 [M] //沈云龙. 近代中国史料丛刊：第 404 种. 台北：文海出版社, 1961.

[3] 邹琳. 粤醵纪实 [M] //沈云龙. 近代中国史料丛刊: 第 890 种. 台北: 文海出版社, 1966.

[4] 周家禄. 寿恺堂集 [M] //沈云龙. 近代中国史料丛刊: 第 83 种. 台北: 文海出版社, 1967.

[5] 李瀚章. 合肥李勤恪公 (瀚章) 政书 [M] //李经畲. 近代中国史料丛刊: 第 146 种. 台北: 文海出版社, 1967.

[6] 薛福成. 庸庵文编 [M] //沈云龙. 近代中国史料丛刊: 第 943 种. 台北: 文海出版社, 1973.

[7] 李桓. 宝韦斋类稿 [M] //沈云龙. 近代中国史料丛刊: 第 344 种. 台北: 文海出版社, 1973.

[8] 丁宝桢. 丁文诚公 (宝桢) 遗集 [M] //罗文彬. 中国近代史料丛刊: 第 74 种. 台北: 文海出版社, 1973.

[9] 张树声. 张靖达公 (树声) 奏议 [M] //何嗣焜. 近代中国史料丛刊: 第 222 种. 台北: 文海出版社, 1973.

[10] 朱之榛. 常慊慊斋文集 [M] //沈云龙. 近代中国史料丛刊: 第 399 种. 台北: 文海出版社, 1973.

[11] 端方. 端忠敏公奏稿 [M] //沈云龙. 近代中国史料丛刊: 第 94 种. 台北: 文海出版社, 1973.

[12] 陈夔龙. 庸庵尚书奏议 [M] //俞陛云. 近代中国史料丛刊: 第 507 种. 台北: 文海出版社, 1973.

[13] 陶模. 陶勤肃公 (模) 奏议 [M] //陶葆廉. 近代中国史料丛刊: 第 441 种. 台北: 文海出版社, 1973.

[14] 马新贻. 马端敏公 (新贻) 奏议 [M] //谭钟麟. 近代中国史料丛刊续编: 第 171 种. 台北: 文海出版社, 1975.

[15] 盛宣怀. 愚斋存稿 [M] //沈云龙. 近代中国史料丛刊续编: 第 122 种. 台北: 文海出版社, 1975.

[16] 袁世凯. 袁世凯奏议 [M]. 天津: 天津古籍出版社, 1987.

[17] 奎斌. 杭阿坦都统奏议 [M] //沈云龙. 近代中国史料丛刊三编: 第 315 种. 台北: 文海出版社, 1987.

[18] 岑毓英. 岑毓英奏稿 [M]. 南宁: 广西人民出版社, 1989.

[19] 徐鼐霖. 徐鼐霖集 [M]. 长春: 吉林文史出版社, 1989.

[20] 张之洞. 张之洞全集 [M]. 石家庄: 河北人民出版社, 1998.

[21] 赵炳麟. 赵柏岩集 [M]. 南宁: 广西人民出版社, 2001.

[22] 林则徐.林则徐全集［M］.福州：海峡文艺出版社，2002.

[23] 陈宝箴.陈宝箴集［M］.北京：中华书局，2003.

[24] 翁同龢.翁同龢集［M］.北京：中华书局，2005.

[25] 曾国荃.曾国荃全集［M］.长沙：岳麓书社，2006.

[26] 恽毓鼎.恽毓鼎澄斋奏稿［M］.杭州：浙江古籍出版社，2007.

[27] 李鸿章.李鸿章全集［M］.合肥：安徽教育出版社，2008.

[28] 胡林翼.胡林翼集［M］.长沙：岳麓书社，2008.

[29] 熊希龄.熊希龄集［M］.长沙：湖南人民出版社，2008.

[30] 丁日昌.丁日昌集［M］.上海：上海古籍出版社2010.

[31] 梁小进，主编.郭嵩焘全集［M］.长沙：岳麓书社，2012.

[32] 刘锦棠.刘锦棠奏稿、李续宾奏疏［M］.长沙：岳麓书社，2013.

[33] 刘坤一.刘坤一奏疏［M］.长沙：岳麓书社，2013.

[34] 谭钧培.谭钧培治滇奏疏［M］.昆明：云南美术出版社，2014.

[35] 左宗棠.左宗棠全集［M］.长沙：岳麓书社，2014.

[36] 刘铭传.刘铭传文集［M］.合肥：黄山书社，2014.

[37] 曾国藩.曾文正公全集［M］.北京：线装书局，2016.

书札、日记、笔记、传记：

[1] 胡钧.张文襄公（之洞）年谱［M］.沈云龙.近代中国史料丛刊：第47种.台北：文海出版社，1969.

[2] 徐宗亮.归庐谈往录［M］.台北：文海出版社，1972.

[3] 王庆云.石渠余纪［M］.北京：北京古籍出版社，1985.

[4] 周询.蜀海丛谈［M］.成都：巴蜀书社，1986.

[5] 吴庆坻.蕉廊脞录［M］.北京：中华书局，1990.

[6] 本书编辑组.清代名人书札：下［M］.北京：北京师范大学出版社，1990.

[7] 徐一士.近代笔记过眼录［M］.太原：山西古籍出版社，1996.

[8] 罗继祖.枫窗三录［M］.大连：大连出版社，2000.

[9] 赵慎畛.榆巢杂识［M］.北京：中华书局，2001.

[10] 胡思敬.国闻备乘［M］.北京：中华书局，2007.

[11] 翁同龢.翁同龢日记［M］.上海：中西书局，2012.

[12] 赵烈文.能静居日记［M］.长沙：岳麓书社，2013.

[13] 徐兆玮.徐兆玮日记［M］.合肥：黄山书社，2013.

[14] 李星沅. 李星沅日记 [M]. 北京：中华书局，2014.

[15] 刘体智. 异辞录 [M]. 北京：中华书局，2016.

[16] 上海图书馆. 汪康年师友书札 [M]. 上海：上海书店出版社，2017.

论著：

[1] 王孝泉. 福建财政史纲 [M]. 福州：远东印书馆，1936.

[2] 杨汝梅. 国民政府财政概况论 [M]. 上海：中华书局，1938.

[3] 包遵彭，李定一. 中国近代史论丛·政治 [M]. 台北：正中书局，1963.

[4] 何烈. 厘金制度新探 [M]. 台北：东吴大学出版社，1972.

[5] 赵尔巽. 清史稿 [M]. 北京：中华书局，1976.

[6] 梁方仲. 中国历代户口、田地田赋统计 [M]. 上海：上海人民出版社，1980.

[7] 何烈. 清咸、同时期的财政 [M]. 台北："国立"编译馆中华丛书编委会，1981.

[8] 萧一山. 清代通史 [M]. 北京：中华书局，1985.

[9] 陈支平. 清代赋役制度新探 [M]. 厦门：厦门大学出版社，1988.

[10] 陈克俭，林仁川. 福建财政史 [M]. 厦门：厦门大学出版社，1989.

[11] 李三谋. 明清财经史新探 [M]. 太原：山西经济出版社，1990.

[12] 陈明光. 唐代财政史新编 [M]. 北京：中国财政经济出版社，1991.

[13] 汤象龙. 中国近代海关税收和分配统计：1861–1910 [M]. 北京：中华书局，1992.

[14] 邓绍辉. 晚清财政与中国近代化 [M]. 成都：四川人民出版社，1998.

[15] 王晓秋，尚小明. 戊戌维新与清末新政 [M]. 北京：北京大学出版社，1998.

[16] 周育民. 晚清财政与社会变迁 [M]. 上海：上海出版社，2000.

[17] 孙翊刚. 中国财政问题源流考 [M]. 北京：中国社会科学出版社，2001.

[18] 周志初. 晚清财政经济研究 [M]. 济南：齐鲁书社，2002.

[19] 包伟民. 宋代地方财政史研究 [M]. 上海：上海古籍出版社，2001.

[20] 刘伟. 晚清督抚政治——中央与地方关系研究 [M]. 武汉：湖北教育出版社，2003.

[21] 陈锋,张笃勤.张之洞与武汉早期现代化 [M].北京:中国社会科学出版社,2003.

[22] 申学锋.晚清财政支出政策研究 [M].北京:中国人民大学出版社,2006.

[23] 洪振快.亚财政:非正式财政与中国历史弈局 [M].北京:新星出版社,2008.

[24] 朱红琼.中央与地方财政关系及其变迁史 [M].北京:经济科学出版社,2008.

[25] 史志宏,徐毅.晚清财政:1851-1894 [M].上海:上海财经大学出版社,2008.

[26] 邓亦兵.清代前期关税制度研究 [M].北京:北京燕山出版社,2008.

[27] 魏光奇.有法与无法:清代的州县制度及其运作 [M].北京:商务印书馆,2010.

[28] 彭泽益.十九世纪后半期的中国财政 [M].北京:中国人民大学出版社,2010.

[29] 罗玉东.中国厘金史 [M].北京:商务印书馆,2010.

[30] 陈春声,刘志伟.遗大投艰集——纪念梁方仲教授诞辰一百周年 [M].广州:广东人民出版社,2012.

[31] 中国义和团研究会.义和团运动 110 周年国际学术讨论会论文集 [M].济南:山东大学出版社,2012.

[32] 陈锋.清代军费研究 [M].武汉:武汉大学出版社,2013.

[33] 陈锋.清代盐政与盐税 [M].武汉:武汉大学出版社,2013.

[34] 岁有生.清代州县经费研究 [M].郑州:大象出版社,2013.

[35] 魏光奇.清代民国县制和财政论集 [M].北京:社会科学文献出版社,2013.

[36] 刘增合."财"与"政":清季财政改制研究 [M].北京:生活·读书·新知三联书店,2014.

[37] 陈锋,蔡国斌.清代财政史 [M].长沙:湖南人民出版社,2015.

[38] 贾士毅.民国财政史 [M].郑州:河南人民出版社,2016.

[39] 吴昌稳.晚清协饷制度研究 [M].北京:社会科学文献出版社,2018.

[40] 莱特.中国关税沿革史 [M].姚曾廙,译.北京:生活·读书·新

知三联书店，1958.

　　[41] 内藤乾吉. 六部成语注解 [M] . 杭州：浙江古籍出版社，1987.

　　[42] 冯兆基. 军事近代化与中国革命 [M] . 郭太风，译. 上海：上海人民出版社，1994.

　　[43] 曾小萍. 州县官的银两——18 世纪中国的合理化财政改革 [M] . 董建中，译. 北京：中国人民大学出版社，2005.

　　[44] 黄仁宇. 十六世纪明代中国之财政与税收 [M] . 阿风，等译. 北京：生活·读书·新知三联书店，2005.

　　[45] 王业键. 清代田赋刍论 (1750-1911) [M] . 高风，等译. 北京：人民出版社，2008.

　　[46] 岸本美绪. 清代中国的物价与经济波动 [M] . 刘迪瑞，译. 北京：社会科学文献出版社，2010.

　　[47] 岩井茂树. 中国近代财政史研究 [M] . 付勇，译. 北京：社会科学文献出版社，2011.

　　期刊、论文：

　　[1] 罗玉东. 光绪朝补救财政之方策 [J] . 中国近代经济史研究集刊，1933, 1 (02) .

　　[2] 杨汝梅. 中国预算制度改造与历年财政收支之关系 [J] . 经济学季刊，1933, 4 (04) .

　　[3] 杨汝梅. 中国财政制度与财政实况 [J] . 新中华杂志，1933, 1 (17) .

　　[4] 彭雨新. 清末中央与各省财政关系 [J] . 社会科学杂志，1947, 9 (01) .

　　[5] 宓汝成. 清政府筹措镇压太平天国的军费及其后果 [J] . 太平天国学刊：第 1 辑，1983.

　　[6] 周育民. 刚毅南方搜括小考 [J] . 上海师范大学学报，1984 (04) .

　　[7] 魏光奇. 清代后期中央集权财政体制的瓦解 [J] . 近代史研究，1986 (01) .

　　[8] 梁方仲. 田赋史上起运、存留的划分与道路远近的关系 [J] . 梁方仲经济史论文集，1989.

　　[9] 彭泽益. 清代财政管理体制与财政收支 [J] . 中国社会科学院研究生院学报，1990 (02) .

［10］汪林茂．清咸、同年间筹饷制度的变化与财权下移［J］．杭州大学学报，1991（02）．

［11］刘志伟．略论清初税收管理中央集权体制的形成［J］．中山大学史学集刊：第1辑，1992.

［12］宫玉振．铁良南下与清末中央集权［J］．江海学刊，1994（01）．

［13］李映发．清代州县财政中的亏空现象［J］．清史研究，1996（01）．

［14］何汉威．从清末刚毅、铁良南巡看中央和地方的财政关系［J］．"中央研究院"历史语言研究所集刊，1997，68（01）．

［15］陈锋．清代中央财政与地方财政关系的调整［J］．历史研究，1997（05）．

［16］龚汝富．近代中国国家税和地方税划分之检讨［J］．当代财经，1998（01）．

［17］刘伟．重新认识晚清中央权威衰落的原因［J］．华中师范大学学报，1998（06）．

［18］邓绍辉．光宣之际清政府试办全国财政预决算［J］．四川师范大学学报，2000（01）．

［19］陈锋．清代前期奏销制度与政策演变［J］．历史研究，2000（02）．

［20］何平．清代不完全财政制度下的赋税负担与税收失控［J］．税务研究，2000（02）．

［21］董建中．耗羡归公的制度化进程［J］．清史研究，2000（04）．

［22］周育民．19世纪60-90年代清朝财政结构的变动［J］．上海师范大学学报，2000（04）．

［23］何汉威．清季中央与各省财政关系的反思［J］．"中央研究院"历史语言研究所集刊，2001，72（03）．

［24］张九洲．论清末财政制度的改革及其作用［J］．河南大学学报，2002（04）．

［25］何平．论不完全财政体制对清代社会的破坏机制［J］．学术研究，2004（06）．

［26］魏光奇．国民政府时期县国家财政与自治财政的整合［J］．首都师范大学学报，2005（03）．

［27］邹进文．清末财政思想的近代转型：以预算和财政分权思想为中心［J］．中南财经政法大学学报，2005（04）．

［28］周育民．关于清代厘金创始的考订［J］．清史研究，2006（03）．

[29] 马金华. 论清王朝覆灭前财政体制的改革 [J]. 光华财税年刊, 2007.

[30] 徐毅. 晚清厘金制度起源路径新论 [J]. 广西师范大学学报, 2007 (02).

[31] 张研. 从"耗羡归公"看清朝财政体系及当代"税费改革" [J]. 学术界, 2007 (03).

[32] 侯鹏. 清末浙江地方自治中县财政的演变 [J]. 地方财政研究, 2008 (03).

[33] 刘增合. 制度嫁接：西式税制与清季国地两税划分 [J]. 中山大学学报, 2008 (03).

[34] 刘增合. 由脱序到整合：清末外省财政机构的变动 [J]. 近代史研究, 2008 (05).

[35] 刘增合. 光绪前期户部整顿财政中的规复旧制及其限度 [J]. "中央研究院"历史语言研究所集刊, 2008, 79 (02).

[36] 陈锋. 晚清财政预算的酝酿与实施 [J]. 江汉论坛, 2009 (01).

[37] 刘增合. 西方预算制度与清季财政改制 [J]. 历史研究, 2009 (02).

[38] 陈勇. 鸦片税政演变与晚清中央、地方利益之调整 [J]. 中国经济史研究, 2009 (02).

[39] 陈锋. 论耗羡归公 [J]. 清华大学学报, 2009 (03).

[40] 徐毅. 晚清捐税综论——以 1851–1894 年为背景 [J]. 中国经济史研究, 2009 (03).

[41] 陈光焱、陈永成. 论清代火耗归公与养廉银制度及其借鉴——兼论预算外资金管理改革 [J]. 经济论坛, 2009 (07).

[42] 张佩佩. 熊希龄与清理东三省财政 [J]. 求索, 2010 (05).

[43] 魏光奇. 清代州县的"主奴集团"——透视"秦制"的根本特征 [J]. 北京师范大学学报, 2011 (01).

[44] 周育民. 晚清厘金历年全国总收入的再估计 [J]. 清史研究, 2011 (03).

[45] 关晓红. 晚清局所与清末政体变革 [J]. 近代史研究, 2011 (05).

[46] 刘增合. 清季中央对外省的财政清查 [J]. 近代史研究, 2011 (06).

[47] 倪玉平. 曾国藩与两淮盐政改革 [J]. 安徽史学, 2012 (01).

[48] 高月. 权力渗透与利益纠葛: 清末财政预算的编制——以东北三省为例 [J]. 东北史地, 2012 (02).

[49] 陈勇. 晚清海关洋税的分成制度探析 [J]. 近代史研究, 2012 (02).

[50] 陈勇. 拨与解: 晚清海关的解款困局及其应对 [J]. 中国社会经济史研究, 2012 (04).

[51] 高月. 清末新政时期东北三省的国地两税划分 [J]. 长春师范学院学报, 2012 (11).

[52] 韩祥. 晚清财政规模估算问题初探 [J]. 中国经济史研究, 2014 (03).

[53] 周雪光. 从"黄宗羲定律"到帝国的逻辑: 中国国家治理逻辑的历史线索 [J]. 开放时代, 2014 (04).

[54] 周黎安. 行政发包制 [J]. 社会, 2014 (06).

[55] 范金民. 清末刚毅江苏清赋之考察 [J]. 明清论丛: 第15辑, 2015 (01).

[56] 陈勇. "经制"与"新增": 五口通商时期清廷对海关夷税的管理 [J]. 中国经济史研究, 2015 (01).

[57] 张晓玮. 晚清广东地方督抚对外交涉权限演变探析 [J]. 云南师范大学学报, 2015 (03).

[58] 刘增合. 纾困与破局: 清末财政监理制度研究 [J]. 历史研究, 2016 (04).

[59] 王静雅. 清代咸同年间湖南东征局兴废考析 [J]. 近代史研究, 2017 (04).

[60] 倪玉平. 试论清代财政体系的近代转型 [J]. 中国经济史研究, 2018 (04).

[61] 刘伟. 财政困境下的产物: 晚清州县的"外销" [J]. 宝鸡文理学院学报, 2018 (06).

[62] 陈勇. 光绪十年京员津贴再探 [J]. 清史研究, 2019 (01).

[63] 陈勇. 外销——晚清财政的另一面相 [J]. 中国经济史研究, 2020 (06).

[64] 佐伯富. 清代における奏銷制度 [J]. 東洋史研究, 1963, 22 (03).

[65] 土居智典. 从田赋地丁看晚清奏销制度 [J]. 北大史学辑刊, 2005 (11).